신장웨이우얼자치구
간쑤성
칭하이성
자치구
티베트자치구
쓰촨성
청두
(成都)
구이저우성
윈난성

- 4직할시 : 베이징, 텐진, 충칭, 상하이
- 2특별행정구 : 홍콩, 마카오
- 5자치구 : 네이멍구, 신장웨이우얼, 티베트, 광시좡족, 닝샤후이족
- 중국 7대 고도(古都)
  베이징, 안양, 뤄양, 시안, 카이펑, 난징, 항저우

중국의 역사와 문화지식

중국의 역사와 문화지식

발행일 2021년 11월 20일 초판 1쇄

지은이 남철진

펴낸이 최외출

펴낸곳 영남대학교 출판부

출판등록 1975년 9월 5일 경산 제16-1호

경북 경산시 대학로 280

전화 053-810-1801~3

팩스 053-810-4722

book.yu.ac.kr

ISBN 978-89-845-5 03910

중국의 역사와 문화지식

남철진 지음

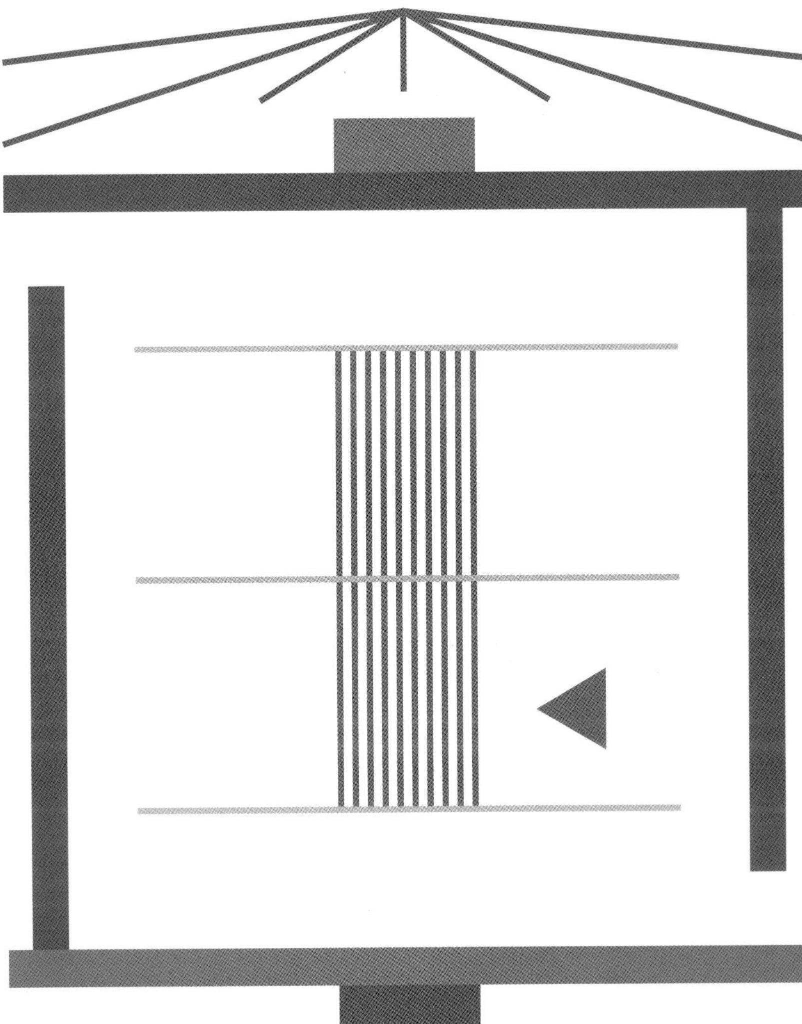

열린시선

머리말

'죽竹의 장막'이란 말이 있었다. 외부 세계와 철저히 단절된, 낙후된 공산 중국을 지칭할 때 썼던 말이다. 그러나 개혁개방 정책을 실시한 지 불과 수십 년 만에 중국은 미국과 함께 최강대국의 반열에 올랐고, 세계 도처에서 막강한 영향력을 행사하고 있는 중이다. 한때, 중국이 빗장을 풀고 개방을 하면 얼마 못 가서 무너질 것이라는 전망이 힘을 얻었었다. 그러나 일면 자본주의 국가보다 더 자본주의적이라는 평가를 받고 있는 중국은 역사상 가장 강력한 국세國勢를 떨치며 발전을 거듭하고 있다. 14억 인구에 광활한 영토를 보유한 중국이 하나의 국가를 유지하고 있다는 점은 중국 경쟁력의 원천이다. 지금까지 많은 전문가들이 거대 중국이 분열되지 않고 발전하는 이유를 밝히기 위해 노력해 왔는데, 결국 다수로부터 인정받는 답변은 '장구한 역사와 문화의 힘'이었다.

중국이 부상함에 따라 국제 정세는 급변했고, 경제, 문화, 안보, 사회 등 거의 전 분야에서 중국과 긴밀한 관계를 맺고 있는 우리나라는 대중對中 관계 설정이 어느 때보다 중요해졌다. 중국에 대한 이해가 선택이 아닌 필수인 시대가 된 것이다. 한 나라에 대한 이해의 바탕은 그 나라의 역사와 문화를 아는 데 있다. 중국의 역사와 문화에 대한 이해는 비단 세계정세의 파악이나 한중 관계에만 유용한 것이 아니다. 우리는 수천 년 중국의 역사를 통해 현대 사회의 각종 문제들을 짚어 볼 수 있고, 각 개인의 인생과 삶에도 적지 않은 성찰을 이끌어 낼 수 있다. 인간의 삶이나 사회는 예나 지금이나 본질적으로 크게 변한 것이 없기 때문이다. 또한 단편적 지식을 넘어 중국에 대한 이해의 바탕이 되고, 우리의 삶에 도움을 줄 수 있는 실용적 가치를 발하기 위해서는 역사와 문화가 함께 다루어져야 한다.

'역사'는 옛사람들이 살아온 삶의 발자취들을 기록한 것이다. 거기에는 다양한 사건과 인물들이 등장하며 그것은 곧 흥미진진하고 재미있는 스토리가 된다. 또한 문화는 그 시대 역사에 대한 기본 지식이 있어야 제대로 이해할 수 있으며, 역사 역시 당시의 문화가 가미되면 더욱 현실감 있게 효과적으로 받아들여질 수 있다. 이렇듯 역사와 문화는 서로 상보적이기에 함께 다루어져야 바람직한 것이다. 이는 대중의 수요와 기대에 부응하는 것이기도 하다. 대중들은 역사 사실만 아는데서 그치거나, 특정 분야의 단순 지식만을 취하고자 하지 않는다. 예컨대 중국 역사와 관련된 한국의 역사, 우리 주변에 있는 중국 역사의 흔적, 중국의 언어와 문학, 현대 중국의 문화적 현상과 그 유래, 한국 문화와 중국 문화의 연관성, 중국의 역사로부터 우리가 배울 수 있는 교훈 등 현대를 사는 우리에게 직간접적으로 뭔가 도움이 되는 다양한 지식들을 두루두루 알고자 하는 것이 대중의 보편적인 수요이다.

이에 필자는 집필 시 역사의 뼈대에 문화의 살을 붙인다는 생각으로, 독자들이 원하는 다양한 분야의 문화적 지식들을 제시하였으며, 고등학교 교육 정도를 받은 사람이라면 누구나 혼자서도 중국의 역사와 관련 문화를 이해할 수 있도록 구성하였다. 역사와 문화를 함께 다루는 것이 결코 쉬운 일이 아님을 알기에, 오래전부터 꾸준히 준비를 해왔으나 아직 공부가 많이 부족한 터라 혹 잘못된 내용이 있을까 두려움이 앞선다. 그럼에도 불구하고, 중국의 역사와 문화를 소개해야 하는 당위성과 평소의 소신인 인문학 내에서의 융복합 그리고 우리나라 사람들의 남다른 지식 욕구에 조금이나마 부합할 수도 있겠다는 생각에 출판의 용단을 내렸다. 각 분야 전문가들의 질정을 바라는 바이다.

2021년 11월

저자 남철진 씀

차례

3장 한대漢代

4장 위진남북조魏晉南北朝

5장 수대隋代

6장 당·오대唐·五代

7장 송대宋代

8장 원대元代

9장 명대明代

10장 청대清代

일러두기

* 이 책의 각 장에는 해당 시기의 역사를 기술記述하면서 관련 문화 지식을 별도로 제시하였다. 문화 관련 내용들은 박스Box 처리를 하여 역사 기술과 구분이 되도록 하였다.

* 본문에 제시된 문화 관련 내용들도 모두 목차에 반영하였기 때문에, 특정 문화 항목만을 별도로 찾아 볼 수 있다.

* 이 책에서 다루는 '문화 지식'에는 문학도 포함이 된다.(넓게 보면 문학도 문화의 영역에 포함될 수 있다.) 문학은 시대상을 생동적이고 절실하게 반영할 수 있으며, 그 자체로도 중요한 문화적 지식이 되기 때문에 '문학'을 특히 중요하게 다루었다.

* 중국의 고유명사 표기는 국립국어원 규정을 따르되, 고대의 인명, 지명, 왕조명 등은 독자들이 이해하기 쉽도록 가급적 한자음으로 표기하였다.

* 중국의 고유명사 및 한자어 명칭 등이 처음 등장할 때는 한자를 병기하였다.

또한 고대의 명칭을 한글로만 표기하면 의미 전달이 잘 안되는 경우가 있는데 이럴 때는 한자를 병기하였다. 다만 그러한 명칭이 연속해서 나올 경우 한자만을 쓰기도 하였다.

* 사진이나 이미지(그림) 등에 대한 출처는 책 뒷부분에 별도로 밝혀두었다.

1장

한자의 이해

1. 한자의 창제

한자漢字의 기원에 대해서는 다양한 설이 있다. 예를 들어 결승結繩, 서계書契, 팔괘八卦, 하도낙서河圖洛書 등이 그것인데[1], 가장 대표적인 것은 창힐倉頡이 새의 발자국을 보고 한자를 만들었다는 창힐작서설倉頡作書說이다.[2] 『순자荀子』에 창힐이 한자를 매우 좋아하였기에, 한자를 정리하여 후대에 전했다는 말이 나온다. 허신許愼은 『설문해자·서說文解字·敍』에서 여러 설들을 종합하여 창힐이 문자를 만들었다고 선언하였다.

창힐이 실존 인물이었다는 증거는 아직 없다. 또한 '한자'라는 문자 체계를 한 개인이 만들 수는 없다. 대대로 지역별로 제각기 쓰이던 글자들을 정리한 사람들은 있었을 것이며, 만약 창힐이 실존 인물이라면 한자를 정리한 사람 정도로 이해하면 될 것이다.

---

1 결승(結繩)은 새끼줄로 매듭을 지은 것이며 서계(書契)는 나무에 칼집을 낸 것인데, 모두 기억이나 숫자를 셈할 때의 보조적 수단이다. 팔괘(八卦)는 『주역(周易)』에 나오는, 자연과 우주의 8가지 근본을 상징하는 기호이다. 하도(河圖)는 복희(伏羲)가 황하에서 얻은 그림이며, 낙서(洛書)는 우(禹)가 치수(治水)할 때 낙수(洛水)에서 얻은 글이다. 하도와 낙서는 각각 팔괘와 홍범구주(洪範九疇)의 바탕이 되었다고 전해진다.

2 『순자(荀子)』, 『한비자(韓非子)』, 『여씨춘추(呂氏春秋)』, 『회남자(淮南子)』 등에 창힐작서(倉頡作書)란 말이 나옴.

법가와 언어·문자

순자荀子를 위시하여 창힐작서설倉頡作書說의 주창자는 법가法家 사상가들이다. 이들은 법률과 후천적 교육을 통해 법치국가를 이룩하려고 했고, 그러한 노력의 일환으로 언어와 문자의 중요성을 역설하였다. 기원전 3세기 순자는 현대 언어학의 개념인 시니피앙(기표記標, 형식)과 시니피에(기의記意, 의미)의 관계가 절대적인 것이 아니라는 주장을 펼쳤다. 즉 언어의 사용을 두고 약정속성(約定俗成: 언어는 필연적이 아니라 일종의 약속 체계이다.)이라 했는데 이는 현대 언어학 이론에 견주어도 손색이 없다.

이처럼 언어·문자의 중요성을 강조한 순자학파들에 의해, 중국 문명의 시조인 황제黃帝의 사관史官 창힐이 문자를 만들었다는 설이 나올 수 있었다. 나아가 법과 교육을 중시하는 이들에 의해 자체字體의 통일도 이루어지게 된다. 순자의 제자인 이사李斯는 진시황에게 '서동문자書同文字' 즉 같은 문자를 쓰자는 건의를 하여, 전국시대戰國時代의 온갖 문자들을 파기하고 진秦나라에서 쓰이던 대전大篆을 개량한 소전小篆으로, 중국 역사상 최초의 문자 통일을 이룩하게 된다.

2. '한자' 명칭의 유래

중국 역사상 최초의 통일 왕조는 진秦이지만 秦은 단명 왕조(B.C. 221~B.C. 206)인데다가, 최초의 통일 왕조라는 긍정적 인식보다, 폭정과 분서갱유 등 부정적인 인식이 컸다. 그래서 중국인들은 예로부터 정통성을 가진 자신들의 최초 왕조를 한漢 왕조라 여겼고, '한인漢人(중국인)', '한족漢族(중국 민족)', '한어漢語(중국어)', '한자漢字(중국 문자)'라는 말을 쓰게 되었다. '漢字'라는 말이 최초로 보이는 문헌은 『원사元史』이며, 그 이

전에는 그냥 文, 字 혹은 文字 등으로 표현했다.

3. 한자(체)의 발전

현재 우리가 쓰고 있는 한자체는 해서楷書이다. 해서는 진시황秦始皇 때 나온 예서隸書에서 비롯되었다. 해서는 한말漢末에 많이 쓰이다가 위진남북조魏晉南北朝 시기에 광범위하게 통용되었고 당대唐代에 와서는 현재 쓰이고 있는 모양으로 확립되었다. 해서 역시 획수나 모양 등이 여전히 복잡하다. 한대 이후, 필획을 간략히 하여 흘려 쓰는 초서草書와 해서와 초서의 중간 형태인 행서行書도 여전히 통용되나 이는 별도의 한자체라기 보다 서법가書法家들의 서체書體로 보아야 할 것이다. 한자체는 크게 고대문자古代文字와 근대문자近代文字로 나눌 수 있다.

- 고대문자: 갑골문甲骨文, 금문金文, 대전大篆, 고문古文, 소전小篆
- 근대문자: 예서隸書, 해서楷書, 행서行書, 초서草書

갑골문甲骨文~소전小篆까지의 한자는 상형성이 남아있고 필획이 직선화되지 않았다. 하지만 예서隸書 이후의 한자는 자형의 간략화, 직선화 및 비상형화가 두드러지게 진행되어 근대적 문자 체계로 본다.

간체자와 번체자

중국 공산화 이후에는 간체자簡體字를 만들어 사용하고 있는데 문맹률 감소라는 목적은 성공적으로 달성하였으나, 전통 문화의 단절과 한자의 특성을 살리지 못하는 등의 문제도 있다. 중화인민공화국 수립(1949.10.1.) 직후 5억 5천만 인구 가운데 80%가 문맹이었는데, 최근 조사에 따르면 중국의 문맹률은 3.6%로(유네스코 기준) 떨어졌다고 한다.

간체자는 중국 대륙 및 동남아 화교권에서 약 13억 명이 사용 중이고, 번체자는 대만, 홍콩, 마카오, 북미 일부 화교권 등에서 약 3천만 명이 사용하고 있다. 중국의 국력이 신장되고 간체자 사용 인구가 압도적으로 많다보니, UN에서도 2008년부터 공식 문서에 쓰이는 모든 중국어에는 간체자를 사용하고 있다. 한편 2016년에는 중국과 대만이 6년 동안 공동으로 작업하여 『중화어문대사전中華語文大辭典』을 발간하였다. 중국 및 대만에서 쓰는 모든 한자와 단어를 수록하겠다는 취지로 사업이 진행되었으며, 여기에는 중국과 대만의 상용한자 13,004자와 101,732개의 단어가 수록되어 있는데, 간체자와 번체자를 병기하였다.

3.1 고대문자

갑골문甲骨文

갑골문은 주로 거북의 배나 동물의 뼈 등에 새겨진 글자인데 상대商代 후기부터 주周나라 초기까지(B.C. 1,300~B.C. 1,000) 사용되었으며, 출토지는 은허殷墟 유적지(하남성河南省 안양시安陽市 소둔촌小屯村)이다. 갑골문은 그 가치를 인정받지 못하고 수천 년 동안 방치되어 왔는데 언제부터인가 용골龍骨 등으로 불리며 약제藥劑로 쓰이다가, 1899년경 금석학자金石學者이자 국자감좨주國子監祭酒였던 왕의영王懿榮에 의해 마침내 그 진가가 밝혀졌다. 현재까지 약 10만 편의 조각이 발굴되었고 확인된 문자가 4,672자(식별 가능 문자 1,723자) 정도에 달한다.

동물의 뼈 위에 뾰족한 것으로 새긴 갑골문은 날카로운 모양을 하고 있으며 자형의 정형화가 완전히 이루어지지 않았다. 그래서 편방의 위치가 일정치 않고, 같은 글자인데 모양이 다르거나 다른 글자인데 모양이 같은 경우도 있고 두세 글자를 합친 글자도 있다. 통시적으로 보면 갑골문은 약 300년 동안 정형화, 직필화, 기호화의 길을 걸으며 문자로서 발전하여 갔다.

갑골문에는 상형象形, 지사指事, 회의會意, 형성形聲 등으로 분석 가능한 글자가 많다. 이는 갑골문이 이미 상당히 성숙된 문자체계라는 것을 의미한다. 이를 통해 한자의 기원이 갑골문 시대보다 훨씬 이전일 수 있다는 유추가 가능하다

금문金文

은殷 말기, 서주西周, 춘추시대에 많이 사용된, 청동기에 새겨진 글자이다. 고대에는 '동銅'이란 글자가 없어서, 청동기에 새겨진 문자를 금문金文이라 부르게 되었다. 청동기 가운데 종鐘, 정鼎에 새겨진 글자가 많아서 금문을 종정문鐘鼎文이라고도 하며, 서주시대가 전성기여서 서주금문西周金文이라고도 한다. 청동기는 주로 주물로 만들며, 금문은 칼로 새긴 것과 흙으로 빚은 안틀과 겉틀인 모模와 범範을 이용하여 주조鑄造한 것이 있다.

금문은 주로 장식이나 기념을 위하여 소유주의 공적이나 포상, 혼인, 제사, 전쟁 등의 내용을 기록한 것이다. 일반 기록물과 달리 변형 없이

오래 보존될 수 있었기 때문에 고대 사회상을 아는데도 많은 도움을 주며, 사용 기간이 길어(약 1,200년) 자체의 변형이 많다. 초기 금문은 상형성이 강했으나 후기로 가면서 선형이 정제된다. 또한 주周 왕실이 쇠하여 낙양으로 동천東遷한 후, 제후들이 강성해지면서 금문의 양은 더욱 증가하였고 청동 공예 기술의 발전으로 장식성이 두드러지게 된다.

가장 많은 금문이 보이는 기물은 현재 대만 고궁박물관에 있는 주나라 때 나온 모공정毛公鼎이다.[3] 지금까지 발견된 금문은 대략 4,000여 자이며 그 가운데 2,800여 자가 해독되었다. 갑골문에 비해 보존 상태가 양호하며 갑골문 보다 후대에 나온 문자라 해독률이 높다.

고문古文

진나라가 망하자 진시황의 분서焚書를 피해 숨겨두었던 책들이 발견된다. 대표적인 것이 한경제漢景帝 때 공자의 옛 집을 수리하다가 출토된 벽중서壁中書들이다. 거기에 쓰인 한자들은 발견 당시 즉 한나라 때 쓰이고 있던 예서隷書가 아닌 전국시대의 문자였다. 한나라 사람들은 그것을 옛 문자라 하여 고문古文이라 불렀다.

고문이란 진대秦代 이전, 전국시대 각국에서 사용되었던 문자들이다. 그래서 육국고문六國古文이라고도 부른다. 이 문자는 『설문해자說文解字』에 약 500여 자가 보이는데 여러 나라의 문자인 만큼 자체에 이형異形이 많다.

---

3 32행, 497자로, 주왕(周王)이 모공(毛公)에게 정치를 맡기고 하사품을 내린 것을 기념하여 만든 정(鼎)

대전大篆, 주문籒文

주선왕周宣王 때 태사太史였던 주籒가 아동용 식자識字 교본으로 만든 『사주십오편史籒十五篇』에 쓰인 글자이다. 대전大篆은 전국시대 진나라에서 통용되었다. 통일 이후 진나라에서는 이 대전을 기초로 소전小篆을 만들었으니 소전의 전신이라 볼 수 있다. 주문籒文이라고도 하며 『설문說文』에 220여 자가 전해 내려온다.

소전小篆

통일 이전 진나라에서는 대전大篆을 사용하였다. 그 후 진시황이 천하를 통일하자 문자 통일의 필요성을 인식한 승상 이사李斯의 건의로, 진秦나라에서는 서동문자書同文字(같은 글자를 쓰자.)라는 구호 아래 전국시대 각국의 문자를 파기하고, 진나라에서 쓰던 대전을 개량하여 통일 문자를 만들었으니 이것이 소전이다. 그래서 동한東漢의 반고班固는 소전을 진전秦篆이라고도 불렀다. 문자 정리의 기본 방안은 ① 자형의 방정화方正化, ② 필획의 간략화 ③ 편방의 위치 고정 등이다. 이는 중국 역사상 최초의 문자 정리 사업으로 그 의의가 지대하다. 『설문說文』에 쓰인 표제자 9,353자가 소전이다.

3.2 근대문자

예서隸書

진시황 때 과중한 업무에 시달리던 옥리獄吏들이 행정 업무의 편리함을 위해 만들었다는 설이 있다. 하지만 전국시대의 간단한 속체俗體들 가운데 이미 대중에게 받아들여진 글자체를 선택하여 정리한 후, 진시황으로 하여금 상주·반포케 했다는 설이 타당해 보인다. 즉 애초에 진나라의 공식 서체는 소전이었고, 예서는 서리胥吏들에 의해 혹은 민간에서 비공식적으로 쓰였는데, 실용에서 우위를 점한 예서가 점차 그 영향력을 확대해 갔고 한대漢代에 들어 정식 서체로 자리 잡았다고 볼 수 있다. 예서는 유사한 편방을 합병하여 하나로 만들었으며, 곡선적인 필획을 직선화하였다. 이에 필획의 명확한 구분이 가능해져서 획수를 헤아리기 시작했다. 이러한 변화는 한자를 상형적인 문자에서 근대적인 문자로 발전할 수 있도록 하였고, 필기 속도를 빠르게 하는 등 실제 사용에 있어서도 매우 편리하게 만들었다.

해서楷書

해서는 동한 말 왕차중王次仲에 의해 시작되어 오늘날까지 쓰이고 있다. 해서는 더 이상 변화될 여지가 없을 정도로 발전된 서체인 것이다. 예서隷書를 기초로 하였고 형태가 방정方正하고 필획이 평직平直하다.

초서草書, 행서行書

초서와 행서는 정식 글자체라기 보다 서법 상의 범주이다. 초서는 역대 서예가들이 즐겨 쓰던 서체로, 한초漢初에 시작되었다. 필획을 간단히 하고 글자를 연이어 흘림체로 쓴다. 초서는 쓰기는 쉬우나 알아보기가 매우 어렵다는 단점이 있고, 반대로 평직한 해서楷書는 알아보기는 쉬우나 쓰기가 불편하다. 행서行書는 이 둘의 장단점을 고려하여 만든 것으로 볼 수 있다.

그림1 한자 서체 비교표

그림2 갑골문

갑골문에 대하여

현재 인정받고 있는 최초의 한자는 약 3,300년 전 사용되었다는 갑골문甲骨文이다. 갑골문은 상商 왕조의 마지막 도읍지 은殷에서 발견되었는데, BC 13세기경, 당시 상나라 왕이었던 반경盤庚이 수도를 은殷으로 천도한 뒤 주周나라에 의해 멸망당할 때까지, 약 273년 동안 행해진 상 왕실의 점복占卜 기록이다. 당시 상 왕실에서는 국가의 대소사를 주로 거북 뼈를 이용한 점占으로 결정하였는데 그것을 기록한 것이 갑골문이다. 그러므로 갑골문은 단순한 문자학적 가치를 넘어, 상대商代의 왕실 계보로부터 당시의 사회상까지 엿볼 수 있는 고대사 연구의 보고寶庫이다.

갑골문이 최초의 한자인가?

최초의 한자가 무엇인지에 대해서는 학설이 통일되어 있지 않다. 혹자는 신석기 시대 앙소문화仰韶文化 유적지인 반파半坡에서 발견된 도기陶器 파편에 새겨진 것을 문자로 보았다. 반파 유적은 방사성탄소 측정 결과 대략 B.C. 4,800~B.C. 4,300년 정도로 추정되므로, 도기문자의 시대는 6,800년 전까지 거슬러 올라간다『고문자학도론古文字學導論』을 쓴 저명한 문자학자 당란唐蘭은 이 도문陶文을 한자로 인정했을 뿐 아니라 최초의 한자는 도문보다도 훨씬 이전에 만들어졌으며, 1만 년 전에 이미 한자가 있었을 가능성이 있다고 주장하였다.

설형문자와 이집트 상형문자

한자보다 일찍 만들어진 문자로는 수메르Sumer의 설형문자楔形文字와 이집트의 상형문자象形文字가 있다. 이 두 문자 체계는 이미 오래 전에 사자화死字化되었고, 한자는 현재까지 수천 년 동안 동일한 체계로 쓰이고 있다.

설형문자楔形文字

'설楔'은 문설주(쐐기)란 뜻이다. 수메르인은 메소포타미아(유프라테스 강과 티그리스 강 유역) 남부에 살던 민족으로 메소포타미아 문명의 주역이다. 이들은 점토판에다 수메르어를 적었는데, 뾰족한 것으로 눌러 써서, 쐐기 모양이 되었고 그래서 설형문자라 한다. 대략 B.C. 3,000년부터 약 3천 년 동안 쓰였으며, 그 동안 초기의 그림 같은 형태가 점차 간략해지고 기호처럼 발전해갔다. 현재까지 약 1천여 자가 발견되었다.

이집트 상형문자

이집트 상형문자는 표의문자, 상징문자, 표음문자로 구성된 복잡한 체계로 이루어져 있다. 1799년 이집트를 공격한 나폴레옹 군은 로제타라는 마을에서 이집트 상형문자와 그리스어가 빽빽이 새겨진 돌비석 로제타석Rosetta Stone(대영 박물관 소장)을 발견하였다. 그리스어를 통해 상형문자를 쉽게 해독할 수 있을 것이라는 당초 기대와 달리, 이집트 상형문자는 쉽게 해독이 되지 않았다. 그후 1822년 프랑스의 장 프랑수아 샹폴리옹J. F. Champollion에 의해 실마리가 풀리게 된다. 이집트 상형문자는 총 700여 자이며 그 가운데 표음문자는 66개인데, 이 가운데 단일 음가를 가진 24개의 문자는 알파벳의 기원일 가능성도 있다. 이집트 문자는 B.C. 3,200년부터 약 3,600년 동안 사용되었다.

참고) 문자의 종류

단어문자: 하나의 문자가 하나의 단어임. 예) 한자, 이집트 문자, 수메르 문자

음소문자: 하나의 문자 기호가 하나의 음소임. 예) 한글, 라틴어

음절문자: 하나의 문자가 하나의 음절임. 예) 일본어

(음소音素: 소리의 최소 단위 / 음절音節: 하나의 완전한 음)

한자의 개수

갑골문이 적힌 갑골은 발견된 분량이 약 10만 조각 이상이며, 거기에 쓰인 글자는 대략 2,000자~5,000자에 이른다.(학자에 따라 통계가 다름) 『한서·예문지漢書·藝文志』의 기록에 의하면 진시황 때 나온 조고趙高의 『원력편爰力篇』, 호무경胡毋敬의 『박학편博學篇』, 이사李斯의 『창힐편蒼頡篇』에 총 3,300여 자의 소전小篆이 수록되었다고 한다. 동한東漢 허신許愼이 쓴 중국 최초의 자전인 『설문해자說文解字』에는 9,353자의 소전小篆이 수록되어 있다. 청대(1716)에 나온 『강희자전康熙字典』에는 47,035자가 수록되어 있으며, 20세기 들어 출간된 최초의 대형 자

전인 『중화대자전中華大字典』(1914)에도 4만 8천 자 이상이 수록되어 있다. 우리나라 명문당에서 나온 『한한대자전漢韓大字典』에는 약 5만 2천 자 정도가 수록되어 있으며, 현존 최대 규모의 자전인 『한어대자전漢語大字典』(8冊)에는 약 5만 6천 자~6만여 자가 수록되어 있다.

그렇다면 한자의 수는 얼마나 될까? 아쉽게도 한자의 수를 정확히 아는 것은 사실상 불가능하다. 왜냐하면 모양은 다르나 동일한 글자인 이체자異體字가 대량으로 존재하는데다가 줄곧 새로운 글자가 만들어지고 있는 중이며, 사라져가는 글자도 없지 않기 때문이다. 자전에 수록된 한자의 수 역시 정확한 한자의 수라고 보기 힘들다. 규모가 큰 자전일지라도 찾아보면 누락된 고문자가 적지 않으며 이체자가 중복으로 수록되어 있기도 하다. 아래는 각 시대의 자전(류) 및 거기에 수록된 한자의 수이다.

출판 시기	문헌文獻	수록자 수
은殷	갑골문甲骨文	2~5,000
한漢	『창힐편蒼頡篇』	3,300
동한東漢(100)	『설문해자說文解字』	9,353
양梁(543)	『옥편玉篇』	16,917
수隋(601)	『절운切韻』	12,158
송宋(1008)	『광운廣韻』	26,194
명明(1615)	『자휘字彙』	33,179
청淸(1716)	『강희자전康熙字典』	47,035
민국民國(1915)	『중화대자전中華大字典』	48,000자 이상
일본日本(1957)	『대한화자전大漢和字典』	48,902
한국韓國(1964)	『대한한사전大漢韓辭典』	41,388
대만臺灣(1969)	『중문대사전中文大詞典』	49,905
중국中國(1990)	『한어대자전漢語大字典』	약 5만 6천 자
중국中國(1994)	『중화자해中華字海』	85,568

한국韓國(2008)	『한한대사전漢韓大辭典』	55,000
대만臺灣(2014)	『이체자자전異體字字典』 第5版	106,230

앞서 말했듯이 자전字典들이 지금까지 존재했던 모든 한자를 수록하고 있지도 않으며, 이체자異體字도 함께 수록하고 있기 때문에 자전에 근거하여 한자의 수효가 정확히 얼마라고 말하기 힘들다. 전문가들은 이체자를 제외하고, 독립된 한자의 수만 고려하면 대체로 3만 자를 넘기가 힘들 것이라고 한다.

우리나라의 최대 규모 한자 사전

2008년 10월 28일, 단국대 동양학연구소는 세계 최대의 한자 사전이라는 『한한대사전漢韓大辭典』(16권)을 30년 만에 완간하였다는 발표를 하였다.

이 사전은 총 16권에 약 5만 5,000개 한자와 45만 개의 단어를 싣고 있다. 이것은 약 5만 자에 40만 단어를 수록한 대만臺灣의 『중문대사전中文大辭典』 및 약 4만 9천 자에 39만 단어를 수록한 일본의 『대한화자전大漢和字典』 보다 규모가 더 크다. 뿐만 아니라 단순 글자 풀이에서 한걸음 더 나아가, 각종 문헌에 나오는 단어들도 풀이하였다. 1978년부터 작업이 시작되었고, 약 310억 원이 소요되었다.

중국 사람들은 한자를 얼마나 알까?

1988년 중국국가교육위원회中國國家教育委員會와 국가언어문자공작위원회國家言語文字工作委員會가 공동 공포한 「현대한어상용자표現代漢語常用字表」에는 총 3,500자의 상용자常用字가 있다. 이 3,500자는 다시 상용자 2,500자와 차상용자次常用字 1,000자로 나눌 수 있다. 상용자만 알면 독서 등 중국에서 일상생활을 하는데 아무런 문제가 없다고 한다.

2013년에는 중국 교육부와 국가언어문자공작위원회가 「현대한어 상용자표」를 폐기하고 「통용규범한자표通用規範漢字表」를 공포하였다. 여기에는 1급 한자(상용자) 3,500자, 2급 한자(차상용자) 3,000자, 3급 한자 1,605자가 수록되어 있다.(총 8,105자) 중국에서 사용되는 한자는 모두 이것을 따르는데 1,2급 한자는 각종 출판, 인쇄, 교육 등에 쓰이는 것들이고, 3급 한자는 인명, 지명 등 비교적 사용 빈도가 낮은 것들로 볼 수 있다.

중국에서 고등교육을 받은 교양인들은 약 3,000자~4,000자 정도를 안다고 하며, 문자 관련 전문가라 하더라도 5,000자를 알기가 힘들다고 한다.

참고로 한국의 상용한자인 1,800자와 중국의 상용자 2,500자를 비교해보면 1,645자가 공통이다.

한자와 중국문학

한자는 기본적으로 상형문자인데다 모양이 복잡하여 쓰기가 용이하지 않다. 종이가 상용화되기 이전에는 죽간竹簡이나 나무 조각 혹은 비단 등 천 위에 글을 썼다. 한자체의 복잡함과 지면의 제약은 사람들로 하여금 간략하고 축약된 표현이나 문구의 정형화를 추구하게 하였고, 전통문학 역시 산문체 문학보다는 시가詩歌 문학 위주로 발달하였다.

중국어의 또 다른 큰 특징은 성조聲調를 가진 언어라는 것이다. 중국어가 아름다운 언어라고 하는 것도 성조가 있기 때문이다. 성음聲音의 조화에 따라 문장은 여러 가지 분위기를 자아낼 수 있다. 그러므로 대대로 중국문학은 운문은 물론 산문에 있어서도 소리의 조화를 매우 중요시했다. 다만, 성음 방면의 과도한 미적 추구는 왕왕 내용 전달에 장애를 가져와 문학 발전에 부정적인 영향을 주기도 하였다.

이처럼 중국문학의 기본 도구인 한자의 음악적, 형태적 특징은 중국문학 창작에 지대한 영향을 주었다.

한자 지식과 중국어 학습과의 상관관계

한국인이 중국어를 배울 때(특히 어휘 부분), 한자 지식을 활용하면 상당히 효과적이다. 한국어 어휘 가운데 한자어의 비중이 50~70%에 달한다. 게다가 한국과 중국에서 동일하게 쓰이는 어휘도 적지 않고, 중국어 어휘나 한자어의 의미는 공히 각 한자의 자의字意에 바탕을 두고 있다.

발음 역시 한국 한자음와 중국어 발음은 서로 깊은 관련이 있고 비슷하다. 실제로 한국인들은 중국어를 학습할 때 알게 모르게 한자 지식을 활용하고 있다. 필자도 한자를 활용한 중국어 어휘 교육을 했던 경험이 있는데, 학습효과는 물론 학생들의 반응도 확실히 좋았다. 한자에 친숙하다는 점은 한국인이 중국어를 학습하는데 매우 유리한 점이 아닐 수 없다.

2장

선진先秦과 진

1. 구석기와 신석기 시대

중국에서 발견된 가장 오래된 인류 화석으로는 약 200만 년 전의 것이라 추정하는 중경시重慶市 무산현巫山縣에서 발견된 화석과, 북경 근처 주구점周口店에서 발견된 50만 년 전의 북경원인北京猿人 화석 등이 있다. 이것들은 이른 시기의 중국 구석기 시대 유물들이다. 농경과 목축을 하며 정착 생활을 한 신석기는 빙하기가 끝나는 약 1만 년 전부터 시작한다. 중국의 신석기는 구석기에 비해 중국 전역에 광범위하게 분포하고 있으며, 발견된 유적지만 1만여 곳에 이른다.

신석기 시대의 대표적 문화로는 황하 중류 지역을 중심으로 하는 앙소문화仰韶文化(B.C. 5,000~B.C. 3,000)와 황하 일대의 용산문화龍山文化(B.C. 3,000~B.C. 2,000)가 있다. 앙소문화는 신석기 전기, 용산문화는 신석기 후기에 해당하는데 유적을 통해 당시 사람들의 생활상을 엿볼 수 있다. 앙소문화기 사람들은 다양한 석기를 사용했고 도기陶器를 만들어 추수한 농작물(조, 기장)을 저장했으며 돼지, 개 등을 사육하였다. 또한 수렵과 어업생활을 했으며 베옷을 짜 입었음도 알 수 있다. 용산문화기 유적은 앙소문화기에 비해 한층 발전된 모습을 보여준다. 더욱 발달된 다양한 농기구를 사용했고 소, 양, 닭, 개 등 사육 동물의 종류도 많아졌으며 쌀농사를 위주로 하는 지역도 많이 확대되었다. 만약 하夏 왕조를 인정한다면 용산문화기의 후반부에 태동했을 것으로 추정할 수 있다.

북경원인 화석

2003년 6월, 중국과학원은 북경원인北京猿人 화석이 발견되었던 북경시 방산현房山縣 주구점周口店 부근에서 2만 5천년 전의 것으로 추정되는 고대 인류의 화석을 발견했다고 밝혔다. 주구점은 북경시에서 남서쪽으로 약 48㎞ 떨어진 곳에 있다. 이 주구점에서 약 5㎞ 거리에 있는 전원田園 임업장 내 산 동굴에서, 고대 인류 화석 11점과 사슴, 멧돼지, 원숭이 등 26개 동물 화석이 발견된 것이다. 우신즈吳新智 과학원 원사는 발굴된 화석의 주인공은 키 1.6m의 성년 남자로 추정되며 두개골은 발견되지 않았으나 치아, 척추, 엉덩이뼈 손목뼈, 대퇴부 뼈, 정강이뼈 등 9개 종류의 뼈 12개가 발굴되었다고 하였다. 전원田園 동굴은 2001년 봄 임업장 인부들이 샘을 찾다가 우연히 발견하였는데, 그해 7월 임업장의 한 간부가 화석을 발견하여 과학원에 알림으로써 발굴이 시작되었다.

주구점에서는 1920년대 말, 고대 인류의 화석이 발견돼 북경원인으로 명명된 바 있다. 그러나 일본 침략 시기, 안전한 보존을 위해 미국으로 수송하기 직전 분실하여 찾지 못하고 있다.

2. 신화의 시대

『사기史記』 본기本紀 제1편은 「오제본기五帝本紀」이며 황제黃帝로부터 기술이 시작된다. 「오제본기」가 끝나면 「하본기夏本紀」, 「은본기殷本紀」, 「주본기周本紀」로 이어지는데, 이렇게 보면 중국의 조기 왕조는 오제, 하, 은, 주 순서로 정리할 수 있다. 하夏나라도 실재했을 가능성이 있지만, 갑골문의 기록을 통해 완비된 문자 체계와 왕의 계보가 증명되고,

유적의 발굴로 고증이 되는 은대殷代부터 역사 시대로 본다. 그 이전은 신화神話의 시대로 봐야하는 것이다. 우왕禹王이 건국한 하나라 이전에는 삼황오제三皇五帝의 시대가 있었다고 전해진다. 삼황三皇은 보통 신농神農, 복희伏羲, 여왜女媧로, 오제五帝는 황제黃帝, 전욱顓頊, 제곡帝嚳, 요堯, 순舜으로 보는데 논자에 따라 조금씩 차이는 있다.[1] 신농神農씨는 농사와 의약을, 사람 머리에 뱀 몸통을 하고 있는 부부의 신神인 복희伏羲와 여왜女媧는 팔괘, 문자, 혼인제도, 가축 기르기와 악기인 생황을 창조했다고 전해진다. 요순堯舜 시대는 선양禪讓의 시대 즉 왕위를 세습하지 않고 훌륭한 사람에게 물려주는 이상적 치국이 이루어진 시기로 유명하다.

B.C. 2,000년경 치수治水에 성공한 우禹가 중원지역에 하夏 왕조를 건립하였다. 禹는 법률, 관직 및 공물제貢物制를 시행했다고 전해지는데, 禹가 죽자 아들 계啓가 왕위를 세습한다. 이로써 선양禪讓의 전통이 깨지고 부자父子 혹은 형제간 왕위 세습이 시작되었는데, 이는 씨족·부족 사회에서 노예제 국가, 도시국가로의 변모를 의미한다. 이즈음부터 인구가 증가하여 생존경쟁이 생기게 되었고, 그에 따라 권력 및 사유재산에 대한 다툼과 전쟁이 본격화 되는 것으로 볼 개연성이 있다.

용산문화와 그 이전인 앙소문화 사이에는 사회·문화적으로 상당한 차이가 발견된다. 용산문화 시기에는 토기를 빚을 때 회전원반대가 사용되었는데 이는 기술이 상당 수준이 었음을 보여주는 것이다. 또한 용산문화층에서는 성벽이 발견되는데 성벽이란 외부의 적에 대한 방어가 목적이다. 매장 형태를 보면 분명한 계급 차이가 있었음도 추측할 수 있다. 즉 규모가 작고 소박한 묘에서부터 동물의 뼈나 도자기 등 부장품이 함께 묻힌 대형 묘까지, 묘의 규모나 격식이 다양하다. 이러한 사

1 본서에서는『사기(史記)』제1편인「오제본기(五帝本紀)」에서 제시한 설을 따랐다.

실을 통해 이 시기에는 이미 사유재산, 빈부 격차, 계급 차이, 전쟁 등이 있었음을 알 수 있다. 시대적 정황으로 보아 더 이상 선양이 통할 수 없는 때인 것이다. 인구 증가와 사회 발달 등의 측면에서, 용산문화 후기에 태동되었을 것으로 보이는 하夏 왕조 때는 더 이상 선양이 통할 수 없는 시대로 접어들었음을 미루어 짐작할 수 있다. 하나라 때부터 선양의 전통이 깨어졌다는 것은 단순한 신화 이상의 의미를 지닌다. 유가儒家에서는 선양의 시대를 가장 이상적理想的인 때로 여긴다.

하나라의 실재를 뒷받침하는 고고학 논문

2016년 발표된 한 고고학 논문에 의하면, 하나라 건국 즈음에 황하黃河에 의해 만들어진 거대 호수가 터져 큰 홍수가 나고 강이 범람했었다는 증거를 찾았다고 하였다. 이는 하나라의 홍수 신화와 하나라의 존재가 실재 했다는 근거가 될 수 있다. 논문의 내용은 청해성青海省 지역에서 지진과 지각 변동이 발생하였고 그것에 의해 생겨난 거대한 둑이 황하의 물길을 막았다가, 그 둑이 터지는 바람에(B.C. 1,900년 전후) 황하 하류에 큰 홍수가 났다는 것을 지층 분석을 통해 증명했다는 것인데 이 시기는 하나라의 시조인 우禹의 치수 신화가 만들어진 즈음이다.

고고학 발굴에 의하면, 신석기 전기를 대표하는 문화층인 앙소仰韶 문화층 위에는 신석기 후기의 용산龍山 문화층과 청동기 시기의 소둔小屯 문화층이 있다. 역사로 인정되는 은상대殷商代는 소둔 문화시기에 해당한다. 그렇다면 앙소 문화층과 용산 문화층은 삼황오제와 하나라 시기의 것으로 추정할 수 있다. 저명한 고문자학자인 당란唐蘭은 반파半坡 유적지에서 발견된 앙소 문화기의 도기陶器 부호를 문자로 볼 수 있다고 주장하였다. 그는 도기 부호를 갑골문 보다 이른 시기의 문자로 본 것이다. 전국시대 위魏나라 사관史官이 쓴 『죽서기년竹書紀年』에도 하나라에 대한 기록이 있다.

3. 하·은의 멸망과 주周의 성장

하夏의 마지막 왕인 걸왕桀王은 말희末姬에 빠져 주지육림酒池肉林에 폭정을 일삼았다. 결국 B.C. 1600년경, 하나라는 상商의 시조인 탕湯에 의해 멸망된다. 이후 상의 19대 왕인 반경盤庚은 수도를 은殷으로 천도하는데 이때부터 상나라는 은나라로도 불린다. 반경의 천도 후 은나라는 마지막 군주였던 폭군 주紂가 주무왕周武王에게 나라를 빼앗길 때(B.C. 1,046)까지 273년 간 존속하였다. 이때의 기록이 바로 갑골문에 남아있다. 갑골문은 상나라가 도읍을 은殷으로 천도한 이후부터 망할 때까지 약 273년 동안, 왕실에서 점을 친 내용들이다. 은나라는 청동기 시대의 왕조로 수천 개의 읍邑에 씨족들이 모여 살았으며, 은왕殷王은 이러한 읍 연합의 대표 정도로 볼 수 있다.

주周를 일으킨 일등공신은 강태공姜太公이다. 강태공의 성姓은 강姜이며, 본명은 여상呂尙인데, 태공망太公望이라고도 불린다. 태공太公은 '아버지'를 이르고, 망望은 바라거나 기다렸다는 뜻이니, '태공망'은 '아버지가 기다린 사람' 정도로 풀이할 수 있다. 태공망은 주문왕周文王 즉 주나라를 세운 무왕武王의 아버지가 학수고대하며 기다려 왔던 인물이란 뜻이다. 주문왕은 서백西伯의 창昌 때에 위수渭水가에서 바늘 없는 낚시를 하던 여상을 스승으로 모셔 와, 자신과 그의 아들(무왕武王)의 스승으로 삼았다. 은殷의 마지막 왕이었던 주왕紂王은 주周의 세력이 커지자, 정벌에 나섰다가 목야전쟁牧野戰爭에서 대패한다. 당시 은나라는 지배계층의 사치, 계속된 전쟁, 잔혹한 형벌 등으로 민심을 완전히 잃었다. 이에 주나라 무왕은 B.C. 1,046년경 목야牧野(안휘성 회하淮河 지류)에서 4만 5천 정도의 병력으로 70만 은나라 부대를 격파할 수 있었고 주나라 건국의

1등 공신인 강태공은 산동성 영구營丘 땅에 제齊나라 제후로 책봉된다.

복수불반분

강태공(태공망 여상)은 주문왕에게 발탁되기 전, 가족의 끼니도 해결하지 못하는 무능력한 가장이었다. 이를 견디지 못한 부인 마씨馬氏는 친정으로 돌아가 버린다. 남편 강태공이 크게 성공하자 마씨는 다시 남편에게 돌아오려고 했으나, 강태공은 한번 엎지른 물은 다시 담을 수 없다(복수불반분覆水不返盆)며 받아들이지 않았다. 강태공은 낚시꾼의 대명사가 되었다.

'상인'의 어원

주나라에 패한 은상殷商의 유민들은 전국 각지로 흩어졌고 이들은 서로 연락·교류하면서 각 지역의 산물을 교역하는데 앞장섰다. 그것이 바로 상인商人의 유래이다.

백이와 숙제

백이伯夷와 숙제叔弟는 훗날 주문왕으로 추존되었던 서백西伯의 창昌이 선정을 펼친다는 소식을 듣고 그를 찾아갔으나 그는 이미 죽고 없었다. 그런데 그의 아들(주무왕)이 주지육림에 빠진 은殷의 폭군 주紂를 치려하는 것을 보고, 그것은 신하국의 예가 아니라며 가로 막았다. 그러나 그 뜻을 이루지 못하자 실의한 채 수양산에 들어가 고사리만 캐 먹다가 죽었다. '백이숙제'는 충절과 절개를 상징하는 뜻으로 쓰인다.

은나라를 이은 주나라는 상주혁명商周革命이라 할 정도로 정치, 사회, 경제 등 제 방면에서 큰 발전을 이루었다. 대표적인 것이 봉건제封建制와 정전제井田制의 시행이다. 주무왕周武王은 B.C. 1,046년 은나라(상나라)를 멸망시켰으나 2년 뒤 사망하였고 어린 성왕成王이 즉위한다. 그러자 무왕의 동생 주공周公 단旦이 성왕을 도와 주 왕실의 탄탄한 기반을 닦았다. 이 주공 단이 바로 공자가 성인으로 극찬한 주공周公이다.

주공이 어린 성왕을 도와 섭정을 시작하자, 주변에서 난이 일어났다. 앞서 주무왕은 상(은)나라를 멸망시킨 후, 상 왕실의 후예들도 제후로 대우했다. 단 자신의 동생들을 함께 파견하여 그들을 감시하게 했는데 오히려 이들이 상 왕실의 후예들과 함께 반란을 일으킨 것이다. 이를 '삼감三監의 난'이라 하는데 이 삼감의 난은 B.C. 1,038년 주공에 의해 3년 만에 진압된다. 이후 주나라는 성왕成王, 강왕康王 시기에 걸쳐 전성기를 맞이하게 되었고, 또한 본격적으로 봉건제도를 실시하였다.

주공은 자신이 왕좌에 오르지 않고, 어린 성왕을 도와 주 왕실의 기초를 다졌다. 봉건제도도 주공에 의해 주도되었기에 공자가 주공을 성인聖人으로 극찬했던 것이다. 봉건제란 왕이 제후들에게 땅과 그 지역 통치권을 주는 대신 공납貢納과 군사적 의무를 지게 하는 것이다. 이는 독재체제에서 지방분권제로의 발전적 전환이라 볼 수 있다. 제후들은 거의가 주 왕실의 친인척이었으나 일부 공신들도 제후가 될 수 있었다.[2]

---

2 『좌전(左傳)』 소공(昭公) 28년 기록에는 무왕의 형제로 國을 만든 자가 15명, 周(주)와 동성인 희성(姬姓)으로 國을 만든 자가 40명에 달한다고 했으며 『荀子(순자)』「유효편(儒效編)」에서는 주공이 천하를 다스리자 71국을 세웠는데 그중 희성(姬姓)만 53명이 있었다고 했다. 또한 『한서·지리지(漢書·地理志)』에서는 공후백자남(公侯伯子男) 및 그 이하의 것을 포함하면 실제 1,800여 국이 있었다고 하였다. 松丸道雄 외, 조성을 역, 『중국사개설』, 한울아카데미, 1991, 45-46쪽 참고함.

이 시기는 목축과 수렵 생활 위주에서 농업 사회로의 전환이 이루어지는 때이다. 정착생활이 본격화되고 나라의 규모가 커지면서, 봉건제로의 체재 변화는 자연스러운 것으로 볼 수 있다. 주나라의 정전제井田制는 정방형 모양의 토지를 井자 형태로 9등분 한 뒤, 여덟 부분은 여덟 가구가 각각 경작하고, 가운데 한 부분(공전公田)은 공동으로 경작하여 조세로 바치는 제도이다.

국가의 발달 과정

단순 무리 생활 → 가족 단위 생활 → 씨족·부족사회 → 읍제국가 → 영토국가 → 고대 제국

왕위 세습이 시작되었다는 것은 국가 개념의 태동으로 볼 수 있다. 은나라는 수천 개의 읍邑으로 이루진 나라였고, 서주 초기에는 약 1,800여 개의 작은 국가가 있었다. 이런 것들은 모두 서양의 도시국가 수준으로 볼 수 있다. 춘추시대에 있었던 200여 개의 국가는 전국시대에 이르러 일곱 개의 대형 국가(전국칠웅戰國七雄 즉 제齊, 초楚, 진秦, 연燕, 위魏, 한韓, 조趙)로 재편되는데, 그렇다면 춘추시대는 읍제국가에서 영토국가로 전환되는 과도기에 해당된다고 볼 수 있다. 영토국가로 전환되는 전국시대는 철기의 시대가 본격적으로 도래하였는데, 철제 농기구의 사용은 사회의 발전과 분화에 큰 기폭제가 되었으며 진한대秦漢代에 접어들면 고대 제국이 형성되기에 이른다.

4. 춘추시대

서주西周는 혈연관계에 의한 종법적 질서로 봉건 체제가 유지되었으나, 시간이 지날수록 혈연관계는 소원해질 수밖에 없었고 그것은 통치 기반을 약화시키는 요인이 된다. 주선왕周宣王의 아들 유왕幽王은 포사褒姒에 빠져, 정실 왕후인 강씨姜氏(신후申侯의 딸)와 적자嫡子인 의구宜臼를 폐한 후, 포사를 정실 왕후로, 포사와의 사이에서 난 백복伯服을 태자로 삼는다. 그러자 신후申侯는 견융犬戎과 결탁하여 반란을 일으켰고, 유왕幽王은 여산驪山에서 살해당한다.

태자였던 백복 역시 살해당하고 포사는 노비가 되었다고 한다. 적자嫡子였던 의구가 13대 평왕平王이 되었는데 평왕 원년(B.C. 770)에 수도를 호경鎬京(서안 근처)에서 부도副都였던 낙읍洛邑(낙양)으로 천도한다. 이때부터를 동주시대東周時代라 부르는데 동주시대 초기를 춘추시대春秋時代라고 하고, 동주 후기를 전국시대戰國時代라 한다.

포사

주지육림酒池肉林에 빠진 유왕幽王에게 간언을 한 신하가 투옥되자, 그 신하의 아들이 포사褒姒를 유왕에게 바친다. 아름다운 포사였지만 그녀는 도통 웃는 법이 없었다. 어느 날 잘못 올려진 봉화에 헛걸음을 친 장수들을 보고 포사는 마침내 미소를 지었다. 이후 유왕은 포사의 미소를 보기 위해 수시로 봉화를 올려 병사들을 헛걸음질 치게 하였다. 훗날 진짜 적군이 쳐들어왔을 때 아무도 봉화를 믿지 않아 유왕이 크게 패했다는 고사가 있다.

춘추시대에도 주나라의 힘은 약했지만 그때는 주나라가 형식적으로나마 제후국들에 의해 종주국으로서의 대우를 받았었다. 전국시대는 주나라가 종주국으로서의 지위를 완전히 상실하여 천하가 전쟁의 혼란에 휩싸였던 때이다. '춘추시대'와 '전국시대'라는 명칭은 이 시대를 기술한 역사책인 『춘추春秋』[3] 와 『전국책戰國策』[4] 으로 부터 비롯되었다. 평왕이 낙양으로 천도한 춘추시대부터 주나라는 종주국의 위상을 잃게 되었고, 패자覇者의 회맹會盟에 의해 질서가 유지된다.[5]

춘추 초기만 해도 회맹의 맹주였던 패자는 주 왕실을 명목상으로나마 인정을 하였다. 그후 과거 주나라에 의해 제후국이 되었던 진晉나라가 내분으로 인하여 한韓, 위魏, 조趙 세 나라(삼진三晋)로 분열이 되는데, 이는 주나라가 종주국으로서의 지위를 완전히 상실했음을 보여주는 상징적인 사건이다. 북송北宋의 사마광司馬光은 주 왕실에서 이 삼진三晉을 제후국으로 인정하는 B.C. 403년부터 진시황의 천하통일(B.C. 221)까지를 전국시대로 보았다.

서주西周는 제후의 도성을 중심으로 촌락이 형성된 성읍城邑 국가였다.[6] 춘추시대 이후 제후국들은 서로 공방전을 지속하여, 춘추시대 약 200여 개였던 제후국은 전국시대에 접어들면 일곱 개의 대국과 몇 개의 소국만 남게 된다. 춘추시대는 성읍국가에서 영토국가로의 전환이

---

3 공자가 쓴 노(魯)나라 역사책

4 서한 유향(劉向)이 편찬한 전국시대 유세가(遊說家)의 이야기를 담은 책으로, B.C. 475년부터 진시황이 통일을 이루는 B.C. 221년까지의 전국시대 사건들을 12개국 별로 엮었다. 이 시기 즉 B.C. 475년부터 B.C. 221년까지를 전국시대라 한다.

5 춘추오패(春秋五霸)란 춘추시대 가장 강성했던 다섯 명의 패자(覇者)를 이른다. 명재상 관중(管仲)을 얻어 최초의 패자가 된 제환공(齊桓公), 초나라를 격퇴한 진문공(晉文公), 정(鼎)의 경중을 물은 초장왕(楚莊王), 춘추 말기 두각을 나타낸 오왕(吳王) 부차(夫差)와 월왕(越王) 구천(勾踐) 등이다. 춘추오패를 이와 약간 다르게 보는 설도 있다.

6 성읍국가는 읍제(邑制) 국가와 대동소이한 개념임.

이루어지는 시기로 볼 수 있는 것이다. 영토국가 시대인 전국시대로 접어들면 제후들은 칭왕稱王하며 본격적으로 독립해 간다. 또한 춘추시대는 청동기에서 철기시대로의 전환이 시작되는 시기이기도 하다. 중국의 남방은 철의 주요 생산지였다. 중국에서는 서양과 달리 주철鑄鐵을 녹여 형틀에 부어 만드는 주조鑄造 기술이 먼저 발전했는데, 주철은 강도가 약해서 무기보다는 농기구로 더 적합했다.

춘추시대 후기에 이르면 철제 농기구를 사용하여 토지를 깊게 파는 심경법深耕法이 용이해졌고 우경牛耕을 하거나 가축의 분뇨를 비료로 사용하는 등 농사 기술의 발달로 광대한 토지 개발이 가능해져, 생산성이 급격히 향상되었다. 또한 공동 경작보다 가족 단위의 소규모 농업이 등장하며 씨족 중심의 읍제邑制 질서가 붕괴된다. 이런 사회적 변화 속에 춘추 후기부터는 제후국들이 본격적으로 독립국화 하면서, 군주에 의한 중앙집권 형태인 군현제郡縣制가 등장하기 시작했고,[7] 전국시대에 이르러 군현제는 본격화 된다. 한편 철은 점차 무기의 재료로도 사용되었는데 초楚, 월越, 오吳 등 남방의 국가가 강국으로 부상한 배경에는 철제鐵製 무기의 영향이 적지 않았다.

문정경중, 와신상담, 오월동주, 서시와 서호

문정경중問鼎輕重

B.C. 606년 초장왕楚莊王은 융족戎族을 토벌하고 주나라 변경 지역에서 성대한 열병식을 했다. 이때 주나라 정왕定王이 신하를 보내 치하하자, 구정九鼎의 경중을 묻는다. 이것을 일러 문정경중問鼎輕重이라 한다. 구정은 주나라가 은나라를 전복시킨 후, 주나라 도읍으로 옮겨왔던 천자의 상징물이다.

초장왕은 구정의 무게와 크기에 대해 물으며 야심을 드러낸 것이다. 이는 천자국인 주나라를 위협하고 무시하는 처사인데 춘추시대 주도권 형세가 황화 유역에서 양자강 일대인 남방으로 기울었음을 보여주는 대목이기도 하다. 이처럼 미개한 지역이라 여겼던 남방의 초楚, 오吳, 월越 등이 춘추오패가 될 수 있었던 주요 배경 가운데 하나는 남방이 철의 주요 생산지였기 때문이다.

남방의 강대국 초나라를 곤경에 빠트린 나라도 남방의 오吳나라이다. 오자서伍子胥와 『손자병법孫子兵法』을 쓴 손무孫武를 거느린 오나라 왕 합려闔閭는 B.C. 506년 초나라 도읍 영郢을 함락시켰고, 이후 남방의 월越과 각축하게 된다. 오왕 합려는 월나라를 치려다가 오히려 월왕 구천句踐에 의해 죽게 된다. 합려는 임종 시 태자 부차夫差에게 원수를 잊지 말라는 유언을 남긴다.

와신臥薪(땔나무 위에 누움)하며 열심히 전쟁 대비를 하는 부차의 소식을 접한 구천은 선제공격을 했다가 패하고 회계산會稽山에서 겨우 강화를 맺는다. 구천은 부차의 노예가 되어 마구간에서 말을 돌보았고, 부차가 병이 들자 친히 부차의 변을 맛보기도 한다. 이러한 노력으로 간신히 석방이 된 구천은 월나라로 돌아와 상담嘗膽(쓸개를 맛 봄)하며 복수의 칼을 갈았으며, 한편으로는 미녀 서시西施를 부차에게 바쳐 국정을 소홀히 하게 한다. 이후 부차가 제후들과 회맹하러 간 사이, 구천은 오나라를 공격하여 태자를 살해하였다. 곧 강화를 맺었으나 몇 년 뒤 다시 월나라는 오나라를 공격했고 패한 구천은 자결한다.

와신상담臥薪嘗膽

직역하면 땔나무 위에 눕고, 쓸개를 맛본다는 의미인데, 실패한 일을 다시 이루거나 복수를 위해 온갖 어려움을 참고 견딘다는 뜻으로 쓰인다.

오월동주吳越同舟

오나라와 월나라 사람 즉 서로 원수지간일지라도 같은 배를 타면 일단 살기 위해 협력한다는 의미이다.

서시와 서호

미녀 서시西施가 서호西湖를 유람할 때, 호수 속에 있던 물고기가 서시의 미모에 넋을 잃고, 헤엄치는 것을 잊어버려 물속으로 가라앉았다는 고사가 있다. 이로 인해 서시는 침어沈魚라는 별명을 가지게 되었다. 서호는 항주杭州 서쪽에 있어서 붙여진 이름으로 서시의 아름다움에 비견된다하여 서자호西子湖라고도 불린다.

서호는 절강성浙江省 항주시 서쪽에 소재하며, 중국의 첫 번째 국가중점풍경명승구國家重點風景名勝區이자 중국십대풍경명승中國十大風景名勝 가운데 하나이기도 하다. 2011년 유네스코 세계문화유산으로 지정되었으며, 총 면적 6.39㎢, 동서 폭 2.8㎞, 남북 길이 3.2㎞, 호수 둘레 15㎞에 달하는 거대한 인공호수이다. 백거이白居易가 이 지역 지방관이 되어 쌓은 제방인 백제白堤와 소동파蘇東坡가 이 지역 관리가 되어 쌓은 제방인 소제蘇堤가 유명하다.

철의 산지 남방 지역의 성어成語

『한비자韓非子』의 모순矛盾 고사에 나오는 장사꾼은 초나라 사람이며 『여씨춘추呂氏春秋』의 각주구검刻舟求劍에서 강에 칼을 빠트린 사람 역시 초나라 사람이다. '모순'은 언행言行의 앞뒤가 맞지 않음을 이르는 말이며, '각주구검'은 시대는 변하는데 옛 법만을 고집할 수 없다는 교훈을 주기 위한 고사이다. 창이나 칼, 방패 등 철기와 관련된 고사는 남방의 초나라 고사에 자주 등장하는데 그것은 중국 남방이 철의 주요 생산지였기 때문이다.

남방의 나라들은 북방에 비해 발전이 늦었으므로 주로 현명하지 못하고 어리석음을 풍자하는 고사에 자주 등장한다. 진秦을 멸망시키고, 천하의 요새였던 秦의 수도 관중關中을 비워두고, 다시 고향인 楚로 돌아가는 항우項羽를 비꼰 말인 초인목후이관楚人沐猴而冠(초나라 사람은 원숭이면서 갓을 쓰고 있다. 『사기史記』)과 『한비자韓非子』에 나오는 영서연설郢書燕說(초나라 수도 영郢 지방 사람이 쓴 글을 연燕 지방 사람이 해석하다. 견강부회하다.)도 비슷한 경우이다.

5. 전국시대

전국시대戰國時代는 그야말로 본격적인 약육강식, 멸국겸병滅國兼併의 시대이다. 전국시대에는 전국칠웅戰國七雄이 있었다.[8] 각 군주들은 부국강병을 위해 최선을 다하게 되는데 그때 등장한 것이 변법變法과 제자백가諸子百家이다. 변법의 핵심은 법치를 통하여 봉건적 읍제국가에서 중앙집권적 변화를 꾀하는 것이다. B.C. 400년을 전후해서 전국시대 각국은 경쟁적으로 변법을 시행하는데, 가장 성공적인 사례가 진나라 상앙商鞅(B.C. 395?~B.C. 338)의 변법이다. 상앙은 모든 백성을 대상으로 평등하게 십오제什伍制를 실시했고,[9] 전란이 잦은 시기였으므로 세습제보다는 철저히 전공戰功 등에 의해 신분과 지위를 부여했다. 또한 억상중농抑商重農 정책을 펴서 성인 남자가 분가하지 않으면 중과세하였고, 생

---

8 전국칠웅(戰國七雄): 전국시대 중원의 중심 세력이었던 일곱 나라. 진(晉)의 내분으로 분할 된 삼진(三晉) 즉 한(韓), 위(魏), 조(趙) 그리고 서주 때부터 북방에 자리 잡고 있었던 연(燕), 양자강 중심 세력이었던 남방의 초(楚), 동쪽의 제(齊), 광활한 배후 영토를 가졌던 서방의 후진국 진(秦) 등이 전국시대 대표적 강국 이른바 전국칠웅이다.

9 5호, 10호를 단위로 공동으로 조세와 병역의 의무를 지게하고, 상호 감시 및 연대 책임을 지게 하는 일종의 연좌제인데 보갑제(保甲制)라고도 한다. 보갑제는 이웃하는 일정한 수의 가구를 합쳐 갑(甲)이라 하고, 몇 개의 갑을 합쳐 보(保)라는 단위를 만든 후, 상호 견제 감시하게 하는 제도로 본격적인 시행과 그 명칭은 송대의 신법가(新法家) 왕안석(王安石, 1021~1086)으로부터 비롯된다.

산 활동에 종사하지 않으면 노예로 삼기도 하였다.(1차 변법)

한편 B.C. 350년 진효공秦孝公이 도읍을 함양咸陽(서안 서북 지역)으로 옮긴 이후에는 2차 변법으로 토지 정리와 풍속의 정비를 꾀한다. 전국을 31개 현縣으로 나눈 후 중앙에서 관리를 파견하였으며, 황무지는 누구나 개간할 수 있도록 했고, 각 농가에 일정 토지를 균등하게 배분하여 민생과 세수의 안정을 도모했다. 또한 도량형을 통일하거나 융족戎族의 습성이었던 남녀노소의 동침 풍속을 타파하기도 하였다. 이런 일련의 변법은 진秦의 부국강병에 크게 이바지 하였고, 진나라 천하통일의 바탕이 되었으나 정작 상앙商鞅 자신은 불행한 최후를 맞게 된다.

진나라 통일의 초석을 닦은 상앙

본명은 공손앙公孫鞅이며 원래 위衛나라 출신이었으나 중용되지 못하고 위魏에 있다가, 진秦나라로 건너 가 효공孝公(B.C. 381~B.C. 338)에게 중용되었다. 이때부터 상앙商鞅의 법치와 부국강병책으로 인해, 낙후되어 있었던 진나라는 강국으로 성장한다. 사실 상앙의 법은 위魏나라의 변법가 이회李悝에게 배운 것이다. 魏의 치세를 이끌었던 위문후魏文侯(B.C. 446~B.C. 396)는 이회를 중용하였다. 이회는 중국 법전의 효시인 『법경法經』을 편찬했고 세법을 개정하였으며 최초로 변법을 시행했다. 그 결과 위나라는 크게 부흥할 수 있었다. 이후 魏의 혜왕(惠王, B.C. 370~B.C. 319)은 상앙을 등용하지 않았고, 상앙은 진秦으로 가 魏의 신법을 참고하여 대대적인 변법을 시행하여 秦을 강성하게 한다. 결국 B.C. 340년 魏는 상앙이 이끄는 군대에 패하여 황하 지역의 상당 부분을 잃게 되고, 상앙은 위나라를 격파한 공로로 상商 땅에 봉해졌고 그때부터 그를 상앙商鞅 혹은 상군商君이라 부르게 된다. 이후 B.C. 225년 전국칠웅 가운데 가장 강성했던 魏나라는 마침내 秦나라에 멸망당하게 된다.

위나라의 재상이자 한때 상앙의 스승이었던 공숙좌公叔座는 상앙의 능력을 알아보고, 위혜왕魏惠王에게 상앙을 등용하든지, 아니면 죽여서 타국에서의 중용을 막으라고 했으나, 혜왕은 그 말을 듣지 않았다. 한편 공숙좌는 상앙에게도 만약 위나라에서 등용이 되지 않으면 즉시 위나라를 탈출하라고 했다. 이후 상앙의 군대에 패하여 황화 지역의 반을 잃은 위나라 혜왕은 공숙좌의 말을 듣지 않았던 것을 후회하였다.

B.C. 361년 진효공秦孝公은 즉위 후 천하의 인재를 두루 모았다. 이때 상앙도 秦으로 갔으나 처음에는 주목을 받지 못했다. 얼마 후 상앙의 부국강병, 중앙집권, 귀족의 세습제 철폐와 권한 약화 등의 주장을 듣고, 진효공은 상앙을 크게 중용하게 된다. 그러나 상앙은 자신이 확립한 엄격하고 철저한 법치의 망에 희생되고 만다.

진효공 시절 상앙은 법치의 엄격한 시행을 만천하에 보여주기 위해, 저자거리에 나무 기둥을 세워놓고 그것을 옮기는 자에게 엄청난 상금을 주겠다고 했다. 아무도 믿는 자가 없자 상앙은 상금을 더욱 올렸고, 결국 그것을 옮긴 자에게 거액의 상금을 지급하였다. 한편 엄벌의 시행으로 백성들의 원망이 커질 무렵 태자가 죄를 짓게 되는데, 태자를 벌할 수는 없어서 태자의 스승에게 묵형墨刑(얼굴에 먹물을 들임)을 가하여 법의 엄정한 집행을 만천하에 보여주었다. 이후에도 태자를 모시는 공자公子에게 비형鼻刑(코를 벰)을 시행하여 법치에 대한 반발을 일거에 무마시킬 수 있었다. 잔혹한 형벌과 귀족의 권력을 약화시킨 상앙은 백성과 귀족 모두로부터 원성을 샀고, 특히 태자는 자신의 스승에게 묵형을 시행한 상앙을 좋게 볼 수 없었다. 게다가 상앙은 세력도 대단했고 스스로 과인寡人이라 부르는 등 덕인德人의 풍모는 찾을 수 없었다.

태자가 진秦의 혜문왕惠文王으로 즉위한(B.C. 338) 후, 귀족들은 상앙의 모반을 혜문왕에게 고했고, 상앙은 도망자 신세가 된다. 모든 객사에서는 상앙의 법에 따라 통행증을 요구하였고, 그는 어디에서도 묵을 방을 구하지 못했다. 위魏나라로 겨우 도망을 갔지만, 과거 위나라에게 심각한 타격을 입힌 상앙은 금방 축출되고 만다. 결국 상앙은 진나라에서 잡혀 거열車裂(능지처참)에 멸족까지 당하게 된다. 사마천司馬遷은 『사기·

상군열전史記·商君列傳』에서 "상앙은 천성이 각박하며 …… 은혜를 모르는 자다(商君, 其天資刻薄人也 …… 商君之少恩矣)."는 비평을 하였다. 상앙의 정치사상을 담은 『상군서商君書』가 전한다.

6. 제자백가

춘추전국시대는 개인의 능력에 따라 신분 상승이 가능했고, 각국의 군주들은 부국강병을 위하여 인재를 적극 발굴하였다. 이런 분위기 속에서 다양한 사상가 집단이 출현하니 이를 일컬어 제자백가諸子百家라 한다. 당시는 혼란의 시기였기에 실용 가능한 합리적이고 이성적 사상이 환영을 받았다. 대표적인 사상은 유가儒家, 법가法家, 묵가墨家, 도가道家 등이며 병가兵家, 법가法家, 농가農家 등도 전쟁이 횡행하던 전국시대에 꼭 필요한 실용적 사상이었다. 불교를 제외하면 중국의 모든 사상적 기반이 이 시기에 이루어졌다고 해도 과언이 아닌데[10] 춘추전국시대 많은 사상가들이 자유롭게 토론하며 서로 논쟁을 하던 것을 일러 백가쟁명百家爭鳴이라 한다.

---

10 한초(漢初) 유흠(劉歆)은 『칠략·제자략(七略·諸子略)』에서 춘추전국시대 및 漢代의 사상을 유가(儒家), 도가(道家), 음양가(陰陽家), 법가(法家), 명가(名家), 묵가(墨家), 종횡가(縱橫家), 잡가(雜家), 농가(農家), 소설가(小說家) 등 十家로 분류했다. 이후 반고(班固)는 『한서·예문지(漢書·藝文志)』에서 '구류십가(九流十家)'설을 주장했다. 十家 가운데 마지막인 小說家는 나머지 9개의 사상과 견줄 만하지 못하다는 것이다. 또한 사마천(司馬遷)은 『사기(史記)』에서 중요한 학파로 육가(六家)를 이야기했는데 그것은 유가, 도가, 음양가, 법가, 명가, 묵가 등이다. 고래로부터 지금까지 가장 영향력이 있는 사상이라면 유가, 도가, 묵가 법가를 꼽을 수 있을 것이다.

유가儒家

유가는 춘추 말기 노魯나라의 공자孔子(B.C. 551~B.C. 479)에 의해, 제자백가 중 가장 먼저 성립되었다. 공자는 14년 간 전국을 주유하며 자신의 사상을 설파했으나, 어느 나라에서도 그의 사상을 받아들이려 하지 않았다. 결국 그는 고향으로 돌아가 『시경詩經』, 『서경書經』 등을 정리하며, 제자들을 양성하는데 일생을 바친다. 그의 어록인 『논어論語』는 후에 그의 제자들이 편찬한 것이다. 공자의 유가儒家는 인仁으로 덕치德治를 해야 한다는 것이 핵심사상이다.

공자의 사상을 이은, 전국戰國 말기의 맹자孟子(B.C. 372~B.C. 289)는 성선설性善說을 주장하며 仁에 바탕을 둔 왕도정치王道政治를 표방하였다. 반면 성악설性惡說을 주장한 자하子夏의 제자 순자荀子(B.C. 298?~B.C. 238?)는 인간의 본성이 악하기 때문에, 교육과 수양에 의해 도덕과 인도仁道가 가능하다고 믿었다. 성선설을 주장하는 맹자는 인의도덕을 앞세우지만, 성악설을 믿는 순자는 법과 교육의 필요성을 중시하였다. 혼란의 시대에는 공맹孔孟의 인의도덕보다 법가들의 사상이 더욱 효과적이었다.

묵가墨家

전국戰國 초기, 기계 제작공 출신 묵적墨翟(B.C. 475~B.C. 390?)에 의해 창시된 묵가墨家는 근검절약과 만인 평등의 겸애兼愛를 주장하였다. 묵가는 종법 질서 및 혈연이나 친소 관계를 중시하는 덕德은 진정한 덕이 아니며 장례나 예악 등도 낭비라며 유가를 반대하였다. 전국시대에 매우 성행하다 이후 맥이 끊기고 말았지만, 사회주의 국가인 중국에서 많은 주목을 받았다.

세계 최초의 양자통신위성 '묵자호'

2016년 8월 16일 중국은 세계 최초로 양자통신위성 발사에 성공했다는 보도를 냈다. 도청과 감청이 불가능한 차세대 위성인 양자통신위성의 이름은 묵자호墨子號이다. 2017년 6월 세계 최초로 1,200km 거리의 양자통신 실험에 성공했고, 2018년 1월 20일에는 묵자호를 이용하여 약 7,600km 떨어진 북경과 오스트리아 빈 사이의 양자통신을 성공시켰다. 중국은 안휘성安徽省 합비시合肥市에 13조원을 투자하여 세계 최대 규모의 양자 연구소(국립양자정보과학연구소)를 건립하고 있으며, 지속적으로 막대한 자금을 투자하여 양자(통신) 기술 개발에 박차를 가하고 있다. 양자컴퓨터는 디지털컴퓨터에 비해 속도가 비교할 수 없을 정도로 빠르며, 양자통신은 보안성이 뛰어나기 때문에 중국은 세계 최고의 양자 기술 강국이 되기 위해 노력 중이다.

한편 구글은 2019년 10월 23일 최고의 슈퍼컴퓨터로 1만 년 걸릴 문제를 200초 만에 푸는 양자컴퓨터 기술을 개발했다고 발표했다. 미국과 중국의 퀀텀 레이스(양자 기술 경쟁)가 치열한 이유는 "양자를 지배하는 나라가 세계를 지배한다."고 할 정도로 양자 기술이 미래의 최고 핵심기술 가운데 하나이기 때문이다. 구글의 이번 개발로 양자 기술에 있어서 미국이 중국에 한 발 앞서나가는 것으로 볼 수 있으나 양자 기술 관련 특허 건수를 보면 2018년 기준 중국이 492건으로, 248건의 미국에 비해 거의 두 배이다.(한국은 45건) 중국은 양자 기술의 중요성을 인식하고 국가가 나서서 전폭적인 지원을 하고 있다. 미·중 간 양자 기술 경쟁은 앞으로 더욱 치열해질 전망이다.

여하튼 첨단 통신위성의 이름을 묵자호墨子號로 정한 것은 그만큼 묵자의 과학기술적 성취를 높이 산다는 증거이다.

법가法家

법가는 전국 말기 순자荀子의 제자였던 한비자韓非子(B.C. 280~B.C. 233)에 의해 종합·완성되었다. 한비자는 인간이 본질적으로 도덕적이지 않기 때문에 엄격한 법이 있어야 사회 질서가 유지되고 통제가 가능하다고 믿었다. 법 제정의 주체가 군주이니 만큼, 군주의 절대적 권력과 백성의 무조건적 복종을 지향하는 법가사상은 당시 지배자들에게 큰 호응을 받았고, 그것은 진시황秦始皇의 천하통일로 그 실효성이 입증되었다.[11]

한비자에 대하여

제齊나라에서는 수도 임치臨淄의 성문 가운데 하나인 서문西門 즉 직문稷門에 직하학사稷下學舍를 만들어 천하의 인재를 모았다. 인재의 활용 및 타국 유출을 막기 위해서였다. 이때 활동한 인재들을 직하학사稷下學士라 부르는데 맹자나 순자도 여기서 활동했고, 제나라에는 유가사상이 크게 유행하였다. 당시 성선설을 주장했던 자부심 강한 맹자는 제나라에서 중용되지 못하고, 공자처럼 고향 추鄒로 가서 후학을 양성하였으나 맹자와 달리 성악설을 주장했던 순자는 직하학사의 최고 책임자가 되었고, 그의 수제자인 이사李斯와 한비자韓非子도 두각을 나타냈다. 기회를 잡고자 진秦나라로 간 이사는 진시황에게 발탁되어 승상의 자리에까지 올라, 자체字體 통일, 분서갱유焚書坑儒 등을 총괄·기획하였다. 반면 법가를 세웠다는 한비자는 말이 심하게 어눌했고 남들 앞에 서는 것조차 꺼렸다. 유가를 철저히 비판하고 법과 능력을 최우선시하는 한비자의 글을 본 진시황은 그의 진가를 단번에 알아보게 된다.

---

11 한비자는 조국 한(韓)나라의 부강을 위해 왕에게 시책을 올렸으나 받아들여지지 못했고, 결국 韓나라는 육국 가운데 가장 먼저 진나라에 멸망당했다.(B.C. 230)

합리주의와 실용주의 노선을 걸었던 한비자는 법과 제도 및 시스템의 중요성을 강조하였다. 그는 법이 가지는 경고성과 재발 방지 효과에 주목하였고, 왕이 자신의 의중을 신하에게 간파당하면 신하에게 조정을 당하기 때문에 왕은 신하에게 자신의 의중을 모르게 해야 한다고 했다. 또한 모든 사람의 말을 하나하나 경청해봐야 바른 판단을 내릴 수 있다고 했으며, 어떤 일이 발생했을 때, 그것으로 인해 득을 보는 쪽과 해害를 당하는 쪽을 잘 살펴보면 진상을 파악할 수 있다고도 했다.

「오두五蠹」는 진시황이 보고 찬탄한 한비자의 저작 가운데 하나이다. 오두란 다섯 종류의 좀(벌레)이란 의미인데, 나라를 좀먹는 다섯 부류의 사람들을 빗댄 것이다. 오두는 다음과 같다. 군주를 혼돈으로 빠트리는 학자學者(특히 유학자)들, 사사로운 이익을 취하려는 논객論客이나 유세객遊說客들, 절의와 명분을 앞세워 무리지어 폭력을 행사하고 법을 어기는 협사俠士들, 뇌물과 청탁을 행하고 이득을 챙기는 권력자의 측근 및 기득권 세력들, 힘들게 노동한 농민들의 이익을 교묘하게 가로채는 상공업자 등이다.

이 「오두」는 현재를 살고 있는 우리들도 충분히 공감할 수 있는 내용이다. 이 글을 읽은 진시황은 한비자의 통찰력과 재능을 한눈에 알아보고, "과인이 이 글의 저자를 만나 교유할 수 있다면 죽어도 한이 없을 것이오(嗟乎, 寡人得見此人與之游, 死不恨矣)."라고 했다. 이사李斯가 그것이 한비자의 글임을 알려주자, 진시황은 한비자를 얻고자 즉시 한韓나라를 공격했고, 한나라의 왕은 어쩔 수 없이 한비자를 진秦의 사신으로 파견한다. 그러나 자신보다 뛰어난 한비자의 영향력을 두려워한 이사와 요고姚賈는 한비자가 韓나라 사람이기 때문에 韓나라에 유리한 정책을 펼칠 것이라 고하는 한편 지금 석방한다 해도 이미 秦의 사정에 정통하게 되었으니 훗날 진나라에 해악이 된다며, 진시황에게 그를 처단할 것을 종용하였다. 결국 한비자는 사약을 받고 죽었고 이후 진시황은 크게 후회했다고 한다.

한비자는 『한비자·세난韓非子·說難』에서 유세의 어려움을 역린逆鱗에 비유했는데 자신이 바로 그러한 죽음을 당하였다. 사마천은 한비자가 법가이긴 하나 학설의 근원이 황노黃老에 있다면서 『사기·노자한비열전史記·老子韓非列傳』에서 노자老子와 한비자를 함께 다루었다.

최근 한국 정치사에서도 『한비자』가 인용된 바 있다. 2017년 3월 10일 오전 11시경, 헌법재판소는 재판관 8명 전원일치로 대통령 탄핵소추안을 인용하여 대통령을 탄핵시켰다. 이 판결문을 선고한 이정미 헌법재판소 소장 권한대행은 3월 13일 퇴임식 퇴임사에서 『한비자』의 말을 인용하였다. "법의 도리는 처음에는 고통이 따르지만, 오래도록 이롭다(法之爲道前苦而長利)." 「육반六反」

그림3 한비자

그림4 진시황

도가道家

도가는 공자 보다 몇 살 위인 초楚나라 사람 노자老子에 의해 창시되었고, 전국戰國 말 장자莊子(B.C. 369~B.C. 286)에 의해 완성되었다. 이 사상의 핵심은 일체의 인위적인 것을 부정하고 무위자연無爲自然을 최고의 道라 여기는 것이다. 도가 사상은 특히 난세에 많은 환영을 받는다. 공자가 젊은 시절 노자에게 배웠다는 설이 있으며, 노자와 장자 공히 황제黃帝를 학파의 연원으로 보아, 도가사상을 황노사상黃老思想이라고도 한다.

종횡가縱橫家

여러 나라가 경쟁적으로 멸국겸병에 뛰어 든 전국시대에는 각국 상호 간의 외교도 중요하였다. 정확하고 객관적인 정세 파악 능력과 상대를 설득할 수 있는 논리적 언변을 갖추고, 각국 정치 세력들을 대상으로 외교적 활약을 펼친 이들을 종횡가縱橫家라 한다. 대표적 인물인 소진蘇秦과 장의張儀는 귀곡자鬼谷子의 동문으로, 이들은 합종合縱과 연횡連橫으로 경쟁하였다. 처음 두각을 나타낸 인물은 합종책合縱策을 구사한 소진이었다. 강대국 진秦에 대항하기 위해 육국이 종縱으로 연합하는 합종책의 시행으로 소진은 육국의 재상을 겸하였고, 이로 인해 秦은 15년 동안 운신하기 힘들었다. 그런데 소진이 죽자 장의는 秦나라에서 연횡책을 실시하였다. 진나라가 육국과 일일이 화친함으로써, 육국 간의 동맹을 깬 연횡책連橫策을 통해 결국 秦은 훗날 전국을 통일하게 된다.

소진과 장의(합종과 연횡)

소진蘇秦(?~B.C. 284)은 전국시대의 한 제후국인 동주東周의 낙양인洛陽人이다. 그는 무명시절 친척과 가족들로 부터 많은 냉대와 멸시를 받았으며, 여러 왕들에게 유세를 했으나 인정받지 못하였다. 특히 그는 처음 진秦나라에 가서 秦의 지리적 이점을 이용하여 천하를 통일할 수 있음을 설파하였으나, 당시 진나라는 상앙商鞅을 처단한 직후여서 유세객遊說客을 우대하지 않았다.

여러 나라를 전전한 끝에 결국 합종合縱을 성공시키고 육국의 재상이 되자, 소진을 냉대했던 형수가 소진에게 머리를 조아렸다. 소진이 태도가 바뀐 까닭을 묻자 형수는 솔직히 답한다. 그때와 달리 지금은 지위가 높고 재물이 많아졌기 때문이라고. 그는 현실을 탄식하는 한편 자신이 그런 수모와 힘든 시절을 겪지 않았다면 재상이 될 수 없었을 것이라고 술회했다. 아울러 그는 현실을 인정하고, 과거 자신에게 냉대했던 사람들을 너그러이 용서해 주었고, 자신에게 은혜를 베풀었던 사람들에게는 크게 보답을 한다.

소진의 합종으로 육국이 연대하자 진나라는 15년 간 함곡관函谷關에서 한 발짝도 나아가지 못했는데 이후 진나라는 제齊, 위魏와 함께 조趙나라를 공격함으로써 합종을 깨기 시작했다.

한편 소진과 경쟁 관계에 있던 사람들이 많아서, 소진은 결국 그들에 의해 암살당한다. 소진이 테러를 당한 직후 좀처럼 범인을 잡지 못하자, 소진은 제왕齊王에게 범인 잡을 방도를 알려준다. 자신이 반란을 꾀했다고 거짓 선포를 하고, 저잣거리에서 거열형車裂刑에 처하겠다고 하라는 것이었다. 齊王이 그의 말 대로 했더니 과연 범인은 상을 받으려고 스스로 자수하였고, 그는 살인죄로 죽임을 당하게 된다. 사마천司馬遷은 『사기史記』에서 「소진열전蘇秦列傳」과 「장의열전張儀列傳」을 따로 기술하였는데, 그만큼 소진과 장의를 비중 있게 보았기 때문이다. 사마천은 「소진열전」 마지막 부분에서, 소진에 대한 세간의 설이 많지만 범인凡人의 신분에서 육국의 재상이 되어 진나라를 압박한 것은 부정할 수 없는 큰 재능이라며 그를 인정하였다.

장의張儀(?~B.C. 309)는 위魏나라 사람으로 소진蘇秦과 함께 귀곡자鬼谷子의 제자였다. 소진은 스스로 장의가 자신보다 훨씬 뛰어나다고 했으나, 초반에는 소진이 먼저 육국의 재상이 되어 출세가도를 달렸다. 한편 장의는 초楚나라 재상과 술을 마시다가 벽璧(보석(옥)의 일종) 도둑으로 몰려 참혹한 매질을 당한 적이 있었다. 장의의 부인이 공연히 유세遊說를 하다가 이런 꼴을 당했다고 하자, 장의는 육신이 다 망가져도 세치 혀만 살아있으면 아무 문제가 없을 것이라며 웃었다고 한다.

조趙나라 재상이었던 소진은 합종이 깨질 무렵, 곧 진나라가 강성해질 것을 간파하였다. 또한 소진은 진나라에서 천하를 도모할 인물이 장의 밖에 없다고 생각했고, 빈털터리 장의가 자신을 찾아오도록 모의를 했다. 장의는 성공한 옛 친구 소진을 찾아갔으나 온갖 망신을 당한 후, 진나라로 돌아가면서 조나라에 대한 복수심을 불태운다. 그러나 아무것도 가진 것이 없었던 장의는 성공의 기회를 잡기가 쉽지 않았다. 그런데 어떤 사람이 나타나 거금을 주며 장의를 도왔고 결국 장의는 진혜왕秦惠王의 객경客卿이 된다. 장의는 성공 후 자신을 도와준 사람으로부터 모든 것이 소진의 배려였음을 알게 된다.

소진은 장의의 성공을 위하여 고의로 그에게 모욕을 준 후 몰래 도와줌으로써 포부와 집념을 다지도록 한 것이다. 친구의 우정에 감동한 장의는 절대 조나라를 공격하지 않겠으며 소진의 일도 방해하지 않겠다는 다짐을 한다. 실제로 그는 소진이 죽었다는 소식을 접하고 나서야 본격적으로 합종을 깨고 연횡책 시행을 위해 동분서주하였다. 특히 남방의 강국 초나라를 농락하여 무력화시킨 것이 진秦의 천하통일의 큰 전기가 되었다. 진나라가 제齊나라를 치려고 하자 제나라는 초나라와 연합을 한다. 이에 장의가 초나라로 가서, 만약 초나라가 제나라와의 관계를 끊는다면, 상商과 어於의 땅 600리를 주겠다고 약속했다. 땅 욕심이 난 초회왕楚懷王은 제나라와 관계를 끊어버린다. 이후 진나라로 간 장의는 약속을 어기고 6리를 주겠다고 했고, 이에 격분한 초회왕이 진나라를 공격하자, 진은 제와 연합하여 초를 공격했고 초는 대패하였다.

장의는 육국을 돌며 진나라와 육국이 연합해야 할 이유를 설파했으며, 합종을 와해시켜 훗날 진나라가 전국을 통일하는데 결정적 기여를 한다.

사마천은 『사기·장의열전史記·張儀列傳』 결말에서, 소진과 장의는 위험인물이며 그들의 행위가 과도하다고 했고, 이들의 권모술수를 그리 높게 평가하지는 않았다. 실제로 이들의 행적을 보면 신의나 약속을 추호의 거리낌없이 져버리고, 상대방을 기만하는 행위가 끝이 없었다. 결국 소진, 장의 두 사람은 모두 그 말로가 좋지 않았다. 소진은 암살에 시달리다 제齊나라에서 거열형車裂刑을 당했고, 장의는 秦의 혜문왕惠文王이 죽고 무왕武王이 즉위하자, 군신들 모두가 하나같이 장의를 비방하여 결국 위魏나라에 가서 죽었다.

춘추전국시대의 언어와 고사성어의 흥기

와신상담臥薪嘗膽, 오월동주吳越同舟, 어부지리漁父之利, 각주구검刻舟求劍, 모순矛盾, 사분오열四分五裂, 관포지교管鮑之交, 개과천선改過遷善, 결초보은結草報恩, 계명구도鷄鳴狗盜, 방약무인傍若無人, 송양지인宋襄之仁, 호가호위狐假虎威, 수주대토守株待兎, 기인우천杞人憂天, 유비무환有備無患, 백발백중百發百中, 증삼살인曾參殺人, 사족蛇足, 순망치한脣亡齒寒, 각축角逐, 전화위복轉禍爲福 ……

중국의 많은 고사성어들이 춘추전국이라는 혼란의 시대에 대량 생산되었다. 특히 『전국책戰國策』 등은 고사성어의 보고이다. 당시 많은 사람들은 자신의 생각이나 견해를, 논리보다 생활 주변에서 흔히 볼 수 있는 흥미 있는 이야기를 통해 피력하였다. 이런 비유적인 고사는 엄정한 논리를 갖춘 논설(문)보다 설득에 있어서 훨씬 효과적이기에 현대에도 많이 활용된다.

한편 대혼란의 시기이자 백가가 쟁명爭鳴했던 춘추전국시대는 고도의 사상과 엄정한 논리가 매우 중시되었으나, 그것을 표현하기에는 그 당시의 언어 수준이 턱없이 낮았다. 이점은 당시 고사성어가 폭발적으로 생산되었던 중요한 이유 가운데 하나로 봐야 할 것이다.

이 고사성어는 현대 중국어에 있어서도 필수적인 요소이다. 복잡한 경위를 설명해야 하거나 촌철살인적인 효과를 내는 데는 간단명료한 성어만큼 유용한 것이 없다. 현대 중국어에서도 옛 성어나 고사 및 각종 역사 전고들이 두루 쓰인다. 고급 중국어 문턱을 넘기 위해서는 기본적인 성어들을 꼭 알아야 한다.

표의문자인 한자를 사용하는 중국어는 복잡하고 세밀한 표현에 불리한 경우가 많다. 이런 중국어의 단점을 보완함과 동시에 언어생활을 풍부하게 하고 언어의 묘미를 만끽할 수 있도록 하는 고사성어는 중국어의 독특한 장기長技가 아닐 수 없다.

유가의 경전들

사서四書: 『논어論語』, 『맹자孟子』, 『대학大學』, 『중용中庸』(『대학』, 『중용』은 『예기禮記』의 일부인데, 송대 주희朱熹 등이 별도 단행본화 하였다.)

삼경三經: 『시경詩經』, 『서경書經』, 『역경易經』

오경五經: 『시경詩經』, 『서경書經』, 『역경易經』, 『춘추春秋』, 『예기禮記』

『시경詩經』

중국 최초의 시가詩歌 총집으로, 내용은 서주西周 초에서 춘추중엽 즉 B.C. 1,000~B.C. 500년경까지의 민간, 귀족, 왕실 등에서 쓰이던 음악의 가사歌辭를 모아 정리한 것이다. 유가에서는 민가民歌가 정치 득실을 판단하는데 효용이 있다고 생각했다. 그래서 이런 시가 총집이 유가 제일의 경전이 될 수 있었다.

『서경書經』

『시경』과 함께 중국 최고最古의 전적典籍인데 옛 사관들의 글을 모은 것으로 역사서로 봐도 무방하다. 『상서尙書』라고도 한다.

『역경易經』

주周나라 점서占書로, 『주역周易』, 『역易』 등으로 불리며, 역易 즉 우주 변화의 원리를 64가지 괘卦로 설명한 책이다.

『춘추春秋』

공자가 노魯나라 사료史料에 근거하여 쓴, 중국 최초의 편년체編年體 역사서이다. 노나라 은공隱公 원년(B.C. 722)에서 애공哀公 14년(B.C. 481) 사이의 국가 대사를 편년으로 간략히 기록하였다.

『예기禮記』

고대 중국의 예禮에 대한 기록으로 최초로 공자가 정리를 시작했으나 후대 공자의 제자들도 예에 대한 기록을 추가했는데, 이렇게 모인 것을 한대漢代에 학자들이 선록選錄한 것이 『예기』이다.

굴원과 단오절

굴원屈原(B.C. 339?~B.C. 278?)은 전국戰國 말 초楚나라 사람으로 이름은 평平, 자字가 원原이다. 몰락한 가문에서 태어나 좋은 교육을 받았으며, 전국全國을 유람하며 많은 경험을 쌓았다. 당시 초楚, 제齊, 진秦이 대립하고 있었는데 굴원은 초와 제가 연합하여 진에 대항해야 한다고 했으나, 장의張儀의 계략에 속아 초는 제와 단교한다. 장의는 단교의 대가로 초나라에 600리里 땅을 주겠다고 했으나, 초가 단교하자 단 6리만 주겠다고 말을 바꾸었다. 장의에 기만당한 초나라는 진과 전쟁을 벌였으나 패하고 만다. 이후 장의는 초나라의 요구에 의해 초나라로 가게 되는데, 이때 초회왕楚懷王은 장의의 계략에 또 속고 만다. 원래 회왕은 초나라로 온 장의를 죽이려 했으나, 초의 상관대부上官大夫 근상靳尙에 의해 장의는 석방될 수 있었다.

장의와 사이가 좋았던 근상은 초회왕이 아끼는 애비愛妃 정수鄭袖를 모시고 있었다. 정수는 근상의 말을 듣고, 회왕에게 장의를 놓아주라고 간청하였고 회왕은 그녀의 청을 들어주었다. 근상은 정수에게 만약 회왕이 장의를 죽이려하면, 진秦나라에서는 많은 뇌물과 미녀들을 회왕에게 바침으로써 장의를 구하려 할 것이고, 그리되면 정수는 진나라의 미녀들에 의해 밀려날 것이라고 하였다. 이에 회왕의 총애를 잃을 것을 우려한 정수는, 강국 진나라가 회왕을 존중하여 진의 고위 대신인 장의를 초로 보냈는데, 장의를 죽여서는 안 된다며 장의의 석방을 강력히 요청하였고 회왕은 장의를 석방했다.

당시 굴원屈原은 회왕의 미움을 받고 있었다. 근상이 굴원의 재능을 시기한 것이 주요 원인이었다. 일찍이 회왕은 굴원에게 국가의 법령(헌령憲令)을 만들라 명했었는데, 굴원이 초안草案 정도를 만들었을 때 근상이 그것을 빼앗고자 했으나 굴원은 주지 않았다. 이에 근상은 굴원이 자신의 공적을 과시하려 한다며 회왕에게 참讒했고, 그때부터 회왕은 굴원을 멀리하였다. 굴원은 장의가 초나라에 왔을 때, 그를 삶아죽이지는(팽烹) 못할망정 또 속아서 용서해서는 안 된다고 했다. 하지만 회왕은 굴원의 말을 듣지 않고, 근상의 언설에 넘어간 정수의 청을 받아들여 장의를 석방한 것이다.

그 후 진소왕秦昭王은 화평을 구실로 초회왕을 진秦에 초대했다. 이때 굴원은 절대 가서는 안 된다고 말렸지만, 적국 秦으로 간 회왕은 秦에 억류되어 있다가 결국 객사하고 말았다. 초의 회왕이 죽자 초나라 정계에 회왕의 자식들이 대거 등용되었고, 회왕을 秦으로 가라고 적극 권유했던 회왕의 막내아들 자란子蘭은 재상이 되고, 자란을 비판한 굴원은 폄적당한다. 폄적을 당한 굴원은 남방에서 떠돌다가, 초나라 수도가 秦에 함락당했다는 소식을 듣고 분개하여, 음력 5월 5일 멱라수汨羅水에 몸을 던져 자살한다. 이때부터 중국 사람들은 매년 음력 5월 5일, 굴원을 기리기 위해 쫑즈粽子를 물고기 밥으로 던져주고, 굴원의 시신을 빨리 찾고자 하는 데서 용선龍船 경기를 하게 되었다. 중국 단오절端午節의 유래가 여기서 생긴 것이다.

강릉단오제

국가무형문화재 제13호인 강릉단오제가 2005년 유네스코 인류무형 문화유산 대표 목록에 등재되었다. 풍요와 안녕을 기원하는 강릉단오제에는 산신제와 굿판 등 한국 특유의 문화를 독창적으로 반영하는 다양한 행사들이 열리며, 많은 지역민들이 참여하고 있다. 강릉단오제가 유네스코에 등재되자 중국 측에서 강력하게 이의를 제기했었다. 단오절은 중국에서 유래했는데 한국의 강릉단오제가 어떻게 유네스코에 등재될 수 있냐는 것이 이의의 핵심이었다. 그 즈음 중국의 한 인문학자는 단오절이 중국에서 유래했다고 한국의 단오제가 국제적으로 인정받을 수 없다면, 수많은 중국의 불교 유적(지)들도 모두 국제적으로 인정받지 못해야 한다며 강릉단오제의 유네스코 등재를 옹호했다.

7. 진나라의 통일과 멸망

전국시대에는 상업이 매우 발달하였다. 철제 농기구의 사용과 농업 기술의 발달로 잉여 생산물이 증가했고 사람들의 왕래도 비교적 자유로웠기 때문이다. 당시 상인들 가운데는 각국 사정에 정통하고 박학다식했던 거상巨商 여불위呂不韋가 있었다. 여불위는 조趙나라 출신이었는데 그는 조나라 수도 한단邯鄲에 인질로 와있던, 진秦나라 소왕昭王(B.C. 307~B.C. 251)의 손자 자초子楚를 눈여겨본다. 진소왕秦昭王은 안국군安國君의 20명의 아들 가운데 한 명인 자초를 조나라에 인질로 보냈던 것이다. 당시 진나라와 조나라는 관계가 나빴기 때문에 자초는 조나라에서 좋은 대우를 받지 못했다.

계명구도

B.C. 299년 진소왕秦昭王은 제나라 맹상군孟嘗君이 뛰어나다는 소문을 듣고 그를 불러 재상으로 앉혔다. 그러나 주변에서 맹상군이 제나라를 위해 진秦을 배반할 것이라 하자 그를 투옥시킨다. 인재를 쓰지 않을 거면, 타국에 이익이 되지 않도록 죽이는 것이 상책이기 때문이었다. 맹상군은 소왕昭王의 애첩에게 석방을 부탁하는데, 그녀는 여우 겨드랑이에 난 흰 털로 만든 호백구狐白裘를 요구했다. 그러나 맹상군은 이미 그것을 소왕에게 바친 후였다. 그때 개 흉내를 잘 내는 그의 식객 하나가 개구멍으로 몰래 들어가서 그것을 훔쳐왔고, 애첩을 통해 소왕으로부터 석방 명령을 받은 맹상군은 즉시 도주한다. 그러나 금방 추격을 당하였고, 새벽녘에 함곡관函谷關에 이르렀지만 성문은 굳게 닫혀있었다. 새벽닭이 울어야 함곡관 문이 열리는데 아직 시간이 되지 않았던 것이다. 이때 닭 울음소리를 잘 흉내 내는 식객 하나가 닭의 소리를 흉내 냈고, 함곡관 문이 열리자 맹상군은 도망갈 수 있었다. 변변

치 못한 재주나 잔꾀로 사람을 속인다는 계명구도鷄鳴狗盜라는 성어가 여기서 나왔다.

소왕昭王 40년, 소왕의 장남이자 秦의 태자가 사망하자, 자초의 아버지인 안국군이 태자가 된다. 이때 여불위는 곤궁한 인질 생활을 하던 자초에게 거금을 주는 한편 그를 적극적으로 보살펴 준다. 정치적 투자를 시작한 것이다. 여불위는 안국군의 부인인 화양부인華陽夫人의 언니에게 뇌물을 바쳐, 자초를 태자로 만들 계획을 실행한다. 안국군과 화양부인 사이에는 아들이 없었는데, 화양부인은 자신이 늙고 병들면 자리가 위태로워질 것을 불안해했고, 여불위는 이점을 이용하였다.

화양부인은 자초를 양자로 들인 후, 안국군으로부터 그를 태자로 삼겠다는 약조를 받아낸다. 이 모든 것이 여불위의 공작이었다. 그런데 자초는 여불위의 애첩을 보고 한눈에 반하여 그녀를 요구한다. 당시 그녀는 여불위의 아들을 임신한 상태였는데 자초의 요구대로 그녀는 자초에게 보내진다. 이후 자초와 그녀는 조趙나라에서 아들을 낳는다.(B.C. 259) 사실은 여불위의 아들인 것이다. 그가 바로 영정嬴政 즉 훗날 진시황이 되는 인물이다.

진소왕秦昭王 50년, 秦이 조나라 수도 한단邯鄲을 공격하자 자초는 여불위의 도움으로 조나라를 탈출하여 秦으로 갔다. 이후 진소왕이 죽자 안국군이 효문왕孝文王으로 등극하고(B.C. 250) 자초는 태자가 된다. 자초가 秦의 태자가 되자, 조나라에서는 자초의 부인(여불위 애첩)과 그의 아들 영정嬴政을 진나라로 보내준다. 효문왕은 즉위 후 1년 만에 죽어버리고, 자초는 마침내 秦의 장양왕莊襄王이 되는데(B.C. 249) 그 역시 즉위 3년 만에 죽고, B.C. 246년 13세의 태자 정政이 즉위하니 그가 바로 천하통일을 이룬 진시황秦始皇이다. 이후 여불위는 낙양 땅과 10만 호戶를 받고 상국相國이 되어 국가의 전권을 휘둘렀다. 그런데 여불위는 여전히 장양왕(자초)의 부인 즉 자신의 애첩이었던 진시황의 모후과 사통하고 있었고, 그녀는 지나치게 음행을 일삼는 인물이었다. 여불위가 노애라는 대음인을 소개해주자 그녀는 그와 자식까지 낳았다. 훗날 진시황은 이런 사실을 알고 격노하여 여불위를 파면했고 B.C. 235년 여불위는 음독자살한다.

이상은 『사기·여불위열전史記·呂不韋列傳』에 나오는 내용인데, 정확한 사실 여부를 100% 단정할 수는 없지만, 진시황의 폭정 뒤에는 출생의 비밀과 모친의 음행 등 불행하고 비정상적인 가족사가 있었음을 생각할 수 있다.

진시황이 즉위할 당시의 진秦은 상앙商鞅의 변법이 시행된 지 100여 년이 지난 때였으며 이미 秦나라는 육국을 월등히 뛰어넘는 강대국이 되어있었다. 秦王 17년(B.C. 230) 한韓을 시작으로, 위魏(B.C. 225), 초楚(B.C. 223), 조趙(B.C. 222), 연燕(B.C. 222), 제齊(B.C. 221)가 秦에게 차례로 멸망되어 천하가 통일되었다. 천하통일을 이룬 B.C. 221년, 즉 秦王 26년부터 秦王은 진시황秦始皇이라 불리게 된다. (진왕이 진시황으로 명칭은 바뀌었지만, 연도의 변화는 없다. 즉 진왕 26년은 진시황 26년과 같은 해이다.) 진시황 24년, 연태자燕太子 단丹은 자객 형가荊軻를 보내 진시황 암살을 시도했으나 결정적인 순간 실패하고 만다. 이후 1년도 못 되 연나라는 진나라에 멸망당한다.

만약 秦이 중국을 통일하지 않았다면 현재처럼 중국이라는 거대 통일 국가를 이루기 힘들었을 것이라고 말하는 학자들이 많다. 진시황의 중국 통일은 중국 역사상 지대한 의미를 지니는 대업이 아닐 수 없다. 38세에 천하를 통일한 진시황은 진정한 통일 국면을 유지하기 위해 전국全國을 정비하기 시작한다. 우선 승상丞相 이사李斯의 건의에 따라, 전국을 36개 군郡으로 나누고 그 아래 현縣을 두었는데 모두 중앙에서 관리를 파견하였으며, 직위는 세습되지 않도록 하였다.(군현제) 또한 秦의 대전大篆을 기초로 전국의 문자를 소전체小篆體로 통일하였으며 화폐, 도량형, 수레바퀴 규격 등도 통일하였다. 한편 약 70만 명을 동원하여 지하 궁전인 여산릉驪山陵과 지상 궁전인 아방궁阿房宮을 건설하였다. 전국을 순행巡行하며 통치 기반을 공고히 하였고, 통일 이후 교통에 장애가 되는 각국 사이의 성城을 허물고 북방의 장성長城을 연결·보강했다.

진시황은 스스로 자신이 "덕은 삼황을 겸하고, 공적은 오제를 능가한다(德兼三皇, 功過五帝)."며 시황제(최초의 황제)라 칭했으며, 1인칭 호칭인 '짐朕'도 황제만 사용하도록 하였다. B.C. 213년에는 승상 이사의 건의를 받아들여 의약, 점복, 농업, 병서 등 실용서를 제외한 모든 서적을 소각케 했고(협서율挾書律), 이듬해에는 460여 명의 학자들을 수도 함양咸陽에서 파묻어 죽였다.(갱유坑儒) 이런 혹독한 정책을 반대한 진시황의 장남 부소扶蘇는 북방으로 쫓겨난다.

시황제 37년(B.C. 210) 여름, 49세의 시황제는 제5차 순행 도중, 하북河北의 사구沙丘에서 병사한다. 진시황은 똑똑한 장남 부소扶蘇를 후계자로 삼았으나, 환관 조고趙高, 승상 이사李斯 그리고 둘째 아들 호해胡亥가 모의를 꾸민다. 그들은 죽은 황제의 친서를 조작하여, 부소와 명장 몽염蒙恬을 죽게 하였고 호해는 차기 황제로 등극한다. 얼마 지나지 않아, 어릴 적부터 호해를 가르쳤던 환관 조고와 승상 이사 사이에 권력 다툼이 벌어졌다. 이사의 고향 근처에서 반란이 일어나자 조고는 이사가 반란군과 내통했다고 했고, 호해는 이사를 혈족과 함께 잔인하게 처형했다.

지록위마

조정 내 최고 실력자가 된 환관 조고趙高는 어느 날 2세 황제 호해胡亥에게 사슴鹿을 바치고 말馬이라고 했다. 호해가 말이 아니라 사슴이라고 하자, 조고는 좌우 대신들에게 물었다. 어떤 이는 사슴이라 이실직고했고, 어떤 이는 조고의 눈치를 살피며 말이라고 했다. 사슴이라고 한 신하들은 후에 조고에 의해 처단당하고 만다. 사슴을 가르켜 말이라 한다는 '지록위마指鹿爲馬'라는 성어가 여기서 생겼다. 이 성어는 진실을 왜곡하거나, 윗사람을 농락하며 권세를 쥐락펴락 하는 사람을 빗댈 때 쓰인다.

날렵한 기마부대인 흉노족 병사들은 틈만 나면 중국 북방 지역을 유린하였기에, 북방에 위치했던 연燕, 진秦, 조趙 등은 장성을 쌓을 수밖에 없었다. 이처럼 장성은 전국시대부터 축성되기 시작했는데 통일 제국 진나라 역시 북방 이민족 방어를 위해 장성을 보강해야 했다. 진나라가 통일 전쟁을 벌이고 있을 때 흉노는 섬서성陝西省 북부(오르도스 지역)를 점령하였고, 진시황의 통일 후 명장 몽염蒙恬 장군은 그 지역을 다시 수복하였다.(B.C. 215) 흉노를 공포에 떨게 했던 몽염이 죽자 이내 흉노의 침입과 秦의 붕괴가 시작된다.

진시황 사망 바로 이듬해(B.C. 209), 중국 최초의 농민 봉기인 진승陳勝·오광吳廣의 난이 일어났다. 이들은 북경 근처 어양漁陽 수비군에 징용된 하층민이었는데, 폭우로 인해 어양에 도착해야 하는 기일을 놓쳐버리자, 진승은 어차피 중형을 받을 바에는 차라리 먼저 반란을 일으키는 편이 낫다고 판단했다. 진승은 병사들을 모아놓고 "왕후, 장상에 어찌

씨가 따로 있겠는가(王侯將相寧有種乎)"라는[12] 구호와 함께 반란을 일으켰다. 가혹한 秦의 통치에 허덕이던 수만 명이 하루아침에 운집하였고, 반란군은 순식간에 진성陳城을 점령하는 등 그 기세가 대단했지만 반년 만에 난은 실패로 돌아갔다. 그러나 이 난으로 인해 전국으로 봉기가 확산되었고 결국 진제국秦帝國은 종말을 고하게 된다.

전국 각지로 난이 확산되자, 맹주로 추대 된 초회왕楚懷王[13]은 관중關中 땅을 먼저 점령하는 자를 그곳의 왕으로 삼겠다고 공표하였다. 이에 항우項羽, 유방劉邦 등 천하의 호걸들이 진나라의 수도로 진격했고, 조고는 호해에게 책임을 물어 그를 자살로 내몬 후, 부소扶蘇의 아들 자영子嬰을 진왕秦王으로 내세운다. 조고는 자영을 배후에서 조정하려했지만 오히려 조고와 그의 일족은 모두 자영에 의해 주살당하였으며, 유방劉邦이 함양으로 진격해 오자 자영은 유방에게 항복했다.

천하통일의 위업을 이룬 진시황이 죽은 지 1년 만에 전국 규모의 반란이 끊이지 않았던 것은 통일 과정에서부터 이미 백성들의 원성과 불만들이 증폭되어 있었다는 것을 시사해 준다. 서한 문제文帝 때 박사博士를 지낸 가의賈誼(B.C. 201~B.C. 169)는 진나라의 흥망에 대해 논한 「과진론過秦論」이라는 명문장을 지어 文帝에게 올렸다. 「과진론」의 마지막 부분에서 가의는 강성했던 秦이 망한 이유를 "인의仁義를 행하지 않고 공격함과 지킴의 형세가 달랐기 때문이다(仁義不施, 而攻守之勢異也)."고 했

12 『사기·진섭세가(史記·陳涉世家)』에 나오는 말이며, 「진섭세가」 첫 부분에는 다음과 같은 일화도 제시되어 있다. 진승이 머슴살이를 할 때, 밭두렁에서 잠시 쉬면서 주변 머슴들에게 "나중에 부귀하게 되면 서로를 잊지 맙시다."라고 했다. 그러자 사람들은 머슴살이 하는 주제에 무슨 부귀할 일이 있겠냐며 비웃었고, 진승은 "아! 연작(제비와 참새)이 홍곡(큰 기러기)의 뜻을 어찌 알랴(嗟乎, 燕雀安知鴻鵠之志哉)."하며 탄식했다. 진승은 자가 섭(涉)이다.

13 초의 마지막 왕이 회왕(懷王)이었는데, 懷王의 손자를 맹주로 추대한 후 여전히 懷王이라 불렀다.

다. 즉 장기간의 정복 전쟁 이후에도 백성들에게 휴식을 주지 않고 지속적인 착취를 강요했기 때문에 진나라가 망했다는 것인데, 秦의 흥망을 살펴보면 가의賈誼의 주장은 설득력이 있다. 사마천 역시 『사기·진시황본기史記·秦始皇本』의 후반부에 가의의 「과진론」을 소개하고 있으며, 그의 분석이 훌륭하다고 하였다. 『사기』의 「굴원가생열전屈原賈生列傳」에 굴원屈原과 가의의 열전列傳이 함께 수록되어 있다.

진시황과 불로초

『사기·진시황본기』에 보면 제齊나라 사람 서불徐市이 글을 올려, 삼신산三神山(봉래산蓬萊山, 방장산方丈山, 영주산瀛洲山)에 신선이 있으니 동남동녀童男童女를 거느리고 신선을 찾아갈 수 있도록 청했으며, 진시황은 서불을 책임자로 하여 수천의 사람을 대동시켜 신선을 찾도록 명했다고 한다. 한편 『사기·회남형산열전史記·淮南衡山列傳』에는 다음과 같은 내용이 있다. 서복徐福이 불로초를 구하러 갔다가 실패하고 돌아와서는, 진시황의 정성이 부족해서 수명 연장의 약을 못 구했다고 속였다. 이에 진시황은 동남동녀 3천 명과 오곡五穀과 백공百工의 물건을 서복에게 주어서 다시 보냈는데, 서복은 좋은 땅으로 가 정착한 후 그곳 왕이 되어 돌아오지 않았다.

서복(서불)이 불로초를 찾아다녔다는 전설은 남해와 제주도 등지에 전해 내려온다. 남해에 가면 서복 석상이 있고, 남해 금산錦山에는 부소암扶蘇庵이 있다. 제주도에는 서귀포 정방폭포 옆에 서복공원徐福公園도 있다. 불로초를 찾아 한라산으로 갔던 서복은 정방폭포의 경치에 감탄했고 한동안 머물다가 정방폭포 암벽에 서불과지徐市過之(서불이 지나감)라는 글자를 새긴 후 서쪽으로 돌아갔다고 하는데, 일설에는 서귀포西歸浦라는 지명이 여기서 유래되었다고 한다. 2005년 7월 22일에는 당시 절강성浙江省 당서기黨書記였던 시진핑習近平이 서복공원을 방문하여 방명록을 남겼고, 2007년 4월 10일 한중수교 15주년 기념에 참가한 중국국무원총리 원자바오溫家寶는 '서복공원'의 휘호를 써달라는 부탁을 받고, 6월 22일 주한중국대사를 통하여 휘호를 전달하였다. 또한 산동성 정부에서는 그 휘호를 돌에 새겨 제주도에 기증하였다.

한편 2017년 9월 17일 경남 함양에 소재한 함양군청에서는 한중일 서복회원들이 모여 불로초 관광 상품 개발 관련 학술대회를 개최하였다. 이에 앞서 2016년 5월 30일 함양군에서는 함양군 마천면 서암정사 인근에서 서복 관련 부조浮彫가 발견되었다고 밝혔다. 관련 기록이나 전승 설화는 있지만 이처럼 실물 자료가 발견된 것은 최초라고 한다. 함양군에서는 서복의 불로초 관련 문화관광 상품을 적극 개발하여, 중국인 관광객 유치를 위해 노력하겠다는 계획을 밝히기도 했다.

진황도

하북성河北省 동쪽 끝 발해만渤海灣과 접한 곳에 진황도秦皇島라는 시市가 있다. 진황도에는 만리장성의 동쪽 관문인 산해관山海關과 베이다허北戴河라는 유명한 해양 휴양지가 있다. 진황도라는 지명은 진시황이 다녀갔다 하여 생긴 것이다. 진시황이 불로초를 구하고자 동남동녀 500명을 파견시킨 출발점이 바로 진황도이며 또한 맹강녀孟姜女의 유적이 있는 곳이기도 하다. 진황도에는 진시황의 동상과 진황구선입해처秦皇求仙入海處, 맹강녀 사당인 정녀사貞女祠 등 관련 문화시설이 적지 않다.[14] 또한 만리장성의 동쪽 본관인 산해관에서 약 4km 떨어진 곳

14 맹강녀 설화: 맹강녀(孟姜女)는 남편이 장성 건설에 차출되어 가자, 따뜻한 옷을 준비하여 남편을 찾아 갔다. 그러나 남편은 이미 죽고 없었고 유골조차 찾을 수 없었다. 북받히는 설움에 맹강녀가 대성통곡하자 장성이 무너져 내렸고 거기서 그녀는 남편의 유골을 찾게 된다.(맹강녀 설화는 이와 다른 내용도 몇 가지 있다.)

에 있는 노룡두老龍頭는 실제 만리장성의 동쪽 끝이자 시작 지점이다. 산해관의 네 문 가운데 동문인 진동문鎭東門을 천하제일관天下第一關이라 부른다. 2009년, 중국은 요녕성遼寧省 단동시丹東市 인근에 있는, 고구려가 당唐의 침입을 막기 위해 세운 박작성泊灼城을 호산장성虎山長城이라 명명하고, 그곳을 만리장성동단기점萬里長城東端起點이라 왜곡하고 있다.

진나라, China, 본차이나

중국을 영어로 'China'라 하는 것은 진秦의 산스크리트어 번역어인 지나支那에서 비롯되었다는 것이 보편적인 견해이다. 시나Sina도 같은 경우이다.

도자기는 도기와 자기를 합쳐서 부르는 말이다. 진흙을 빚어 고온에서 구워낸 용기를 도자기라 하는데 1,000℃ 이하에서 구운 것이 '도기', 1,300℃ 이상에서 구운 것이 '자기'이다. 중국은 일찍부터 고령토로 그릇을 빚어 유약(유리질 분말)을 표면에 바른 후, 고온에서 구워 도자기를 만들었는데 이렇게 만들어진 도자기는 고온의 액체 내용물을 무리 없이 담을 수 있었다. 그러나 유럽의 도자기는 뜨거운 액체를 오래 담아 둘 수 없었다. (17세기 이전까지만 해도 유럽에서는 도자기를 잘 만들지 못했다.)

대략 9세기부터 약 천년 동안 유럽에서는 중국의 도자기가 큰 인기를 끌었고 중국의 도자기는 유럽 등 여러 나라로 수출되었다. 그래서 도자기를 중국을 의미하는 '차이나China'라 부르게 되었다. 18세기에 들면 독일 작센 왕국의 마이센 지역에서 고령토로 도자기를 만들어 유럽 시장을 석권하게 된다. 영국은 그로부터 얼마 후 뛰어난 도자기의 비결이 고령토 등에 있다는 사실을 알았지만 양질의 고령토는 쉽게 구할 수 있는 것이 아니었다. 그후 18세기 후반 소 뼛가루를 진흙과 섞어 만들었더니 품질 향상에 큰 효과가 있었고, 이렇게 만든 영국 도자기를 '본차이나Bone China'라 부르게 되었다.

선진 문학

「격양가」와 「석서碩鼠」

인간의 삶이 있는 곳에는 늘 노래나 이야기가 있기 마련이겠지만 그것이 기록되어 전승되는 데는 시간이 필요했다. 다음은 『예문유취藝文類聚』, 『초학기初學記』, 『논형·감허편論衡·感虛篇』 등에 나오는 「격양가擊壤歌」이다. 「격양가」는 요堯 임금 때 한 노인이 불렀다는 노래이다.

「격양가擊壤歌」

吾日出而作,	해 뜨면 나가 일하고
日入而息,	해 지면 쉰다.
鑿井而飮,	우물 파서 물 마시고
耕田而食,	밭 갈아서 먹으니
帝何力於我哉.	임금이 나에게 무슨 소용인가?

요임금은 선양禪讓이 이루어지던 태평성대 시대의 성인이다. 아무 걱정 없이 졸박하고 평안하게 살아가는 모습과 정치권력의 필요성조차 인식하지 못하는 노인의 독백은 치세가 어떤 모습을 하고 있는지 잘 보여주고 있다.

『시경』은 서주 초에서 춘추 중엽까지(B.C. 1,000~B.C. 500)의 민간, 귀족, 왕실 등에서 불렸던 노래를 모은 시가집으로, 중문학지조中文學之祖 즉 중국 문학의 조종祖宗이라 일컬어진다. 아울러 옛 사관(史官)의 기록인 『서경書經』은 중국산문지조中國散文之祖 즉 중국 산문의 시조로 간주된다. 한편 춘추 말엽부터 전국시대까지의 문학을 동주문학東周文學이라 하는데, 이때는 『서경』을 계승한 『춘추』, 『국어』, 『좌전』, 『전국책』 등의 역사서와 제자諸子들의 사상의 기록인 『논어』, 『맹자』, 『묵자』, 『장자』, 『순자』, 『한비자』 등의 철학서들이 흥기하였다. 이 시기는 아직 '문학'에 대한 인식이 형성되기 전이었다. 그러나 이때 나온 역사서나 철학서 가운데에는 적지 않은 문학적 요소가 발견되므로 중국문학사中國文學史에서는 이들을 선진시기의 문학으로 간주하고 있다. 다음은 『시경·위풍詩經·魏風』에 나오는 「석서碩鼠」 가운데 첫 번째 단락이다.

「석서碩鼠」

碩鼠碩鼠, 큰 쥐야, 큰 쥐야
無食我黍. 우리 기장 먹지 마라.

三歲貫女, 삼 년 너를 섬겼건만
莫我肯顧. 나를 돌보지 않는구나.

逝將去女, 이제 널 버리고
適彼樂土. 저 낙원의 땅으로 가련다.

樂土樂土, 낙원의 땅이여, 낙원의 땅이여
爰得我所 내 살 곳을 얻으리라.

큰 쥐는 가렴주구를 일삼는 탐관들일 것이다. 『석서』는 노동의 결실을 착취하는 탐관들을 쥐에다 비유하여 풍자하고, 아울러 현실의 고난을 탈피하고자 하는 염원을 담은 풍자시이자 사회시이다.

3장

한대漢代

1. 한나라의 탄생

진시황의 천하통일과 이후 그가 행한 국가 체재의 정비는 실로 대단한 의미를 지닌다. 그의 군현제郡縣制는 청대淸代까지 약 2천 년간 중국의 기본적인 통치 체재가 되었고 문자, 도량형, 화폐 및 마차 바퀴 폭의 통일 등은 중국이라는 통일 대국이 단일 국가를 유지하는 바탕이 되었다. 그러나 다른 한편으로는 인류 역사상 최악의 사상 탄압이라 할 만한 분서갱유焚書坑儒를 일으켰고, 아방궁阿房宮, 여산릉廬山陵, 장성長城 축조를 비롯한 각종 대형 공사에 양민을 무리하게 동원시켰으며 혹독한 형벌로 백성들의 원성이 극에 다다랐다.

진시황이 죽자(B.C. 210) 이듬해 진승·오광의 난(B.C. 209)이 일어났고, 이를 계기로 전국에서 크고 작은 반란이 연이었는데 그 가운데 대표적인 세력이 바로 항우項羽와 유방劉邦이다. 항우는 초楚의 귀족 가문 출신으로 힘이 장사였고 키가 8척이나 되었다. 반면 초楚의 패현沛縣 사람이었던 유방은 농민 출신이었다. 항우는 진승, 오광의 봉기 소식을 듣고 절강浙江에서 회계會稽 태수를 죽이고 거병하였고, 유방은 여산릉 공사 인부를 조달하는 직책을 맡고 있다가 패沛의 현령을 죽이고 거병했다. 진승이 죽고 난 후 맹주로 추대된 초회왕楚懷王은 함곡관函谷關에 먼저 도착하여 관중關中 땅을 차지하는 자를 그곳의 왕으로 추대하겠다는 약속을 했다.

관중, 함곡관, 함양

관중關中은 중국 서북부 섬서성陝西省에 위치한 중앙 평원 지대를 이르며, 동서남북 관關의 중심이란 의미이다. 주로 서안시西安市를 포함한 섬서성 일대로, 진秦나라 영토를 칭할 때 쓴다. 관중은 요새이면서 기름진 옥토를 가진 秦의 핵심지로 이미 탄탄한 기반이 완비된 곳이었다. 특히 관중은 장기전 시 안정적인 후방 기지로서 손색이 없었는데, 유방이 항우를 꺾을 수 있었던 가장 큰 이유도 관중 땅을 확보했기 때문이었다. 관중의 동쪽 성이 함곡관函谷關이며 진나라의 수도가 함양咸陽이다.

북로北路를 택한 항우는 진秦의 주력군을 대파하며 천하에 명성을 떨쳤다. 반면 남로南路를 택한 유방은 이사李斯, 조고趙高 등에 의한 秦 조정의 내분을 틈 타, 손쉽게 항우 보다 먼저 함양咸陽에 도착하여 진왕 자영子嬰으로부터 항복을 받아냈다.(B.C. 207) 이로써 진나라는 진승陳勝의 난 이후 약 2년 3개월이 지나 사실상 망한 것이다.

함양에 먼저 도착한 유방은 궁전의 보물들을 봉인하고, 백성들에게 일체 해를 끼치지 않았다. 또한 秦의 잔혹한 형벌을 모두 폐지하고 살인, 상해傷害, 절도죄에 대해서만 처벌하는 약법삼장約法三章을 시행하여 민심을 얻었다. 그러나 40만 대군을 거느리며 파죽지세에 있던 항우에게 상대가 되지 않았던 유방은 일단 파상灞上[1]으로 몸을 피하고, 군대로 하여금 함곡관을 지키게 했다. 한발 늦게 도착한 항우는 함곡관을 공격하여 점령한 후 홍문鴻門[2]에 진을 쳤다. 홍문과 파상과의 거리는 불과

1 패상(覇上)이라고도 함. 현 섬서성(陝西省) 서안(西安) 동남쪽에 위치
2 섬서성(陝西省) 임동(臨潼) 부근

40여 리였다. 이때 유방의 신하인 장량張良이 일촉즉발의 위기를 해결했다. 항우의 계부季父 항백項伯을 통해, 유방이 직접 홍문으로 가 항우에게 사죄하게 함으로써 두 진영의 전쟁을 막은 것이다. 이때 항우의 신하인 범증范增은 이 홍문지회鴻門之會를 유방을 없앨 절호의 기회로 삼았으나 항우의 우유부단함으로 인해 암살은 실패하고, 유방은 위험에서 빠져나온다.

사마천이 묘사한 홍문지회

함양咸陽에 먼저 도착한 유방은 항우의 상대가 되지 않음을 알고, 군대를 다시 서안西安 동남쪽 교외 파상灞上으로 이동시킨다. 항우는 두 달 후, 관중과 파상 근처인 홍문鴻門에 진陣을 쳤다. 사십만 정병精兵을 보유한 파죽지세破竹之勢의 항우와 일촉즉발의 위험을 피해야 하는 유방은 모신謀臣의 건의에 따라 친히 항우가 있는 홍문으로 가서 사죄의 회담을 한다. 이 회담이 바로 홍문지회鴻門之會이다.

항우의 참모인 범증范增은 이 홍문지회를 유방을 죽일 절호의 기회로 보고, 연회 도중 유방을 살해할 계획을 세웠다. 그러나 연회에서 항우에게 세 번이나 신호를 보냈지만, 항우는 유방의 공손한 태도를 보고 주저한다. 항우가 주저하자 범증范增은 항우의 사촌 동생 항장項莊에게, 칼춤을 추다가 유방을 죽이라고 했으나, 그 의도를 간파한 유방 측에서도 항백項伯이 나와 칼춤을 추며 유방을 보호하였다. 이때 유방의 신하 장량張良은 번쾌樊噲를 불러들였다. 번쾌는 술을 단번에 들이킨 후 피가 뚝뚝 떨어지는 생 돼지고기를 칼로 베어 거침없이 먹어치웠으며, 눈을 부릅뜨자 눈 고리가 찢어져 눈에서 피가 뚝뚝 떨어질 지경이었다. 이를 본 항우는 그 기세에 압도되었고, 그 틈에 유방은 자리를 빠져 나갔다. 유방을 제거할 수 있는 절호의 기회를 놓친 항우는 얼마 후 유방에게 패하여 죽게 된다.

사마천司馬遷의 『사기史記』는 역사서이다. 그러나 인물 전기傳記인 본기本紀와 열전列傳에는 문학성이 뛰어난 부분이 많다. 역사서인 『사기』를 중국문학 특히 산문散文의 모범으로 받들고 있는 이유도 『사기』 가운데 뛰어난 문학적 요소가 많기 때문이다. 다음은 『사기·항우본기史記·項羽本紀』 가운데 나오는 홍문지회鴻門之會의 장면이다.

범증이 수차례 항왕(항우)에게 눈짓을 하며 허리에 찬 옥결로 신호를 준 것이 세 번이었으나 항왕은 아무 말 없이 대응을 하지 않는다. 범증이 일어나 밖으로 나와 항장(항우의 사촌 동생)을 불러 말했다. "항왕의 사람됨이 모질지 못하시오. 그대는 들어가 앞에서 축수祝壽를 하고 축수가 끝나면 칼춤을 청하시오. 그에 따라, 앉아있는 패공(유방)을 쳐 죽이시오. 그러지 못하면 장차 그대들 모두 패공(유방)의 포로가 될 것이오." 이내 항장이 들어와 축수를 하였다. 축수가 끝나자 항장은 "군왕(항우)과 패공께서 연회를 하시는데 군막에는 즐길 거리가 없으니 검무(칼춤)를 청합니다."라고 했다. 항왕(항우)이 말했다. "그리하시오." 항장이 검을 뽑아 춤을 추니, 항백 또한 검을 뽑아 춤을 추며 계속 자신의 몸을 날개처럼 하여 패공을 감쌌고 항장은 패공을 칠 수가 없었다.(範增數目項王, 擧所佩玉玦以示之者三, 項王默然不應. 範增起, 出召項莊, 謂曰: "君王爲人不忍. 若入前爲壽, 壽畢, 請以劍舞, 因擊沛公於坐, 殺之. 不者, 若屬皆且爲所虜" 莊則入爲壽. 壽畢, 曰: "君王與沛公飮, 軍中無以爲樂, 請以劍舞." 項王曰: "諾." 項莊拔劍起舞, 項伯亦拔劍起舞, 常以身翼蔽沛公, 莊不得擊.)

이에 장량이 군문軍門에 이르러 번쾌樊噲를 만났다. 번쾌가 말했다. "오늘 일이 어떠하오?" 장량이 말했다. "매우 긴박하오. 지금 항장이 검을 빼서 춤을 추는데, 줄곧 패공을 노리고 있소." 번쾌가 말했다. "이는 긴급하오, 신이 들어가 패공과 운명을 같이 하길 청하오." 번쾌가 곧 검을 지니고 방패를 안고 군문으로 들었다. 창으로 막아서는 보초병이 내부로 들여보내지 않으려 하자, 번쾌는 방패를 옆으로 비껴서 쳤고, 보초병들은 땅에 엎어졌다. 번쾌가 안으로 불쑥 들어가 장막을 펴고 서쪽으로 서서 항왕을 부릅뜨고 보는데, 머리칼이 위로 치솟고 눈꼬리가 모두 찢어졌다. 항왕은 검에 손을 얹고 무릎을 세운 채 말했다. "객은 뉘시오?" 장량이 말했다. "패공의 참승參乘(호위무사) 번쾌라는 자입니다." 항왕이 말했다. "장사로다. 저 자에게 술을 내려라." 곧 큰 잔에 술이 내려졌고 번쾌가 사례하고 일어나 서서 그것을 마셨다. 항왕이 "돼지 앞다리를 주어라" 하자 곧 생으로 된 돼지 앞다리가 하나 내려졌다. 번쾌는 방패를 뒤집어 땅에 놓고 그 위에 돼지 앞다리를 올린 뒤, 칼을 빼 그것을 잘라 먹어버렸다. 항왕이 말했다. "장사로다. 얼마나 마실 수 있겠소?" 번쾌가 말했다. "신은 죽을지언정 피하지 않소. 어찌 술을 마다하겠소! 秦王이 흉폭한 마음이 있어, 못 다 죽일 듯 사람을 죽이고, 형 집행이 미비한 것을 두려워하듯 사람에게 마구 형벌을 내리니 천하가 모두 그에게 반기를 들었소. 이에 회왕懷王이 제장들에게 약속하기를 '먼저 진나라를 격파하고 함양에 입성하는 자를 그 곳 왕으로 삼겠노라.'하였소. 이제 패공(유방)께서 먼저 진나라를 격파하고 함양 땅에 들었으나, 털끝만큼도 감히 가까이 취한 것이 없었고 궁실을 봉하고 군을 패상霸上으로 되돌린 후 대왕이 오시기를 기다렸소. 장수를 보내 관關을 지키게 한 것은 다른 도적과 비상사태를 방비케 함이었소. 노고와 공적이 이리도 높은데 봉후封侯의 상을 내리지는 못하고 오히려 사사로운 말을 듣고 공훈이 있는 분에게 벌을 주려고 하는데 이는 패망한 진나라를 잇는 것일 뿐이오. 그러니 대왕께서는 그리 하시지 않아야 한다는 생각이오." 항왕이 아무런 대응을 하지 않고 "앉으시오."라 하니 번쾌는 장량을 따라 앉았다. 잠시 앉았다가 패공이 일어나 측간을 가면서 번쾌를 밖으로 불렀다.(於是張良至軍門, 見樊噲. 樊噲曰: "今日之事何如?" 良曰: "甚急. 今者項莊拔劍舞, 其意常在沛公也." 噲曰: "此迫矣, 臣請入, 與之同命." 噲即帶劍擁盾入軍門. 交戟之衛士欲止不內, 樊噲側其盾以撞, 衛士仆地, 噲遂入, 披帷西嚮立, 瞋目視項王, 頭髮上指, 目眥盡裂. 項王按劍而跽曰: "客何爲者?" 張良曰: "沛公之參乘樊噲者也." 項王曰: "壯士, 賜之卮酒." 則與斗卮酒. 噲拜謝, 起, 立而飲之. 項王曰: "賜之彘肩." 則與一生彘肩. 樊噲覆其盾於地, 加彘肩上, 拔劍切而啗之. 項王曰: "壯士, 能復飲乎?" 樊噲曰: "臣死且不避, 卮酒安足辭! 夫秦王有虎狼之心, 殺人如不能舉, 刑人如恐不勝, 天下皆叛之. 懷王與諸將約曰: '先破秦入咸陽者王之.' 今沛公先破秦入咸陽, 毫毛不敢有所近, 封閉宮室, 還軍霸上, 以待大王來. 故遣將守關者, 備他盜出入與非常也. 勞苦而功高如此, 未有封侯之賞, 而聽細說, 欲誅有功之人. 此亡秦之續耳, 竊爲大王不取也." 項王未有以應, 曰: "坐." 樊噲從良坐. 坐須臾, 沛公起如廁, 因招樊噲出.)

이때 생긴 고사가 "항장무검, 의재패공項莊舞劍, 意在沛公"이다.[3] 2016년 한국 정부가 사드(THAAD, 고고도 미사일 방어체계)를 설치하겠다고 발표하자 중국 측에서는 매우 강하게 반발한다. 그때 왕이王毅 중국 외교부 대변인이 한 말이 바로 "項莊舞劍, 意在沛公"이다. 미국과 한국이 사드를 배치하는 것은 북한 위협에 대한 방비를 핑계 삼아 중국을 겨누기 위함이라는 의미이다. 또한 위魏나라 왕을 시해하고 위나라를 찬탈한 사마소의 고사 "사마소지심 노인개지司馬昭之心 路人皆知"[4]를 인용하기도 했다.

항우는 홍문지회 후 함양으로 들어가 궁전을 불태우고 보물을 약탈하였으며 진왕秦王 영嬰을 죽였다. 진시황의 천하통일 이후 3대 15년이 지나, 秦은 완전히 멸망해 버린 것이다.(B.C. 221~B.C. 206) 그 후 모든 일이 항우에 의해 진행되었다. 그는 군현제郡縣制가 아닌 분봉제分封制를 택하여 팽성彭城[5]에 도읍을 정하고 초패왕楚霸王이 되었으며 나머지 장군들을 전국에 봉했다.

시대에 역행하는 분봉제는 제후들의 불만을 야기시킬 수밖에 없었다. 특히 유방은 한중漢中[6] 땅의 한왕漢王에 책봉되었는데, 함양에 먼저 입성한 자에게 그곳을 맡긴다는 초회왕楚懷王의 당초 약속이 이행되지 않음에 많은 불만을 가졌다. 그래서 항우가 분봉에 불만을 가진 산동 제후 전영田榮의 반란을 진압하러 간 사이, 유방은 관중 땅으로 진격하여 그 지역을 평정한 후 동진東進하여 항우의 근거지인 팽성을 점령

---

3 항장(項莊: 항우의 사촌 동생)이 칼춤을 추는 것은 그 의도가 패공(沛公, 유방)에게 있다는 의미

4 사마소의 본심은 길 가던 사람조차 다 안다는 의미

5 현 강소성(江蘇省) 서주(徐州)

6 현 섬서성(陝西省) 남부 지역

한다. 이로써 항우와 유방과의 초한楚漢 전쟁이 본격화된다. 전쟁에서는 늘 항우가 압도하였으나 포악한 항우는 민심을 얻지 못하였고, 잦은 소규모 반란(게릴라전)에 시달렸다. 그러나 유방은 관중關中이라는 안정적인 후방 병참兵站 기지를 확보했기 때문에, 전쟁이 장기화될수록 전세는 유방 쪽으로 기울게 된다.

B.C. 203년 말 항우와 유방은 화친을 하고, 홍구鴻溝[7]를 기준으로 동쪽은 항우가, 서쪽은 유방이 점령하기로 약속하였다. 그러나 유방은 협정을 깨고 팽성으로 돌아가던 항우를 공격했다. B.C. 202년 항우 군은 해하垓下[8]에서 한신韓信 군에게 포위당한 채 사면초가四面楚歌에 무너졌고, 항우는 31세의 젊은 나이에 자결하고 만다. 그 해 유방은 여러 왕의 추대를 받아 황제의 자리에 올랐다. 그는 앞서 秦이 망한 B.C. 206년 항우에 의해 한왕漢王에 책봉되었기에, 그때를 한나라의 건국 연도로 삼고 국호도 漢으로 정했다.

사면초가, 「해하가」, 「패왕별희」, 「대풍가」

휴전 협정을 위반하고, 철군하는 항우項羽를 공격한 것과 한신韓信 군에게 겹겹이 포위된 항우 군에게 사면초가四面楚歌라는 심리전을 펼치게 한 것은 모두 장량張良의 지략으로 알려져 있다. 초한대전楚漢大戰의 마지막 싸움인 해하垓下 전투에서, 병력면에서 압도적 우세에 있던 유방의 군대는 항우 진영을 겹겹이 포위하였다. 항우 측 병사들은 불안감에 휩싸였다. 이때 사방에서 초나라 노래가 들려오기 시작했다.

국토가 광활한 중국은 지역별로 문화적 차이가 크다. 음악을 예로

7 현 하남성(河南省) 형양시(滎陽市)

8 현 안휘성(安徽省) 영벽현(靈壁縣)

들면 남방 지역은 대나무류가 잘 자라서 관악기가 발달했으며, 습기가 많아 현악기는 상대적으로 발달하지 못했다. 또한 남방은 따뜻하고 물산이 풍부한 지역적 특징으로 인해 사람들의 기질이나 음악 모두 낭만적 경향이 짙다. 특히 북방의 음악이 호쾌하고 빠른 템포를 지닌 것이 반해, 남방 지역의 음악은 느리고 애잔하며 구슬픈 특징이 있다. 심리적으로 크게 위축된 초나라 병사들은 자신들의 고향의 음악인, 구슬픈 남방의 초나라 음악을 듣자 일거에 무너지고 만다. 항우도 마찬가지였을 것이다. 장량의 사면초가는 세계 전쟁사에 있어서 유래를 찾기 힘든 최고의 심리전이라 할 수 있다. 패배를 몰랐던 혈기 왕성한 젊은 항우는 이런 상황에서 한 순간 무너지고 말았다. 이때 그는 역발산기개세力拔山氣蓋世로 시작하는 「해하가垓下歌」를 지었다.(B.C. 202) 이 시는 『사기·항우본기史記·項羽本紀』, 『한서·항적전漢書·項籍傳』에 실려 있다. (『악부시집·금곡가사樂府詩集·琴曲歌辭』에는 「역발산조力拔山操」라는 제목으로 실려 있다.)

「해하가垓下歌」

力拔山兮氣蓋世	**힘은 산을 뽑을 만하고, 기운은 세상을 덮을 만한데**
時不利兮騅不逝	**때가 불리하니, 오추마가 나아가지 않는구나.**
騅不逝兮可奈何	**오추마가 달리지 않으니, 이를 어찌 할 것인가?**
虞兮虞兮奈若何	**우희야, 우희야, 이를 어찌한단 말이냐?**

이때 그의 애첩 우미인虞美人은 자결하고, 항우項羽는 8백기를 이끌고 남하했으나, 안휘성安徽省 오강烏江에 이르러 31세의 나이로 자결한다. 우미인과 항우와의 이별을 연극화한 것이 바로 「패왕별희覇王別姬」이다.

B.C. 202년, 최후 결전에서 항우는 이미 천하의 판세가 유방 쪽으로 기운 것을 알고 「해하가垓下歌」를 지었다. 이와 극명하게 대비되는

유방의 입장에서 지은 시가 『사기·고조본기史記·高祖本紀』와 『한서·고제기漢書·高帝紀』에 실려 있으니 그것이 바로 유방의 「대풍가大風歌」이다. (『악부시집·금곡가사樂府詩集·琴曲歌辭』에는 「대풍기大風起」라는 제목으로 되어있다.)

「대풍가大風歌」

大風起兮雲飛揚	**큰 바람 일어 구름이 날아오르고**
威加海內兮歸故鄉	**천하에 위엄을 떨치며 고향으로 돌아왔네.**
安得猛士兮守四方	**어찌하면 용맹한 군사를 얻어 천하를 지킬 수 있겠는가?**

「대풍가」는 B.C. 195년 유방이 천하통일을 거의 이룬 시점에서, 반발 세력인 회남왕淮南王 영포英布의 모반을 진압한 후 지은 시이다. 유방은 반란 진압 후 도성으로 돌아가던 중 고향 패현沛縣을 지나가게 되는데, 거기서 고향 사람들에게 잔치를 베푼다. 유방은 감회에 젖어 눈물을 흘리며, 자신이 비록 관중關中에 도읍을 정하고는 있지만 죽어도 고향을 잊지 않겠노라며, 고향 백성들에게는 대대로 납세와 부역을 면제해 주겠다고 선포한다.

승자의 감회와 기쁨의 눈물이 배어있는 「대풍가」와 패자의 회환과 애상이 절절한 「해하가」는 초한전쟁의 대미를 장식하는 상징이 아닐 수 없다.

항우와 유방의 인간됨과 승패의 요인

진시황 사망 당시 항우項羽는 22세, 유방劉邦은 37세였다. 『사기』의 「항우본기項羽本紀」와 이어지는 「고조본기高祖本紀」의 전반부에, 두 인물의 성격을 비교할 수 있는 흥미로운 대목이 있다. 진시황이 회계산會稽山을 유람하고 절강浙江에 이르렀을 때 항우는 그 행차를 보면서 "내가 저 자의 자리를 대신할 수 있을 것이다(彼可取而代也)"라 했다. 유방도 함양咸陽에서 진시황의 행차를 구경할 기회가 있었는데 그때 그는 "아! 대장부는 응당 저래야 하는데(嗟乎, 大丈夫當如此也)"라며 크게 탄식을 하였다. 이처럼 유방은 항우처럼 웅대한 포부도 없었으며 출신도 변변치 못했다. 그런 유방이 어떻게 최종 승자가 되어 한漢의 시조가 될 수 있었을까? 유방은 천하를 평정한 후 낙양에서 주연을 베풀었다. 그때 신하들이 모인 자리에서 그는 자신이 천하를 제패한 까닭이 무엇인지를 허심탄회하게 말해보게 하였다. 그때 고기高起와 왕릉王陵이란 자가 답하기를, 항우는 인자하고 유방은 오만하지만, 유방은 공을 세운 자와 이익을 나누었으나 항우는 이익을 나누지 않았기 때문이라고 하였다. 이에 대해 유방은 스스로 다음과 같이 밝혔다.

공公은 하나만 알고, 둘을 모르오. 나는 막사에서 계책을 세워 천리 밖에서 승리를 쟁취하는 것은 장량張良보다 못하고, 나라를 안정시키고 백성을 보살피며 군량을 공급하고 운송로를 끊어지지 않게 하는 것은 소하蕭何만 못하고, 백만 대군을 통솔하여 싸움에서 필승하여 반드시 공략하는 것은 한신韓信만 못하오. 이 세 사람은 천하의 인재이며 내가 그들을 잘 임용한 것이 바로 내가 천하 패권을 차지할 수 있었던 까닭이요. 항우는 범증范增 한 사람도 제대로 쓰지를 못했기 때문에 나에게 잡힌 까닭이 되었소.(公知其一, 未知其二. 夫運籌策帷帳之中, 決勝於千里之外, 吾不如子房. 鎭國家, 撫百姓, 給餽饟, 不絶糧道, 吾不如蕭何. 連百萬之軍, 戰必勝, 攻必取, 吾不如韓信. 此三者, 皆人傑也, 吾能用之, 此吾所以取天下也. 項羽有一范增而不能用, 此其所以爲我擒也.) 『사기·고조본기史記·高祖本紀』

2. 서한의 전개

B.C. 206년 한나라 건국부터 서기 8년 왕망王莽에 의해 한나라가 찬탈되기까지의 약 200년을 전한시대前漢時代라 한다. 漢을 찬탈한 왕망은 신新이란 국가를 세웠으나 15년 만에 망하고, 다시 황실인 유劉씨가 漢을 이었다.(25) 신나라 이후의 한나라를 후한後漢이라 한다. 후한은 서기 220년 위魏의 조비曹丕에게 찬탈당할 때까지 약 200년간 존속하였다. 전한의 수도는 섬서성陝西省 장안長安이며, 후한의 수도는 하남성河南省 낙양洛陽이다. 장안은 서쪽에 낙양은 동쪽에 위치해 있기에 전한과 후한을 각각 서한西漢, 동한東漢이라고도 부른다.

2.1 한고조 유방과 문경지치

한고조漢高祖 유방劉邦은 농민 출신으로, 국초에는 농민 생활의 안정을 도모하였다.[9] 진시황은 중국을 통일한 후, 지친 백성을 안정시키기보다 잔혹한 형벌과 대규모 역사役事 등으로 민심을 잃었었는데, 유방은 이를 반면교사反面教師로 삼았다. 그는 노비를 해방시키고 농토가 없는 자에게 토지를 주어 개간을 장려했으며, 각종 세금을 경감시키고 진秦의 엄한 법을 폐지시켰다. 이처럼 건국 초기 약 50년은 한나라 발전의 초석을 닦은 시기였다. 한초漢初에는 아직 각 지역의 세력들이 남아 있었기에, 한고조 유방은 수도 주변 지역은 황제 직할의 군현제郡縣制를 실시하

9 중국 역사상 평민 신분에서 황제가 된 자는 한고조(漢高祖) 유방(劉邦)과 명태조(明太祖) 주원장(朱元璋) 두 명이다.

고, 다른 지역에는 제후를 인정하였다. 이처럼 군현제郡縣制와 봉건제封建制를 겸한 체재를 군국제郡國制라 한다. 물론 나라가 안정되어가자 고조는 서서히 지방 제후들을 무력화시켜 나간다.

토사구팽

범려范蠡와 문종文種은 춘추시대 월왕越王 구천句踐을 도와 월越나라가 패자가 되도록 한 일등 공신들이다. 그런데 월나라가 패자가 되자 범려는 제나라로 탈출한다. 구천이 난세는 함께 할 수 있으나 평화 시에는 함께 할 수 없는 인물임을 알았기 때문이다. 범려는 탈출 후 文種에게 편지를 보내 "새 사냥이 끝나면 좋은 활도 버려지고, 교활한 토끼가 죽으면 사냥개는 삶아진다(蜚鳥盡, 良弓藏, 狡兔死, 走狗烹)."라며[10] 피신을 권유했지만 주저하던 문종은 결국 반역의 의심을 받고 자결하게 된다.

한고조漢高祖 11년(B.C. 196) 한나라 개국의 일등공신인 한신韓信도 토사구팽兎死狗烹된다. 한신은 해하垓河에서 항우를 패퇴시킨 주역이다. 그러나 유방은 한신의 군대를 해산시키고 그를 楚王으로 보냈다. 그 후 한신이 항우의 부하 종리매鍾離昧를 숨겨주자, 유방은 노하여 종리매를 압송하라고 한다. 그러나 종리매의 옛 친구인 한신은 그 명령을 즉각 수행하지 못하였다. 얼마 후 종리매가 자결하자 한신이 종리매의 목을 가지고 유방을 배알하려 했다. 한신은 반역죄로 포박당하고 회음후淮陰侯 즉 자신의 고향인 회음(강소성) 지방의 후侯로 강등된다. 이때 한신은 다음과 같이 탄식한다.

"과연 사람들의 말과 같구나. 교활한 토끼가 죽으면 좋은 사냥개는 삶기

10 『사기·월왕구천세가(史記·越王句踐世家)』

고, 나는 새가 다 하면 좋은 활도 치워버리며, 적국을 패퇴시키고 나면 훌륭한 신하는 죽임을 당하는구나. 천하가 이미 평정되었으니 나는 당연히 삶기겠구나.(果若人言. 狡兎死良狗烹, 飛鳥盡良弓藏. 敵國破謀臣亡. 天下已定, 我固當烹.) 『사기·회음후열전史記·淮陰侯列傳』

한고조 유방은 제위 12년 만에 죽고(B.C. 195) 이어서 혜제惠帝가 즉위했으나 23세의 나이에 병사하고 만다.(B.C. 188) 선량하고 유약한 혜제가 즉위하자 혜제의 모친이자 고조의 처인 여후呂后 및 여씨呂氏 일족들의 전횡이 시작되었다. 다행히 B.C. 180년 여후가 세상을 뜨자 태위太尉 주발周勃과 승상 진평陳平은 여씨 일족들을 제거하였다. 그리고 B.C. 179년 고조의 차남이 문제文帝로 즉위한다. 文帝는 23년 재위기간 동안 감세와 감형을 추진했으며 스스로 검약을 실천하며 인군仁君으로서의 모범을 보였다.

文帝의 뒤를 이은 경제景帝 역시 아버지 문제의 다스림을 그대로 이어갔다. 농업 생산량은 극대화 되었고 백성은 안정을 찾아갔다. 문제와 경제의 치세를 일러 문경지치文景之治라 한다. 그러나 이들에게도 현안이 하나 있었으니 그것은 여전히 강성한 황가皇家의 일족들이었다. 이에 가의賈誼와 조착晁錯 등이 이들에 대한 억제책을 적극 주장하고 나섰다. 처음 이들 세력을 꺾어야 한다고 주장한 사람은 가의賈誼였는데, 아쉽게 그는 32세의 나이로 사고사하고, 경제景帝 때에 조착晁錯이라는 유능한 인재가 나와, 그들의 봉지封地를 줄여 나가기 시작한다. 그러자 그에 대한 반발로 경제 3년(B.C. 154) 오초칠국吳楚七國의 난이 일어났다.

오왕吳王 유비劉濞는 유방을 크게 도운 文帝의 사촌 형이다. 경제 즉위 후 조착의 압박이 거세지자, 吳는 楚 등 6국과 연합하여 난을 일으켰으니 그것이 바로 오초칠국의 난이다. 한 왕실에서는 조착을 죽여 난을 무마하려했으나 사태는 계속 번졌고, 반란군은 장안을 향해 진격해 왔다. 장안에 이르기 위해서는 반드시 양梁 땅을 거쳐야했다. 양왕梁王은 경제의 친동생이었기에 반란군의 진격을 방해했고, 거기에 주발周勃의 아들 주아보周亞父의 지략 등이 가세하여, 반란은 3개월 만에 평정될 수 있었다. 오초칠국의 난 실패 후, 제후들의 힘은 현격히 약화되었고, 경제의 뒤를 이은 무제武帝 시기에 한나라는 최강의 국력을 떨치게 된다.

2.2 한무제의 치세

국정 운영

경제景帝가 죽고 그의 아홉 번째 아들 유철劉徹이 16세의 나이로 즉위하니 그가 바로 반세기 이상(재위 B.C. 141~B.C. 87) 한나라를 통치한 한무제漢武帝이다. 무제는 문제文帝와 경제景帝가 이루어놓은 치적 위에, 사실상 군현제郡縣制와 같은 강력한 중앙집권국가를 확립하였다. 경제는 오초칠국吳楚七國의 난을 평정한 후 추은령推恩令을 내렸었다. 추은령은 제후가 죽으면 봉지封地를 분할하여 모든 아들들에게 나눠주도록 하는 것인데, 무제는 이를 더욱 확대 시행하였다. 즉 봉지를 정실부인의 아들인 적자嫡子 이외의 모든 아들들에게 분할해 주도록 하였는데 그 결과 제후의 봉지는 일개 군郡 보다도 작아지게 되었다. 뿐만 아니라 상납금이 미달되면 가차 없이 처벌하고, 자사刺史 등 중앙에서 관리를 파견하여 제후들을 감시하였다. 또한 황제가 제후를 파면할 수 있도록 하였고, 제후왕이 봉지 내 백성들을 마음대로 할 수 없도록 하였다. 제후들을 철저히 무력화시킨 것이다.

한편 중앙에서도 황권 강화책이 시행되었다. 우선 승상의 권한을 약화시키고, 황제의 비서인 시중侍中과 상서尙書를 중용하였다. 아울러 수도 경비를 위해 기문군期門軍과 우림군羽林軍을 창설하였고, 8교위校尉를 두어 황제의 경호를 담당케 하였다. 이렇듯 한무제는 진시황도 못했던 황제 중심의 강력한 중앙집권체재를 확립하였다.

흉노 제압과 국세 확장

제후국들이 강성해지는 문제는 무제 시기 접어들어 거의 해결이 되었지만, 북방의 이민족 특히 흉노의 위협은 쉽게 해결되지 않았다. 진시황 때 몽염蒙恬 장군이 황하 아래 쪽 목초지대인 오르도스(내몽고 중남부)를 점령하였으나, 몽염이 죽은 뒤 오르도스는 다시 흉노의 차지가 되었다. 한고조 유방은 이 땅을 찾기 위해 통일 직후(B.C. 200) 만리장성을 넘은 흉노를 정벌하러 친히 나섰다가, 평성平城[11] 근처 백등산白登山에서 흉노의 계략에 속아 포위·고립되고 만다.

유방은 화친을 통해 구사일생으로 살아나왔지만 이후 漢은 매년 흉노에게 조공을 바쳐야 했다.(비단, 술, 식량은 물론 한 왕실의 공주까지 바쳐야 했고 형제의 나라가 되기로 함.) 이를 '백등산의 치욕' 혹은 '평성平城의 치恥'라고 한다. 조공은 문제文帝, 경제景帝에 이어 무제때까지 지속되었다. 이런 조공에도 불구하고 흉노는 빈번히 漢을 침범하여 약탈을 자행했고, 젊은 무제는 흉노를 제압하여 굴욕적 관계를 청산하고자 하였다. 그러나 첫 계획은 실패로 돌아가고 만다. 무제는 30만 병사를 매복시킨 후, 흉노 선우單于를 국경 근처 마읍馬邑[12]으로 유인하여 일망타진하

---

11 현 산서성(山西省) 대동(大同)
12 현 산서성(山西省) 삭현(朔縣))

려 했으나 작전이 간파당하고 만 것이다.(B.C. 133) 마읍은 흉노가 탐내는 비옥한 땅이었다. 작전은 이러했다. 마읍에 난이 일어났으니 진격하면 마읍을 차지할 수 있다고 거짓으로 알린 뒤, 마읍으로 진입하는 흉노를 매복한 군대가 일망타진하겠다는 것이다. 그런데 마읍에 인적이 거의 없음을 이상히 여긴 흉노는 낌새를 알아차리고 즉시 회군하였다. 이를 '마읍馬邑의 역役'이라 하는데, 이 마읍의 역으로 漢과 흉노의 화친은 완전히 깨졌으며 흉노의 약탈은 더욱 심해졌다. 이제 漢은 흉노와 전면전을 벌이지 않을 수 없게 되었다. 흉노와의 전쟁에서 초기에는 漢이 고전했으나, 무제의 친척이었던 젊은 장수 위청衛青과 곽거병霍去病 장군의 활약으로 승기를 잡았다.

B.C. 127년, 위청은 진시황 이후 흉노에게 빼앗겼던 오르도스 지역을 회복하였고, B.C. 121년 곽거병은 20세의 나이에 농서隴西[13] 일대를 평정하여 하서河西 지역을 한나라가 지배하도록 하였다. 한나라는 여세를 몰아 B.C. 112년 광동廣東, 광서廣西, 베트남에서 맹위를 떨쳤던 남월南越을 평정하여 아홉 군郡을 두었다. 또한 사천四川 남부, 운남雲南, 귀주貴州에 퍼져있던 서남이西南夷를 제압하여 다섯 군을 두었으며, B.C. 109년에는 한반도를 침범하여 진번眞番, 임둔臨屯, 낙랑樂浪, 현도玄菟 등 네 개의 한사군漢四郡을 설치하니, 漢의 국력은 秦을 넘어 역대 최강을 구가하게 되었다.

실크로드 개척

한무제는 즉위 직후, 흉노족 포로로부터 감숙성의 월지국月氏國이 흉노에 대한 복수를 위해 절치부심하고 있다는 이야기를 듣게 된다. 이

13 농산(隴山) 서쪽을 이르며 현 감숙성(甘肅省) 일대임.

에 무제는 월지국과 연합하여 흉노를 공격할 계획으로, B.C. 138년 사신 장건張騫을 파견한다. 흉노의 땅을 통과해야 하는 미지의 땅에 가겠다고 나선 사람은 장건 밖에 없었다. 장건은 통역관과 시종 백여 명을 대동하여 장안을 떠났으나, 금방 흉노에게 잡혀 억류당한다. 다행히 당시는 漢과 흉노의 화친이 유지되던 때여서 그는 거기서 흉노 여성을 맞아 결혼을 하고 자식까지 낳았다. 자신의 임무를 잊지 않았던 장건은 10년 후 탈출하여, 대완국大宛國(우즈베키스탄 일대)을 통해 마침내 월지국에 이르게 된다. 그러나 이미 상황이 많이 변해있었다. 월지국은 중앙아시아의 풍족한 지역에 정착하여, 더 이상 흉노와의 전쟁 의사가 없었다. 결국 장건은 1년을 머무른 후 귀국길에 올랐다. 그는 머무르는 1년 동안 주변을 여행하며 견문을 쌓았고 이란, 페르시아, 인도 등에 대한 많은 지식을 얻었다. 그는 흉노를 피하기 위해 파미르 공원을 넘어 가는 귀국로를 택했지만 또다시 흉노에게 잡혀 일 년여 억류 끝에, 흉노의 내란을 틈타 장안으로 귀환했다.(B.C. 126) 장장 14년에 걸친 여정이었으며 장건의 보고는 훗날 흉노를 제압하는데 중요한 정보가 되었다.

장건을 통해 미지의 문화와 풍물을 들은 무제는 서역에 대한 흥미와 관심이 더욱 커져 갔고, B.C. 121년 곽거병霍去病이 하서河西 지역을 평정하자 장건을 다시 사절단으로 파견하였다.(B.C. 116) 이때 무제는 오손烏孫과 연합하여 흉노를 제압하고자 하였으나 오손 왕실의 내부 갈등으로 흉노 토벌은 무산되었다. 대신 장건은 오손의 사절과 함께 무제가 '천마天馬'라 했던 명마 수십 필을 몰고 귀국했다. 한편 장건은 자신의 수하들을 대완大宛, 대월지大月氏, 대하大夏 등 서역 여러 나라에 사신으로 파견했는데, 얼마 후 그들도 서역의 사자使者들과 함께 많은 특산물을 가지고 귀국하였다. 이리하여 서역에는 강대국 漢의 존재가 알려졌고, 한나라는 서역 각국으로부터 포도, 석류, 호두, 말, 보석, 향신료, 음악 그리고 각종 기술과 기예 등을 받아들이게 되었다. 서역에서는 특히 중국의 비단이 인기가 많았는데 비단은 서아시아를 거쳐 로마에까지 전해졌고, 이 과정에서 동서양의 교통로(교역로)인 실크로드가 개통되기에 이른다. 후한後漢에 접어들어 漢과 서역의 나라들은 국교의 단절과 회복을 거듭했지만 교류는 꾸준히 활발한 편이어서, 후한 때 발명된 종이가 서역으로 전파되는가 하면 서역의 각종 문화와 문물들이 중국으로 유입되었다.

실크로드와 일대일로

실크로드Silk Road는 한무제가 흉노 토벌을 위한 목적으로 서역 국가에 장건張騫을 파견함으로써 생긴 의외의 소득이었다. '실크로드'는 독일의 지리학자인 리히트 호펜Ferdinand von Richthofen(1833~1905)이 중국을 여행하고 와서 처음 쓴 말이라고 하는데, 최근 이 실크로드가 다시 조명을 받고 있다. 2013년 시진핑習近平 주석은 카자흐스탄을 방문하여 실크로드 경제 벨트를 구축하자는 제안을 했다. 이것이 바로 일대일로一帶一路(One Belt, One Road)이다.

일대일로는 육상 실크로드와 해상 실크로드를 합친 개념으로, 중국에서 중앙아시아, 동남아시아, 유럽, 아프리카 등을 육로와 해상으로 연결시키고, 그 일대를 경제 벨트로 만들자는, 중국몽中國夢의 구체적인 실행이다. 이미 이 일대에는 중국에 의해 엄청난 인프라가 구축되었고 천문학적인 자금이 투입되었다.

일대일로 사업 추진 5년 후, 2018년 8월과 9월 북경인민대회장에서는 중국의 정재계政財界 핵심 인물들이 모인 좌담회와, 아프리카 54개국 중 53개국 정상이 참가한 '중국·아프리카 협력 포럼 정상회의' 등이 개최되었다. 중국은 막대한 자금력을 앞세워 거침없이 일대일로 개발을 추진하였는데 아프리카와 아시아의 많은 참가국들은 대중국 채무의 급증으로 경제 종속 등의 부작용을 우려하고 있다.

경제 정책

한무제(재위 B.C. 141~B.C. 87)는 흉노를 제압하고 사방으로 국토를 넓혀 대제국을 건설하였으나 거기에는 막대한 재정이 투입되어야 했다. 게다가 상림원上林苑이나 건장궁建章宮 등 대형 건설로 인해 선제 때 이루어 놓은 재정 기반이 무너졌다. 이에 농업을 장려하고 치수 사업을 벌이는 동시에 B.C. 119년과 B.C. 98년에 염철鹽鐵과 술을 국가 전매로 하였고, 각지에 균수관均輸官을 두어 정부 조달 물자나 세금을 직접 구입·수송하는 균수법均輸法(B.C. 115)과 물가가 쌀 때 사두었다가 비쌀 때 파는 평준법平準法(B.C. 110)을 실시하였다.

균수均輸는 수송(비)을 고르게 한다는 의미이다. 지방에서 그 지역 산물을 (세금으로) 중앙에 바칠 때 수송비가 큰 문제였는데, 균수법은 각 지방에 균수관均輸官을 두어, 그 지방 산물을 타지역으로 운송 및 판매하여 정부가 이익을 볼 수 있도록 한 제도로, 이는 물자의 원활한 유통과 물가의 안정 그리고 국가 재정에 도움이 되었다.

평준법平準法은 중앙에 평준관平準官을 두어, 물자가 쌀 때 구매하여 정부 중앙 창고에 보관했다가, 물자가 귀해지면 판매하는 것이다. 이 역시 물가 조절이라는 긍정적 기능도 있었지만 정부가 상업 행위를 통해 재정을 확보하는 이 정책은 유학자儒學者들에게 적지 않은 비판을 받기도 하였다.

염철과 술 등 생필품의 국가 전매와 평준법, 균수법의 시행은 국가 재정에는 큰 도움이 되었으나 상인들은 큰 피해를 볼 수밖에 없었다. 거기에 상인들에게 무거운 세금을 부과하고 시장 출입과 가격까지 국가가 통제하는 등 억상抑商 정책을 실시하자 상인 세력은 몰락하게 된다. 이에 일부 거상巨商들은 토지에 투자하여 지주가 되었고, 기타 상인들은 소규모 상인으로 전락하게 되었다.

국가가 물자의 수송 및 판매에 깊게 개입하여 상인들이 몰락하고 정상적인 물자 교류에까지 문제가 발생하자, B.C. 81년 무제를 이은 어린 소제昭帝는 60명의 유학자儒學者들을 모아, 조정에서 관리들과 국가 대토론회를 개최했다. 주요 의제는 염철鹽鐵의 국가 전매 및 평준법, 균수법의 지속 여부였다.[14] 관리들은 재정 확보를 위해 계속 정책을 시행해야 한다고 했지만, 지방에서 천거된 학자들은 국가가 상인들과 이익을 다투어서는 안 된다는 주장을 했다. 이들은 지방 세력들이어서 그들의 주장은 자신들의 이익을 대변하는 것이기도 했다.

한무제와 혹리酷吏

한무제는 재정난 타개를 위해 생활에 꼭 필요한 염철鹽鐵을 국가 전매로 하는 등 세수 확충에 열을 올렸다. 여기서 혹리酷吏 즉 가혹한 관리가 등장한다. 혹리란 구체적으로 말해 세금을 쥐어짜는 관리라 할 수 있다. 『사기』에는 「혹리열전酷吏列傳」이 있는데, 여기 수록된 11명의 혹리 가운데 한무제 때 인물이 가장 많다.

이 가운데 가장 흥미 있는 인물이 고기를 훔쳐간 쥐를 심문한 일화로 유명한 장탕張湯이다. 장탕은 섬서성陝西省 출신으로, 어린 시절 아버지가 출타하여 집을 보게 되었다. 아버지가 돌아와 보니 고기가 없어졌고, 장탕은 아버지에게 매질을 당하였다. 쥐구멍에서 고기를 발견한 장탕은 쥐에게 영장을 발부하고 취조를 하여 판결문을 작성한 후, 쥐에게 책형磔刑(죄인을 기둥에 묶어 놓고 창으로 찔러 죽이는 형벌)을 내렸다.

아들의 행위를 지켜 본 아버지는 아들이 쓴 판결문을 살펴보았는데 그것은 유능한 법관이 쓴 것과 비교해도 손색이 없었다. 이에 장탕의 아버지는 아들이 그쪽 방면으로 공부를 할 수 있도록 배려를 해주

14 염철 회의에서의 논의 내용이 환관(桓寬)이 쓴 「염철론(鹽鐵論)」에 남아있다.

었다. 장성한 장탕은 승승장구하였고 어사대부에까지 올라 권력이 대단했으나, 7년 후 그가 사익을 취했다는 밀고가 들어왔고 혐의도 짙었다. 그를 시기하고 원망하던 사람들이 주변에 너무 많았던 것이었다. 결국 장탕은 결백을 외치며 자살했고, 그 후 면밀히 조사를 해 보니 그의 재산은 아주 미미할 따름이었다. 게다가 장탕의 어머니는 그의 장례를 매우 검소하게 치렀다. 황제는 '그 아들에 그 어머니'라며 칭찬을 아끼지 않았고, 사건의 전모를 밝힌 후, 장탕에게 죄를 뒤집어씌운 자들을 처단했으며 장탕의 아들 장안세張安世를 등용하였다.

혹리酷吏는 말 그대로 백성 수탈의 최일선에 있던 탐관들이었다. 그러나 국가 재정을 보충하고 정권 유지에 큰 역할을 했던, 당시의 유능한 인재였다는 점도 간과하지 말아야 할 것이다.

유교의 국교화

한나라 초기에는 혹독했던 秦의 법가적法家的 통치를 배제하고, 국가가 백성의 삶에 가급적 간섭을 하지 말자는 무위지치無爲之治 즉 도가적 이념으로 백성들의 삶을 안정시켜 나갔다. 그러나 나라 규모가 커지고 사회가 분화·발달하면서 도가적 통치 이념은 더 이상 유효할 수 없었다. 이에 무제는 경제景帝 때 박사博士였던 동중서董仲舒의 건의를 받아들여 유교儒敎를 관학화官學化하기에 이른다.

B.C. 136년 수도 장안에 있는 관학인 태학太學에 오경박사五經博士[15]를 두고 제자들을 길렀으며, 그들 가운데 우수한 자를 낭중郎中으로 발탁시켜 관리로 삼았다. 또한 B.C. 134년 지역 군국郡國에서는 효행과 청렴

15 박사(博士)는 전국시대와 秦나라 때에도 있었으나, 그때의 박사는 정치에는 참여하지 않고 고문(顧問) 정도의 역할만 담당했다. 한무제 때는 오경(시, 서, 역, 예기, 춘추) 박사를 정식으로 두고(B.C. 136) 유학을 연구하게 했으며 여기서 양성된 인재는 관리가 되어 직접 정치에 참여하였다.

한 인사를 천거시켜 낭중에 임명하는 관리등용제도를 만들었다. 이를 효렴제孝廉制라 한다. 유교 교육을 받은 자가 관리가 되는 제도는 유교를 더욱 활성화시킬 수 있었고 이런 전통은 근대에까지 이어졌다. 유교는 역사를 중시하고, 많은 인재들을 확보하고 있었으며 학술성이 타 사상 보다 엄밀하다는 자체적 강점도 있었지만, 무엇보다 봉건 통치에 있어서 매우 유용하였기에 한대漢代 이후 대대로 통치 이념이 될 수 있었다. 특히 동중서董仲舒는 유교에 음양가陰陽家의 신비주의적 학설을 결합하여 천인감응설天人感應說[16] 을 주장했다.

천인감응설은 천자天子의 정치와 하늘은 서로 통하며 자연재해나 상서로운 징조 등이 모두 정치와 연관이 있다는 것이다. 이런 사상은 천자의 통치에 이용되기 좋았고 무제에게도 큰 환영을 받았다. 게다가 한대의 유교는 진대秦代 폭정의 기반이었던 법가를 대체할 통치 이념으로 시의적절했다. 또한 봉건 사회는 친족이나 혈연이 매개가 되어 질서가 유지되었고, 중앙집권체재의 공고화를 위해서도 종법적從法的 유교 이념이 유용하였기에 한대 이후 유교는 대대로 국가의 통치 이념이 될 수 있었다.

말기의 실정과 사마천의 『사기』

한무제는 제후국들의 제압과 흉노 정벌 등 혁혁한 공을 세웠지만, 거기에는 막대한 재정의 투입과 백성의 큰 희생 뒤따랐다. 게다가 중년에 접어 든 무제는 국정 운영도 예전만 못하였다. 무제 말기 漢 제국은 최

---

16 천인감응설(天人感應說)에 의하면 우주는 음양오행(陰陽五行)의 원리에 의해 운행되는데, 황제는 우주의 원리가 원활하게 돌아가는지를 살피는 특별한 존재이다. 또한 天·人은 서로 감응하여 하늘은 인간의 선악에 따라 재해나 상서로운 징조로 답하며, 天子는 하늘과 통하여 하늘의 명을 따르고 살피며 백성을 통치하는 특별한 존재이다. 무제의 입장에서 채용하기 딱 좋은 이론이었다고 볼 수 있다.

고의 치세기治世期를 지나 이제 내리막으로 접어들고 있었다. 이 당시 무제의 누이 평양공주平陽公主는 무제에게 이부인李夫人이라는 경국지색傾國之色을 소개해 주는데, 지친 무제는 이부인에게 빠지고 만다. 이부인에게는 궁정 악사 이연년李延年과 이광리李廣利라는 오빠가 있었다. 이광리에게 작위를 하사하기 위해서는 전공戰功이 필요했고, 무제는 이광리로 하여금 약체 대완국大宛國을 정벌케 하고 그곳의 한혈마汗血馬도 얻고자 하였다. 그러나 B.C. 104년 대승을 예상하고 출병한 이광리는 긴 여정, 부족한 식량, 예상외의 저항 등으로 인해 퇴각하고 만다. 그 후 漢은 병력을 대폭 증강하여 2차 원정에 나섰고, 대완大宛은 스스로 왕의 머리와 명마를 바치고 투항하였다. 이에 이광리는 서해후海西侯에 봉해 질 수 있었다.(B.C. 102)

이즈음 흉노족은 권력 암투와 이상 기후 등으로 매우 불안정한 상태였다. 漢 왕실은 흉노 내부의 반란파와 연합하여 흉노의 체재 전복을 노렸으나 실패했고, 이후 화친 사절로 보낸 漢의 사신이 흉노족에게 억류당한다. 이에 이광리는 3만 정예 부대를 이끌고 천산天山으로 출격했고(B.C. 99), 명문 무인가武人家의 후예 이릉李陵 장군도 자청해서 5천 보병대와 함께 흉노의 땅으로 진격하였다. 그런데 이광리는 흉노를 무찌르고 돌아오는 도중에, 흉노의 한 부대에 포위되어 병력 대부분을 잃고 겨우 탈출한다.

한편 이릉과 그의 5천 보병은 흉노의 정예 부대인 3만 기마대와 만나 8일 동안 완강히 저항하였으나, 끝내 중과부적으로 투항하고 만다. 무제가 총애하는 이광리는 3만 정예 부대로 흉노의 일개 부대에 대패했고, 이릉은 패배는 했으나 겨우 5천의 보병으로 흉노의 최정예 주력 기마대에게 큰 타격을 입혔던 것이다. 애초에 이릉의 분전 소식을 접한 漢의 조정朝廷에서는 이릉에게 원군援軍을 보내려 하다가 철회했다. 당시 조정 회의에서는 사마천司馬遷만이 이릉을 변호했는데, 그 일로 사마천은 무제의 미움을 사 궁형宮刑을 받게 된다. 2년 후(B.C. 98, 당시 무제는 61세), 50세가 된 사마천은 출옥出獄하여 다시 중서령中書令이 되었고 『사기史記』 집필에 일생을 바친다. 시간이 흐른 후 냉정을 찾은 무제도 내심으로는 이릉과 사마천을 인정하였을 것이다.

경국지색

北方有佳人	북쪽에 아름다운 가인佳人이 있으니
絶世而獨立	절세의 미녀, 비할 자 없다네.
一顧傾人城	한 번 돌아보면 성이 기울고
再顧傾人國	두 번 돌아보면 나라가 기우는데
寧不知傾國與傾城	어찌 성과 나라가 기우는 것을 모르리오만은
佳人難再得	미인은 다시 얻기 힘들다오.

『한서·외척전(漢書·外戚傳)』(외척전 제60)

무제가 좋아하던 악사 이연년은 음악에 정통하고 춤과 노래도 뛰어나, 무제가 늘 가까이 하였다. 어느 날 이연년은 위의 노래를 지어 바쳤고, 무제는 세상에 저런 미녀가 있는지 의아해했다. 이때 평양공주平陽公主는 이연년의 누이 이연李姸(이부인)이 바로 그러하다며 그녀를 소개해주었다. 정치에 싫증이 날 즈음 무제에게 찾아온 이부인은 무제의 총애를 받게 된다.

『사기』 개요

『사기史記』는 12본기本紀, 10표表, 8서書, 30세가世家, 70열전列傳으로 도합 130편에 총 52만 6,500여 자이며, 황제黃帝로부터 한무제에 이르는 역사를 기록했다. 『사기』는 중국 최초의 통사通史이자 본기本紀와 열전列傳이 중심이 되는 기전체紀傳體의 효시이며, 중국 전기문학傳記文學의 시원이라 할 수 있다.

사마천이 밝힌 『사기』의 집필 동기

사마천司馬遷이 죽음을 택하지 않고 궁형宮刑의 치욕을 감내한 데는 부친이었던 태사령太史令 사마담司馬談의 유언이 큰 영향을 미쳤다. 한무제 최전성기 때, 무제는 자신을 하늘이 내린 천자로 간주하고 100년 만에 봉선封禪 의식을 거행한다. 봉선은 도가적 행위로 유교와는 맞지 않지만, 천하가 안정되고 국력이 신장되자 무제의 마음이 동했던 것이다. 사마씨司馬氏는 주대周代 이후 사관직을 수행해 왔었고, 역사를 담당하는 사마담은 봉선 의식에 많은 자문을 할 입장이었으나 뜻밖에 봉선 수행단에서 빠지게 된다. 크게 상심한 사마담은 아들 사마천에게 반드시 태사太史가 되어 자신이 못 다 이룬 역사 편찬을 완수하라는 유언을 남기고 죽었다.(B.C. 110) 부친 사후 3년이 지나서 과연 사마천은 태사령이 되었고, 그는 부친의 유언을 지키기 위해서라도 살아서 역사를 남겨야 했을 것이다.

『사기』의 집필 동기에 대해서는 사마천이 쓴 「보임소경서報任少卿書」(「보임안서報任安書」라고도 함)에 소상히 드러나 있다. 「보임안서」는 임안任安에게 보낸 답장 편지이다.(소경少卿은 임안任安의 字) 강충江充의 모함을 받은 무제의 황태자 유거劉據는 군사를 일으켰으나 실패하고 자결하였다. 유거는 사마천의 친구 임안에게 병사 지원을 부탁했었으나 임안은 협조하지 않았다. 이후 임안은 이 사건에 연루되어 요참형腰

斬刑을 당한다. 사마천은 과거 임안으로부터 편지를 받은 적이 있었는데, 답장을 하지 않고 있다가 임안의 소식을 접하고는 더 이상 미룰 수가 없어 이 답신(「보임안서」)을 보낸 것이다. 「보임안서」에서 사마천은 자신의 처지와 심경 및 『사기』 저작과 관련된 상세한 내용을 밝혔다. 이 글은 옛부터 명문으로 읽히고 있는데 중요한 부분만 아래에 발췌해 본다.

사람은 반드시 한번 죽기 마련인데, 어떤 이의 죽음은 태산보다 무겁고, 어떤 이의 죽음은 기러기 털 보다 가벼운데 그것은 죽음이 지향하는 바가 다르기 때문입니다. 최상의 죽음은 조상을 욕되게 하지 않는 것이며, 그 다음은 자신을 욕되게 하지 않는 것이며 …… 가장 좋지 않은 것이 궁형宮刑입니다. …… 맹호는 심산深山에서 백수百獸를 공포에 떨게 하지만, 우리 속이나 함정에서는 꼬리를 흔들며 음식을 구하는데 그것은 위압과 제약이 점점 쌓인 결과입니다. …… 지금 (나는) 수족이 묶이고 형틀을 쓴 채 맨 몸으로 곤장을 맞으며 감옥에 갇혀있습니다. 이러한 때 옥리獄吏를 보면 머리를 땅에 박고 옥졸獄卒을 보면 두려워 벌벌 떱니다. 왜 그렇겠습니까? 위압과 제약이 쌓인 형세 때문입니다. …… 옛날에 부귀했지만 이름이 사라진 자가 부지기수입니다. 오직 탁월하고 비상한 자만이 칭송을 받았습니다. 주문왕周文王은 구금되어 『주역周易』을 발전시켰고, 공자도 어려움에 처하여 『춘추春秋』를 저술했습니다. 굴원屈原은 쫓겨나서 「이소離騷」를 지었으며, 좌구명左丘明은 눈이 멀어 『국어國語』를 지었으며, 손자孫子는 다리가 잘려서 『병법兵法』을 지었습니다. 여불위呂不韋가 촉蜀으로 쫓겨 난 뒤 『여씨춘추呂氏春秋』가 알려졌고, 한비자韓非子는 秦에 잡힌 뒤 「세난說難」과 「고분孤憤」을 지었습니다. 『시경詩經』 삼백 편도 대저 성인이 발분해서 지은 것이며 이들은 모두 뜻에 울분이 있어 그 道를 이루지 못하여, 옛 일을 저술하여 후세 사람들을 생각하며 저작을 한 것입니다. 좌씨가 눈이 멀고, 손자가 다리가 잘려 마침내 중용되지 못하자 물러나서 서책을 논하며 그 분을 풀고, 문장을 드리워서 자신을 드러낸 것과 같습니다. 저도 외람되고 불손하게 근래 보잘 것 없는 문사文辭에 의지하여 천하에 흩어진 옛 일들을 망라하고, 그 일들을 대략 고증하고 시말始末을 종합하여 성패흥망의 법도를 살폈습니다. 위로는 황제黃帝에서 아래로는 지금에 이르기까지 10표表, 12본기本紀, 8서書, 30세가世家, 70열전列傳 도합 130편입니다.(人固有一死, 或重於太山, 或輕於鴻毛, 用之所趨異也. 太上不辱先, 其次不辱身 …… 最下腐刑極矣. …… 猛虎在深山, 百獸震恐, 及在檻穽之中, 搖尾而求食, 積威約之漸也. …… 今交手足, 受木索, 暴肌膚, 受榜箠, 幽於圜牆之中. 當此之時. 見獄吏則頭槍地. 視徒隸則正惕息. 何者? 積威約之勢也. …… 古者富貴而名摩滅, 不可勝記, 唯倜儻非常之人稱焉. 蓋文王拘而演周易, 仲尼厄而作春秋, 屈原放逐, 乃賦離騷, 在丘失明 ,厥有國語, 孫子臏脚, 兵法脩列, 不韋遷蜀, 世傳呂覽, 韓非囚秦, 說難孤憤, 詩三百篇, 大抵聖賢發憤之所爲作也. 此人皆意有鬱結, 不得通其道, 故述往事, 思來者. 乃如左丘無目, 孫子斷足, 終不可用, 退而論書策, 以舒其憤, 思垂空文以自見. 僕竊不遜, 近自託於無能之辭, 網羅天下放失舊聞, 略考其行事, 綜其終始, 稽其成敗興壞之紀. 上計軒轅, 下至于玆, 爲十表. 本紀十二, 書八章, 世家三十, 列傳七十, 凡百三十篇.)

그림5 사마천

그림6 사마천 사당과 무덤, 섬서성(陝西省) 한성시(韓城市) 소재

사필소세(史筆昭世): 사관(史官)의 붓이 세상을 밝힌다는 의미

3. 왕망의 한나라 찬탈과 신新나라 건국[17]

무제의 뒤를 이은 소제昭帝와 선제宣帝는 무제의 국세國勢 확장 정책으로 생긴 재정 문제 완화와 백성의 안정적인 삶에 역점을 둔 정치를 펼쳤다. 특히 선제宣帝에게는 유능한 황제의 면모가 발견된다. 그는 원래 민간에서 자랐으나 소제昭帝가 아들 없이 죽자, 무제의 신임을 받았던 곽거병霍去病의 아우 곽광霍光에 의해 황제로 등극한 인물이다. 이후 곽광의 세력은 비대해졌고, 곽광이 죽자 곽광의 일족들은 제거되었다. 한편 조정에서는 능력을 발휘한 지방관을 중앙으로 불러 문벌 세력들을 약화시켰다. 또한 항복하여 입조한 흉노족 수장에게는 최대한 예우를 해주며 그들의 삶을 보장하는 등 안정의 기반을 착실히 닦았다. 그러나 선제 이후 강하고 유능한 황제가 후사를 잇지 못했고, 사회적으로도 큰 모순이 두드러지며 漢 제국은 심각한 문제에 봉착했다.

농업 경제가 발달한 서한(전한) 말에 이르면, 토지 겸병 현상이 일어나 농민이 몰락하면서 漢에 짙은 암운이 드리워진다. 세금, 자연재해, 질병 혹은 가족의 사망이나 혼인 등 여러 가지 일상적인 문제로 부농과 빈농 사이에는 대차貸借 관계가 형성되는 경우가 많았다. 이런 채무 관계는 일반 농민들이 토지를 잃고 소작농으로 전락하거나 유랑자가 되도록 하였다. 반대로 부농들은 쉽게 토지를 매집하여 대토지 소유주가 되었는데, 무제 말기부터 이런 사회·경제적 모순이 두드러졌다. 이 문제를 해결하고자 애제哀帝는 한전법限田法으로 토지와 노비의 소유를 제한하려했으나 기득권 세력의 반대로 실패하고 민생의 불안은 더욱 심화되었다. 이때 외척의 세력을 업고 등장한 이가 바로 漢을 찬탈하여 신

---

17 소제(昭帝)→선제(宣帝)→원제(元帝)→성제(成帝)→애제(哀帝)→평제(平帝)→신(新)

新이란 나라를 세운 왕망王莽이다.

성제成帝(재위 B.C. 33~B.C. 7)는 말기에 조씨趙氏 자매를 총애하여 국사에 태만하였고, 이때부터 성제의 외척들이 득세하기 시작했다. 성제는 아들이 없었고, 성제 사후 측실의 아들 애제哀帝가 즉위했으나(B.C. 7) 6년 만에 사망한다. 이때 성제의 모친인 원후元后 왕씨(元帝의 皇后)는 왕망王莽과 함께 열 살 평제平帝를 옹립했고, 왕망은 자신의 딸을 황후로 만든 후 실권을 장악하였다. 왕망은 왕 원후의 동생 왕만王曼의 아들이다. 평제는 14세 때 왕망에 의해 독살 당했다고 하는데 평제가 갑자기 죽자, 왕망은 2살 난 영嬰을 황태자로 옹립한 뒤 자신을 가황제假皇帝라 칭했다.(A.D. 5)

원후 왕 씨가 권력을 장악하자 외척 왕씨들이 권력의 핵심으로 대거 등장했지만, 왕망은 별다른 활동 없이 조용히 지냈다. 그는 불우한 환경에서 노모와 친지를 잘 보살폈고, 법령을 어긴 친자식을 봐주지 않고 의법 처리하였으며, 평제 옹립의 대가로 받았던 많은 토지와 상을 모두 가난한 백성들에게 나누어 주었다.[18] 그래서 한때 세간에는 그의 칭송이 자자하였다. 그러나 평제가 죽자(A.D. 5) 두 살짜리 유영劉嬰을 황태자로 삼은 후 A.D. 8년 도참설圖讖說을 교묘히 이용, 천명을 빙자하여 왕위를 찬탈하고 천자에 올라 신新나라를 세웠다.

유교 신봉자이던 왕망은 주대周代의 정치 제도를 모방하여, 시대에 역행하는 과오를 범한다. 왕전제王田制를 실시하여 모든 토지를 국가 소유로 한 후, 각 가정 당 1정井(900 무畝)의 토지를 지급하였고 나머지는 토지가 없는 자에게 나눠주었으며 토지와 노비의 매매도 금지시켰다. 호

18 왕망(王莽)의 차남이 노예를 죽이자, 왕망은 법에 따라 그를 자결시켰고, 平帝의 모친을 유폐시켰을 때 왕망의 장남이 간언하자 그 역시 자결시킨다. 이를 계기로 법과 대의(大義)를 위해서 자식도 희생시킨다는 왕망의 미담(美談)이 퍼지게 되었다.

족 세력의 토지 겸병 현상이 심화되던 때에 시행한 정책으로 그 취지는 긍정적인 측면이 있었으나, 기득권층의 반발과 현실성 없는 시책으로 수많은 범법자들을 양산하다가 결국 얼마 못가서 모두 폐지되었다. 한편 화폐, 관직명, 지명 등의 개혁으로 사회 혼란을 가중시켰고, 흉노 등 이민족들을 압박하여 반발을 샀으며, 흉노 침범에 대군을 파견했다가 대패하기도 하였다. 결국 선제宣帝 때 이룩한 흉노와의 평화적 관계는 다시 적대적 관계로 악화되고 말았다.

이에 민심이 크게 동요하며 전국적으로 반란이 일어났으니 그 대표 집단이 산동성山東省에서 일어난 적미군赤眉軍과 호북성湖北省 녹림산綠林山에서 일어난 녹림군綠林軍이다. 반란 집단에는 굶주린 유민流民들이 대거 합세했고, 사병을 거느린 호족 집단까지 연합·가세하자 그 세력은 체재 전복과 漢 왕조 재건을 목표로 하는 정치 집단으로 변모한다. 하남河南과 호북湖北 일대의 호족인 유연劉縯, 유수劉秀 형제는 녹림군을 흡수한 후 일족인 유현劉玄을 임시 황제(경시제更始帝)로 삼았으나, 유현은 유연을 죽이고 유수로 하여금 하북을 진압하도록 하였다. 동시에 장안을 공격하여 도망가는 왕망을 살해하니, 15년 간의 왕망 정권은 여기서 멸망하였다.(A.D. 23) 하지만 유현은 인심을 잃었고 백성들은 오히려 왕망 시대를 그리워할 정도였다. 이에 양대 세력 가운데 하나인 적미군이 漢 왕실의 후예인 어린 유분자劉盆子를 천자로 추대한 후 유현을 죽이고 정권을 탈취했으나(A.D. 25) 역시 정치는 엉망이었다. 이때 하북을 평정하고 강력한 세력을 형성했던 유수劉秀가 황제로 추대되었다.(A.D. 25) 유수는 연호를 건무建武라 칭하고, 폐허가 된 장안을 버리고 낙양을 수도로 삼았다. 그가 바로 후한後漢의 첫 번째 황제인 광무제光武帝이다.

중국 최초의 인구 통계

현전하는 최고最古의 중국 인구 통계는 『한서·지리지漢書·地理志』에 나오는 기록으로, 한평제漢平帝 원시元始 2년(A.D. 2) 때의 것이다. 민호民戶가 12,233,062호, 口(인구)는 59,594,978명으로 되어있으며, 이는 한대 인구로는 가장 많은 것이다. 진나라 말기의 전란과 한무제 때 흉노匈奴와의 장기전 등을 고려하면, 인구가 많이 늘어날 수는 없었을 것이다. 당시 육천만의 인구는 모든 백성이 다 잘 살기에 너무나 큰 규모였다. 빈민이 늘어났고 어쩌다 자연재해라도 닥치면 아사자가 속출하였다.

전한 시기의 생생한 고분(마왕퇴)

2016년 세계 10대 고분으로 지정된 호남성湖南省 장사시長沙市 동쪽에 위치한 한묘漢墓는 1970년대 초 모택동毛澤東의 지시로 부상병을 위한 방공호를 파다가 발견된 한대漢代의 고분古墳이다. 1972년에서 1974년 사이에 걸쳐 발굴되었는데 총 3기의 묘의 주인공은 전한초前漢初 장사국長沙國의 승상인 대후軑侯 이창利倉 및 그의 처와 아들이다. 『사기』, 『한서』 등의 고증에 의하면 이창이 대후로 봉해진 것은 B.C. 193년이다. 그렇다면 이 고분은 2,200여 년 전에 만들어진 것이다. 발굴 당시 이창의 처妻 신추辛追의 미라는 피부의 탄성은 물론 지문과 내장까지도 온전하게 보존이 되어있었다. 함께 발굴된 수많은 전적典籍들과 놀라울 정도로 잘 보존된 비단, 고지도, 악기, 각종 생활용품 등을 통해 당시 기술이 얼마나 정교했는지를 알 수 있었다. 유물 대부분은 현재 호남성박물관湖南省博物館에 수장收藏되어 있다. 이 한묘漢墓는 漢初의 과학, 의학, 역사, 수공업, 생활 등 고대 문화 전반을 연구하고 이해하는데 큰 도움을 주는 진귀한 고고학적 유산이 아닐 수 없다

이 무덤은 과거에 오호십육국시대五胡十六國時代 초왕楚王 마은馬殷의 무덤으로 잘못 알려져서 마왕퇴馬王堆라 불리게 되었다.

왕소군과 춘래불사춘

전한 후기의 황제인 원제元帝는 모연수毛延壽라는 화공畫工에게 궁녀의 초상화를 그리도록 한 후, 그 초상화를 보고 궁녀를 간택하였다. 이에 궁녀들은 다투어 모연수에게 뇌물을 바쳤으나 형편이 좋지 못했던 왕소군王昭君은 뇌물을 바치지 못했고 모연수는 그녀를 추녀로 그렸다. 이리하여 절세의 미녀 왕소군은 황제의 총애를 받지 못했다. 당시 漢은 흉노와의 화친책으로 궁녀 한 명을 흉노 왕에게 시집보내고 있었는데, 왕소군을 본 흉노의 왕이 그녀를 지목한다. 그제야 왕소군의 빼어난 미색을 확인한 황제가 그녀의 초상화를 살펴보니 실물보다 훨씬 추하게 그려져 있었고, 내막을 안 황제는 모연수를 참수한다. 결국 B.C. 33년 왕소군은 비파를 들고 흉노의 왕에게 시집을 가게 되는데, 그 모습에 미혹된 기러기가 날개짓하는 것을 잊어버리고 땅으로 떨어졌다는 전설이 전한다. 그래서 왕소군을 낙안落雁이라 부른다. 왕소군은 흉노 땅에서 길쌈을 가르쳐 주는 등 많은 덕을 쌓았고, 거기서 자식을 낳고 살았다고 한다. 『서경잡기西京雜記』 등에 관련 고사가 소개되어 있으며 현재 내몽골 자치구의 수도인 후허호트呼和浩特 시 근교에 왕소군의 묘와 박물관이 있다. 이 고사는 대대로 전해지며 후대 많은 문학작품의 소재가 되기도 했는데 대표적인 것이 원대元代 마치원馬致遠의 희곡 『한궁추漢宮秋』이다.

당唐나라 측천무후 때 좌사佐史를 지냈던 동방규東方虯는 왕소군을 기리는 「소군원昭君怨」이란 시를 썼는데 거기에 춘래불사춘春來不似春이란 구절이 나온다.

「소군원昭君怨」

漢道初全盛　**한나라의 도는 초기에 융성하여**
朝廷足武臣　**조정에 무신이 충분했건만**

何須薄命妾 어찌 박명한 여인이
辛苦遠和親 고통 속에서 멀리 화친하러 가야만했나?

掩涕辭丹鳳 흐르는 눈물 감추고 단봉성을 떠나
銜悲向白龍 슬픔을 머금고 백룡대로 향하였네.
單于浪驚喜 선우는 놀라고도 기뻐함이 크게 일었으나
無復舊時容 다시는 옛 얼굴로 돌아갈 수 없다네.

胡地無花草 오랑캐 땅에는 꽃과 풀이 없어
春來不似春 봄이 왔건만 봄 같지가 않네.
自然衣帶緩 허리띠가 절로 느슨해짐은
非是爲腰身 아름다운 몸매를 위함이 아니라오.

중국의 사대미녀

서시西施, 왕소군王昭君, 초선貂嬋, 양귀비楊貴妃를 중국의 4대 미녀로 꼽는다. 서시가 서호西湖를 유람할 때 호수 속에 있던 물고기가 서시의 미모에 넋을 잃고 헤엄치는 것을 잊어버려 물속으로 가라앉았다는 고사가 있다. 이로 인해 그녀는 침어沈魚라는 별명을 가지게 되었다. 월왕越王 구천句踐이 오왕吳王 부차夫差에게 노예로 잡혀있을 때 구천의 신하인 재상 범려范蠡가 미인계를 쓰기 위해 오왕 부차에게 보낸 인물이 바로 서시이다.

초선貂嬋은 『삼국지연의三國志演義』에 나오는 가공의 인물로 왕윤王允의 수양딸이자, 동탁과 여포 사이를 이간질 시켜 여포로 하여금 동탁을 죽이게한 고사의 주인공이다. 초선은 폐월閉月이라고도 불리는데, 달이 초선의 미모에 부끄러워 구름 뒤에 숨었다하여 생긴 별명이다.

당현종唐玄宗이 총애하던 양귀비楊貴妃는 본명이 양옥환楊玉環인데 귀비貴妃의 자리에 올랐기에 양귀비라 불린다. 안사安史의 난 때 현종은 피난을 가게 되고, 그녀와 국가 혼란의 주범인 양국충은 피난 도중에 병사들의 요구로 죽게 된다. 꽃이 그녀의 미모에 부끄러워 꽃잎을 오므렸다고 하여 수화羞花라는 별명이 생겼다.

고대 수학의 집대성 『구장산술』

『구장산술九章算術』은 고대 수학 저작물 가운데 가장 중요하다고 인정받는 책이다. 이 책은 정확히 언제 만들어졌는지 알 수 없고 원본도 없다. 다만 여러 가지 고증을 통해 이 책이 과거의 수학을 집대성하여, 늦어도 전한 시기에는 체계를 갖추었고 후한 초에는 책으로서의 완성된 형태를 갖추었을 것으로 추정한다. 현재 볼 수 있는 것은 263년 위원제魏元帝 때 나온 유휘劉徽의 주석본이다. 『구장산술』은 총 9장으로 이루어져 있으며 각 장마다 대략 20여 개에서 40여 개의 문제와 그 풀이가 제시되어 있다. 문제의 총 수는 246개이다.

이 책은 봉건시대 관리들이 알아야 할 수학적 지식을 망라한 것이다. 제시된 문제는 토지 면적 계산, 부피 계산, 분수 계산, 연립 방정식 계산, 이자 계산 등 매우 현실적인 것들이다. 제8장 「방정方程」에는 다원 1차 방정식을 다루었는데 '방정식'이라는 용어가 여기서 유래되었다. 제9장 「구고句股」는 피타고라스의 정리 즉 직각삼각형에서 두 변의 길이를 알면 나머지 한 변의 길이를 알 수 있다는 사실을 응용하여 다양한 문제를 풀고 있다. 아래는 「구고」의 제20번 문제이다.

문제) 길이를 모르는 정사각형 모양의 읍성이 있다. 각 변의 중앙에 문이 열려 있다. 북문을 나서서 20보 되는 곳에 나무가 한 그루 있다. 남문을 나서서 14보 걸어 간 후 서쪽으로 꺾어서 1,775보 가면 나무가 보인다. 읍성의 한 변의 길이는 얼마인가?(今有邑方不知大小, 各中

開門, 出北門二十步有木, 出南門一十四步, 折而西行一天七百七十五步見木, 問邑方幾何?)

풀이는 두 개의 직각 삼각형의 변의 비율에 따라, 2차 방정식의 해법으로 답을 구한다.

읍성의 한 변의 길이를 x로 놓으면 다음과 같은 식이 성립한다.

$x/2 : 20 = (1{,}775 - x/2) : (x+14)$

$x^2 + 34x - 71000 = 0$

$x = 250$(보)

『중국수학사』에서는 숫자계수의 방정식 해법이 일찍부터 발달한 것은 세계 수학사상 유례가 없는 중국 수학의 큰 성과라 하였다.[19]

4. 동한의 전개[20]

4.1 동한의 치세와 몰락

왕망王莽 세력의 축출과 적미군赤眉軍, 녹림군綠林軍, 경시제更始帝 유현劉玄 등 후한 정권 성립 과정에서 일어난 군사 집단들 사이의 투쟁은 漢

19 본 내용 기술에 참고가 된 두 서적은 아래와 같다.
차종천 저 『구장산술 주비산경』 범양사출판부, 2000년
김용운, 김용국 저 『중국수학사』, 민음사, 1996년

20 후한의 치세기(광무제(光武帝, 25~57)-명제(明帝, 57~75)-장제(章帝, 75~88))
후한의 몰락기(화제(和帝, 88~105) → 상제(殤帝) → 안제(安帝) → 소제(少帝) → 순제(順帝) → 충제(沖帝) → 질제(質帝) → 환제(桓帝) → 영제(靈帝) → 소제(少帝) → 헌제(獻帝, 후한 최후의 황제))

제국을 상당히 피폐하게 하였다.[21] 이에 후한後漢의 초대 황제 광무제光武帝 유수劉秀는 백성들의 삶을 안정시키는데 최대한 역점을 두었다. 우선 징병제를 폐지하여 농민을 농업에 전념케 함으로써 농민 생활의 안정화 및 지방 무력 세력의 성장을 막았고, 전국의 군현郡縣과 관직을 축소하였다. 광무제는 유교 교육을 받은 학자형 황제로, 유학을 장려한 것도 광무제 시기의 두드러진 특징이다. 수도 낙양에 태학과 오경박사가 설치되었고 유학자들이 중용되었으며 효렴제孝廉制가 널리 실시되었다. 이런 광무제의 유학 장려책으로 후한 시대에는 유가 사상이 널리 퍼지게 되었다.

광무제 유수는 호족豪族 세력에 기반하고 농민 봉기를 통해 정권을 잡은 인물로, 보수적이고 온건한 성향을 지녔었다. 그는 선정을 펼치긴 했으나, 강력한 토지 정책이나 호족 억제책을 쓰지는 못했다. 그러다보니 호족의 토지 겸병과 농민 몰락은 점차 심화되어 갔다. 호족들의 대토지 소유와 지방관의 관리 추천제 등은 호족의 경제력을 증강시키고 호족 세력이 중앙 정계로 진출하도록 하였는데 그들은 외척이나 환관 등과 결탁하여 후한의 정치 폐단들을 조장하였다.

후한의 황제들은 어린 나이에 제위에 오르거나 단명短命한 경우가 많았고, 그에 따라 황후와 외척 세력이 크게 대두되었다. 3대 황제 장제章帝가 죽고 열 살의 화제和帝가 즉위하자(88) 장제章帝의 황후 두태후竇太后가 권력을 휘두른다. 두태후는 선비족鮮卑族의 성장으로 수세에 몰린 흉노족을 치기 위해 조정 대신들의 반대를 무릅 쓰고 오빠 두헌竇憲을 출병시켰다. 이때 반고班固의 동생 반초班超가 서역 지역에서 활약하고 있

21 호구 조사에 의하면, 전한 평제(平帝) 때(A.D. 2) 漢나라 인구가 약 6천만이었으나, 후한 明帝 초기(A.D. 57)인구는 약 2,100만 정도로 격감되었다.

었는데, 사관史官의 낮은 처우에 불만을 느낀 반고도 두헌竇憲과 함께 출정하였다. 흉노를 대파한 두헌은 대장군에 올랐고(89), 그로부터 두씨 일가의 전횡이 본격화되었다. 이에 당시 황제 화제和帝는 외척 두씨를 타도하기 위해 환관 정중鄭衆과 함께 낙양에 개선하는 두헌 무리를 처단하였다. 이렇게 외척 두씨 세력은 제거되었으나, 이 사건은 환관의 정치 개입을 알리는 신호탄이 된다.

외척 두씨 척결 후에는, 화제의 둘째 부인의 외척들인 등씨鄧氏가 등장했다. 화제가 27세에 죽자 생후 100일 된 상제殤帝가 즉위했는데 상제는 이듬해에 죽고 만다. 상제의 뒤를 이어 안제安帝가 제위에 오르자 신료臣僚들은 등태후鄧太后 등 외척 세력의 견제를 위해 외척과 환관들을 주살할 계획이었으나 실패했다. 등태후는 자신이 사망할 때까지(121) 섭정하면서 환관들과 더욱 가까워졌고, 등태후 사망 후에야 안제가 등씨 일족을 멸할 수 있었다. 이때 안제의 아버지 화제에게 종이를 발명하여 바쳤던 환관 채륜蔡倫도 자살한다.(105)[22]

중국 최초의 사찰 백마사

영평永平 7년(64) 어느 날, 후한의 2대 황제 명제明帝는 금인金人 즉 부처의 꿈을 꿨고, 이듬해 불경을 구하기 위해 사자使者를 천축국天竺國으로 파견한다. 67년 사자들은 인도의 고승 가섭마등迦葉摩騰, 축법란竺法蘭 등과 함께 흰 말에 불경을 싣고 낙양에 당도하였고, 이듬해인 영평 11년(68) 낙양 근처에 중국 최초의 사찰 백마사白馬寺가 세워졌다.

---

22 안제(安帝) 할머니는 무고(巫蠱) 혐의를 받았는데, 그 사건의 조사관이 채륜(蔡倫)이었다. 채륜은 무고가 사실이라 보고했기에 안제 할머니는 자결하게 된다. 이로 인해 安帝 즉위 후, 채륜도 죽게 된 것이다.

그리고 여기서 중국 최초의 역경譯經 작업이 착수된다. 이 두 승려는 입적 뒤, 백마사에 묻혀 현재 그들의 묘가 백마사에 있다.

중국의 불교는 후한 명제 때 전래되었으며, 중국 최초의 불교 신자는 명제의 동생 초왕楚王 유영劉英이라 알려져 있다.(중국 최초의 불교 신자 황제는 환제桓帝로 알려져 있음.)

중국 최초의 자전『설문해자』

『설문해자說文解字』의 저자 허신許愼은 후한 말 경학자經學者이자 문자학자로, 字는 숙중叔重이며 하남성河南省 여남汝南 소릉인召陵人이다. 생졸년은 미상이나 여러 고증을 통해 대략 서기 58년에 태어나 147년에 죽었을 것으로 추정한다.『설문해자』는 화제和帝 12년(100)에 완성되어, 121년 허신이 병중에 있을 때 그의 아들 허충許沖이 안제安帝에게 바쳤다.

진시황의 분서갱유로 인해 많은 유가의 경전들은 자취를 감추었다. 전한前漢에 이르면 경전 복구를 위해, 구전口傳 되던 경전을 당시의 문자(금문今文)인 예서隸書로 다시 썼는데 이를 금문경今文經이라 한다. 양한兩漢 4백년 전체를 보면 대체로 금문경을 따르던 금문경파今文經派가 관학官學의 주류를 이루었다. 예서로 된 경전 즉 금문경은 원래 모습을 100% 반영하지 못하여 정확한 해석이 어려운데다가 학관學官들은 경전의 뜻을 정치적 입장에서 많이 왜곡시켰기 때문에 억지 해석도 적지 않았다.

한편 진시황 천하통일 이전, 전국시대의 여러 나라에서는 각국에서 사용되던 문자(즉 육국고문六國古文)로 경전들을 썼는데, 그 경전들 가운데 일부는 진시황의 분서를 피해 숨겨져 있다가 漢代에 들어 발견되기 시작한다. 대표적인 예가 한경제漢景帝(재위 B.C. 156 ~B.C. 141) 때 공자 집을 헐다가 발견된 벽중서壁中書이다. 漢代 사람들의 입장에서 볼 때,

벽중서에 쓰인 문자들은 옛날 문자이므로 그것을 고문古文이라 하였고, 이런 옛 글자 즉 고문으로 적혀있는 경전들을 고문경古文經이라 불렀다. 전한前漢 때 고문경은 관학으로 세워지지 못하고 개별적으로 전수되었는데, 이후 고문경파가 조금씩 등장하면서 고문경파와 금문경파와의 논쟁과 대립이 생겨난다. 금문경파와 달리 고문경을 신뢰하던 고문경파들은 문자가 고문古文, 대전大篆, 소전小篆, 예서隸書로 변화된 것을 인식하고 경전 본래의 의미를 강구하고자 노력하였고, 금문경파들로서는 고문경의 해독이 어려울 수밖에 없었다. 이에 고문경파의 대표자 가운데 한 명인 허신許愼이, (금문경파의) 잘못된 경전 해석을 바로잡을 목적으로 『설문해자』를 간행했다. 후한 말기에 오면 고문과 금문에 모두 밝은 사람들이 나와 금고문今古文 경전 논쟁은 잦아든다.

『설문해자』의 표제자는 9,353자의 소전小篆이다. 허신은 이 9,353자의 소전을 540개 부수별로 (최초로) 배열하였다. 이때부터 자전字典은 부수별로 분류되기 시작하였고, 오늘날까지도 자전은 부수별 글자 배열 방식을 채택하고 있다. 다만 부수가 '一'에서 시작하여 '해亥'에서 끝나는데 이는 당시 유행했던 음양오행설에 영향을 받은 것이다.

『설문해자』는 표제자인 9,353자의 소전에 대하여 자형字形 분석(육서六書 분석)과 본의本意를 풀이하고 있다. 또한 소전 외에도 대전大篆 220자, 고문古文 500자를 비롯하여 속자俗字 등 자형이 다른 글자들을 두루 수록하고 있는데 이를 중문重文이라 한다. 이 重文의 총수가 1,163자이니 『설문해자』에 쓰인 총 글자는 10,516자이다.

『설문해자』는 진한秦漢 이래 문자학을 총결하는 저작으로 중국 최초의 문자학 저서이며, 음운학 연구에도 매우 가치 있는 책이다. 당시는 반절半切이 나오기 전이어서 주음注音이 상세하지는 않으나(후대에 와서 반절로 보완함), 80%를 넘는 형성자形聲字와 10% 정도의 독약讀若법은 고음古音 연구의 귀중한 자료가 아닐 수 없다. 또한 뜻풀이를 통해 당시의 시대상도 잘 알 수 있기에 『설문해자』는 고대사 연구에 있어서도 귀중한 자료가 된다.

사전은 보통 뜻풀이, 발음, 예문 등을 갖추고 있어야 하는데, 2,000여 년 전에 나온 『설문해자』는 자형 분석까지 갖춘, 근대적 개념의 사전에 상당하는 완성도를 지니고 있다.

자전과 사전, 자전과 옥편

자전字典은 한자를 부수 및 획수에 따라 나열하고 각 한자의 음과 의미를 풀이한 책이며, 사전辭典은 단어(어휘)를 일정 기준으로 모아 놓고 발음과 의미, 용법 등을 풀이한 책이다. 즉 글자인 한자를 풀이한 책이 자전이며, 단어를 풀이한 책이 사전이다. 우라나라에서는 보통 (작은) 자전을 옥편玉篇이라 부르는데, 『옥편』은 양무제梁武帝 대동大同 9년(543) 태학박사 고야왕顧野王(519~581)이 만든 자전이다. 즉 '옥편'은 고유명사인데 한국에서는 마치 자전을 의미하는 보통명사처럼 쓰이고 있는 것이다. 아마 과거 우리나라에서 가장 광범위하게 쓰였거나, 최초로 도입된 자전이 『옥편』이기 때문일 것이다.

중국에서는 청나라 때 강희康熙 황제의 칙령으로 만들어진, 『강희자전康熙字典』에서 나온 '자전'이 우리나라에서의 '옥편'처럼 보통명사로 쓰이고 있다. 자전은 보통 부수별로 나누어져 있는데, 이 부수별 배열 방법을 최초로 사용한 자전이 바로 『설문해자』이다. 현대 자전의 기본 형식은 명나라 신종 만력萬曆 43년(1615)에 나온 매응조梅膺祚의 『자회字匯』로부터 비롯되었다. 『자회』에서는 부수를 214부로 대폭 줄였고, 동일 부수 내에서는 필획의 많고 적음에 따라, 필획이 적은 한자는 앞에 배치하고 필획이 많은 한자는 뒤에 배치함으로써, 자전 이용의 편리성을 극대화시켰다. 이런 자전의 편집 방법은 『강희자전』을 비롯하여 후대 자전의 기본 체재가 되었다.

고대 중국의 발음 표기법

고대 중국에서는 한자의 발음을 어떻게 나타냈을까? 근대적인 발음 표기법이 나오기 전, 한자 발음의 표기 방법은 크게 독약법讀若法, 직음법直音法, 반절법半切法으로 나눌 수 있다. 독약법과 직음법은 어떤 한자의 발음을 같은 발음을 가진 다른 한자로 나타내는 것이다. 즉 많이 알려진 쉬운 한자의 발음으로 모르는 한자의 발음을 알려주는 것이다. 『설문해자』에서는 독약법을 많이 채택하였다. '讀若'은 ~처럼 읽는다는 뜻이다. 예컨대 『설문』에서 '脘'자의 발음은 '讀若患(患처럼 읽는다)'으로 나타냈다.

이후 직음법이 나왔는데 이 역시 비슷하다. 예를 들어 '誕音旦(誕의 음은 旦이다)' 이런 식이다. 이 방법의 최대 결점은 독자의 입장에서는 발음을 알려주는 한자의 발음을 모를 수 있고, 저자로서는 같거나 비슷한 발음을 가진 한자를 찾기가 어려울 수 있다는 점이다. 여하튼 비슷하거나 동일한 한자의 발음으로 다른 한자의 발음을 알려주는 방법은 오랫동안 유행했었다. 그러다가 불교 경전을 번역하면서, 표음문자이자 고대 인도의 언어인 산스크리트어의 표음 원리를 터득한 사람들에 의해 반절법이 등장한다. 반절법이란 두 개의 글자를 이용하여 한 글자의 발음을 알려주는 것이다. 아래에 예를 들어 본다.

東: 德紅切

발음을 알고자 하는 글자를 피절자被切字라 하고, (발음을)알려주는 글자를 반절자反切字라 한다. 반절자는 2개가 제시되는데 앞의 반절자를 반절상자反切上字라 하고, 뒤의 반절자를 반절하자反切下字라 한다. 이 예에서는 '東'이 피절자이며 '德'이 반절상자, '紅'이 반절하자이다. 피절자의 발음은 반절상자의 성모聖母(자음)와 반절하자의 운모韻母(성모를 제외한 나머지 부분)를 결합시킨 것이다. 상기 예에서 보면 東이라는 글자의 발음은 德(덕)의 성모인 'ㄷ'과 紅(홍)의 운모인 '옹(ㅎ)'을 결합하여 '동'이 되는 것이다. 반절법은 동한 말부터 쓰이기 시작하여 위진魏晉 이후 널리 쓰이게 된다.

장형과 원주율π

장형張衡(72~139)은 뛰어난 수학자요 과학자이자 천문학자이기도 했다. 그는 하남성河南省 출신으로 천문 지식이 뛰어나 태사령太史令이 되었으며 서기 130년경 원주율(π)을 3.1622로 정했다. 원주율에 대한 그 이전의 기록으로는 원주율을 3으로 한 『구장산술九章算術』과 『주비산경周髀算經』 그리고 유흠劉歆의 3.154가 있는데 그 정확한 계산법에 대해서는 기록이 없다.

위나라 유휘劉徽는 『구장중차도九章重差圖』에서 원에 접하는 3,072각형의 도형을 통해 원주율을 3.1416으로 계산하였다.(서양에서는 B.C. 3,000년경 메소포타미아 사람들이 원주율을 3으로 계산했다고 하며, 고대 이집트 사람은 3.16, 기원전 240년경 그리스의 아르키메데스는 소수점 두 자리까지 정확히 구했다고 한다. π라는 기호는 18세기 스위스의 수학자 오일러가 처음 사용하였다. π는 '둘레'라는 의미의 그리스어로부터 왔다. 수학자들은 3월 14일을 파이의 날(파이 데이)이라 부르기도 한다.)

이외에도 장형은 85년 물시계를 만들었고, 125년에는 천구의를 완성하였으며, 좌표를 이용하여 지도 제작을 했다는 기록도 전하고 있다. 그리고 132년에는 세계 최초로 후풍지동의候風地動儀라는 지진계를 만들었는데 『후한서·장형열전後漢書·張衡列傳』에 보면, 지진계의 자세한 모습이 소개되어 있다.

또한 그는 후한의 대표적인 부賦 작가로, 뛰어난 문학가이기도 했다. 문학, 과학, 그림 등 다방면에 능했으며 과학적 사고로 미신을 철저히 배척했던 인물이다.

4.2 환관의 득세와 황건적의 난[23]

안제安帝(재위 106~125) 사후 소제少帝가 즉위하자마자 죽자, 환관에 의해 최초로 순제順帝(재위 125~144)가 제위를 이었다. 이런 환관들의 공으로 환관들은 후侯로 봉해졌으며 양자를 입양하여 작위를 세습할 수 있게 되었다. 이때 조조曹操의 아버지 조숭曹崇도 환관 조등曹騰의 양자가 된다.(135) 순제順帝 사후 어린 황제들이 연이어 즉위하자(충제沖帝 (2세 즉위), 질제質帝(8세 즉위), 환제桓帝(5세 즉위)) 순제의 황후 양씨梁氏 일족이 장기간 섭정하며 매관매직 등 온갖 비리를 저질렀다.

환제桓帝는 순제 황후의 언니와 결혼했는데 이후 양태후梁太后(순제의 황후)와 양황후梁皇后(환제의 황후) 자매가 차례로 죽자, 단초單超 등 환관 무리를 동원하여 외척 양씨 일가를 척결하였다. 외척 세력은 제거되었으나 그것은 단지 국정 농단의 주체가 외척에서 환관으로 바뀐 것이었으며 결국 환관의 득세로 漢은 멸망의 길로 접어들게 된다.

전국의 유림儒林들과 청렴한 관리들(이들을 청류淸流라 하고, 반대파인 환관 무리를 탁류濁流라 함)이 환관의 정치 농단을 격렬하게 반대하자, 환관들은 환제를 움직여 청류 인사 수백 명을 정치범으로 몰아 처단하니 이를 당고黨錮의 화禍라 한다.(166)[24] 환제 사후, 영제靈帝(재위 168~189) 때에도 환관 주살 계획은 실패했고 환관들은 2차 당고사건黨錮事件으로 청류 인사들을 더욱 가혹하게 억압하였다. 당고 사건으로 중앙 정계에는 청렴한 인사들이 사라졌지만, 태학생太學生과 지방 유림 등 청류 인사의

---

23 이 시기의 황제들은 다음과 같다.
안제(安帝) → 소제(少帝) → 순제(順帝) → 충제(沖帝) → 질제(質帝) → 환제(桓帝) → 영제(靈帝)

24 당고(黨錮)란 특정 무리(黨)의 사람들을 금고형(禁錮刑)에 처한 것을 이름.

반부패 세력 척결 의지는 각 지역으로 뿌리내리게 된다.

후한 말 영제靈帝 시기, 조정에서는 십상시十常侍를 중심으로 하는 환관들이 득세했고, 지방에서는 호족의 토지 겸병이 문제가 되었다. 환관들은 전국의 탐관오리와 결탁하여 농민들을 쥐어짜기에 바빴다. 거기에 천재天災나 기근饑饉 등이 겹치자 사면초가에 빠진 백성들이 전국 도처에서 폭동을 일으켰다. 그 가운데 하나가 영제 때 일어난 대규모 조직적 반란인 황건적黃巾賊의 난이다.(184)

'황건적黃巾賊'이란 명칭은 봉기한 사람들이 머리에 누런 띠를 둘렀다고 해서 붙여진 이름이다. 이들 집단은 하북성河北省 출신 장각張角이 창시한, 도교道敎의 일종인 신흥 종교 태평도太平道가 모체이다. 착취와 압박 속에 벼랑 끝으로 몰린 농민들이 난에 동조하였고, 조정에서는 당고黨錮를 잠시 풀고 황보숭皇甫崇, 노식盧植 등 명장을 파견하여 황건적에 적극 대처하였다. 황건적은 본시 정규군이 아닌 단순 반란 무리들이었기에 조직적 세력이 될 수 없었고, 장각長角이 죽고 내부의 일부 유능한 장수들이 전사하자 관군에 의해 곧 진압되었다. 그러나 전국 각지의 농민 봉기군 세력은 더욱 커져 갔고, 전국적인 무장 집단이 출현하는데 조조曹操, 유비劉備 등이 대표적 세력이다.

4.3 삼국 정립[25]

189년 영제靈帝가 34세로 사망한다. 영제에게는 하황후何皇后가 낳은

---

25 이 시기의 황제는 영제(靈帝) → 소제(少帝) → 헌제(獻帝) 순이다.(헌제는 한나라 최후의 황제이다.)

유변劉弁과 후궁 왕王씨가 낳은 유협劉協이 있었다. 당시 유변劉弁은 14세, 유협劉協은 9세였다. 유협이 뛰어났으나, 유변에게는 외삼촌인 대장군大將軍 하진何進이 있었다. 결국 유변이 소제少帝로 즉위하고, 하태후何太后와 하진이 실세가 되어 섭정한다. 이때 원소袁紹는 하진과 더불어 환관 주살 계획을 도모하였으나, 이를 눈치 챈 환관들은 하태후의 명이라며 하진을 입궁시킨 후 하진을 비롯한 많은 사람들을 살해하였다. 이를 '십상시十常侍의 난'이라 한다.(189) 이에 원소와 그의 사촌 원술袁術 등은 장수들을 모아 궁을 부수고 들어가, 십상시를 비롯한 2천여 명을 궁중에서 살해했다. 십상시 가운데 장양張讓과 단규段珪는 소제少帝와 유협劉協 그리고 가솔 수십 명을 데리고 궁 밖으로 탈출했다가 노식盧植 장군에게 잡힌다. 노식은 환관의 폐단을 잘 알고 있는 뛰어난 장군인지라 장양과 단규는 투신하고, 황제와 유협은 노식 장군의 보호를 받으며 궁으로 돌아가게 된다.

궁궐로 돌아가던 일행은 사태를 관망하다 뒤늦게 군대를 움직였던 동탁董卓의 군대와 만난다. 동탁은 낙양궁으로 돌아가 황제를 폐하고 9세인 유협을 황제로 삼은 후 자신은 상국相國이 된다. 이 유협이 바로 동한 최후의 황제 헌제獻帝이다. 동탁의 독단은 원소, 조조 등의 반동탁 연합군의 거병을 불러일으켰고(190), 불안한 동탁은 낙양을 불태운 후 장안으로 천도하였다. 191년 장안에 간 동탁은 포악하기가 도를 넘었다. 192년 조조는 산동성 청주青州에서 30만 황건군을 받아들여 세력을 키웠고, 그해 동탁은 장안에서 왕윤王允에게 포섭된 부하 여포呂布의 손에 죽었다. 동탁 사후 헌제는 천신만고 끝에 낙양으로 돌아갔으나(196), 이미 낙양은 폐허가 되어 있었다. 이에 헌제는 조조가 있는 하남성河南省 허창許昌으로 갔고, 조조는 낙양 재건 사업을 벌였다.[26] 이때부터 본격

26 동한의 마지막 황제인 헌제(獻帝)는 220년 조조(曹操)의 아들 조비(曹丕) 즉 위문제(魏文帝)에게 강제 양위 당한다. 이로써 420여 년의 한나라(B.C. 206~220)는 막을 내리게 된다.

적으로 『삼국지연의三國志演義』의 시대가 도래 한다.

화씨지벽과 전국옥새

반동탁 연합군 장수 가운데 하나인 손견孫堅은 한발 늦게 낙양에 이르러 동탁董卓을 놓쳤으나, 궁궐 내 우물에서 진시황이 화씨지벽和氏之璧으로 만들었다는 전국옥새傳國玉璽를 얻었다고 한다. 춘추시대 초나라 변화卞和는 귀한 옥의 원석을 초나라 여왕厲王에게 바쳤으나, 감정 결과 평범한 돌이라 판명되어 왼쪽 다리를 잘렸다. 무왕武王 즉위 후 그는 다시 원석을 바쳤고, 감정관은 또 다시 평범한 돌이라 감정하였다. 이에 그는 오른쪽 다리마저 잘렸다. 문왕文王이 즉위한 후 변화는 산에 들어가 옥을 품고 대성통곡했고, 사연을 들은 문왕은 재감정을 통해 변화가 바쳤던 돌이 최고의 원석임을 밝혀냈다. 그리고 그것은 화씨지벽和氏之璧이라 불리게 된다. 이 고사의 출전은 『한비자韓非子』인데, 군주를 설득시키기가 매우 어렵다는 의미로 쓰인다.

진시황은 이 옥을 얻어 '수명어천기수영창受命於天旣壽永昌(하늘의 명을 받았으니 영원히 창성하리.)'이란 문구를 새긴 전국옥새傳國玉璽를 만들게 했다. 이 전국옥새는 훗날 秦의 자영子嬰이 유방劉邦에게 항복할 때 유방에게 바쳐졌으며, 漢 왕실 대대로 내려오다가 후한 말기에 사라졌는데, 반동탁 연합군인 손견이 낙양에 입성했을 때 궁궐 안 우물에서 발견한 것이다. 손견은 이 옥새를 지키려고 많은 고초를 겪었다. 손견의 아들 손책孫策은 이 옥새를 원술袁術에게 바치고 3천의 병사를 얻어 오吳나라 건국의 기초를 다지게 된다. 전국옥새는 원술로부터 조조에게 넘어 온 후 전수되었다고 하는데, 오대십국五代十國의 후당後唐 때 사라졌다고 한다.

초선과 연환계

『삼국지연의三國志演義』에는 사도司徒 왕윤王允이 연환계連環計로써 동탁을 죽였다고 되어있다. 포악한 동탁을 죽이기 위해 왕윤은 자신이 데리고 있던 기녀 초선貂蟬을 동탁과 여포 모두에게 주겠다고 하여 둘 사이를 갈라놓았다. 그런 다음 헌제가 동탁에게 선양을 하겠다고 속여 동탁을 불러들인 후, 여포를 시켜 동탁을 죽이게 한다. 이상은 소설 속의 내용일 따름이며 초선도 가공의 인물이다.

연환계는 36계 가운데 패전계敗戰計, 즉 지고 있는 상황에서 쓰는 계책으로, 적진에 간첩을 보내 내부를 교란시켜 승리를 쟁취하는 것이다. 연환은 고리를 서로 연결한다는 의미로, 여러 계략들을 서로 엮어서 사용한다는 것이다.

참고로 패전계의 마지막 계책이자 36계 가운데 마지막 계책은 주위상계走爲上計 즉 상황이 불리하고 달리 방법이 없으면 패배하지 말고 도망가라는 것이다.

한대 문학

1. 한부漢賦와 사마상여

한나라의 대표적 문학 장르는 어용문학御用文學이자 시녀문학侍女文學인 부賦이다. 한나라 초기, 나라가 안정되자 황제를 비롯한 통치 계급에서는 자신들의 권위와 정통성을 내세울 필요가 있었고, 황제 주변에는 많은 문인들이 모여 賦를 창작함으로써 그러한 수요를 충족시켜 주었다. 그러다 보니 賦는 공허한 내용에 화려하고 형식적인 수사修辭를 많이 사용하였고 진솔한 감정은 찾아보기 힘들었다. 그러나 문학 기교의 발달에는 긍정적인 효과를 가져다주었으며, 후대로 갈수록 귀족 취향의 형식적인 賦에 변화가 나타나기도 하였다. 다음은 한부漢賦

의 특징이 잘 드러나는 사마상여司馬相如의 「상림부上林賦」의 일부이다. 「상림부」는 천자의 상림원을 칭송하고 천자의 사냥 모습을 화려하게 그린 것이다.

그 곳의 흙은 단사, 푸른 모래, 붉은 흙, 백토가 있고, 노란 석영, 흰 석영, 주석, 벽옥, 금, 은이 있는데 여러 가지 색깔이 찬란하여 용의 비늘이 반짝이는 듯하다. 그 곳의 돌은 붉은 옥, 주옥, 임, 민, 곤오, 함, 늑, 검은 돌, 연석, 무부가 있다. 그곳 동쪽에는 혜초 밭이 있고, 두형, 난초, 백지, 두약, 사간, 궁궁, 창포, 강리, 미무, 석류, 파초가 자라고 있다.(其土則丹青赭堊, 雌黃白坿, 錫碧金銀, 衆色炫耀, 照爛龍鱗. 其石則赤玉玫瑰, 琳瑉昆吾, 瑊玏玄厲, 石碝, 石碱砆 其東則有惠圃衡蘭, 芷若射干, 芎窮菖蒲. 茳蘺蘪蕪, 諸柘巴苴.)

2. 한대의 민가(「고아행」)

시가詩歌 부분에서는 민가民歌가 발달했는데 부賦와는 달리 현실적이고 질박한 풍격을 지녔으며 당시 시대상을 잘 반영하고 있다. 특히 동한 말 대동란의 시기에 지어진 민가들, 예를 들어 「부병행婦病行」, 「고아행孤兒行」, 「동문행東門行」 등은 당시 백성들의 고통을 대변하는 매우 뛰어난 서사적 경향의 시들이다. 이러한 한대의 민가는 중국의 詩가 오언五言으로 확립되는데 그리고 향후 현실주의 경향의 시가 발달하는데 많은 영향을 주었다. 다음은 동한의 악부 민가 가운데 고아의 설움을 노래한 「고아행孤兒行」의 일부이다.

「고아행孤兒行」

孤兒生, 고아가 태어났다.
孤兒遇, 고아는 우연찮게 되었지만
生命獨當苦. 삶과 운명은 유달리 고통스럽네.

父母在時, 부모님 살아계실 때에는

乘堅車,　　든든한 수레를 타고
駕駟馬.　　네 필의 말을 몰았었지.

父母已去,　　부모님 돌아가시고 나니
兄嫂命我行賈. 형과 형수는 나에게 행상을 시켰네.

南到九江,　　남으로는 구강九江에 이르고
東到齊與魯.　　동으로는 제齊·노魯의 땅까지 이르렀지.

臘月來歸,　　섣달에 돌아와도
不敢自言苦.　　감히 힘들다는 말 못하고

頭多蟣虱,　　머리에 이가 들끓고
面目多塵土.　　얼굴에 먼지가 가득 끼었어도

大兄言辦飯,　　큰형은 밥 지으라 하고
大嫂言視馬.　　형수는 말을 돌보라 하네.

上高堂　　높은 데에 오르고
行取殿下堂　　다시 급히 내려오고
孤兒淚下如雨　고아의 눈물은 비 오듯 흐른다.

3. 한대의 산문

전국戰國 말에서 진나라에 이르는 시기 중국의 산문散文은 왕에게 올리는 상소문上疏文을 중심으로 큰 발전을 이루었다. 그래서 한대의 산문은 이런 상소문을 이은 정론문政論文과 전국시대에 흥기·발달했던 역사 산문이 주류가 되었다. 서한의 정론문으로 볼 만한 작품은 진나라의 패망 이유를 쓴 가의賈誼의 「과진론過秦論」과 조정의 염철鹽鐵 회의에서 오고간 변론을 생생하게 엮은 환관桓寬의 『염철론鹽鐵論』이 있다. 동한의 것으로는 漢代의 유가를 비판하고 세태와 가치관 등을 논한 왕충王充의 『논형論衡』이 있다.

역사 산문으로는 사마천의 『사기』와 반고班固의 『한서漢書』를 들 수 있는데 이 두 작품은 각기 서한과 동한의 역사 산문을 대표한다. 『사기』는 황제黃帝에서 한무제까지의 약 2,600년의 역사를 엮은 통사通史이며, 『한서』는 한고조(B.C. 206)부터 왕망의 신나라 말(A.D. 23)에 이르는 서한의 역사를 엮은 것으로 중국 최초의 단대사斷代史이다. 사마천은 억울하게 궁형을 당했고 그 울분이 『사기』 창작의 원동력이 되었기에 『사기』는 다소 주관적이고 감정적이며 문학성이 깊게 배어있지만 『한서』는 객관적이고 담담하게 기술되어 있다는 차이가 있다.

4장

위진남북조 魏晉南北朝

위진남북조 시대 개요[1]

196년 헌제獻帝가 조조曹操의 보호를 받게되자 조조는 실권을 장악하였다. 조조의 뒤를 이은 조비曹丕(위문제魏文帝)는 한나라를 찬탈하여 위魏를 건국하였다.(220) 이에 삼국 즉 위나라를 비롯하여 양자강 유역의 오吳, 사천성四川省 지역의 촉蜀이 정립하게 된다. 魏의 뒤를 이은 왕조가 진晋이다. 280년 진무제晉武帝 사마염司馬炎은 오吳를 멸망시키고 마침내 전국을 통일하였다. 그러나 얼마못가 이민족들에게 북방을 내어주고, 국세가 반으로 줄어든 채 수도를 낙양洛陽에서 건강建康(남경)으로 천도遷都하게 된다.

천도 이전, 중국 전역을 통치하던 진晉을 서진西晉이라 하고, 북방 땅을 이민족에게 넘겨주고 남쪽으로 천도한 이후의 晉을 동진東晉이라한다. 동진 시대부터는 한족漢族과 북방 민족들이 중국의 남방과 북방을 각각 통치하였다. 동진 이후 남방의 한족 왕조인 남조南朝에서는 송宋, 제齊, 양梁, 진陳이라는 네 왕조가 흥망하였고, 북방에서는 오호십육국五胡十六國을 시작으로 여러 왕조가 섞여 흥망성쇠를 거듭하였다.

---

1 위진남북조시대(魏晉南北朝時代)란 후한(後漢)이 망한 후부터 남조의 마지막 왕조 진(陳)이 수문제(隋文帝)에 의해 멸망되는 약 370년 동안을 이른다.

위진남북조의 왕조

後漢 → 魏·蜀·吳 → 西晉
- 東晋 → 宋 → 齊 → 梁 → 陳 → 隋(589)
- 五胡十六國 → 北魏
  - 東魏 → 北齊 → 北周 → 隋(581)
  - 西魏 → 北周 → 北周 → 隋(581)

육조六朝 Six Dynasties: 통상적으로 도읍을 건강建康(현 남경)으로 삼은 강남의 여섯 왕조 즉 吳, 東晋, 南朝(宋, 齊, 梁, 陳)를 이름.

1. 위·촉·오 삼국의 정립

십상시十常侍의 난 후 원소袁紹와 그의 사촌동생 원술袁術은 장수들을 모아 궁문을 부수고 궁으로 들어가, 십상시를 비롯하여 2천여 명을 살해하였다. 십상시 가운데 장양張讓과 단규段珪는 소제少帝와 유협劉協 그리고 가솔 수십 명을 데리고 탈출했다가 노식盧植 장군에게 잡힌다. 그러자 장양과 단규는 스스로 목숨을 끊었고, 소제와 유협은 노식의 보호를 받으며 환궁還宮을 하는데 도중에 동탁董卓의 군대와 만났다.

동탁은 낙양궁으로 돌아가 하진何進의 군대를 흡수하는 등 세력을 키웠고, 소제를 폐하고 아홉 살 유협을 황제(헌제獻帝)로 삼은 후 자신은 상국相國이 되었으며 하태후何太后도 없앴다. 이런 동탁에 동조할 수 없었던 원소袁紹는 기주冀州로 떠났고 노식 등도 낙양을 떠난다. 이후 동탁은 낙양을 다 태운 후 191년 장안으로 천도하였고, 이듬해 장안에서 왕윤王允에게 포섭된 자신의 부하 여포呂布의 손에 죽는다.

조조는 192년 산동성 청주青州에서 30만 황건군을 받아들여 세력을 키웠고, 헌제獻帝는 동탁이 죽은 후에야 낙양으로 돌아갔으나(196) 이미 폐허가 된 낙양에 있을 수 없었다. 그래서 낙양에 온 조조에 의해 조조의 근거지인 하남성河南省 허창許昌으로 가게 된다.[2] 조조는 낙양 재건 사업을 벌였고, 이때부터 본격적인 『삼국지연의』의 시대가 전개된다.

북경 근처 유주幽州의 할거 세력인 공손찬公孫瓚은 동향인 유비劉備에게 평원국平原國의 상직相職을 주었다. 유비는 하북河北의 탁군涿郡(현 하북성 탁현涿縣) 출신으로, 어린 시절 공손찬과 함께 동향 출신인 노식盧植에게 배운 적이 있었다. 건안建安 14년(199) 공손찬이 당시 최대 할거 세력이었던 원소의 공격을 받고 포위되어 자결하자, 화북의 대부분이 원소의 수중으로 들어가게 되었다. 원소는 허許를 근거지로 하던 하남河南 세력 조조와 더불어 북방의 양대 세력이 되었고, 둘은 서로 부딪힐 수밖에 없는 상황에 직면하게 되었다.

결국 조조의 근거지 허許와 원소의 근거지 업鄴 사이에 있는 하남성 관도官渡에서 관도대전官渡大戰이라는 일대 결전이 벌어졌다.(200) 이 전쟁에서 병력으로는 열세에 있던 조조가 효과적인 기습과 교란 작전 등으로 승리했고, 2년 후 원소는 사망한다.(202) 이에 유비는 호북성湖北省 형주荊州의 유표劉表에게 피신하는데(201) 여기서 유비는 삼고초려三顧草廬 끝에 수어지교水魚之交라는 27세의 제갈량諸葛亮(181~234) 즉 제갈공명諸葛孔明을 얻는다.(207) 제갈량은 천하삼분계天下三分計를 구상하였다. 당장은 유비의 세력이 미미하므로 오吳나라 손권孫權과 연합하여 조조에게 대항한다는 것이다.

관도대전 승리로 북방을 평정한 조조는 남하하게 되고, 건안 13년

---

2 조조는 헌제(獻帝)를 데리고 하남성 허창(許昌)으로 가 그곳을 도읍으로 삼는다. 이후 원소(袁紹)에게 업(鄴)을 빼앗아, 鄴을 수도로 삼은 후에 魏王이 되었고, 그의 아들 조비(曹丕)는 헌제로부터 황위를 찬탈하여 황제 즉 위문제(魏文帝)가 된 후 낙양을 수도로 삼았다.

(208) 형주를 점령하였다. 이때 형주의 유비는 패주하게 되는데, 조조는 형주를 취한 후 강동 지역을 점령하여 천하를 통일 할 심산이었으나 그 계획은 적벽대전赤壁大戰 패배로 수포로 돌아갔다. 5만 병력의 손권孫權과 유비 연합군은, 20~30만 병력의 조조 군과 호북성 적벽赤壁에서 대전을 벌였는데, 여기서 조조가 패함으로써 위촉오魏蜀吳 삼국이 정립하게 된다.(208)

조조의 패인敗因은 원정遠征에 지친 병사들 사이에 전염병이 돌았고, 수전水戰에 약한 조조의 군대가 화공火攻에 일격을 당했기 때문이라 알려져 있다. 조조는 자신의 군대가 수전에 약함을 알고 배들을 묶어 놓았는데, 바람(동남풍)이 불 때 화공을 당하여 대패하게 된다. 적벽대전에서 승리한 유비는 형주荊州와 익주益州 등을 취하여 서쪽에서 기반을 다지게 되었고, 손권은 양자강 중하류 지역의 통치를 확실히 다질 수 있었다. 결국 제갈량의 천하삼분지계는 성공하였다.

적벽대전 이후에도 여전히 魏의 세력이 우세하였으나, 조조는 남방을 취하여 천하통일을 하고자 하는 동력을 상실하고, 건안建安 18년(213) 위공魏公이 되었다가, 건안 21년(216) 위왕魏王에 오른다. 조조의 아들 조비曹丕는 부친 사후 헌제獻帝로부터 양위를 받아, 낙양을 도읍으로 삼고 국호를 魏로 정한 후 위문제魏文帝라 칭제稱帝하였고(220), 조조를 무제武帝로 추존하였다.

221년 손권은 조비를 황제로 인정하여 오왕吳王에 봉해졌고, 같은 해 유비는 성도成都에서 촉蜀의 소열제昭烈帝에 올랐다. 이후 229년 손권은 건업建業(남경)을 수도로 삼고 칭제하며 오나라를 건국하였다.[3]

3 현재의 남경인 건업(建業)은 오(吳) 이후 동진(東晋), 송(宋), 제(齊), 양(梁), 진(陳) 시기 줄곧 수도가 되었다.

『삼국지』와 적벽대전

서진西晉의 진수陳壽(233~297)가 48세에 완성한 『삼국지三國志』는 위魏나라를 정통으로 삼는 기전체紀傳體 역사서로 사마천의 『사기』, 반고의 『한서』와 함께 중국 3대 고대사로 꼽힌다. 이 정사正史 『삼국지』에는 적벽대전이 간략하게 나올 뿐이다. 중국 국영방송인 CCTV의 백가강단百家講壇에서 삼국지 강의(品三國)로 유명해진 하문대학廈門大學 중문과 이중천易中天 교수와 이문열 작가는 2008년 2월 15일, 소설 『삼국지연의三國志演義』에 대해 토론을 하였다. 이중천은 상생과 공존을 주요하게 언급했고, 이문열은 사서史書 『삼국지』에 간략하게 묘사된 '적벽대전'을 삼국지 최고의 클라이막스로 만들어낸 예술가의 창의력을 높이 평가했다.

조조의 사람됨

조조曹操는 당대 최고의 문인이자 지식인이었다. 건안칠자建安七子 가운데 한명인 진림陳琳은 원소袁紹의 참모로 관도대전을 앞두고 조조 토벌을 위한 격문을 썼는데, 거기서 그는 조조의 할아버지를 환관, 조조의 부친을 거지로 표현했다. 관도대전에서 승리한 조조는 "나를 욕할 수는 있지만 부모까지 욕하는 것은 심하지 않았는가?"라고 묻는 한편 미움은 당대로 끝나야 한다며 진림을 자신의 수하로 삼았다. 『위서魏書』에서는 그가 삼십 년 군 생활 동안 책을 손에서 놓은 적이 없고, 낮에는 병법을 강의하고 밤에는 경전을 논했으며, 높은 데에 오르면 필히 시를 읊조리니, 문무를 겸비하고 박학다식하다고 하였다.

조조는 합리적인 사고와 사사로움에 치우치지 않는 성정 그리고 지식인으로서의 품성을 두루 갖춘 인걸이었다.

건안문학과 그 의의

건안建安은 동한 헌제獻帝의 연호(198~219)이지만, 196년부터 이미 조조가 漢 왕실의 실권을 장악하고 있었고, 허울뿐인 한나라는 곧 조조 세력에 의해 망하여 위나라가 된다. 그래서 漢 말 즉 건안 시기의 문학은 한나라 문학이 아니라, 위진남북조시대의 문학에서 다루어지곤 한다.

건안 시기부터 문인들은 본격적으로 자신의 이름을 내 걸고 작품을 창작하였고 이 시기에 중국 최초로 문단文壇이 형성되기도 하였다. 이는 본격적인 중국문학사의 전개를 의미하는 것으로 중국문학사상 중대한 의의를 지닌다.

건안 시기 가장 대표적인 작가가 바로 조씨 삼부자(조조曹操, 조비曹丕, 조식曹植)이며 조씨 삼부자를 중심으로 모인 건안칠자建安七子가 바로 중국 최초로 형성된 문단이다. 건안 시기는 중국에서 오언시五言詩가 확립되었던 시기인데, 이 역시 조씨 삼부자와 건안칠자들이 주도한 것이다. 조조를 위시한 건안의 문인들은 대동란의 시대에 지배계급이자 지식인으로서의 책임을 통감하고, 열정과 강개慷慨한 감정을 불어넣은 건안풍골建安風骨이라는 독특한 풍격의 시를 창작하였다.

'건안칠자'의 유래는 중국 최초의 문학론이라는 조비의 『전론·논문典論·論文』에서 처음 언급된 이후 후세에 전해지게 되는데, 건안칠자란 공융孔融, 왕찬王粲, 유정劉楨, 진림陳琳, 완우阮瑀, 서간徐幹, 응창應瑒 등을 이른다. 이 가운데 조조에 의해 제거된 공융을 제외하면 나머지 6인은 조조의 막료들이었다. 조비의 『전론·논문』은 중국 최초의 문학이론이다. 문학이론이 나왔다는 것은 문학이 역사나 철학의 부속에서 독립하여, 정식 예술의 한 장르로 인식되었다는 징표이다. 건안풍골을 엿 볼 수 있는 조조의 시 「호리행蒿里行」을 소개해 본다.

「호리행蒿里行」

關東有義士, 興兵討群凶.

初期會盟津, 乃心在咸陽.

軍合力不齊, 躊躇而雁行.

勢利使人爭, 嗣還自相戕.

淮南弟稱號, 刻璽於北方.

鎧甲生蟣虱, 萬姓以死亡.

白骨露於野, 千里無雞鳴.

生民百遺一, 念之斷人腸.

함곡관 동쪽에 정의로운 의인들이 있어

흉악한 무리를 토벌하고자 병사를 일으켰네.

처음 맹진에 모였을 때엔 그래도 마음이 함양에 있었으나

군대를 모았지만 힘은 모이지 않았고, 진만 친 채 주저하기만 했다네.

권세와 이권은 사람들을 다투게 하였고, 이내 서로를 해치더니

회남의 원술은 황제라 칭하고, 북방의 원소는 옥새를 새겼네.

병사들의 갑옷에는 이가 생기고, 백성들은 죽음으로 내몰리니

백골이 들판에 널려있고, 천리 안에 닭 울음소리가 들리지 않네.

백성들이 백에 하나도 남아 있지 않으니, 그 일을 생각하면 애간장이 끊어지네.

호리蒿里는 원래 태산泰山 남쪽의 지명이었다. 아울러 전설에 의하면 죽은 사람의 혼령이 가는 곳이기도 하다. 조조는 전쟁의 참상이 빚어진 국토를 호리에 비유하여 백성들의 참담한 실상을 애달파했던 것이다. 또한 동탁 토벌 연합군들은 말만 앞선 채 정작 싸움은 하지 않고 권세와 이익만 탐하다가 서로 반목하며 와해되었는데, 이런 사실도 이 시에 반영되어 있다.

2. 촉의 몰락

삼국 정립시기 촉蜀은 줄곧 위魏에 대항하였으나, 오吳의 사정은 좀 더 복잡했다. 오나라에는 친촉파親蜀派와 반촉파反蜀派가 있었는데 노숙魯肅을 중심으로 하는 친촉파는 유비劉備와 손잡고 조조에게 대항해야 한다고 했고, 주유周瑜를 중심으로 하는 반촉파는 유비를 격퇴하여 吳와 魏가 천하를 양분해야 한다는 생각을 가지고 있었다. 이외에도 또 다른 한 부류가 있었으니 그들은 조조에게 항복하여 강남지역만 편히 살면 된다는 생각을 가진 사람들이었다. 친촉파 노숙이 죽자 吳와 魏는 강화협정을 맺었고(사실상 吳가 魏에 항복한 것) 오나라 여몽呂蒙 장군은 촉의 명장 관우關羽를 패퇴시킨다. 관우는 호북성湖北省 장향漳鄕에서 포로로 잡혀, 아들 관평關平과 함께 참수당했고(219) 관우의 수급은 낙양의 조조에게 보내졌다. 조조는 관우의 머리를 직접 보고, 얼마 후 66세의 나이로 사망한다. 곧 이어 여몽도 병사하고 여몽의 부장 손교孫皎(손권의 사촌동생)도 사망했다. 사람들은 이를 관우의 저주라 여겼고, 전국 각지에 관제묘關帝廟가 세워지기 시작했다.

220년 조조의 장남 조비曹丕는 헌제에게 선양받는 형식으로 제위에 오르고, 아버지 조조에게 무제武帝의 칭호를 추서한다. 이리하여 명목상으로나마 존재했던 漢은 마침내 공식적으로 완전히 망하게 되었다. 이 소식을 들은 유비는 이듬해(221) 촉의 소열제昭烈帝에 오르지만, 같은 해(221) 손권孫權은 조비에 의해 오왕吳王에 봉해진다. 손권 쪽에서는 유비의 보복을 고려하여, 魏와 연대하려 했을 것이다. 손권은 유비가 죽고 나서야, 229년 건업建業(남경)을 수도로 삼고 吳의 황제를 칭한다.

관우를 잃은 유비는 공명의 만류에도 불구하고 吳와의 보복전을 벌인다. 유비는 관우의 복수를 갚고자 대군을 이끌고 강동江東으로 향하는데, 그 직전에 장비張飛는 부하들의 변절로 사망하고 만다. 관우와 장비를 모두 잃은 유비의 불운은 계속된다. 유비는 오나라의 젊은 명장 육손陸遜의 계략에 빠져 이릉夷陵 전투에서 대패하고(222) 백제성白帝城[4]으로 피신했다가 이듬해(223) 백제성에서 63세의 나이로 사망한다.

유비는 제갈량에게 아들 유선劉禪이 군주로서 재능이 있으면 보좌하고, 그렇지 못하면 제갈량이 스스로 알아서 국정을 보도록 했다. 또한 아들 유선에게는 제갈량을 아버지처럼 받들라 당부하고 죽었다. 성심을 다해 유선을 모시겠다고 다짐한 제갈량은 유비가 죽은 후 吳와의 관계를 수복하고 한중漢中으로 올라가 위魏와 대적한다. 魏와 전쟁을 하기 위해서는 먼저 아래쪽(남쪽)에 있는 소수민족을 다스릴 필요가 있었다. 『삼국지연의』에서는 서남이西南夷의 수장 맹획孟獲을 칠종칠금七縱七擒하여 감화시켰다는 이야기가 나온다.

후방인 남쪽을 안정시킨 제갈량은 227년 유선劉禪에게 「출사표出師表」를 올리고 魏와 대적하기 위해 북진했다. 이때 위나라에는 조조의 손자인 명제明帝가 즉위해 있었고, 제갈량과 대적한 장수는 사마중달司馬仲達이었다. 공명은 유선에게 「출사표」를 바친 이듬해 「후출사표後出師表」를 바치며 분투했으나, 마속馬謖의 실책으로 모든 것이 물거품이 되었다. 그후 234년 제갈공명은 오장원五丈原[5]에서 54세로 사망하였다. 공명은 유비를 비롯한 촉한蜀漢 원년의 제장諸將들이 모두 죽은 후, 별 인재도 없는 상황에서 홀로 유선을 돌보며 고군분투하다가 죽은 것이다.

위魏의 3대 황제인 명제明帝가 239년 35세의 나이로 죽고, 8살 조방曹芳이 제위에 오르자 황족 조상曹爽과 사마의司馬懿가 실세로 등장하였

4 백제성은 현 사천성(四川省) 봉절현(奉節縣)에 위치함.
5 오장원은 현 섬서성(陝西省) 보계시(寶鷄市) 기산현(岐山縣)에 위치함.

다. 약 10년 후(249) 사마의는 정변을 일으켜 조상 등 많은 황족들을 제거하는데, 이후 魏 왕조는 사마씨司馬氏의 수중에 들어갔고 魏의 황제들은 사마씨의 꼭두각시가 되고 말았다. 263년 최고 실권자 사마소司馬昭는 유선劉禪의 항복을 받아 촉한을 멸망시키고[6] 진왕晉王이 되었으나 2년 뒤(265년) 죽었다. 그의 아들 사마염司馬炎은 부친의 실권을 그대로 이양 받은 후, 그해 12월 위원제魏元帝로부터 선양받아 진晉 왕조를 개창하고 진무제晉武帝가 되었다. 魏 왕조가 漢으로부터 선양받았던 것과 같은 방법으로 황제의 지위를 선양받은 것이다. 이 사마염 진무제가 오吳 왕조를 멸망시키고(280) 마침내 전국을 통일한 인물이다.

그림7 조조

그림8 유비, 관우, 장비

6 유선(劉禪)은 낙양으로 압송되어 식읍 1만 호를 받아 안락공(安樂公)이 되었고, 271년 죽을 때까지 평탄하게 살았다. 향년 65세

여몽과 괄목상대

여몽呂蒙은 어린 시절 가정 형편이 좋지 않았고, 무예 공부에만 전념하였다. 훗날 손권孫權은 여몽에게 직책에 맞게 독서와 학문의 정진에도 힘쓰라고 권했다. 이때 여몽은 업무가 많아서 책을 볼 여가가 나지 않을 것 같다고 했다. 그러자 손권은 후한後漢의 광무제光武帝 역시 군사 업무를 맡으면서도 손에 책을 놓지 않았다며 계속 책 보기를 독려했다. 여기서 수불석권手不釋卷(손에서 책을 떼지 않다.)이라는 성어가 나왔다.

세월이 흐른 어느 날, 여몽呂蒙을 경시하던 노숙魯肅이 여몽이 있는 곳을 지나다가 그와 함께 술자리를 하게 되었다. 그때 여몽은 노숙에게 관우關羽에 대한 경계에 만전을 기해야 한다는 취지의 견해를 밝혔다. 이때 노숙은 여몽의 식견에 감탄했고, 여몽은 노숙에게 선비는 사흘만 떨어져 있어도 눈을 비비고 다시 봐야 한다(괄목상대刮目相對)는 말을 했다고 한다. 괄목상대는 지식이나 학식 등이 눈을 비비고 다시 봐야 할 정도로 크게 향상되었다는 의미이다.

동묘(서울의 관우 사당)

불세출의 명장 관우의 얼굴이 소금에 절여져 조조에게 보내졌다. 그것을 본 조조는 만감이 교차했고 관우의 얼굴을 향해 "잘 있느냐?"며 농담을 하자, 관우의 눈썹이 찡긋했다고 한다. 조조는 크게 놀랐고 결국 시름시름 앓다가 죽었다는 이야기가 전해 온다. 관우가 죽은 후 중국 전역에 관우의 사당이 세워지기 시작하는데, 서울 종로구 숭인동에도 관우의 사당인 동묘東廟가 있다.(보물 제142호) 정식 명칭은 동관왕묘東關王廟이며 임진왜란 후 1601년(선조 34년)에 세워졌다. 임진왜란 때 원군으로 온 명나라 장군 진린陳璘이 1598년(선조 31) 남관왕묘南關王廟를 세운 것이 시초이며, 이후 북묘北廟, 서묘西廟도 세웠으나 현재는 동묘만 남아있다.

이릉대전과 유비의 죽음

관우를 죽인 후(219) 손권孫權은 유비의 복수를 충분히 예상했다. 이에 손권은 221년 위문제魏文帝 조비曹丕로부터 오왕吳王 책봉을 받음으로써, 위魏의 공격을 피함과 동시에 魏와 연대하여 촉蜀에 대항하는 전략을 펼쳤고, 한편으로는 촉과 화친을 구하기도 하였다. 그러나 관우에 장비까지 잃은 유비는 오나라와 화친할리가 만무했다. 주변의 반대에도 불구하고 오나라와 결전을 감행한 유비는 오나라의 젊은 장수 육손陸遜에게 일격을 당했다. 육손은 유비의 군대가 먼 길을 왔다는 점을 이용하여 지연작전을 펼쳤다. 적극적으로 전투에 임하지 않았던 것이다. 유비군은 지쳐갔고 시간은 흘러 어느덧 한여름으로 접어들었다. 유비 군은 뜨거운 태양 빛을 피해 시원한 곳으로 모여 들었고, 육손은 그때를 놓치지 않고 촉의 대군을 화공火攻으로 섬멸하였다. 유비는 조자룡趙子龍의 도움으로 겨우 목숨을 구해 백제성白帝城으로 피신했으나 거기서 이듬해(223) 사망하고 만다. 이릉에서의 패배는 촉의 멸망을 재촉하였다.

칠종칠금

촉蜀이 위魏와 효과적인 전선을 구축하려면 우선 배후에 있는 남방의 이민족부터 평정해야 했다. 제갈량은 이민족들을 무력으로 제압하지 않고 마음으로 설복하려는 계획을 세웠다. 이에 제갈량은 서남이西南夷의 지도자 맹획孟獲을 일곱 번 사로잡았다가 일곱 번 모두 살려주었고, 이에 서남이는 마음을 열고 진심으로 촉을 따르게 되었다. 이 이야기는 소설 『삼국지연의三國志演義』에 나오는 허구이며. 정사正史 즉 『삼국지·촉서·제갈량전三國志·蜀書·諸葛亮傳』에는 제갈량이 남방을 평정했다는 짧은 기록만 전한다.(장무 3년 봄, 제갈량은 무리를 이끌고 남정에 나서, 그해 가을 모두 평정했다.(章武三年春, 亮率衆南征, 其秋悉平.))

「출사표」와 「진정표」

예부터 「출사표出師表」를 읽고 눈물을 흘리지 않으면 충신이 아니오, 「진정표陳情表」를 읽고 눈물을 흘리지 않으면 효자가 아니라고 하였다. 「진정표」는 촉한蜀漢에서 벼슬을 했던 이밀李密(224~287)의 작품이다. 이밀은 일찍이 부친이 죽고 모친이 개가하자, 조모 유劉씨 손에 자랐다. 진무제晉武帝 사마염司馬炎이 그에게 관직을 하사하자, 그는 90세가 넘은 조모를 돌봐야 한다며 「진정표」를 올리고 고사한다. 「진정표」를 읽고 감동한 무제는 곡식과 노비 등을 하사하였다.

읍참마속과 백미

마속馬謖은 마씨 5형제의 막내였다. 유비는 일찍이 제갈량에게, 마속이 계략에는 뛰어나지만 행동이 뒤따르지 못하니 훗날 중책을 맡기지 말라고 하였다. 그러나 워낙 인재가 부족한 터라 제갈량은 식량 보급 요충지인 가정街亭을 마속에게 맡기고 가정의 길목을 지키라고 했다. 아니나 다를까 마속은 산 위로 올라갔다가 적군에게 포위되어 식수난, 식량난을 못 견디고 대패하고 말았다. 제갈량은 군 기강을 위해 마속을 아끼면서도 읍참마속泣斬馬謖해야만 했다. 읍참마속을 직역하면 울면서 마속을 죽인다는 것인데, 원칙이나 법을 지키기 위해 어쩔 수 없이 아까운 사람을 처벌한다는 뜻으로 쓰인다.

한편 마씨 형제 가운데 마량馬良은 눈썹 사이에 흰 털이 있었는데 그가 5형제 가운데 가장 뛰어났다. 그래서 여럿 가운데 가장 뛰어난 사람이나 사물을 '백미白眉'라 일컫게 되었다.

3. 위魏의 단명과 진晉의 통일

사마씨가 강해지고 조씨가 약해진 것은 조씨 일가의 분열과 반목이 큰 영향을 미쳤다. 위문제魏文帝 조비曹丕는 조조의 둘째 아들이었다. 첫째 아들 조창曹彰은 급사했고,(병으로 급사했다고 하는데 조비에 의해 제거되었을 가능성도 있다.) 셋째 조식曹植은 칠보시七步詩(일곱 걸음 걸을 때 마다 지어야 하는 시)를 강제로 써야 할 만큼 조비에게 박해를 당했다.

처음에 조조는 셋째 조식曹植을 조비보다 더 믿었고, 문학적 재능 역시 조식이 더 뛰어났다. 그러나 그에게는 음주벽이 있었다고 한다. 조인曹仁이 번성樊城에서 관우에게 포위당했을 때, 조조는 조식에게 지원을 명했으나 그는 만취상태라 출병하지 못했다. 그런데 이 역시 전공戰功을 세웠다가 형 조비에게 더욱 견제받을 것을 우려한 조식의 가장된 행위로 보는 견해도 있다.

조비曹丕보다 조식曹植이 낫다고 생각한 사람들이 조식 옹립운동을 벌였으나 이런 행위들은 오히려 조식에게 해가 되어 돌아왔다. 또한 조식은 형수인 견황후甄皇后(절세의 미녀로 원소袁紹의 아들 원희袁熙의 처인데 후에 조비가 취함)를 사랑했다. 조비는 즉위와 동시에 견황후에게 사약을 내렸는데, 조비의 뒤를 이은 명제明帝가 바로 이 견황후의 자식이다.[7]

이처럼 魏의 황족들은 서로 반목하고 질시하였으며 그 틈에 전공戰功을 세운 사마씨가 강성해질 수 있었다. 조비는 죽으면서 사마의司馬懿에게 자신의 뒤를 이을 명제를 잘 보필하도록 유언을 남겼다. 사마의는 군대를 통솔하고 전쟁을 하는 과정에서 서서히 권력을 장악해 갔다. 魏

---

7 견황후가 죽은 후 그녀의 베개를 조식에게 주자, 조식은 낙수(洛水)에서 견황후를 기리며 「낙신부(洛神賦)」를 지었다고 한다.

의 3대 황제 명제(재위 226~239)는 수도 낙양의 궁전을 화려하게 꾸미고 많은 궁녀들을 거느리는 등 막대한 경비를 소모하였고, 대규모 요역徭役은 백성들의 삶을 피폐하게 만들었다. 또한 명제의 뒤를 이은 황제는 다름 아닌 여덟 살의 조방曹芳이었다. 황제의 사치와 방탕, 어린 황제의 등극이라는 상황은 사마씨를 정권 실세로 만들어 주었다.

249년 황족 조상曹爽 등은 조방을 모시고 명제 능에 제를 올리기 위해 낙양을 떠났다. 그러자 사마의司馬懿는 낙양성洛陽城 문을 잠그고 조상 등의 군권軍權을 접수한 후, 그들의 친인척 삼족을 멸하고 권력을 장악하였다. 물론 사마씨에 반대하는 세력들이 전국적으로 반기를 들었으나, 사마씨들은 반발 세력들을 잘 평정했다. 사마의를 이은 사마사司馬師는 조방을 폐위시키고 조모曹髦를 옹립했고, 사마사가 죽은 후에는 동생 사마소司馬昭가 실권을 장악하였다. 황제 조모曹髦는 더 이상 사마씨의 농단을 묵고할 수 없어 그들을 제거하려 했지만 오히려 사마소 측에게 피살되었다. 그 후 사마소는 조환曹奐을 옹립하였고, 263년 사마소는 18만 대군을 이끌고 촉한을 공격하여 유선劉禪의 항복을 받아냈다. 265년 사마소가 죽자 그의 아들 사마염司馬炎은 조환曹奐을 압박하여 선양을 받아 진晉을 건국하였다. 이로써 위나라는 자신들이 漢으로부터 왕조를 찬탈한 것과 같은 방식으로 나라를 잃게 되었다.

279년 사마염은 20만 군대를 이끌고 오吳를 공격했고, 이듬해 진晉의 군대가 吳의 수도 건업建業에 도달하자 오왕吳王 손호孫皓는 항복하였다. 이로써 삼국 정립기가 끝나고 마침내 사마씨에 의해 천하가 통일되기에 이르렀다.(280)

4. 오吳의 멸망

오吳의 멸망은 황실 내부의 파벌 싸움이 크게 작용했다. 손권孫權은 71세까지 장수했는데 그 해악이 적지 않았다. 태자 손등孫登이 손권보다 먼저 죽어, 왕씨王氏 부인이 낳은 손화孫和가 태자가 되었다. 하지만 손권은 손화의 동생 손패孫覇를 더 신임하여 그를 노왕魯王에 봉했다. 이후 손화파와 손패파라는 파벌이 생겼고 결국 이 파벌 대립이 오나라 멸망의 화근이 되었다.

손권은 파벌의 폐단을 알고, 손화를 폐태자시키고 손패를 자결시킴으로써 파벌 당사자 모두를 처단했지만, 파벌의 골까지 없애지는 못했다. 손권 사후에도 지속된 파벌 싸움은 오吳의 마지막 황제 손호孫皓 대에까지 이어져, 전쟁을 통하여 吳의 국세 회복을 노리는 파와 그 반대파가 대립하였다. 게다가 손호는 폭군이었고, 단합된 진晉에서는 오나라가 재기하기 전에 남진한다. 폭군 아래 지친 오나라 병사는 열심히 싸우려하지 않았고, 손호는 280년 건업建業에서 晉에 항복했다.

남방의 吳는 촉蜀은 물론 심지어 위나라 보다 더 오래 존속하였다. 그것은 적벽대전에서도 드러났듯이 장강長江이라는 천혜의 방어막이 있었기에 가능했다. 그러나 이번에는 장강이라는 천혜의 방어막을 너무 믿은 것이 도리어 화근이 되었다.

손호는 장강 상류가 걱정되어 도읍을 호북성湖北省 무창武昌으로 옮기려 했으나, 지방 세력과 백성들의 반발이 심하여 천도할 수 없었다. 晉나라 군대가 배를 타고 장강을 통해 진격해 오는 것을 우려한 오나라에서는 강 양쪽에서 쇠사슬을 가로지르도록 하여 적선의 운항을 방해했고, 강바닥에 철심을 박아 놓기도 했으나, 晉의 군대는 그것들을 잘 처리하며 진격을 했고 장강 일대의 도시들을 하나씩 함락해 나갔다. 그런데 여름이 되자 우기가 시작되었고 풍토병도 우려되었다. 이에 晉나라의 제장들은 공격을 잠시 미루려고도 했으나, 파죽지세의 기회를 십분 활용해야 한다는 의견에 따라 晉나라 군대는 공격의 고삐를 늦추지 않았다. 서진西晉의 군대가 吳의 수도 건업建業에 이르자 손호는 항복한다. 마침내 삼국 정립기가 완전히 끝나고 晉(서진西晉)에 의해 천하가 다시 통일된 것이다.(280)

파죽지세

진무제晉武帝 사마염司馬炎은 두예杜預 등으로 하여금 오나라를 정벌하라는 명을 내린다. 많은 신하들이 반대를 했지만, 두예는 오나라 정벌을 미룰 수 없다며 재촉했다. 두예를 오나라 정벌의 수장으로 하고 왕준王濬과 왕혼王渾이 연합 작전을 펼쳤다. 오나라 공략이 비교적 순조롭게 진행되었으나, 계절이 바뀌자 비가 잦아지고 풍토병도 염려되었다. 이에 여러 부장들은 일단 진격을 중단하고 겨울이 되기를 기다렸다가 다시 공격하자고 했는데 그때 두예는 다음과 같이 말한다.

옛날 악의樂毅는 제수濟水 서쪽에 진을 치고, 단 일전으로 강한 제齊나라를 병합했소. 지금 우리 병사는 기세를 떨침이 마치 대나무를 베는 듯하오. 대나무는 몇 마디만 베고 나면 그때부터는 칼날만 대도 모두 쉽게 베어지니 다시 손을 댈 곳이 없을 정도요.(昔樂毅籍濟西一戰以幷强齊, 今兵威已振 譬如破竹, 數節之後, 皆迎刃而解, 無復著手處也.)『진서·두예전晉書·杜預傳』

삼국 전쟁으로 감소된 인구

『한서·지리지漢書·地理志』에 의하면 전한前漢 평제平帝(2) 시기 중국의 인구는 약 6,000만 정도였다. 이는 중국에서 가장 오래된 공식 인구 기록이며, 한대에서 가장 많은 인구이다. 서진에 의해 분열되었던 삼국이 통일되던 해(280) 중국 인구는 약 800만으로 줄었다. 소설 『삼국지연의』의 배경이 되었던 시대는 많은 백성들을 죽음으로 몰고 간 대동란의 시기였다. 이때는 전쟁 뿐만 아니라 기근과 전염병 등도 창궐하였다.

5. 서진의 단명과 동진의 수립

280년 서진西晉에 의해 삼국이 통일 된 후 불과 20년 만에 분열이 시작된다. 분열의 시작은 '팔왕八王의 난'이었다. 팔왕의 난은 여덟 제후왕들이 벌인 골육상잔 정권 쟁탈전으로, 오호십육국시대五胡十六國時代를 여는 계기가 되었다.

진晉을 세운 진무제晉武帝 사마염司馬炎은 위나라가 자신들에게 권력을 찬탈당한 이유가 황제를 보호해 줄 같은 혈육의 강력한 제후들이 없었기 때문이라 여기고, 많은 황족들을 제후 왕으로 삼았는데 결국 그것이 화근이 되었다. 무제가 죽고 혼군 혜제惠帝(재위 290~306)가 즉위하자, 권력 야욕이 있던 혜제의 가황후賈皇后는 무제의 양태후楊太后(무제의 두 번째 부인으로 혜제의 친모가 아님) 일족을 죽인 후, 함께 거사를 모의했던 사마위司馬瑋와 무제의 측근 사마량司馬亮까지 모두 죽이고 권력 독점에 성공한다. 그러나 가황후는 아들이 없었다. 혜제의 태자 사마휼司馬遹이 가황후의 독단과 농단에 불만을 가지자, 가황후는 그를 폐태자시킨 후 죽여 버린다. 그러자 사마륜司馬倫이 가황후를 죽이고 혜제까지 폐위시킨 후 자신이 황제가 되었다.

사마륜은 다름 아닌 가황후로 하여금 태자를 폐하도록 주도 한 인물인데, 폐태자 후 신료들로부터 가황후 폐위를 제안 받았었다. 이처럼 사태가 급박하게 돌아가자 제후 왕들끼리의 권력 쟁탈전이 일어났으며 306년 동해왕東海王 사마월司馬越은 장안을 함락하기에 이른다. 그는 혜제가 죽자(306) 혜제의 동생 사마치司馬熾를 회제懷帝로 옹립하였다. 이로써 혼군 혜제의 즉위로부터 비롯되어 16년 동안 지속된 팔왕의 난(291~306)은 끝을 맺게 된다.

팔왕의 난 기간 동안 설상가상으로 메뚜기 떼의 피해와 관개시설 등이 방치되어 기근과 흉작이 이어졌고, 많은 젊은이들이 전쟁에 동원되었다. 이때 병력 보강을 위해 끌어들인 흉노들이 자신들의 세력을 확장시켜 나갔다. 먼저 흉노족 유연劉淵이 일어났다. 유연은 팔왕의 난 때 성도왕成都王 영穎의 흉노족 용병 우두머리였다. 그는 5만의 흉노를 모아 304년에 漢의 황제를 칭했으며 평양平陽[8]에 도읍을 정했다. 유연이 처음으로 비한족 왕조를 세웠으므로 그를 오호십육국시대를 연 인물로 본다.[9]

310년에 유연劉淵이 죽자 차남 유총劉聰이 그 뒤를 이었다. 유총은 311년 석륵石勒 등을 보내 낙양을 함락시킨 후 회제懷帝를 포로로 잡았다가 2년 후 회제를 죽였다. 313년 회제가 죽을 때까지 많은 반란이 일어났는데 이를 영가지란永嘉之亂이라 한다.[10] 낙양에서 유총劉聰이 서진의 회

8 현 산서성(山西省) 임분현(臨汾縣)

9 오호십육국(五胡十六國)이란 명칭은 북위(北魏)의 최홍(崔鴻)이 편찬한 역사서『십육국춘추(十六國春秋)』에서 비롯됨.

10 영가(永嘉)는 회제(懷帝)의 연호이다.

제를 죽이자, 회제의 아들 업鄴이 장안에서 민제愍帝로 즉위하였다. 그러나 316년 유요劉曜가 장안을 포위하자 민제는 투항을 할 수밖에 없었고, 이로써 서진은 4대 52년 만에 멸망하고 말았다.(316)

흉노족을 비롯한 이민족이 침입해도 서진에는 방어할 군대가 없었고 낙양에서는 왕족을 포함하여 많은 백성들이 죽임을 당했다. 오직 사마예司馬睿만이 건강建康(남경)으로 가서 동진東晋을 세웠으니(317) 그가 동진의 초대 황제 원제元帝이다.

진무제晉武帝는 위나라 멸망의 원인이 왕실의 약화임을 알고 있었고 게다가 북방 이민족도 위협이 되었으므로 왕족 및 공신들을 우대하며 단합을 꾀하였다. 이에 왕족 및 공신들에게 봉토를 지급하고 5천에서 2만 호에 이르는 호구戶口도 분배했을 뿐 아니라 강력한 군대 양성도 가능하도록 하였다. 한편 사마씨의 서진 정권 건립에 공이 있던 문무대신들은 사치와 방탕에 익숙해져 갔고, 지배계급의 부패는 극을 치달았다. 그 결과 진무제의 의도와는 정반대로 서진은 왕족과 공신들의 세력화에 의해 망하게 된다. 서진의 위세는 무제 한 대에 그치고, 무제가 죽자 혼군인 혜제惠帝가 뒤를 이었다. 그는 천하가 어지러워 백성이 굶어죽는다고 하자 "왜 고기죽을 먹지 않는가?"[11] 라고 할 정도로 어리석은 군주였다. 결국 혜제 때부터 황족과 제후들의 권력 쟁탈전인 팔왕의 난이 일어났고, 8명의 제후 가운데 7명이 죽고 북방 유목민 세력의 힘을 빌어서야 겨우 난은 종결되지만, 서진은 망하고 중원 이북은 오호십육국五胡十六國에게 내어 주어야 했다.

---

11 及天下荒亂, 百姓餓死, 帝曰 "何不食肉糜?" 『진서·혜제본기(晉書·惠帝本紀)』

6. 위·진의 주요 제도

6.1 위의 둔전과 서진의 점전 및 과전

한말漢末 말 및 삼국 정립기는 대동란의 시기이다. 농민들은 세력가에 종속되는 경우가 많았고 국가 세수의 근간이 되는 공민公民이 부족하여 군대 유지도 쉽지 않았다. 그래서 조조曹操는 세수 확충과 군량미의 확보 그리고 식량난 타계를 위해, 일찍이 부분적으로 시행된 적이 있었던 둔전제屯田制를 대대적으로 실시했다.(196) 둔전屯田이란 군대 경비를 마련하기 위한 국유 토지로 보통은 병사들이 경작을 한다. 그런데 조조의 둔전제는 몰락한 일반 백성이나 피정복민을 황폐한 지역으로 이주시켜 그들에게 둔전을 지급한 후 농사짓도록 하고 일정 세액을 부과하는 것이다.

둔전에는 군인들을 대상으로 하는 군둔軍屯과 일반인을 대상으로 하는 민둔民屯이 있었다. 세금은 소출의 50% 정도를 내야했으므로 아주 높았지만 민둔의 경우 기타 요역이 면제되었다. 그러나 군둔민은 평시에 농사를 짓다가 전시戰時에는 전쟁에 참가해야 했으므로 부담이 더 컸다. 둔전 이외의 일반 토지 소유자들에게는 소유한 토지의 면적을 고려하여 세금을 부과하였고, 호戶당 조租와 조調를 징수하였다. 둔전제屯田制는 전란으로 국토가 황폐화된 한말漢末과 위초魏初 식량난 해결에 상당한 기여를 하였고, 조조는 이를 바탕으로 전쟁을 할 수 있었다. 그러나 시행 후 약 70년 만에 폐지된다. 둔전민들은 부담이 점차 가중되자 자주 폭동을 일으켰고 도망하여 유랑하는 경우도 많았기 때문이다.

280년 오吳를 멸망시키고 천하를 통일한 진무제晉武帝는 점전占田과

과전課田을 시행하였다. '점전'이란 일종의 토지 소유 상한제로, 일반 백성과 관리들이 일정 면적 이상의 토지를 소유할 수 없도록 하는 제도이다. '과전'은 모든 성인 남녀가 일정 면적 이상의 토지를 경작하고 납세 의무를 지도록 하는 것인데, 세稅의 부담이 상당히 컸다. 다만 재산 등급을 신고제로 하여 재산을 적게 신고하는 등의 철저하지 못한 측면이 있었다. 토지 소유를 제한하고 누구나 일정 면적의 농지를 경작하게하는 제도는 초기에는 서민의 계층 분화와 귀족의 토지 겸병을 막을 수 있었고 생산성 향상에도 상당한 도움이 되었다. 하지만 세금이 증가하자 백성들의 이탈이 가속화되었고 동시에 서진의 기반도 흔들리게 되었다.

6.2 병호제

조조는 안정된 병력 확보를 위해 세습병世襲兵 제도를 만들었다. 이를 세가제世家制, 사가제士家制, 병호제兵戶制 등으로 부른다. 세습되는 병사가 있는 가정이 사가士家 혹은 병호兵戶이다. 모병과 투항병이 중심이 되었으며, 국가가 일정 토지를 주어 그들의 삶을 보장해 주는 대신 그들 가계家系는 세습 병사를 국가에 제공해야 했다. 그들의 신분은 매우 낮았고 만약 도망가면 가족들은 관노官奴가 되었으므로 지방 세력가들의 세력 확대도 효과적으로 막을 수 있었다. 이들은 일반 백성과 달리 그 호적이 군대에서 관리되었으며, 연좌제를 통해 탈영 및 범죄를 막았다. 이 제도는 서진西晉과 남조南朝의 병호제로 이어졌다. 이들의 대우는 매우 열악했다. 그러나 전란의 시기, 몰락한 농민들에게 국가가 토지를 주고 삶을 보장해주는 대신, 병역 의무를 지도록 하는 이 제도는 국가나 병호 양쪽 모두에게 긍정적이었다고 볼 수 있다.

6.3 구품관인법[12]

220년 조비曹丕는 각 지방에 중정관中正官을 두고, 그들이 관할 지역의 인재를 중앙에 천거할 수 있도록 하였다.[13] 중정관은 관할 지역의 인재를 총 9등급(상상, 상중, 상하, 중상, 중중, 중하, 하상, 하중, 하하)으로 나누었다. 우선 해당 인물의 조상이 어떤 관직을 하였는지를 보았고, 그 다음으로 능력과 지역 여론인 향론鄕論을 보았다. 중앙에는 총 9품의 관계官階가 있었는데 천거된 지역 인재는 보통 추천받은 등급보다 낮은 품계에 임용되었다.

구품관인법을 시행한 이유는 관직이 세도가들에 의해 좌우되는 폐단을 막자는 것이었는데 그 결과는 반대였다. 왜냐하면 각 지역의 유력자들은 자신들이 향론을 주도할 뿐 아니라 중정관과도 가까운 경우가 많았고, 추천 시 중요하게 보는 것도 조상의 관직이었기 때문이다. 결국 이 제도는 오히려 귀족들이 대대로 세력을 유지하는 수단이 되었고, 587년 과거제科擧制 실시 이전까지 위진남북조시대가 문벌귀족사회로 유지되는 주요 배경이 되었다.

죽림칠현

정시正始는 8살 조방曹芳이 제위에 오르면서 쓴 연호(240~248)인데, 이즈음부터 위나라의 권력은 사마씨司馬氏에게 넘어가게 된다. 이후 공식적으로 위나라가 망하고 사마씨의 서진 정권이 들어설 때까지, 위나라에서는 사마씨에 의한 공포정치가 실시되었다. 이에 문인과 지식인들은 자연 속에 파묻혀 현실을 도피하고자 하는 경향이 많이 나타났는데 이를 대표하는 문인 집단이 바로 죽림칠현竹林七賢이다. 죽림칠현의 명칭과 인물들은 『진서·혜강전晉書·嵇康傳』, 『세설신어世說新語』 등에서 발견된다. 죽림칠현은 혜강嵇康, 완적阮籍, 산도山濤, 향수向秀, 완함阮咸, 왕융王戎, 유령劉伶 등 일곱 명인데, 이들 가운데 가장 뛰어난 인물이 완적과 혜강이다.

『세설신어』에는 죽림칠현 가운데 한 사람인 유령劉伶에 대한 이야기가 나온다. 유령은 애주가였고 행동은 멋대로 거침없이 하였다. 하루는 유령이 집안에서 알몸으로 앉아 있었다. 그때 한 친구가 그것을 보고 꾸짖자 그는 이렇게 말했다고 한다. "나는 천하를 집으로 삼고, 집을 나의 옷으로 삼는데 그대는 왜 내 속 옷 속에 들어왔는가?"

한편 완적阮籍은 달갑지 않은 사람에게는 흰자위가 보이게 눈을 흘겨보아 백안시白眼視하였고 반가운 사람에게는 눈을 맞추어 청안시靑眼視하였다. 이로써 백안시, 청안시란 말이 생겼다. 완적은 예법을 차리는 선비가 찾아오면 백안시하였고, 술과 거문고를 들고 찾아오는 사람에게는 청안시하며 반겼다고 한다.

서진 문학

반악과 좌사의 낙양지귀

서진 수립(265) 이후부터 서진이 망하는 약 316년까지는, 세족勢族들의 힘이 강성했고 문학도 그들에 의해 주도되었다. 그러다보니 문학은 의고적擬古的이고 형식적인 귀족 문학이 주류가 된다. 다만 중국 전역이 통일 된 직후인 태강太康 연간(280~289)에는 문풍이 흥기하여 볼만한 문인들이 나왔는데 그 중 반악潘岳(247~300)과 좌사左思(250~305?)가 뛰어났다.

반악은 용모가 수려하여 낙양 거리를 거닐면 여인들이 과일을 투척하여 늘 바구니에 과일을 가득 채워 귀가하였다고 한다. 그는 서진의 대표적 시인으로, 아름다운 표현과 진정성이 담겨져 있는 것이 그의 시의 특징이다. 좌사는 출신은 미천하였으나 양웅揚雄의 「촉도부蜀

都賦」, 반고班固의 「양도부兩都賦」, 장형張衡의 「이경부二京賦」를 이은 「삼도부三都賦」의 작가로 명성을 떨쳤다. 낙양 사람들이 「삼도부」를 다투어 베껴 쓰느라 낙양의 종이 값이 올랐다는 '낙양지귀洛陽紙貴'란 고사의 주인공이 바로 좌사이다. 좌사는 서진 시기 가장 우수한 시인으로 평가받는다. 특히 역사를 통해 현실을 반영하고 자신의 회포를 펼치는 '영사시詠史詩'는 좌사에 의해 본격적으로 발달하였다. 그는 귀족적이고 형식적 문학이 주류였던 서진 시기에 진실한 내용이 담긴 시를 많이 지었다.

7. 동진

동진東晋은 317년 서진의 황족 사마예司馬睿(원제元帝)에 의해 건강建康(남경)을 수도로 하여 세워졌는데, 사마예는 건강에 지지 기반이 없었다. 건강에는 낙양 등 서진에서 온 귀족들과 오나라 이래의 귀족들 그리고 그 지역의 토착 세력 등 다양한 세력들이 존재했다. 이때 원제元帝 사마예를 건강으로 오게 한 왕도王導(왕희지의 사촌 형)는 여러 부류의 세력들을 잘 규합시켜, 초기의 동진을 건사하고 낭사琅邪(산동성 청도靑島 아래)의 왕씨를 동진 최고의 귀족으로 만들었다.

북방 이민족 세력에 대한 위기감과 낙양 수복이라는 비슷한 지향점으로 인해, 초기의 동진은 내부적으로 별 탈이 없었으나 지방 세력들에 의한 위험은 늘 상존해 있었다. 당시의 군사 요충지는 형주荊州(무한武漢 일대)와 양주揚州였는데, 결국 420년 양주의 유유劉裕는 동진의 마지막 황제 공제恭帝에게 선양을 받아 송宋을 세우고 송무제宋武帝가 된다.(이 宋을 유송劉宋이라 한다.)

동진東晋 등 남방의 왕조는 귀족 사회로, 기득권들은 백성들을 착취하며 사치스러운 생활에 젖어 있었다. 결국 399년 민중의 불만을 이용해 농민 반란(손은孫恩·노순盧循의 반란)이 일어났는데 이를 평정한 것이 유유劉裕였다. 유유는 이어 북방의 남연南燕과 후진後秦을 멸망시키고 낙양과 장안을 수복하였다. 그런 다음에 송무제宋武帝가 된 것이다. 출신이 미천한 유유의 권력 기반은 군사력뿐이었고, 유송劉宋은 얼마 지나지 않아 주변의 다른 군 실력자에 의해 망하게 된다.

8. 남조

420년 동진東晋이 망하고 남조의 송이 건국되었다. 그후, 북조를 통일한 수隋에 의해 남조의 마지막 왕조인 진陳이 망하여(589) 남북조가 완전히 통일되기까지, 약 170년 동안이 남조의 시대이다.[14] 남조의 네 왕조는 건강建康을 수도로 삼았고, 모두 선양의 형식으로 정권이 교체되어 큰 전란은 없었다. 앞서 위촉오 삼국 등이 쟁패를 다툴 때도 북방은 황폐화되었지만 남방은 비교적 전쟁의 영향이 적었고, 동진東晋 수립 이후 북방에서 많은 사람들이 이주하였다. 그 결과 남방 지역은 풍부한 노동력이 뒷받침된 위에 농업, 수공업, 상업 등의 발달로 경제가 번영하였고 문화적으로도 큰 발전을 이루게 된다.

송무제宋武帝 유유劉裕는 지체가 낮은 무인武人 출신으로 국가 경영에는 서툴렀고, 그가 죽자 황손들끼리의 살육이 자행된다. 이때 송의 실권을 장악한 소도성蕭道成이라는 장군이 송의 황제를 죽인 후 국호를 제齊로

14 581년 수문제(隋文帝)는 수(隋)를 건립하여 북조(北朝)를 종결시킴.

고치고 고제高帝로 등극한다.(479) 제나라 역시 황족 간 골육상잔이 이어졌고, 얼마못가 소연蕭衍이 양梁을 건국했다.(502) 양무제梁武帝가 된 소연蕭衍은 50여 년 동안 재위에 있었던 남조의 명군으로 불교 신자였다.

양나라는 무제 말기 북방의 동위東魏에서 도망 온 후경侯景을 받아들였다가 동위의 공격을 받아 대패했고, 이후 후경이 건강建康을 점령했다. 후경은 무제를 유폐시킨 후 무제의 아들 간문제簡文帝를 세웠다가 살해했고, 이후 진패선陳霸先이란 무인武人이 후경을 제거하고 건강을 수복한 다음 경제敬帝로부터 선양받아 진陳 왕조를 개창하였다.(557) 그가 바로 진무제陳武帝이다. 당시 북방에서는 북제北齊와 북주北周가 패권을 다투고 있었는데, 북주가 최종 패자霸者가 되었다. 이후 양견楊堅은 북주의 정제靜帝로 부터 선양받아 수隋를 세우니(581) 그가 바로 수문제隋文帝이다. 589년 수문제 양견은 남조의 마지막 왕조 진陳을 병합함으로써, 남북조의 혼란을 종결시키고 다시 중국 전역을 통일하기에 이른다.

도연명과 그의 작품 세계

동진東晉의 상류층에서는 사치의 분위기가 농후했고, 그것은 백성들에 대한 수탈을 필요로 했다. 이에 문인과 지식인들은 황노黃老 사상이나 불교에 의지하여 현실을 외면하거나 자연 속에서 청담淸談을 즐기려는 현실 도피적 경향을 띠게 되었다. 그런 가운데 동진 말 도연명陶淵明(365~427)이라는 걸출한 시인이 혜성처럼 등장하여, 중국문학사의 한 페이지를 빛나게 장식했다.

도연명은 이름이 잠潛, 자字가 연명淵明이다. 도연명의 집안은 증조부 때부터 동진의 명문가였으나, 그의 부친이 일찍 죽는 바람에 가세

15 『송서·은일전(宋書·隱逸傳)』

가 기울었다. 그는 29세 때부터 강주좨주江州祭酒를 시작으로 낮은 벼슬을 전전하다가, 405년 41세 때 팽택彭澤 현령縣令 직을 팔십여 일 수행한 후, "오두미五斗米 때문에 서리胥吏들에게 머리를 조아릴 수 없다(我豈能爲五斗米折腰向鄕里小兒)."[15]며 전원으로 돌아가 유유자적하며 전원시田園詩를 썼다. 전원을 대상으로 하는 시는 과거에도 있었으나 도연명은 전원시를 전문적으로 대량 창작하여, 전원시라는 영역을 확립하였다. 중국의 전원시는 도연명으로부터 비롯된다고 말 할 수 있다.

도연명의 산문散文 작품으로는 「도화원기桃花源記」와 「오류선생전五柳先生傳」을 대표작으로 꼽을 만하다. 「오류선생전」은 오류선생이라는 가상의 인물을 통해 안빈낙도의 청렴한 삶을 추구하리라는 자신의 지향을 표출한 작품이다. 「도화원기」는 무릉武陵의 한 어부가 강을 거슬러 올라가다가 복사꽃 군락을 발견하고, 그것을 따라가 보니 거기에는 진秦의 대란을 피해 온 사람들이 어느 시대인지도 모른 채 평화롭게 살고 있었다는 이야기이다. 도연명은 이를 통해 이상향理想鄕에 대한 동경과 현실의 불만을 동시에 표출하였다. 다음은 도연명의 성정이 잘 드러나는 그의 잡시雜詩 가운데 첫 수 이다.

人生無根蔕 인생은 뿌리도 꼭지도 없이
飄如陌上塵 들길 위에 먼지 날아다니는 것과 같다.
分散逐風轉 흩어져 바람 따라 이리저리 굴러다니니
此已非常身 이미 이것은 본모습이 아니다.
落地爲兄弟 땅에 떨어지면 모두가 형제인데
何必骨肉親 혈육을 따져 뭐하겠는가?
得歡當作樂 기쁜 일이 생기면 마땅히 즐겨야하니
斗酒聚比鄰 한 말의 술 받아 이웃을 부른다.
盛年不重來 젊음의 때는 다시 오지 않고,
一日難再晨 하루에 새벽이 두 번 있기는 어려운 법.
及時當勉勵 때를 놓치지 말고 마땅히 힘써야 할 것인즉
歲月不待人 세월은 사람을 기다려 주지 않는다네.

사령운과 중국의 산수시

420년 동진東晉이 망한 후 시작된 남조는 큰 전란 없이 네 왕조가 교체되었다. 단기 왕조의 지배계층은 백성을 수탈하며 사치와 방탕을 일삼는데 여념이 없었다. 이에 문학에서도 유미주의적이고 형식적인 작품들이 주류가 되었다. 다만 동진과 달리 현언시玄言詩 위주의 시가 산수시山水詩로 변화되어 갔다. 많은 귀족 인사들이 경치 좋은 산수山水에 심취해 자연을 읊조리는 풍조가 나타났고, 그 결과 중국의 산수시가 확립되었다. 산수를 소재로 삼은 시는 과거에도 많았으나, 남조 宋의 실의한 귀족 시인 사령운謝靈運(385~433)은 본격적으로 산수시를 대량 창작함으로써 중국의 산수시를 확립하였다. 다만 진실한 감정보다는 조탁과 아름다운 산수의 묘사에 치중한 것이 이 시기 산수시의 한계였다. 유미주의적이고 아름다운 형식을 강구하는 남조의 시들은 당대唐代에 중국의 근체시近體詩가 형성되는데 발판이 되었다.

문학에 대한 자각

중국문학사中國文學史에서 위진남북조시대는 '문학'의 개념이 형성된 때로 본다. 이 시기에는 문학이 철학이나 정치 혹은 역사 등의 부속물에서 벗어나, 독립적인 예술 장르의 하나로 정착하였다. 과거와 달리 작가들이 자신의 이름을 내걸고 문학 작품을 본격적으로 창작하기 시작한 것이다. 구체적으로는 건안문학의 영도자인 조조曹操로부터 비롯된 오언시의 대량 창작을 본격적인 문학 창작의 출발로 볼 수 있다. 물론 그 이전에도 문학 창작은 있었지만 『시경』이나 한나라 민가 등 조조 이전의 문학은 특정 개인의 창작 활동으로 비롯되었다기보다, 집체적이고 구전되던 성격이 강했다.

한편 위진남북조시대에는 문학 이론서들과 문학 선집 및 총집들이 본격적으로 출현하였는데, 이 역시 문학을 독립된 하나의 부류로 보았다는 증거로 볼 수 있다. 이 시대 나온 문학 이론서의 대표작은 양梁나라 유협劉勰(465?~520?)의 『문심조룡文心雕龍』이다. 이책에는 문학 창작론, 비평론, 문체론 등이 망라되어 있다.

불경 번역과 중국 언어학 및 문학의 발달

한자는 표의문자이므로 중국 사람 스스로가 한자를 통해 발음의 원리나 소리의 구조를 파악하기는 쉽지 않았다. 그런데 승려를 비롯하여 위진 이래 많은 사람들이 불경을 번역하면서, 표음문자로 된 산스크리트어를 익히게 되었고, 자연히 자음과 모음의 결합으로 이루어지는 표음의 원리를 터득하였다. 이를 통해 마침내 중국어의 사성四聲이 발견되었고, 중국어음을 분석할 수 있게 되어 결국 운서韻書를 펴내기에 이르렀다.

불경 번역은 중국 문학 발달에도 크게 기여했다. 당대唐代에 완비된 중국의 근체시近體詩는 낭독 시 아름다운 성률미聲律美가 관건인데, 당대 근체시의 격률 완성에는 위진시대에 크게 발달한 음운학音韻學의 도움이 절대적이었다. 또한 불경 고사故事는 중국 소설의 발달에 지대한 영향을 주었다. 외래문화인 불교의 전래가 중국의 문학과 언어학을 비롯해 문화 발전에 얼마나 큰 기여를 했는지 알 수 있다.

운서韻書는 같은 운韻(성모(자음)를 제외한 부분)의 글자들을 모은 자전으로, 시를 지을 때 압운 등의 참고용으로 주로 사용되었다.

9. 오호십육국과 북조

9.1 오호십육국시대의 전개

중국의 이민족들은 한나라 때부터 한족漢族에 동화되거나 한족 땅으로 이주하기도 하였으며, 전시戰時에는 병사로 차출되기도 했다. 한편 주로 변방에 포진한 이민족들은 한족 국가의 힘이 약해지거나 전쟁이 발발한 틈을 타서 한족의 땅을 침범하는 일도 잦았었다. 그러던 중 서진 말 팔왕의 난으로 극도로 혼란해진 틈을 타, 오호五胡는 대규모 반란을 일으켰고 결국 304년 흉노족 유연劉淵이 漢(전조前趙)을 세우고 칭제稱帝한다. 이때부터가 공식적인 오호십육국시대五胡十六國時代의 시작이다.

오호란 흉노족匈奴族, 선비족鮮卑族, 저족氐族, 갈족羯族, 강족羌族 등 다섯 이민족을 이르며, 십육국은 흉노匈奴가 세운 전조前趙, 북량北涼, 하夏, 갈羯이 세운 후조後趙, 선비鮮卑가 세운 전연前燕, 후연後燕, 남연南燕, 서진西秦, 남량南涼, 강羌이 세운 후진後秦, 저氐가 세운 전진前秦, 후량後涼, 성한成漢과 한족漢族이 세운 전량前涼, 서량西涼, 북연北燕을 이른다. 오호십육국시대는 다섯 이민족과 한족漢族이 북방에서 열여섯 왕조를 각기 세워 흥망했던 혼란의 시기로, 유연劉淵에 의해 漢(전조前趙)이 건국된 304년부터 439년 선비족 탁발씨拓跋氏의 북위北魏에 의해 통일 될 때 까지를 이른다.

흉노족 유연은 304년 팔왕의 난이라는 혼란을 틈타 漢(전조前趙)을 건립하고 평양平陽[16]에 도읍을 정하였다. 그는 경서, 역사서, 병서 등을 섭렵하였으며 과거 漢 왕실과 흉노 간의 혼인관계를 내세웠었다. 310년

---

16 현 산서성(山西省) 임분(臨汾)

유연이 죽자 아들 유총劉聰이 뒤를 이었고, 석륵石勒에게 명하여 낙양을 함락시켰다. 316년에는 유요劉曜로 하여금 장안을 장악하게 했으며, 서진西晉의 민제愍帝를 잡아 서진을 멸망시켰다.

318년 유총이 병사하자, 319년 유요가 황제가 되어 장안을 수도로 정하고, 국호를 漢에서 조趙로 바꾸었다. 유요와 양대 세력을 이루던 석륵도 그해 양국襄國(하북성河北省 형태현邢台縣)에서 조왕趙王에 올랐는데, 역사에서는 석륵의 趙를 후조後趙, 유씨劉氏의 趙를 전조前趙라 부른다. 328년 석륵은 낙양 근처 전투에서 유요를 죽이고 330년 황제가 되어 화북華北의 많은 지역을 통일하기에 이른다. 그러나 333년 석륵이 죽자 권력 내분이 심하게 일어난다. 석륵이 죽은 후 아들 홍弘이 제위에 올랐으나 그는 재상 석호石虎에 의해 폐위되었고, 349년 석호가 죽자 자식들 간에 권력 투쟁이 일어났다. 이때를 틈타 350년 석호의 양자養子인 漢人 석민石閔이 제위에 오르면서 국호를 위魏로 바꾼다. 양자가 되기 전 석민은 석씨石氏가 아니라 염씨冉氏였기에, 제위에 오르자 석민은 자신의 본래 성씨를 붙여 염민冉閔이라 하였다.

방금 살펴 본 화북 지방 외에도 요동遼東과 요서遼西 지역을 근거지로 삼은 선비족 모용씨慕容氏의 전연前燕, 장안을 중심으로 뛰어난 통치자 부견符堅에 의해 건립된 전진前秦 등 기타 많은 세력들이 할거했다. 부견은 376년 하북河北, 산서山西, 섬서陝西, 감숙甘肅 등 화북의 대부분을 통일하였다. 또한 372년에는 고구려에 불교를 전래하는 등 매우 강력한 역량을 발휘했으나 383년 비수淝水의 전투에서 동진東晋에 패배하면서 북방은 다시 분열 상황으로 치닫게 된다.

부견은 한족 문화를 적극 수용한 뛰어난 인물이었다. 그는 농업을 장려하여 백성의 삶을 안정시켰으며, 370년에 전연前燕을 376년에는 전량前涼과 대국代國을 멸망시켰다. 그는 곧 동진東晋을 멸하여 천하 통일의 꿈을 이루자 하였으나 주위의 많은 반대에 부딪혔다. 장기간의 전쟁으로 백성들이 지쳐있었고, 동진 공략을 위해 장안을 비워둔 채 출정하면, 주변 이민족들이 일어날 가능성이 컸기 때문이었다. 그러나 많은 승리를 쟁취했고 국부國富도 충실히 한 부견은 383년 대군을 조직하여 수륙 양방면으로 총공세를 펼쳤다. 동진의 전체 병력은 8만에 불과했고 초기에는 전진前秦이 우세하였다.

그런데 그해 11월 동진의 총사령관 사현謝玄은 안휘安徽에서 야습을 통해, 5천의 군사로 만 오천 명의 전진 병사를 죽이는 일방적 승리를 거둔다. 이에 부견은 회하淮河의 지류 비수淝水에서, 승기를 잡아 공격해 오는 동진군東晋軍을 기다리고 있다가 작전상 후퇴를 한 후, 비수를 건너는 동진 군을 섬멸하려는 구상을 하였다. 그러나 작전 내용을 잘 몰랐던 전진의 병사들은 작전상 후퇴를 패배로 오인하고 도주하다가 동진 군에 대패하고 말았다.

전진前秦의 90만 대군은 정병精兵도 아니었고 통합되지도 못했다. 게다가 여러 종족으로 구성된 병사와 장군들은 필승의 의지도 부족했다. 또한 부견苻堅의 독단과 작전의 미숙함, 준비 부족 등도 주요 패인이었다. 이에 반해 대군의 공격을 받은 동진은 오랜만에 백성과 지배계층 모두가 총화단결하였다. 전진의 비수전淝水戰 패배는 병력만으로 전쟁에서 승리할 수 없다는 평범한 진리를 보여준 좋은 예가 되었다.

한족 입장에서 보면 비수전淝水戰은 역상적 운명을 가를 중요한 사건이었다. 비수전에서 만약 동진이 패배했다면 중국 전역은 이민족에 의해 통일되어, 오랫동안 이민족 통치와 지속적인 혼란에 빠졌을 것이다. 어쨌든 전진의 패배는 북위北魏에 의해 화북華北이 될 때까지 북방 지역을 다시 혼전과 분열의 국면으로 몰아넣었다.

9.2 북위와 오호십육국시대의 종식

전진前秦이 패하자 일찍이 전진에게 멸망당했던 선비족 탁발부拓跋部의 대代가 재건되었고(386), 얼마 후(398) 도무제道武帝 탁발규拓跋珪는 수도를 평성平城[17]에 두고 국호를 위魏라하고 칭제稱帝하였다. 이 '魏'는 조조曹操의 '魏'와 구분하기 위해 북위北魏라 부른다. 북위는 3대 태무제太武帝 때에 북량北涼을 멸망시키고(439) 다시 화북華北을 통일하였으니 이로써 마침내 오호십육국시대가 종식되었다.

북위는 534년 동위東魏와 서위西魏로 분리되었다가 각각 선양의 형식으로 북제北齊와 북주北周가 되었고, 577년 북주가 북제를 멸하고 최종적으로 북방을 통일하였다. 이후 581년 양견楊堅은 북주의 정제靜帝에게 선양을 받아 수隋를 개창하고 수문제隋文帝가 되었다. 북위의 북방 통일로 오호십육국시대가 종식된 439년부터, 북위로부터 분열된 서위와 동위 및 북주와 북제가 다시 북주와 수에 의해 통일이 되어, 북방을 재통일하는 581년까지를 북조시대로 볼 수 있다.[18]

북위北魏가 강성할 수 있었던 것은 농업을 육성하고 우수한 한인漢人을 정치에 적극 활용했기 때문이었다. 또한 불교를 믿었던 4대 문성제文成帝 때부터는 이민족으로서 한족을 효과적으로 통치하기 위해 불교를 국교화하여 대대적으로 유포하였는데 그 역시 매우 유효적절하였다. 북위의 효문제孝文帝(재위 471-499)는 성군聖君으로 추앙받는 인물이다. 그는 최초로 균전제均田制를 실시하여 황폐한 국토를 재건하고 백성

17 현 산서성(山西省) 대동(大同)

18 386년 북위의 전신인 代(대)의 재건으로부터 수에 의해 중국 전역이 통일되는 589년까지를 북조로 보기도 한다.

의 삶을 안정시켰다. 백성들은 일정한 나이가 되면 세습 가능한 토지와 사망 시 즉시 국가에 반환해야 하는 토지를 지급받았고, 배급 토지가 부족한 곳의 사람들은 이주할 수 있었다. 이에 따라 전란으로 황폐화된 토지가 크게 개발되었고 백성의 삶은 안정을 찾아갔다. 이와 동시에 삼장제三長制를 시행하여 호구 파악을 철저히 하였다. 삼장三長이란 5家 당 1인장隣長, 5隣 당 1이장里長, 5里 당 1당장黨長을 두는 것이다. 이들 삼장의 주요 임무는 호구 파악 및 세금 징수였다. 관료들에게는 봉록제俸祿制를 시행하여 백성들에 대한 수탈을 엄금하였다.

한편 효문제는 494년 중원中原과 가까운 낙양으로 천도한 후, 선비족과 한족 간의 결혼을 장려함과 동시에 한족의 성씨와 관복官服 및 한어漢語 사용을 적극 추진하였다. 그는 스스로 탁발씨拓跋氏를 버리고 원씨元氏로 바꾸었으며, 선비족들의 대소 반란들도 잘 평정하였다. 특히 천도 계획에 반대하여 반란을 일으켰던 태자 탁발순拓跋恂도 반란 진압 후 즉각 사형에 처했다. 이러한 효문제의 과감한 개혁은 백성들의 삶을 보호하고 한족과 이민족 간의 갈등을 완화시켜, 민족 융합을 통해 다양한 문화가 보급·발전되도록 하였다. 이렇듯 많은 개혁을 성공시켜 나라를 부강하게 한 효문제는 마침내 남벌南伐에 나서게 되는데 아쉽게 33세의 나이로 사망하고 말았다.

북위 시대 불교의 성행

중국의 불교는 후한 明帝 때 들어왔으나 유학儒學의 시대였던 후한 당시, 불교는 이민족의 종교로써 황족이나 귀족의 취미 혹은 서역 상인이나 외교 사절을 위한 정도였다. 그러나 불교는 위진남북조시대에 접어들어 확실히 자리를 잡게 된다. 많은 동란動亂을 겪은 일반 백성들은 불교에서 큰 위안을 받았고, 귀족들도 현실 도피처로서 불교를 애호하였다. 한편 북조에서는 불교의 신비롭고 영험한 불력佛力을 정치에 이용하였고, 이에 불교는 지배 계층을 중심으로 크게 전파되었다.

북위의 한족 재상 최호崔浩는 불교 사원과 승려들에게 각종 세금과 병역 의무가 면제된다는 것을 알고 구겸寇謙이라는 도사道士를 태무제太武帝에게 소개시켰다. 태무제는 자신이 도교의 신(太上老君)으로부터 천명을 받았다며 도교를 국교화하였고, 도교를 통해 이민족 통치의 정당성을 찾으려 하는 한편 불교 탄압에 나섰다. 그러나 태무제 사후에는 불교가 북위의 국교가 되었다. 태무제 이후 그의 아들 문성제文成帝가 즉위하자, 불교계는 세금 납부 등 국가에 철저히 봉사하고 황제의 권위를 세우는데 최대한 협조하면서 인정을 받는았다. 이를 총 지휘한 승려가 바로 불교 관련 업무를 담당하던, 사문통沙門統이란 직책을 맡고 있던 담요曇曜였다.

운강석굴과 용문석굴

중국의 3대 석굴은 돈황敦煌 막고굴莫高窟, 산서성山西城 대동大同의 운강석굴雲崗石窟, 낙양洛陽의 용문석굴龍門石窟이다. 이 가운데 운강석굴과 용문석굴이 북위北魏 때 만들어진 것이다. 북위에서는 초기의 수도인 대동大同 교외에, 황제가 곧 여래如來(부처)라는 이념 아래 운강석굴을 만들기 시작했다. 이후 494년 수도를 산서성 대동大同에서 낙양으로 천도한 후에는, 낙양 근처 용문龍門에 용문석굴을 만들기 시작했다. 특히 북위에서 사문통沙門統이란 직책을 맡고 있었던 승려 담요曇曜는 황제가 곧 여래라는 구호 아래, 운강석굴의 16굴에서 20굴까지 불상을 북위 황제의 얼굴을 모방하여 만들었다.

그림9 운강석굴

그림10 용문석굴

그림11 돈황석굴

소림사의 창건

북위北魏의 효문제孝文帝는 496년 하남성河南省 숭산崇山에 소림사少林寺를 창건하였다. 520년 중국에 온 달마대사達磨大師는 양무제梁武

帝에 의해 소림사의 주지가 되었고 이후 소림사는 중국 선교禪宗의 본산이 되었다. 그는 9년 면벽 수련 끝에 깨달음을 얻는데, 수련 중 건강 유지를 위해 소림권少林拳이라는 무술을 창시했다고 한다. 당시 건강建康에는 사찰이 5백 곳, 승려가 10만이 넘었다.

북조의 불교와 정치

유교 사상이 널리 퍼져있는 한족의 땅에서, 이민족이 중국을 지배할 정당성이나 명분을 찾기는 쉽지 않았을 것이다. 이런 상황에서 불교는 이민족 황제의 권위와 정통성을 세워주는 역할을 할 수 있었다. 보통 북조의 지배계층에서 정치적 목적으로 불교를 널리 유포하였다고들 한다. 그러나 대동란의 시대에 불교는 상하 계층을 막론하고 사람들에게 큰 위안이 될 수 있었고 그런 까닭으로 불교는 자연스럽게 널리 보급이 되었다. 오직 정치적 목적만을 위해 불교가 의도적으로 내세워졌고, 그것으로 인해 불교가 널리 유포되었다고만 볼 수는 없을 것이다.

우리나라의 불교 전래

『삼국유사三國遺事』, 『삼국사기三國史記』 등에 따르면, 고구려는 소수림왕小獸林王 2년(372) 전진前秦의 승려 순도順道에 의해, 백제는 침류왕枕流王 원년(384) 동진東晋에서 온 호승胡僧 마라난타摩羅難陀에 의해 불교가 들어왔고 곧 공인되었다. 신라의 불교 전래에 대해서는 정확히 말하기 어렵다. 대략 5세기 초 고구려를 통해, 고구려나 백제보다 조금 늦게 전래되었고, 법흥왕法興王 14년(527) 이차돈異次頓의 순교를 통해 공인되었다.

9.3 북위의 쇠퇴와 수隋의 통일

북위는 수도인 산서성山西省 평성平城의 방어를 위해 평성 북쪽에 장성을 쌓고 북쪽 국경선을 따라 여섯 개의 진鎭을 설치하였다. 이 육진六鎭의 책임자를 진장鎭將이라 하는데 초창기에는 유력한 귀족들이 진장으로 임명되었다. 병사들 또한 유력한 집안의 자제들로 충당되었으며 그들에게 세금 혜택 등 많은 우대를 해주었다. 그러나 494년 수도를 낙양으로 천도한 뒤 육진은 정부로부터 점차 소외되었고, 육진의 책임자들은 백성과 주변 이민족들을 착취하기에 바빴다. 이에 523년 소수민족 유연柔然이 회황진懷荒鎭에 침입하여 15만 위군魏軍을 격파하였다. 그러나 정부에서는 피해를 입은 회황진에 대하여 지원을 하지 않았고, 양식 배급을 거부한 회황진의 진장鎭將 우경于景은 병사와 백성들에게 죽임을 당하였다.

이때 옥야진沃野鎭에서도 반란이 일어나 진장이 죽고 일대가 점령당했는데 사태는 점점 확대되어 거의 모든 진鎭에서 백성과 병사들이 난을 일으켰다. 이 육진의 난은 연승하던 반란군 수장 갈영葛榮이 이주영爾朱榮의 군대에 패하면서 기세가 꺾여 530년 평정되었다. 그러나 이주씨爾朱氏들이 무력武力을 바탕으로 황실의 권력 쟁탈전에 가담하면서, 북위北魏는 패망의 길로 접어들게 된다. 물론 전적으로 육진의 반란만으로 북위가 망했다고 보기는 어렵다. 499년 명군 효문제孝文帝 사후, 지배계층의 사치와 백성에 대한 착취 등의 실정失政이야말로 북위 패망의 핵심 요인으로 볼 수 있다.

육진의 난이 한창일 때 북위의 조정에서는 권력 쟁탈전이 벌어지고 있었다. 북위의 8대 황제 효명제孝明帝와 그의 모친 호태후胡太后(시호를 따라 영태후靈太后라고도 함)가 대립했고, 결국 호태후가 아들 효명제를 죽인다. 그러자 효명제와 함께 호태후를 제압하려했던 이주영爾朱榮이 낙양으로 밀고 들어 와, 호태후와 호태후가 옹립한 유주幼主를 비롯하여 이천여 명의 신하들을 죽인 후, 하남성河南省 하음河陰에 있는 황화黃河에 수몰시켜 버렸다. 이를 '하음河陰의 변變'이라 한다. 이주영은 효문제의 조카 효장제孝莊帝를 옹립하였으나, 그는 효장제에 의해 암살당했고 이후 효장제는 이주씨爾朱氏들에 의해 살해되었다. 이때 이주영의 부장副將 고환高歡이 두각을 나타냈다. 고환은 이주씨 세력을 제거한 뒤 효무제孝武帝를 옹립하더니 다시 낙양을 공격하였고, 효무제는 장안으로 쫓겨 갔다. 효무제가 장안으로 가자 고환은 효문제의 손자인 효정제孝靜帝를 세우고, 업鄴[19]을 수도로 삼았는데 이것이 1대 17년(534~550)으로 끝난 동위東魏이다.

한편 이때 장안 일대는 갈영葛榮과 이주영爾朱榮 아래에 있던 우문태宇文泰가 관할하고 있었다. 고환에게 쫓겨 장안으로 간 북위의 마지막 황제 효무제는 우문태에게 잠시 의탁을 할 수밖에 없었다. 그러나 우문태는 그를 독살하고 효문제의 증손인 문제文帝를 옹립하였는데 이것이 바로 3대 22년(535~556)을 간 서위西魏이다.

동위와 서위의 실권자는 고환과 우문태였다. 이들은 상대를 격파하여 화북을 통일하려고 했지만 호각지세互角之勢를 이루어 승부를 가르지 못하고, 북방을 양분하게 된다. 그 후 동위의 실권자 고환이 547년 사망하자, 고환의 둘째 아들 고양高洋은 동위의 효정제孝靜帝에게 선양을 받아 북제北齊를 세운다.(550 수도는 업鄴) 한편 서위에서도 우문태가 죽자, 아들 우문각宇文覺이 서위의 3대(마지막) 황제 공제恭帝를 폐하고 제위에 올라 국호를 주周라 하였다.(557) 수도는 장안이며 역사에서는 이를 북

19 하북성(河北省) 임장현(臨漳縣) 부근

주北周라 칭한다.

동위를 이은 북제는 황하 유역의 대평원에 자리를 잡아 물산도 풍부하고 인구도 많았지만, 장안을 중심으로 하는 서쪽의 북주는 북제에 비해 경제, 문화적으로 매우 열등한 지역에 터를 잡고 있었다. 그러나 여러 방면에서 열세에 놓여있던 북주는 북제를 꺾고, 다시 남조의 진陳을 제외한 북방 전역을 통일했다.(577) 북제에서는 북위의 삼장제와 균전제 등을 모방하여 내실을 다지고자 하였으나, 귀족들에게 많은 토지를 나눠주거나 선비족을 우대하는 등의 실책을 범했다. 이에 북제는 얼마못가 권세가들의 토지 겸병과 지배계층의 극심한 권력 암투 등으로 국세가 크게 기울었고, 남조 진陳의 공격을 받아 일부 지역을 빼앗기기도 하는 등 패망의 길로 접어들었다. 이에 반해 여러 가지로 열악했던 북주는 부병제와 균전제를 실시하고, 200만 승려를 환속시키는 등 국력을 충실히 다져, 무제武帝 시기 북제를 공격하여 군사 요충지 평양平陽과 수도 업鄴을 함락시킨 후 북제의 후주後主를 잡아 죽였으니(577), 6대 28년(550~577) 동안 지속된 북제는 멸망하고 말았다.

북주北周의 수국공隨國公 양견楊堅은 자신의 딸을 북주 황제 선제宣帝의 비妃로 만든 후, 폭군 선제가 죽고 어린 정제靜帝가 즉위하자, 정제로부터 선양받아 수隋를 개창한다.(581) 이 양견이 바로 수나라의 초대 황제인 수문제隋文帝이다. 隋는 곧이어 남조의 진陳을 멸망시키고 마침내 중국을 통일했다.(589) 318년 사마예司馬睿(원제元帝)에 의해 건강建康을 중심으로 세워진 동진東晋 이후 약 270년이 지나서 마침내 중국 전역이 통일된 것이다.

북조의 민가「목란사」와 영화「뮬란」

북조의 문학 가운데 최고의 걸작은 민가인「목란사木蘭辭」이다.「목란사」는 대략 5언 62구로 이루어진 장편 서사시이다. 아들이 없어서 전쟁에 출정出征해야 하는 연로한 아버지를 대신하여, 처녀 목란木蘭이 남장男裝하고 전장戰場에 나가 큰 공을 세우고 돌아온다는 이야기가 주요 내용이다. 목란은 봉건시대 이상적인 여성 영웅의 전형으로, 경극京劇「화목란花木蘭」을 비롯하여 대대로 다양한 형식의 작품을 통해 재현되어 왔다. 서사 가운데 목란의 심리 변화와 감정이 잘 드러나 있고, 질박하고 통속적이며 다채로운 언어의 사용과 유머 등 언어적으로도 뛰어나다는 평을 받고 있다. 아래에「목란사」전문을 소개한다.

「목란사木蘭辭」[20]

唧唧復唧唧	탄식하고 또 탄식하네.
木蘭當戶織	목란은 베틀 앞에 앉았으나
不聞機杼聲	베틀 소리는 안 들리고
唯聞女歎息	여인의 탄식만 들리네.
問女何所思	무엇을 그리워하느냐 묻고
問女何所憶	무슨 생각 하느냐 물으니
女亦無所思	소녀, 누구도 그리워하지 않고
女亦無所憶	소녀, 아무런 생각도 없다하네.
昨夜見軍帖	어젯밤 군 문서를 보니
可汗大點兵	가한께서 대규모 징집을 하시어
軍書十二卷	받은 영장이 열두 부나 되는데
卷卷有爺名	영장마다 아버지 이름이 있어요.
阿爺無大兒	아버지께서는 장성한 아들이 없고

20 辛志賢 外,『漢魏南北朝詩選注』, 北京出版社, 1981, 462-466 참고

木蘭無長兄　목란에겐 큰 오빠가 없으니
願爲市鞍馬　시장에 가서 안장과 말을 사
從此替爺征　이 길로 아버지 대신 출정하고자 해요.

東市買駿馬　동쪽 시장에서 준마를 사고
西市買鞍韉　서쪽 시장에서 안장을 사고
南市買轡頭　남쪽 시장에서 재갈을 사고
北市買長鞭　북쪽 시장에서 채찍을 사서
旦辭爺孃去　아침에 부모님께 하직하고
暮宿黃河邊　저녁 때 황하 가에서 묵는데
不聞爺孃喚女聲　부모님 딸 부르는 소리는 안 들리고
但聞黃河流水鳴濺濺　철썩이는 황하의 물소리만 들릴 뿐
且辭黃河去　다시 황하를 떠나서
暮至黑山頭　저녁에 흑산 기슭에 이르니
不聞爺孃喚女聲　부모님 딸 부르는 소리는 안 들리고
但聞燕山胡騎鳴啾啾　연산의 오랑캐 말(馬) 소리만 구슬플 뿐

萬里赴戎機　만리 전쟁 길에 올라
關山度苦飛　관산을 날듯이 고되게 통과했으며
朔氣傳金柝　북방 한기는 징소리 울리고
寒光照鐵衣　차가운 달빛은 갑옷을 비추었네.
將軍百戰死　장군은 무수한 전투에서 죽고
壯士十年歸　장사는 십년 만에 돌아왔다네.

歸來見天子　목란이 돌아와 천자를 알현하니
天子坐明堂　천자는 전당에서 앉아
策勳十二轉　전공에 따라 최고의 작위를 내리셨고
賞賜百千彊　하사품은 백천 금 이상이었네.
可汗問所欲　가한께서 소원을 물으시니

木蘭不用尙書郎	목란은 상서랑도 필요 없고
願馳明駝千里足	천리 내달리는 좋은 낙타만 주시어
送兒還故鄉	고향으로 보내주시는 거라 하네.
爺孃聞女來	부모는 딸 돌아왔다는 소식에
出郭相扶將	성곽에 나가 서로 부축하며 기다리고,
阿姉聞妹來	언니는 동생 돌아왔다는 소식에
當戶理紅粧	집에서 몸단장을 하며,
小弟聞姉來	동생은 누나 돌아왔다는 소식에
磨刀霍霍向猪羊	쓱쓱 칼 갈아 돼지와 양을 향하네.
開我東閣門	내 동쪽 방문을 열고
坐我西間牀	내 서쪽 방의 침대에 앉아
脫我戰時袍	전투복 벗고
著我舊時裳	옛 치마 차려입으며
當窓理雲鬢	창가에선 긴 머리 매만지고
對鏡帖花黃	거울보고 얼굴 단장 하였네.
出門看火伴	문 밖으로 나가 전우들을 보니
火伴皆驚惶	전우들은 모두 깜짝 놀라 당황하네.
同行十二年	12년을 함께 다녔는데
不知木蘭是女郎	목란이 여자임을 알아채지 못했다네.
雄兎脚撲朔	수토끼는 발걸음이 어지럽고
雌兎眼迷離	암토끼는 눈이 가늘다지만
雙兎傍地走	암수가 함께 뛰는데
安能辯我是雄雌	내가 남자인지 여자인지 어찌 알 수 있었으랴?

「목란사」는 1998년 개봉된 미국 디즈니사의 만화 영화 「뮬란Mulan」과 2020년 같은 영화사에서 제작되어 개봉된 유역비, 이연걸 주연의 영화 「뮬란Mulan」의 원작이다. 2020년 9월 개봉한 영화 「뮬

란」은 여성 감독 니키 카로Niki Caro(1966~)에 의해 만들어졌는데, 1998년 개봉되었던 만화 영화 「뮬란」의 실사판 리메이크작이다. 이 영화는 여러모로 많은 논란을 야기시켰다. 중국 인권 탄압의 대표지인 신장 위구르 자치구에서 영화가 일부 촬영되었고, 게다가 엔딩 크레딧에는 신장 지구 정부 보안국에 대한 감사의 인사가 들어가 있다.(신장의 수용소에는 100만 명 이상이 감금되어 있다고 한다.)

주연을 맡았던 유역비는 홍콩 민주화 시위를 탄압한 홍콩 경찰을 지지한다고 선언한 바 있어 홍콩, 대만 등지에서 개봉 당시 보이콧을 당했다. (2019년부터 시작된 홍콩 민주화 운동은 홍콩 내 범죄자와 용의자들을 중국 본토 및 대만으로 인도 할 수 있도록 하는 법률이 제출되면서 촉발된 것이다.) 또한 뮬란의 아버지 역을 맡은 중국계(홍콩 태생) 미국인 지 마(Tzi Ma, 馬志)가 시진핑 주석과 매우 닮았다는 의견도 많이 제기되었다. 결국 이 영화는 월트 디즈니라는 미국의 대표 영화사가 중국의 경제력에 굴복했다는 비판을 받았고, 게다가 오락성이나 작품성에서도 그리 좋은 평을 받지 못했다. 거기에 코로나 팬데믹까지 겹쳐 우리나라는 물론 다른 나라에서도 흥행에 실패하였다.

5장

수대隋代

1. 수의 개창과 정치·사회 개황[1]

304년 팔왕의 난에 개입했던 흉노족 유연劉淵이 漢(전조前趙)을 건국했고, 316년 서진西晉을 멸망시켰다.[2] 이때부터 약 130년 동안 북방에서는 흉노, 선비족 등에 의한 오호십육국五胡十六國의 시대가 전개되었다. 한때 전진前秦이 북방을 통일하는 듯 했으나, 383년 비수전淝水戰에서 전진의 왕 부견符堅이 동진東晋에 패하여 양자강揚子江 이남 땅을 동진에게 내어주었다. 그 후 439년 선비족의 탁발씨가 세운 북위北魏가 북방을 통일하여 오호십육국시대의 종지부를 찍었다. 남조에서는 그 보다 약간 일찍(420) 동진의 공제恭帝가 유유劉裕에게 선양하여, 유유가 남조의 첫 왕조인 宋을 세웠다.

북위는 499년 성군聖君 효문제孝文帝가 죽자 얼마지나지 않아 동위東魏와 서위西魏로 분열되었다.(534) 그러나 북위는 상당히 오랜동안(439~534) 존속한 왕조였다. 동위와 서위는 각각 선양의 형식으로 북제北齊와 북주北周가 되었고 577년 북제와 북주의 싸움에서 북주가 승리하여 화북이 통일되었다. 그 후 북주의 여덟 종주국 가운데 하나인 수국

---

1 수나라는 581년부터 618년까지 존속함.

2 유연(劉淵)의 차남 유총(劉聰)이 313년 낙양에서 서진(西晉)의 회제(懷帝)를 죽이자 회제의 아들 업(鄴)이 장안에서 민제(愍帝)로 즉위하였다. 그러나 316년 유요(劉曜)가 장안을 포위하자 민제는 투항하였고, 이로써 4대 52년을 존속한 서진은 망하고 만다.

공隨國公 양견楊堅은 자신의 딸을 북주 황제(선제宣帝)의 비妃로 만들었다. 폭군 宣帝가 죽자 어린 정제靜帝가 즉위했고, 양견은 정제로부터 선양을 받아 수隋를 세웠다.(581) 이로써 북주는 26년간의 단명 왕조로 끝났고 동시에 북조시대도 막을 내리게 되었다.[3]

수隋의 개창자이자 북조시대를 끝내고 남조의 마지막 왕조 진陳을 병합하여(589) 중국 전역을 통일한 수문제隋文帝 양견(재위 581~604)은 명군이었다. 그는 북위의 균전제均田制를 더욱 확대함과 동시에 북위의 삼장제三長制를 계승하여 농업 생산력의 증대와 세수 확보를 확고히 하였다. 수나라 초기 전국의 호戶는 진陳의 50만 호까지 합쳐 총 410만 호 정도였는데, 수문제 말기 호의 수는 900만으로 급증하였다.

582년에는 우문개宇文愷로 하여금 한대의 장안성長安城 동남쪽에 대흥성大興城이라는 대규모 궁궐을 축조하게 하였으며, 구품중정제九品中正制를 폐지하고 과거제科擧制를 시행하여(587) 중앙 집권력 강화를 꾀하였다. 한편 행정단위도 주州, 군郡, 현縣에서 州, 縣 양제兩制로 바꾸어 불필요한 국가 지출을 줄였다. 이러한 내치 덕분에 그는 곧 남조의 진陳을 멸망시키고 마침내 중국 전역을 통일하였다.(589) 그러나 수隋의 치적들은 바로 다음 황제인 양제煬帝 때 무너져 버렸고, 당나라가 그 성과들을 무혈 흡수함으로써 300년 사직의 탄탄한 기반을 마련하게 된다.

양제煬帝[4]는 낙양洛陽에 동경東京을 건설하고 대운하 사업을 벌였으며

3 편의상 수(隋)와 당(唐)을 붙여서 隋唐이라 부르지만, 隋는 명실상부한 북조 계통이므로 북조 시대의 마지막 왕조로 봄이 타당하다. 수문제(隋文帝) 양견(楊堅)은 부친 양충(楊忠)의 작위를 이어 수국공(隨國公)이 되었고, 581년 북주(北周)의 정제(靜帝)로부터 선양을 받았다. 관례대로 하면 隨나라가 되어야 하나 부수 '辶'은 도망가다는 뜻이 있어 새롭게 '隋'라는 글자를 만들어 국호로 삼았다.

4 양제(煬帝) 양광(楊廣)은 명석하고 용모도 뛰어나 부모로부터 많은 사랑을 받고 자랐는다. 일설에는 병석에 있는 아버지 문제(文帝)를 압박하고 형(勇)을 살해하고는 결국 文帝

세 차례의 고구려 원정에서 패하는 바람에 일시에 국가 기반이 무너 뜨렸다.

2. 수의 치적과 멸망

2.1 과거제 시행

수문제隋文帝 재위 시에는 북주北周 계통의 문벌들이 실권을 장악하고 있었고, 구품중정제九品中正制에 의한 문벌정치로는 황권 약화와 정국 불안의 여지가 많았다. 또한 위진 이래 관리 후보의 품계를 담당하던 중정관은 북주 때부터 유명무실화되어, 수문제 개황開皇 15년(595)에 폐지되고 말았다.[5]

한편 당시 군현제 체제 아래의 주州에는 장관인 자사刺史가 있었다. 자사는 원래 관리 감독권만 있었으나 시간이 흐르자 병권兵權까지 장악하게 되었다. 이에 수문제는 군郡을 없앤 후 주州의 병권을 중앙으로 귀속시키고, 주와 현의 모든 관리를 중앙에서 직접 파견하였는데, 출신 지역으로는 파견하지 않았다. 관리 파견을 위해 중앙에서는 인력 풀(Pool)이 필요했고 그래서 과거제科擧制가 등장하였다. 587년 전국 90여 개 州에서 3명 씩 추천(공사貢士)을 받아 시험을 보았는데, 과거제는 1905년까지 유지되었다.

까지 시해하고 제위에 올랐다고 한다. 양제의 대역사(大役事) 등은 文帝의 뒤를 이은 것인데, 양제를 극악한 폭군으로 만든 것은 당(唐)나라 개국의 정통성을 강화하기 위한 의도도 어느 정도 작용하였다고 볼 수 있다.

5 임대희 외 역, 『세미나 수당오대史』, 서경, 2005, 23쪽 참고함.

과거제의 시행과 정착

북주北周를 이은 수나라의 귀족, 공신들은 대부분 북방계 사람들이다. 과거시험에서 좋은 점수를 받으려면 문장력이 뛰어나야 했다. 남조에서는 오랫동안 유미주의唯美主義적 문풍이 성행하였고 많은 한족 문인 식자들이 거주하였기에, 과거시험은 남방의 인재들에게 훨씬 유리하였다. 결국 이 새로운 관리 선발제도는 수나라의 기득권 세력인 북주 계통 귀족들의 힘을 약화시켰고, 고른 인재의 등용과 황권 강화에 기여하게 되었다.

과거제도가 보편적 제도로 정착되기 위해서는 오랜 세월이 필요했다. 지위나 문벌門閥에 관계없이 누구라도 차별 없이, 시험을 통해 공정·공평하게 관직에 진출하기 위해서는 무엇보다 평민들의 지위 상승과 그들에 대한 지배계층의 대대적인 인식 전환이 필요했기 때문이다.

그래서 과거는 안사安史의 난(중당) 이후 사회 변혁의 분위기가 고조되고 나서야 어느정도 문벌에 필적할 수 있었고, 송대에 가서야 보편적 관리 임용시험으로 정착되었다.

서양의 관리 임용 시험

중국에서는 587년에 '과거제'라는 관리 임용 시험이 실시되었다. 서구에서의 중국 과거 시험에 대한 묘사는 1585년 멘도자Mendoza를 필두로 1615년 간행된 트리고 신부의 『희귀한 사물의 관찰』, 같은 해 페이네 신부가 발표한 『파리에서 중국까지의 육로 여행기』에도 보인다. 유럽에서는 18세기 말에 이르러서야 공무원 임용을 위한 시험이 필요하다는 생각을 하게 되었고, 1791년 프랑스 혁명에 의해 공무원 채용 시험이 실시되었다. 1800년 동인도 회사에 의해 적용된 공무원 채용 시험은 1855년 문관 채용 규정과 함께 그대로 대영제국에서 실효를 보게 된다. 다시 말해 근대화된 공무원(관리) 임용 시험 제도의 정

착은 중국이 서양에 비해 1천 년 이상 앞섰다고 볼 수 있다.[6]

2.2 운하의 건설

운하運河는 한대부터 꾸준히 건설되다가 남북조라는 동란의 시기에는 거의 중단되다시피 했는데, 대혼란을 종결시킨 수문제 때부터 다시 공사가 재개되어 양제煬帝 때까지 이어졌다. 양제는 수도 장안長安이 서쪽에 치우쳐 있어서 낙양洛陽에 동도東都를 건설하였는데 운하의 중심도 낙양이었다. 운하는 낙양을 중심으로 양주揚州, 남쪽의 여항餘杭(항주), 북경 인근인 탁군涿郡에까지 이어져 있으며 폭이 30~40m, 총길이는 대략 2,500km에 달했다.

운하는 세곡稅穀 운송 및 강남 지역의 풍부한 물산을 물자가 부족한 곳으로 옮기는데 유용하였으며, 고구려 원정의 전초 기지인 북경 지역에 남방의 군수물자를 보내는 통로로도 활용되었다. 수백만 명의 백성이 희생된 대운하 건설은 수나라 멸망의 화근이 되었으나, 이후 중국 발전에 크게 기여한 역사적인 사업이었다.

2.3 고구려와의 전쟁과 수의 멸망

수나라가 중국 전역을 통일하자 고구려는 거란 등 주변 이민족들을

6 이장우 외 5인, 『중국 한국과 세계』, 영남대출판부, 2003년, 183쪽을 참고함.

잘 단속하고 무기 기술자를 영입하는 등 전쟁 대비를 강화해 나갔다. 이후 수문제는 고구려에게 신하의 예를 다하라는 친서를 보냈는데, 전혀 뜻밖의 일이 일어났다. 598년 고구려 영양왕嬰陽王이 현 요령성遼寧省 조양시朝陽市에 해당하는 영주성營州城을 선제공격한 것이다. 이에 수문제는 같은 해에 30만 대군을 이끌고 고구려를 침공했으나 실패하였다.

수문제와 고구려와의 전쟁 상황에 대한 기록은 거의 없지만, 예상컨대 원정遠征의 피로감, 기상 악화, 돌림병 등이 수나라에게 불리하게 작용했을 것이다. 수隋는 이 실패로 적지 않은 피해를 입었을 것이다. 고구려 역시 적지 않은 타격을 입었기에 隋에 대해 신하의 예를 약속했고 전쟁은 일단 중단되었다. 그러나 이후 고구려는 신하의 예를 다하지 않았다.

한편 수나라는 북방의 돌궐을 경계하고 있었는데 특히 고구려와 돌궐의 연합을 매우 우려하고 있었다. 이런 상황에서 607년 돌궐 막사를 방문한 양제煬帝는 그곳에 고구려 사신이 와 있는 것을 발견했다. 돌궐과 고구려의 연합이라는 최악의 시나리오가 두려웠던 수나라는 고구려 영양왕을 입조시켜 해명을 받으려했으나, 고구려는 오히려 수隋와 우호관계에 있던 백제百濟를 공격했다. 이에 612년 양제는 탁군涿郡에 집결한 113만 대군을 친히 이끌고 출병했고, 동시에 수나라 수군水軍도 동래東萊[7]를 출발하여 평양성으로 진격했다.[8] (1차 침공)

隋의 30만 정예군은 평양성 인근까지 유인되었다가, 퇴각 도중 고구려 명장 을지문덕乙支文德에 의해 살수薩水(청천강淸川江)에서 궤멸당하여, 30만 가운데 살아서 돌아 온 자가 3천 명도 채 되지 않았다. 隋는 이

---

7 현 산동성(山東省) 연태(煙台) 일대

8 수·당(隋·唐)의 고구려 침공은 수륙 연합 작전이 많았는데, 수군(水軍)의 전세에 대한 자세한 기록은 없지만 고구려 水軍이 수·당의 수군을 효과적으로 방어했을 가능성이 크다.

듬해와 그 이듬해 연속으로 고구려를 침공했으나 양제의 1차(612), 2차(613), 3차(614) 원정은 모두 실패로 돌아갔다. 이에 수조隋朝의 백성에 대한 수탈은 더욱 심해졌고 각지에서 반란이 일어났다.

이즈음 당국공唐國公이었던 이연李淵도 천하 대란의 분위기 속에서 호시탐탐 기회를 노리며 실력을 쌓아가다가 617년 진양晉陽에서 3만 군사로 거병하였고, 몇 달 뒤 20만으로 세력을 키워 장안에 입성하였다. 이연은 궁녀를 해방시키고, 곡창을 열어 백성들에게 베푸는 등 인심을 얻었다. 그즈음 수양제는 강도江都[9]의 별궁에서 방탕한 생활을 하다가, 우문술宇文述의 아들 우문화급宇文化及에게 피살되었다.(618) 이리하여 수나라는 37년 단기 왕조로 끝을 맺었다. 강소성江蘇省 양주시揚州市에 초라한 수양제의 무덤이 있다.

「여수장우중문시」

612년 수양제가 113만 대군을 이끌고 친히 고구려를 침공하였으나, 수륙水陸 모두 여의치 않았다. 이에 고구려의 도성인 평양성을 함락시키기 위해 우중문于仲文 등을 장수로 하는 30만 별동대가 투입되었다. 그러나 고구려의 지루한 공격과 퇴각 작전에 수군隋軍은 지칠 대로 지치게 된다. 이런 수군의 상황을 정확히 간파한 을지문덕乙支文德은 일종의 심리 전술로 「여수장우중문시與隨將于仲文詩」를 지어 보냈다.

9 현 강소성(江蘇省) 양주시(揚州市)

「여수장우중문시」

수나라 장수 우중문에게 주는 시

神策究天文 신기한 계책은 하늘의 이치를 다하였고

妙算窮地理 오묘한 지략은 땅의 이치를 다하였도다.

戰勝功旣高 승리의 전공이 이미 높디높으니

知足願云止 만족함을 알고 이제 그만두기를 바라노라.

을지문덕은 우중문에게 퇴각의 명분을 만들어 주고, 수군隋軍의 전의戰意를 완전히 꺾은 다음 수군이 청천강을 건너며 퇴각할 때, 막아두었던 청천강 물길을 열어 수군을 거의 몰살시켰다.

중국의 포털 baidu에는 이 시를 아래와 같이 해설하고 있는데, 우리나라에서의 해석과 큰 차이가 없다.

「여수장우중문시」는 고구려의 명장 을지문덕이 지은 한시漢詩이다. 이 오언고시는 한국에서 가장 오래된 것으로 『삼국사기三國史記』에 실려 있다. 서기 611년 수나라가 고구려를 침입했을 때, 명장 을지문덕이 살수薩水까지 추격한 수나라 장수 우중문을 희롱하며 지은 시이다. 이 오언절구를 번역하면 다음과 같다.(상기 번역 참고) 우중문은 이 시를 받은 즉시 배고픔과 피로에 지치고 전의戰意를 상실한 군대를 돌렸고, 을지문덕은 승기를 잡고 추격하여 완전한 승리를 거두었다. 이것이 한국 역사상 유명한 살수대첩이다.(與隋將于仲文詩, 高句麗名將乙支文德所做漢詩. 这首五言古詩在朝鲜是最早的, 載於『三國史記』. 这首詩是隋朝入侵高句麗時, 公元611年名將乙支文德戲弄追击到薩水(今清川江)的隋將于仲文而作. 这首五言絶句曰: "神策究天文, 妙算穷地理: 戰勝功既高, 知足愿雲止." 于仲文收到此詩後, 立即率領饑餓疲憊, 喪失鬪志的軍隊回師, 乙支文德勝戰追擊, 取得全勝, 此即朝鲜歷史上有名的薩水大捷.)[10]

---

10 https://baike.baidu.com/item/%E4%B8%8E%E9%9A%8B%E5%B0%86%E4%BA%8E%E4%BB%B2%E6%96%87%E8%AF%97/22907219?fr=aladdin

동북공정과 고구려-수나라 전쟁

동북공정東北工程이란 현재 중국의 국경 내에서 전개되었던 과거 역사를 모두 중국의 역사로 만드는 국가적 연구 프로젝트이다. 특히 만주 등 중국 동북지역의 과거 역사를 모두 중국 역사로 편입시키기 위한 작업이 지속되고 있고, 그 결과 고구려, 부여, 고조선 등 한국의 고대사에 심각한 왜곡이 이루어지고 있다. 동북공정은 2002년부터 2008년까지 집중적(공식적)으로 이루어졌고, 지금까지도 꾸준히 이어지고 있다.

동북공정에 의하면 고조선, 고구려, 부여, 발해는 중국의 나라이자 중국의 역사이며, 신라, 고려, 조선 등은 중국의 속국이다. 2017년 미국 대통령 트럼프는 한국 방문을 마치고 중국을 방문했는데, 그때 시진핑 주석은 역사적으로 한국이 중국의 일부라고 한 바 있다. 서길수 전 서경대 교수이자 고구리·고리연구소 이사장은 이제 중국의 역사 교과서에서도 동북공정이 노골화되고 있다고 지적했다. 과거에는 "수양제가 이웃나라(고구려)를 끊임없이 공격했다."고 했었는데 2016년 중국의 역사 교과서에는 "수양제가 요동을 세 차례 공격했다."라 표현하여, 고구려와 수나라의 전쟁을 중국 내 내전으로 기술하고 있다고 지적했다.

수양제의 실정을 통해 경종을 비판한 시 「수궁」

만당晩唐의 대표시인 이상은李商隱은 「수궁隋宮」이란 시에서 수양제의 실정失政과 사치를 비판했다. 사실상 양제를 통해 당나라 경종敬宗을 비판하려는 의도가 짙은 시이다.

「수궁隋宮」

乘輿南遊不戒嚴　왕의 수레 강남에서 노니는데 경계가 느슨하다.
九重誰省諫書函　구중궁궐에서는 그 누가 간언을 살펴보겠는가?
春風擧國裁宮錦　춘풍에 온 나라가 궁궐 비단을 재단하는데
半作障泥半作帆　절반은 말안장에, 절반은 돛 만드는데 쓰인다네.

진·한秦·漢과 수·당隋·唐

수隋와 당唐의 관계는 진秦과 한漢의 관계와 매우 유사하다. 秦나라는 혼란했던 전국시대를 통일한 후 문물제도의 정비(문자, 도량형, 수레바퀴 규격 통일, 만리장성 보강 등) 등 국가 발전의 초석을 잘 닦았다. 그러나 전후戰後 백성들에게 휴식을 제공하지 않고 무리한 사업을 강행하다 망했다. 秦을 이은 漢은 秦나라의 치적 덕분에 안정적으로 오래 존속할 수 있었다. 수나라 역시 혼란했던 남북조를 통일한 이후 과거제 실시와 대운하 건설, 각종 문물제도의 정비 등 기반을 잘 닦았으나, 무리한 대역사大役事와 고구려 침공 등을 강행하다가 망하게 되었다. 그리고 수隋를 이은 당唐은 隋가 닦은 치적을 고스란히 누렸다. 秦과 隋 모두 단명했으나, 쉽게 정권을 이은 漢과 唐은 큰 발전을 이루며 장기간 존속하였다.

6장

당·오대唐·五代

1. 당나라 개국

귀족 출신인 이연李淵(566~635)은 부친의 작위를 이어받아 당국공唐國公에 봉해졌다. 617년 수양제隋煬帝는 그를 태원太原 유수留守[1]로 보내 농민 봉기를 진압하도록 했으나 이연은 계속해서 패했고, 수양제의 처벌이 두려웠던 그는 617년 5월 진양晉陽[2]에서 반란을 일으켰다. 장안으로 진격한 이연은 관창官倉을 열어 백성들에게 곡식을 나누어주는 등 인심을 얻었고 그의 세력은 나날이 강성해졌다. 617년 5월 거병 당시 2~3만이였던 병력은 11월에 20~30만 대군으로 불었고 마침내 장안을 함락한다. 이연은 수양제의 손자 양유楊侑를 잠시 공제恭帝로 옹립했다가 618년 수양제가 살해당했다는 소식을 듣고는 곧바로 양유를 폐위시키고, 국호를 당唐으로 고쳐 고조高祖(재위 618~626)가 되었다. 38년 단명 왕조인 수나라의 토대 위에서 당나라는 290년(618~907)을 존속하였다.

---

1 관직명으로 해당 지역의 군사권 등 전권을 가짐.

2 현 산서성(山西省) 태원(太原)

관롱집단과 수·당의 혈통

북위北魏의 분열로 비롯된 동위東魏와 북제北齊 및 서위西魏와 북주北周의 실세는 관동關東의 고환高歡과 관서關西의 우문태宇文泰 계열의 두 세력이었다. 우문태는 관롱집단關隴集團이라는 호한胡漢 합작 형태의 정치 집단을 형성하는데, 북조를 통일한 북주와 그 뒤를 이은 수, 당의 지배계층은 관롱집단의 핵심인물들이었다.(관롱은 서위와 북주의 중심지인 섬서성陝西省과 감숙성甘肅省의 위수渭水 인접 지역이다.) 관롱집단은 한호漢胡 통혼을 거친, 무력武力과 재능을 갖춘 집단이었다.

북주와 수·당 건국자의 혈통을 살피기 위해서는 독고신獨孤信이란 독특한 인물을 볼 필요가 있다. 관롱집단의 시조는 흉노계 우문태이다. 선비계 독고신은 우문태를 도와 서위西魏 정권 수립의 1등 공신이 된 후, 자신의 장녀를 우문태의 아들(북주의 명제)에게 시집보낸다. 독고신은 북주 황제의 장인이 된 것이다. 독고신의 장녀와 명제 사이에서 선제宣帝가 태어났다. 또한 그는 자신의 7女를 더욱 강력한 무력 집단을 거느린 양견楊堅에게 시집보냈는데, 독고신의 7女와 양견 사이에 딸이 태어났고, 그녀 즉 독고신의 외손녀(양견의 딸)는 북주의 선제宣帝(독고신의 외손자)와 결혼을 하였는데, 선제가 일찍 죽자, 선제의 아들이 8세의 나이로 즉위한다. 그가 정제靜帝인데 양견은 외손자인 정제를 내쫓고 수문제가 되었다. 이리하여 독고신은 수나라 개국 황제의 장인이 된 것이다. 한편 독고신은 4女를 당국공唐國公 이병李昞에게 시집보냈는데, 거기서 태어난 이연李淵이 당고조가 되었으니 독고신은 또한 당나라 개국 황제의 외조부가 된 것이다. 정리하면 독고신은 북주 황제 및 수나라 개국 황제의 장인이며, 당나라 개국 황제의 외조부이다. 독고신이란 인물도 독특하지만 여기서 눈여겨 볼 대목은 수, 당 모두 북방 민족의 혈통이 섞여있다는 점이다.

독고신은 55세가 되던 해에 우문호宇文護(우문태 형의 아들)의 견제를 받아 집안에서 자결하게 된다.

2. 정관지치

정관지치貞觀之治와 개원지치開元之治는 당대唐代 치세의 쌍벽인데 대체로 정관지치를 좀 더 높이 평가한다. 정관貞觀은 당태종唐太宗의 연호로 약 23년 간 사용되었다. 이 23년의 치세 동안 당태종 이세민과 신하들의 문답 기록인 『정관정요貞觀政要』[3]는 후세 제왕학帝王學의 모범으로 받들어지고 있다. 이세민은 인재를 발탁하는데 제한을 두지 않았는데 그것이 바로 치세의 바탕이 되었다. 장안長安 입성 후 이세민에 의해 처단된 자가 십여 명 정도에 그쳤고, 이연李淵의 반란을 알리려던 이정李靖은 물론 형 건성의 책사로 자신을 없애야 한다고 했던 위징魏徵까지도 중용하였다. 이런 사람들이 모두 이세민을 도와 정관지치의 공로자가 된 인물들이다. 인재人才가 부족한 현실적 상황도 있었지만, 인재를 중용하는 이세민은 분명 유능한 군주의 자질이 있다고 봐야 할 것이다.

현무문의 변과 정관의 치세

당태종 이세민은 황태자였던 형 건성建成과 동생 원길元吉을 현무문玄武門에서 살해하고(626) 황제가 되었다. 이를 '현무문의 변變'이라 한다. 당나라 건국 당시 이세민의 공이 컸고, 이에 따라 조정朝廷에서는 황태자파와 이세민파라는 두 파벌이 생겼다. 양 파벌의 상호 갈등이 심해지자 고조高祖 이연李淵은 태자인 건성을 입조시켰다.(이 역시 이세민의 유인책일 가능성이 있음) 이에 소수의 무장한 수하들만 대동하고 입궁하던 황태자 건성과 셋째 아들 원길은, 매복해있던 이세민의 부하들에게 죽임을 당한다.

---

3 당나라 역사가 오긍(吳兢, 670~749)이 편찬함.

이세민은 형과 아우의 아들까지 죽였고, 현무문의 변 이듬해에는 아버지 고조를 퇴위시킨 후, 29세의 나이에 황제(태종)의 자리에 올랐다. 골육상잔을 통해 황제가 된 태종 이세민은 훌륭한 정치를 하기 위해 더욱 많은 노력을 해야 했을 것이며, 자신의 치적을 좀 더 과대포장하려는 마음도 있었을 것이다. 정관貞觀의 치세治世 뒤에는 이러한 배경도 있다는 것을 알 필요가 있다.

현무문의 변으로 형제와 아버지를 내치고 황제에 오른 이세민은 역사가 자신을 어떻게 기록할 지에 대하여 신경이 쓰였을 것이다. 이에 황제의 언행록인 『기거주起居注』를 보았으며, 재상이 감수국사監修國史를 겸하여 역사 편찬을 감독하게 함으로써 지금까지의 사찬私撰 전통이 관찬官撰으로 바뀌도록 하였다. 군주가 역사에 개입하는 좋지 못한 선례를 만든 것이다.[4]

貞觀之治도 다소 과장되었을 가능성이 크다. 당시 20세였던 이세민의 건의로 이연이 거병했다는 것이나(당시 건성 29세, 원길 15세) 즉위 직후 10만 돌궐을 물리쳤다는 내용 등은 사서史書의 기록과 사뭇 다른 점이 있다. 이보다 더 객관적인 데이터도 있다. 수양제 초기인 대업大業 5년(609) 전국에 약 890만 호가 있었는데, 이세민 즉위 즈음 전국의 호수戶數는 300만 호 정도로 급감하였다. 그것은 고구려 원정이나 200여 개의 반란집단이 일어났던 수말隋末 대란 때문이었다. 국토가 황폐하고 인구가 급감한 상황에서는 개발 일변도 정책이 별다른 문제 없이 잘 진행될 수 있었을 것인다. 그러나 정관지치가 끝나고 당고종

4 이와 흡사한 일이 조선(朝鮮)의 태조(太祖) 이성계(李成桂) 때에도 일어났다. 태조 7년 사관(史官)들이 제왕이 역사를 보지 못하는 이유를 설명했으나, 태조는 당태종도 역사를 본 선례가 있다면서 자신의 사초(史草) 및 고려 말 역사를 보려고 했다.(실제로 보았는지는 알 수 없음.) 이후 연산군 역시 『성종실록(成宗實錄)』을 보고, 김일손 등을 극형에 처하고 관련자들에게도 중형을 내렸다. 이것이 연산군 4년(1498)에 일어난 무오사화(戊午士禍)이다.

唐高宗 이치李治가 즉위한 영휘永徽 원년(650), 전국의 호수는 380만 호 정도로, 정관의 치세가 이루어진 동안 호구의 증가는 그리 크지가 않다.[5]

조조와 이세민

당태종 이세민李世民은 唐 개국 당시의 경쟁 세력이었던 이밀李密의 부하였다가 이후 황태자 건성建成의 책사가 되었던 위징魏徵을 자신의 신하로 삼은 후 그의 간언을 잘 들었다. 정관지치의 최대 공로자였던 위징은 일찍이 이세민의 형 건성에게 이세민을 죽이지 않으면 훗날 화禍를 당할 것이라 했었다. 훗날 이세민이 위징을 잡아, 왜 우리 형제 사이를 이간질하였느냐고 묻자, 위징은 건성이 자신의 말을 듣지 않아 화를 자초했다며 대담하게 대꾸를 하였다. 이세민은 북주 계통으로 주위에 자신을 보좌할 만한 뛰어난 인재가 많지 않았다. 그런데 위징은 목숨을 돌보지 않고 직언을 하는 유능한 인재였고 그 점을 알아 본 이세민은 그에게 최고의 벼슬을 내렸다. 이 장면은 조조曹操가 관도대전官渡大戰 승리 후, 자신에 대한 격문을 썼던 진림陳琳을 중용重用한 것과 흡사하다.

이 두 사실은 조조와 이세민이 위대한 정치가로서의 도량과 역량을 갖추었음을 짐작할 수 있는 대목이자, 파벌이나 출신을 따지지 않고 유능한 인재를 발탁해야 함을 보여주는 좋은 사례이다.

5 이빈성(李斌城) 외 5인 공저,『隋唐五大社會生活史』, 中國社會科學出版社, 1998, p.10

3. 현장법사[6]

현장玄奘(602~664)은 수문제隋文帝 말기에 출생하여 11세에 출가하였다. 중국에 불교가 들어 온 지 500여 년, 불법佛法에 이설도 많고 의문도 많았으며 불경佛經도 부족하였다. 이에 현장은 인도행을 결심하고, 정관貞觀 원년(627), 20대에 장안을 탈출하여 인도로 밀입국을 하였다. 원래 관官에 정식으로 천축국天竺國 행 출국 신청을 했으나 당시는 여전히 혼란한 시기였고, 현장의 나이도 어렸기 때문에 출국 허가를 받지 못해서였다. 난민에 섞여 서쪽 국경인 옥문관玉門關을 넘은 현장은 18년 만에, 불상 8기와 657부의 불교 경전을 가지고 돌아와(정관 19년(645)) 대자은사大慈恩寺의 주지가 되어 역경譯經 사업을 시작하였다.

이때 가지고 온 많은 불경이 대안탑大雁塔이 있는 서안시西安市 남쪽 대자은사에 보관되어 있다. 이곳은 국가적 역경譯經 사업의 중심이 되었고, 현장은 구마라습鳩摩羅什(344~413), 진체眞諦(499~569)와 더불어 중국 삼대 불경 번역가 가운데 한 명이 되었다. 또한 그는 태종의 명으로 인도 여행기인 『대당서역기大唐西域記』 12권을 저술하였다. 삼장법사의 서천취경西天取經(서역(인도)으로 가서 불경을 구해옴) 이야기에 온갖 상상력을 보태서 나온 소설이 바로 『서유기西遊記』이다.

6 삼장법사는 율장(律藏), 경장(經藏), 논장(論藏) 등의 삼장(三藏)에 통달한 승려에 대한 존칭. 현장(玄奘)이 법명임.

4. 당태종의 고구려 원정

현장玄奘이 귀국할 즈음 태종은 낙양에서 고구려 원정 준비에 한창이었다. 수나라 패망의 주요 원인이 고구려 원정이었으므로 신하들이 적극 만류했으나, 태종은 생전에 반드시 고구려 문제를 해결하고자 하였다.

태종은 수년 전부터 치밀하게 전쟁 준비를 했다. 그 대표적인 예가 641년 고구려 사신으로 간 진대덕陳大德이 고구려의 각 산성山城의 위치와 거리 등이 표시된 고구려 지도를 가지고 귀국한 일이다. 이때까지만 해도 한반도 삼국과 당나라와의 관계에 큰 문제는 없었다. 그런데 642년 영류왕營留王이 연개소문淵蓋蘇文에 의해 피살된 후부터, 고구려는 백제와의 연합을 통해 신라를 압박하며 당唐에 대적하였다. 백제는 唐에 대한 조공을 중지했고 신라는 唐과의 관계를 더욱 돈독히 했는데 唐의 입장에서도 고구려를 효과적으로 견제하기 위해 신라와의 관계가 중요해졌다. 전쟁의 명분을 찾던 당나라가 고구려에게 신라에 대한 위협을 멈추라고 하자 644년 고구려는 唐의 사신을 억류하였고, 645년 당태종은 이세적李世勣을 총사령관으로 하는 6만 선발대와 자신이 직접 이끄는 20만 최정예 부대 및 5백여 척의 배와 4만 3천의 수군水軍과 함께 고구려를 침공하였다.

요동성遼東城을 함락한 당군唐軍은 안시성安市城 전투를 앞두고 급파된 15만 고구려 군과 안시성 밖에서 일전을 벌였고, 고구려 군대를 대파한다.(주필산駐蹕山 전투) 고구려가 지구전으로 전략을 바꾸자, 唐軍은 성 밖에서 토산土山을 만들어 안시성을 위협했으나, 토산이 무너지며 안시성 일부가 파괴되었다. 그 틈을 타 오히려 고구려 군이 나와서 일대를 점령하였고.[7] 안시성에서 패한 당태종은 645년 요하遼河의 하류 늪지대를 통해 퇴각하였다. 당태종은 고구려와의 1차 전쟁에서 패한 후 647년, 648년 연이어 고구려를 침공했으나 끝내 고구려 정복에 실패했고, 649년 고구려 침공을 중단하라는 유언을 남기고 장안에서 숨을 거두었다.

황태자 치治 즉 태종의 뒤를 이은 고종高宗은 매우 유약한 인물이었기에 태종은 생전에 최대 난제인 고구려 문제를 해결하고 제위를 물려주고 싶었을 것이다. 그러나 아이러니하게도 645년, 647년, 648년의 연이은 고구려 공격에 실패한 당태종은 649년 병사하였고, 오히려 고종대에 고구려가 멸망하였다.

고구려 멸망의 원인은 한두 가지가 아니었다. 무엇보다 고구려는 수·당과의 장기적인 전쟁으로 어려운 상황이었고 게다가 기근과 자연재해까지 덮쳤다. 연개소문 사후(665) 아들간 내분도 극심하였으며 북방 대부분이 唐의 지배권에 들어가는 등 대외 정세도 당나라에게 유리하게 돌아갔다. 또한 당나라는 한반도 분열 상황을 잘 이용하였다. 우선 당나라는 신라 무열왕武烈王 김춘추金春秋에게 10만 병사를 원조하여, 나당연합군羅唐聯合軍을 결성, 660년 백제의 수도 사비성泗沘城을 함락하고 의자왕義慈王을 장안으로 압송하였다. 이렇게 백제는 멸망하고 말았다.

6년 후 연개소문이 죽자 연개소문의 세 아들간 내분이 일어났고, 권력 다툼에서 패한 연개소문의 장남 연남생淵男生은 唐에 투항한 후, 唐軍의 지휘권을 얻어 고구려와 싸우게 된다. 결국 668년 나당 연합군에 의해 평양성이 함락되고 보장왕寶藏王이 장안으로 압송되면서 고구려는 멸망하고 만다.

---

7 보통 양만춘(楊萬春)으로 알고 있는, 안시성(安市城) 성주의 이름은 사서(史書)의 기록에 남아있지 않다. 김부식은 『삼국사기』에서 이를 매우 애석히 여겼다.

고·당 전쟁과 외교

당시의 고구려 인구를 고려했을 때, 주필산 전투에 동원된 15만 고구려 군대는 매우 큰 규모임에 틀림없다. 이 15만 대군이 唐에 대패를 했으니 고구려는 풍전등화의 위기에 놓였을 것이다. 그러나 15만 고구려 주력군을 대파한 당나라는 한 달 이상 공격을 멈추었다. 그 까닭을 추정해 보면, 주필산 전투 패배 후 다급해진 연개소문은 돌궐계 설연타薛延陀에게 사신을 급파하는데, 설연타가 唐의 북쪽을 공격했으므로 당군唐軍은 이들과 대적하기 위해 한 달 이상 전쟁을 멈출 수밖에 없었을 것이다. 이틈에 고구려는 전열戰列을 가다듬었고, 한 달 뒤 만주지역의 날씨는 이미 초겨울로 접어든다. 게다가 설연타 쪽에서 다시 공격을 재개하려는 움직임이 있었고, 토산 전략의 실패도 영향이 컸다. 『삼국사기』에는 당태종이 안시성에서 패한 후 성주城主에게 비단 100필을 하사하며 크게 칭찬했다고 하였다. 고구려가 설연타를 끌어 들인 외교 전략이 최고의 승부수였을 가능성이 크다.

고구려가 설연타와의 협력 즉 외교 전략을 통해, 대당제국大唐帝國의 막강 군대를 격퇴하였다면, 唐 역시 한반도 분열 상황을 이용하여, 신라와의 동맹을 통한 외교 전략으로 고구려를 패망시켰다고 볼 수 있다. 이점은 작금의 한반도 분단 상황과 한국의 대외관계를 짚어보는데 많은 참고가 될 수 있을 것이다.

당태종의 유언

당태종은 패주하면서 "만약 위징魏徵이 있었다면 이번 전쟁을 막았을 것인데(魏徵若在不使我有是行也)"라며 탄식했다고 한다.(『자치통감資治通鑑·645년 10월』) 그는 전쟁에서 패하고 장안으로 돌아온 지 4년 만에 죽는다. 『삼국사기』에 의하면 당태종은 죽으면서 고구려 공격을 포기하라는 유언을 남겼다고 한다. (당태종은 붕어하면서, 요동의 전쟁을 중단하라는 유언을 남겼다.(唐太宗崩, 遺詔罷遼東之役) (『삼국사기』 권22)) 하지만 중국 사서史書에는 당태종이 죽으면서 고구려 공격을 포기하라고 했다는 기록이 없다. 다만 『자치통감自治通鑑』 등에 황제가 죽었으니 잠시 고구려 공격을 중단한다는 기록은 있다.(요동의 전쟁을 한시적으로 중단한다.(限罷遼東之役))[8]

5. 무측천의 시대

당태종 이세민의 처 장손長孫 씨가 정관 10년(636)에 죽자, 이세민은 자신이 죽인 동생 원길元吉의 처 양씨楊氏를 황후로 삼으려 했다. 그러나 조정의 반대로 태종은 죽는 날 까지 혼자 살게 된다. 태종에게는 모두 열네 명의 아들이 있었는데, 정실 장손 씨와의 사이에는 세 아들을 두었다. 첫째 승건承乾은 다리가 불편했고 호색好色에 기행奇行을 일삼았다고 한다. 넷째 태泰는 비만이었으나 태종과 성격이 비슷했고 무난한 태자감이었다. 아홉 째 치治는 인자했으나 심신이 강하지 못했다. 그러니 황후의 오빠 장손무기長孫無忌를 비롯하여 많은 사람들이 후임 황제로 治를 적극 추천하였다. 황제 주변 세력들로서는 당연히 강력한 황제보다 조종하기 쉬운 황제가 나았기 때문이다. 결국 이치李治가 태종의 뒤를 이어 고종高宗(재위 649~683)이 되었고, 나약한 그는 아버지(태종)의 첩이었던 무조武曌의 꼭두각시가 된다.

---

8 이승수, 「淵蓋蘇文 서사의 형성과 전승 경로(연개소문의 형상과 관련하여)」, 『동아시아 문화연구』(제47집), 2010년 5월, 164쪽 참고함.

애초에 고종의 황후 왕씨王氏와 고종의 애첩 소숙비蕭淑妃 사이에 갈등이 있었는데, 王 황후는 소숙비 제거를 위해, 태종 사후 물러났던 무조武曌를 다시 불러들였다. 무조는 이연李淵이 거병하였던 진양晉陽[9] 근처 출신으로, 거상巨商이었던 그녀의 부친이 이연의 거병에 도움을 주었다고 한다. 무조는 14세 때 마흔이 넘은 태종의 후궁이 되었고, 태종 사후 황실 관례에 따라 감업사感業寺의 중이 되었는데, 이후 고종의 황후 왕씨가 후궁 견제를 위해 그녀를 황실로 다시 부른 것이다.(고종이 일찍부터 무조의 아름다움을 눈여겨보고 있다가, 황제가 된 후 다시 불렀다는 설도 있음) 여하튼 대담하고 강인했던 무조武曌는 비슷한 성향의 태종의 눈에는 들지 못했지만, 유약했던 고종의 마음에는 쏙 들었다. 나이 차이 때문이기도 했을 것이다.

무조는 이후 황제인 남편을 제압하고, 스스로 대당제국大唐帝國을 통치하기에 이른다. 무조는 고종의 처 王 황후와 함께 소숙비를 처단한 후, 655년 자신을 불러들인 王 황후까지 누명을 세워 쫓아내고, 32세의 나이로 황후 자리를 차지한다. 측천則天은 무조 스스로가 붙인 호號인데, 무측천武則天은 황후 시절은 물론 683년 고종이 죽은 후에도 막강한 권력을 행사하였다. 고종이 죽자 측천은 고종과의 사이에서 난 자신의 두 아들을 중종中宗과 예종睿宗으로 세웠다가 폐위시킨 후, 690년 국호를 주周로 바꾸고 수도를 장안에서 낙양으로 천도한 뒤 周(690~701)의 황제가 되었다.[10] 이렇게 그녀는 근 반세기 동안 당나라를 쥐락펴락했던 중

---

9 현 산서성(山西省) 태원(太原)

10 무측천(武則天)은 장안에서 너무 많은 피를 보았기에 낙양 천도를 원했을 수 있다. 소숙비는 죽으면서 무측천에게 "네가 온갖 교태로 이 지경으로 뒤집어 놓았구나, 난 죽어서 고양이로 태어날 테니 너를 쥐로 태어나게 하여, 네 목덜미를 짓눌러 복수하겠다(武氏狐媚, 翻覆至此, 我後爲猫, 使武氏爲鼠, 我當扼其喉以復)"는 저주를 했다고 한다. (『신당서·열전제일후비(新唐書·列傳第一后妃)』) 이 일이 있은 후 황실에서는 고양이 사육이 금지되었다.

국 역사상 유일무이한 여황제였다.

측천무후則天武后와 더불어 권력을 행사한 세력은 무씨武氏 일가와 적인걸狄仁傑 등 과거科擧 출신 관료들이었다. 그녀는 과거 출신 관료를 통해 구舊 귀족을 제압하고 황권을 강화할 수 있었다. 그리고 비록 측천무후가 국호를 주周로 바꾸었으나, 이후 당唐 황실에서 황위皇位를 이었으므로 별도의 왕조 구분은 하지는 않는다. 705년 와병 중이던 그녀(당시 82세)가 폐위되자 아들 중종中宗이 복위하여 당조唐朝는 재건되었고, 측천은 폐위당한 그해 병사하였다. 측천이 죽자 그녀의 장례에 대한 의견이 분분했으나 중종의 의견대로 고종과 함께 건릉乾陵에 합장되었다.

측천무후의 등장과 장기 독재는 황실사皇室史에서는 비극이었지만 백성들 입장에서나 중국 역사 발전의 측면에서는 잘된 일로 봐야 할 것이다. 측천무후는 과거科擧를 통해 유능한 인재를 등용하였고, 최대 위협이었던 고구려를 멸망시켰다. 50년 통치 기간 동안 별다른 동란動亂도 없었고, 자연재해도 잘 극복하였다. 우유부단하고 나약한 고종 대신 대국을 통치했던 측천무후는 唐 왕조 번영의 기틀을 확실히 다졌다.

혼인관을 통해 본 수·당 황실의 계통

당태종이 동생의 처를 비妃로 삼으려 했고, 그의 아들 고종은 아버지(태종)의 첩 무조武曌를 총애하여 황후로 까지 세웠다. 또한 현종玄宗과 양귀비楊貴妃와의 관계 그리고 일찍이 수양제 역시 아버지 文帝의 첩과 사통했었다는 점 등은 한족漢族의 입장에서는 상상할 수 없는 일이다. 반면 북방 이민족 특히 유목 민족에게 형사취수兄死娶嫂 등은 보편적인 관습이었다. 중국의 황제가 반인륜적이라는 비판을 감수하고 굳이 친인척과 혼인을 할 필요가 있었을까? 수·당 황족皇族의 혼인관은 바로 북주北周를 이은 수와, 수를 이은 당 모두 북방 계통이라는 설을 뒷받침하는 방증으로 볼 수 있다.

우리는 문화의 차이를 이해하지 않고, 우리의 가치관에 따라 타 문화를 평가하거나 함부로 비방해서는 안 된다는 점을 분명히 인식할 필요가 있다.

측천무후와 몰자비

섬서성陝西省 함양시咸陽市 양산梁山 중턱에(서안에서 약 80km 떨어진 곳) 고종과 측천이 합장合葬된 건릉乾陵이 있다. 唐을 찬탈한 측천을 고종과 합장하는 것에 반대하는 의견이 많았으나, 측천 사망 당시의 황제(중종中宗)가 측천의 아들이었으니 합장으로 결정이 되었을 것이다. 내부는 도굴되었는데 500미터의 참도參道 맨 안쪽에 무측천의 무자비無字碑가 있다.(몰자비沒字碑라고도 함) 비석에 글자를 새기지 않은 까닭에 대해서는 여러 가지 설이 있다.

측천무후는 자신의 공로가 너무 많아 그것을 일일이 다 기록할 수 없다고 생각했기에, 비석에 아무것도 쓰지 말라고 지시했다는 설이 가장 많이 알려져 있다. 반대로 과오가 너무 많아 쓰지 못하게 했다는 설도 있으며, 평가는 후대 사람들의 몫이기 때문에 당대當代에 못 쓰게 했다는 설, 중종中宗의 입장에서 여러 가지로 쓰기가 불편한 점이 많아서 못쓰게 했다는 설 등이 있다. 몰자비沒字碑 맞은 편(서편)에는 고종의 비석인 술성기비述聖記碑가 있다. 여기에는 고종에 대한 가공송덕歌功頌德을 내용으로 하는, 무측천이 친히 쓴 약 5천 자의 비문碑文이 새겨져 있다.

후대에 많은 사람들이 글자를 새겨 넣었기에 현재는 무자비無字碑 즉 글자가 없는 비석이 아니다.

낙빈왕의 격문과 측천무후의 성품

고종은 태종의 신하였던 상관의上官儀와 더불어 무조武曌를 없애려고 했으나 실패하였다. 고종이 죽은 후 중종이 즉위했지만 중종은 측천에 의해 곧 폐위되어 여릉왕廬陵王으로 강등되고 만다. 중종의 황후 위韋씨가 자신의 부친을 고관에 앉히려다가 측천무후의 눈 밖에 났기 때문이었다. 이에 684년 중종의 동생 예종睿宗이 제위에 올랐고 곧 이경업李敬業의 반란이 일어났다.(이경업의 집안은 원래 서씨徐氏였으나, 조부 서세적徐世績이 당나라 개국에 공이 있어 황실로부터 이씨 성을 하사받았다. 즉 서경업과 이경업은 같은 인물이다.) 이경업은 초당사걸初唐四傑의 하나인 낙빈왕駱賓王으로 하여금 격문檄文(「대이경업전격천하문代李敬業傳檄天下文」)을 쓰게 하였는데, 이 격문이 명문장으로 알려져 있다.

측천무후는 이 격문을 읽고 그 내용과 문장력에 놀라며, 이 아까운 인재가 누구냐며 탄식하였다고 한다. 내용 중에 "고종 능의 한 줌 흙도 채 안 말랐는데, 어린 중종은 지금 어디에 가 있는가(一抔之土未乾, 六尺之孤安在)"라는 말이 특히 회자膾炙되었다. 측천무후는 30만 대군으로 이경업의 난을 일거에 진압했다. 측천무후는 자신의 약점과 치부를 통렬히 비판한 격문을 읽고, 노하기는커녕 그 문장력에 감탄하며 글쓴이의 재능을 아까워하였다. 측천무후의 사람됨이 어떠한지 알 수 있는 대목이다.

이경업을 대신하여 천하에 띄우는 격문이란 의미의 「대이경업전격천하문代李敬業傳檄天下文」은 문장이 간결하면서도 종횡무진으로 내닫는 필력과 날카로운 통찰이 돋보인다. 또한 대당제국의 최고 권력자를 추호의 거리낌없이 통렬히 비판하는 과단성이 놀랍다. 다음은 본 작품의 시작 부분이다.

정권을 찬탈하여 조정을 장악한 측천은 사람됨이 온순하지 못하고 출신이 비루하다. 옛날 태종의 시녀였다가 황제의 환의換衣를 시중들다 총애를 얻었고, 후에 태자와 횡음무도한 짓을 하더니 선제(태종)와의 사적 관계를 숨기고

은밀히 고종의 후궁을 꾀했다. 입궁하자 질투심을 드러내어 미색을 양보하지 않았으며, 흉계와 참언에 능하고 여우처럼 교태를 부려 능히 황제를 미혹하였다. 황후의 자리를 꿰차며 우리 황제로 하여금 천륜을 저버리게 했는데, 그 마음은 살무사와 독사 같았고 성정은 승냥이와 이리의 그것이었다. 사악한 무리와 가까이 지내며 충신을 제거하고 혈육을 죽이더니, 군주를 시해하고 모친을 독살하였다. 이는 신과 인간 모두가 증오하는 바이며 천지가 용인하지 않은 일이건만 여전히 나쁜 음모를 품고 황제의 자리를 노렸으며, 군주의 사랑하는 아들을 별궁에 유폐시키고 도적의 무리에게 중책을 맡겼다.……(僞臨朝武氏者, 性非溫順, 地實寒微. 昔充太宗下陳, 曾以更衣入侍. 洎乎晚節, 穢亂春宮. 密隱先帝之私, 陰圖後宮之嬖. 入門見嫉, 蛾眉不肯讓人; 掩袖工讒, 狐媚偏能惑主. 踐元後於翬翟, 陷吾君於聚麀. 加以虺蜴為心, 豺狼成性, 近狎邪佞, 殘害忠良, 殺子屠兄, 弒君鴆母. 神人之所共疾, 天地之所不容. 猶復包藏禍心, 竊窺神器. 君之愛子, 幽在別宮; 賊之宗盟, 委以重任.……)
『전당문全唐文·권199』

6. 성당 치세와 몰락의 시작

측천무후則天武后가 82세가 되었을 때(705), 재상 장간지張柬之 등이 거병하여 무후를 폐위시키고, 장역지張易之 형제 등 무후 세력을 처단한 후 중종을 복위시켰다.(폐위 당한 측천무후는 몇 달 뒤 병사한다.) 그러나 무씨武氏의 잔당 세력들은 중종의 위韋 황후와 결탁하여 장간지는 물론 중종까지 죽이고 만다. 위 황후는 황태자를 폐한 후, 자신의 딸(안락공주安樂公主)과 함께 중종을 독살하였다.(중종의 음식에 독을 탔다고 함) 이에 일찍이 황제의 자리에 잠시 있었던 예종睿宗(중종의 동생)의 아들 이융기李隆基가 거병하여, 위 황후와 무씨 일족들을 처단한 후 부친 예종을 복위시킨다.

3년 후(712) 예종은 아들 이융기에게 제위를 넘겨준다.[11]

이 예종의 셋째 아들 이융기가 중국 봉건사상 최고의 치세기 가운데 하나인 개원지치開元之治를 이룩한 현종玄宗(685~762)이다.[12] 현종의 연호는 개원開元(713~742)과 천보天寶(742~756)로 나뉜다. 집권 초기인 개원 연간은 최고의 번영기였으나, 안사安史의 난(755)을 전후한 천보 시기는 唐의 몰락이 시작된 시기이다. 천보 연간은 그 동안 누적된 문제들이 표출·심화되어 갔던 시기인데, 노쇠해 버린 현종의 장기 집권을 비롯하여 당파 싸움, 번진藩鎭의 할거, 환관의 전횡, 균전제 붕괴 등이 쇠락의 핵심 요인들이다.

현종(재위 712~756)은 명석하고 다재다능한데다 용모까지 준수하였다. 특히 스스로 작곡을 할 정도로 음악에 뛰어난 재능이 있었고, 궁 안에 이원梨園이라는 예능인 양성 기관을 두고 음악, 연극 등을 관장하도록 하였다. 현종의 초기 치적은 무측천의 성과 위에서 가능했다. 요송姚宋으로 불리며 개원지치開元之治를 이끈 요숭姚崇과 송경宋璟을 비롯하여 장열張說, 장구령張九齡 등 유능한 재상宰相들은 모두 무측천 시대 과거科擧로 배출된 인재들이었다. 요숭은 재상이 될 때 현종에게 열 가지 건의

11 唐 건국에서 현종까지의 황제: 고조(高祖)-태종(太宗)-고종(高宗)-중종(中宗)-예종(睿宗)-측천무후(則天武后)-중종(中宗)-예종(睿宗)-현종(玄宗)

12 현종(玄宗)은 지방에서 경력을 쌓지 않으면 중앙의 요직에 오를 수 없게 하였고, 세금 탈루를 막기 위해 승려 1만 2천여 명을 환속시키고, 사찰 신설도 금하였다. 또한 자주 발생하던 메뚜기 떼 피해(황제(蝗災))에 대한 지속적 대비로 자연재해에 의한 피해를 최소화하였고, 수리 시설을 완비하여 농업 생산량을 크게 제고시켰다. 한편 외국인들도 비교적 자유롭게 상업에 종사할 수 있도록 하였는데, 국제 교류의 활성화와 자유롭고 개방적인 경제관념의 도입 등으로 상공업이 번창하였다. 이에 거상(巨商)의 부(富)는 왕실에 버금간다는 말이 나올 정도였으며, 개원통보(開元通寶)라는 화폐의 주조도 급증한다. 사회 전반에 걸친 이런 번영은 현종 제위 후 얼마지 나지 않아 가시화된 개원지치(開元之治)의 바탕이 된다.

(十事)를 올렸는데, 그것은 가혹한 형벌을 폐지하고 인서仁恕를 추구할 것, 측근에게는 엄격한 법을 집행하고, 황족, 외척 등은 요직에 기용하지 말 것, 간언을 중시할 것, 환관의 국정 참여를 엄격히 막을 것, 사원寺院의 신축을 금지할 것 등이다. 唐 초기 300만도 채 되지 않았던 호戶는 현종 시기 최고 호구수를 기록하여, 890만 호에 인구는 5천만을 훌쩍 넘었다.

장안의 모습

장안성長安城은 수나라 수도 대흥성大興城을 그대로 이어 받은, 방정하게 구획된 계획도시로 동서가 약 9.7km, 남북이 약 8.7km에 달했다. 중앙에는 남북으로 주작대로朱雀大路가 있고 동편과 서편에 동시東市와 서시西市가 있었으며, 100만 이상의 인구가 사는 唐의 중심지이자 온갖 종교와 예술이 번성한 세계 최대의 국제도시였다.

많은 외국 상인들은 허가를 받아 자유롭게 상업 활동에 종사할 수 있었고 종교의 자유도 허용되었다. 빈공과賓貢科를 두어 외국인 관료를 뽑았고, 무과武科를 통해 외국인들도 무장武將이 될 수 있었으며, 외국인들은 속지주의屬地主義적 원칙에 따라 중국인과 동등한 법을 적용받았다.

한편 장안성은 철저히 통제된 면도 있었다. 야간 통행금지가 있었고, 성문은 새벽이 되어야 열렸으며 밤이 되면 닫혔다.(송대에 가면 야간 통행금지가 해제되어 상업 활동은 더욱 자유롭게 된다.)

그러나 현종은 28세에 황제가 되어 무려 45년이나 재위에 있었고(712~756) 후반기의 실정失政은 결국 당조唐朝 패망의 길을 열었다. 현종 시기 부병제가 모병제로 바뀌는데, 그것은 균전제가 와해되었기 때문이며, 토지 겸병과 농민 몰락 등으로 민생의 피폐함이 매우 심각해졌음을 의미한다. 정치에 싫증이 난 현종은 장구령이라는 충직하고 직언을 마다하지 않는 진사進士 출신 재상을 폄적보내고, 그 자리에 문벌파 이림보李林甫를 앉혔다. 이후 국사國事를 이림보, 환관 고력사高力士 등에게 맡기고 자신은 화청지華淸池가 있는 섬서성陝西省 여산廬山의 화청궁華淸宮에서 양귀비楊貴妃와 세월을 잊는다.

고종이 아버지의 후궁인 무측천에 현혹되어 국정國政에 적지 않은 파란을 야기했는데, 그의 손자 현종은 아들의 비妃인 양귀비(본명 양옥환 楊玉環)에 빠져버린 것이다.[13] 현종의 후궁으로 들어간 양옥환은 천보 4년(745) 귀비貴妃가 된다. 양귀비는 친인척이 적어서 정사政事에 별다른 악영향이 없었다. 그러나 이림보가 죽자(752), 현종이 무능하고 인품도 좋지 않았던 양귀비의 사촌 양국충楊國忠을 중용하면서 문제가 불거진다.[14]

이림보와 구밀복검

이림보李林甫는 구밀복검口蜜腹劍(입에는 꿀이 발려있지만, 마음에는 칼을 품고 있다.)이라는 고사성어의 주인공이다. 그는 앞에서는 웃으며 대하지만 뒤로는 늘 흉계를 꾸며 많은 사람들을 궁지로 몰았다. 그래서 생긴 것이 '구밀복검'이며 이와 비슷한 성어로 소리장도笑裏藏刀(웃음 속에 칼을 숨기다.)가 있다. 이림보는 그림, 음악 등 예술적 재능이 뛰어

13 무측천은 태종 사후 관례에 따라 감업사(感業寺)에 들어가 승려가 되었다가, 고종 때에 재입궁하여 황후가 되었다. 양귀비(楊貴妃)는 17세 때(733) 현종의 18번째 아들인 수왕(壽王) 모(瑁)와 혼인을 하였다. 현종의 눈에 든 그녀는 먼저 도교(道敎)의 여승인 여관(女冠)이 되어 출가한 후, 745년 다시 황궁에 불려 와 귀비가 되었다.

14 고아였던 양귀비는 양씨 집에 양녀로 들어갔으므로, 그녀와 양국충(楊國忠)은 혈연에 의한 사촌은 아니다. 이림보가 죽자, 양국충은 이림보가 생전에 반역을 꾀하였다며 이림보의 관을 부수고 다시 서민의 장례를 치르게 했을 정도로 사이가 안 좋았다.

난 것으로 알려져 있는데 아마 이 때문에 현종의 총애를 더욱 받았을 것이다. 다만 과거科擧 출신 재상에 비해 시문詩文의 능력은 현저히 떨어졌던 것으로 보인다. 그러나 이림보는 현종 재위 시기 약 19년이나 재상의 자리에 있었던 인물로, 과거 출신 재상에 비해 실무 행정 능력은 뛰어났을 가능성이 크다. 현종은 양귀비에 빠져 거의 모든 정사政事를 이림보에게 맡겼는데, 워낙 권세가 대단하여 문무대신은 물론 황태자까지 그의 눈치를 살폈다고 한다.

7. 안사의 난

이림보는 이민족 장수들에게 변경 절도사節度使 직을 맡긴다. 유능한 한족漢族 장수가 변경邊境에 임명되었다가 큰 공을 세우면, 곧 중앙 요직으로 진출하게 되어 자신의 정적政敵이 될 수 있었기 때문이었다. 안록산安祿山의 모친은 투르크계 무녀巫女이며 부친은 이란계 소그드인이란 설이 있다. 중국에서는 이런 안록산을 보통 잡호雜胡 출신이라 부르는데, 그는 북경과 동북지역 세 곳의 절도사를 겸했다. 안록산은 인품이 좋았다고 알려져 있다.

이림보가 살아있을 때 안록산은 양국충과 공동으로 이림보를 견제하였으나, 이림보가 죽고 양국충이 재상이 되자 안록산과 양국충의 사이가 벌어진다. 이에 천보 14년(755) 안록산은 양국충 제거를 명분으로 15만 정병精兵을 거느리고 거병하여 낙양을 점령한 후, 국호를 대연大燕으로 고치고 황제가 되었다. 안록산의 군대는 북방의 정예군이었지만 모병제로 모인 당나라 병사들의 전투력은 형편없었고, 게다가 오랜 평화로 당군唐軍은 실전의 경험도 많지 않았다.

안록산의 군대는 반란 후 약 한 달 만에 낙양을 점령하고 장안을 향해 진격해 갔으며, 요충지인 동관潼關이 함락되자 현종은 장안을 버리고 몽진을 떠나야 했다. 피난 도중 장안에서 약 100~200여 리 떨어진 마외파馬嵬坡에 이르렀을 때, 군사들은 반란의 화근인 양국충을 죽인 후 양귀비까지 처단하라고 요구했고, 현종은 별 수 없이 양귀비의 죽음을 지켜볼 수밖에 없었다. 이후 피난지에서 태자 이형李亨이 현종으로부터 양위 받아 숙종肅宗 황제가 되었고(756), 안록산 진영에서는 극심한 분열이 일어났다. 안록산은 757년 후계자 문제로 아들 안경서安慶緖에게 피살되었고, 같은 해에 당나라는 회흘과 서역 등 이민족의 원조를 받아 마침내 장안을 수복하게 된다.

758년에는 사사명史思明이 다시 반란을 일으켜 대연 황제에 올랐으나, 761년 사사명 역시 그의 장남 사조의史朝義에게 살해당하였다. 당나라는 공격의 고삐를 늦추지 않았고, 763년 반란군 지도자 가운데 한 명인 이회선李懷仙이 사조의를 죽이고 唐에 투항하면서 난이 수습된다. 사조의는 도주하다가 자결했다고도 하는데, '안사의 난'은 안록산과 사사명의 난을 합쳐서 부르는 것이다.

안사의 난은 또 다른 번진藩鎭 및 이민족의 힘을 빌리고, 한편으로는 반란 집단의 내부 분열 덕분에 겨우 수습된 것이다. 실력에 의한 수습이 아니었기에, 당조唐朝는 난 수습 이후 많은 부작용(전국 번진의 독립 군벌화, 절도사의 세습화, 중앙에 세금 납부 거부 등)에 시달리게 된다. 결국 안사의 난으로 성당盛唐 치세는 종말을 고했고, 唐 제국은 중당中唐이라는 위기의 시기로 접어들게 된다.

그림12 당현종

그림13 양귀비 묘
섬서성(陝西省) 흥평시(興平市) 마외진(馬嵬鎭)

안록산

안록산安祿山은 742년 평로平盧(요령성遼寧城 조양시朝陽市 부근) 절도사, 744년 범양范陽(북경 부근) 절도사, 751년 하동河東(산서성山西省 태원太原 부근) 절도사가 되어, 번장藩將으로서 최초로 동평군왕東平郡王이란 칭호를 받았다. 당시 번진藩鎭이 10개였는데 안록산은 세 번진에서 총 18만 정병精兵을 보유하고 있었다. 이는 당시 당나라 전체 병력의 1/3에 해당하는 규모였다.

북부 지역의 광활한 지역을 통괄한 그는 투항하는 변방 이민족이나 전쟁 패배자 등에게 매우 관대하여, 모병제 아래에서 많은 군인들이 휘하로 몰려들었다. 당시 절도사 임기는 2년에 불과했지만, 안록산은 평로절도사, 범양절도사, 하동절도사를 각각 14년, 12년, 5년 동안이나 맡고 있었고, 장기간의 통솔로 부대의 결속력이나 명령·지휘 체계는 매우 굳건하였다. 6개국 언어에 능통한 안록산은 외국계 혼혈아로, 몸무게가 200kg에 달했을 것이라 하는데, 현종에게는 자신의 큰 배 속에 오직 황제에 대한 충성심만 가득하다고 했고, 열 살 어린 양귀비에게는 그녀의 양자 행세를 했다고 한다.

안사의 난과 중당의 변화

당사唐史는 4시기로 구분될 수 있다. 唐 개국 및 그 초창기인 초당初唐, 번영기인 성당盛唐, 개혁과 변화를 모색하던 중당中唐 그리고 제국의 말기인 만당晩唐 등이다. 唐이 번영기에서 쇠락기로 접어드는 시기는 안사의 난 이후인 중당 시기인데 중당을 중국 중세의 시작으로 보는 시각이 있다. 중당 이후의 백성들은 과거와 달리 지배계급을 대단하거나 특별한 존재로 보지 않았고, 지배계급 역시 백성에 대한 인식의 변화가 두드러졌다. 특히 마외파馬嵬坡에서 군졸들의 요구에 의해, 황제인 현종이 양국충 일족들과 자신이 아끼던 양귀비까지 처단할 수밖에 없었던 것은 매우 상징적인 일이다.

초당初唐, 성당盛唐, 중당中唐, 만당晩唐은 원래 당나라 시詩의 변화·발전 단계를 구분한 것이지만, 이 시기 구분은 唐의 역사 및 문학, 문화 등 여러 분야에 적용을 해도 별 무리가 없다. 시詩나 문학 혹은 문화의 변화·발달 등은 역사 변천과 그 궤적을 함께 하기 때문이다.

「마외파馬嵬坡」

玄宗回馬楊妃死 **현종이 귀궁할 때, 양귀비는 죽고 없으니**
雲雨難忘日月新 **운우의 정이야 잊지 못하지만 일월은 새롭다네.**
終是聖明天子事 **필경 현명한 천자의 처사였으니**
景陽宮井又何人 **경양궁 우물에 또 누가 빠지겠는가?**

「마외파馬嵬坡」는 회창會昌 연간에 진사가 되어 한림학사翰林學士, 중서사인中書舍人, 병부시랑兵部侍郎 등을 지닌 정전鄭畋(823?~882)이 쓴 영사시詠史詩이다. 자신이 총애하던 양귀비를 죽일 수밖에 없었던 일이 현종의 입장에서는 안타까웠겠지만, 그 일은 현명한 처사였으며 만약 그렇게 하지 못했다면 진陳나라 후주後主의 전철을 밟았을 것이라는 내용이다. 남조의 마지막 왕조인 陳은 589년 수나라에 의해 멸망당하는데, 수나라 대군이 쳐들어 왔을 때, 진후주陳後主는 자신이 총애하는 귀비 장려화張麗華 등과 함께 경양궁景陽宮의 우물에 몸을 숨겼지만 결국 수군隋軍에게 잡힌다.

8. 양세법과 모병제의 도입

균전제均田制는 485년 북위北魏의 명군明君 효문제孝文帝에 의해 시작된 것이 수·당에 이어진 것으로, 덕종德宗 시기(780) 양세법兩稅法이 실시되기까지 약 400년 간 중국에서 실시되었던 토지 및 세금 제도이다. 균전제는 백성에게 토지를 균등하게 나누어 주고, 세금 등 각종 의무를 이행하게 하는 것이다.

정남丁男(21~59세) 등에게 세습 가능한 영업전永業田 20무畝(1畝는 30평)와 사후 반납하는 구분전口分田 80畝를 지급하여,[15] 세수를 확보함과 동시에 그들을 유사시 군사로 차출하였다.(병농일치兵農一致) 관리들에게는 지위 고하와 기여도 등에 따라 영업전을 지급했는데 그 비중이 매우 컸다. 게다가 승려, 도사 등은 세금이나 각종 의무가 면제되었고, 도관道觀, 불교 사원 등 면세 집단들은 대장원을 소유하였는데, 천보 말기에 이르면 대략 890만 호 가운데 40%가 불과호不課戶였다고 하니[16] 세금

15 이외에 남녀 호주에게도 일정 경작지를 지급함.

16 균전제에서는 국가로부터 공전(公田)을 지급 받은 사람에 한해서 납세의 의무가 있다. 불과호(不課戶) 즉 세금 부과에서 제외되는 가구는, 조상으로부터 물려받은 영업전(永業田)이 있는 왕실이나 고급 관료들, 천자로부터 하사받은 사전(賜田)을 경작하는 가구, 공전(公田)을 받을 수 없었던 상공업자 그리고 균전제가 미실시된 지역의 가구 등으로 볼

누수가 심각하였다.

이 외에 각 가구 당 실재 재산의 다과에 따라 호세戶稅가 부과되었다. 이것은 일종의 재산세로, 세금의 사각지대를 방지함으로써 세수 확보를 꾀한 것이다. 唐 초기에는 이런 호세戶稅의 비중이 낮았으나, 농민 몰락으로 균전제가 기능을 발휘하지 못하자, 호세의 비중은 증가해 갔는데 결국 덕종德宗 시기에 이르러 모든 세금을 호세 형식으로 통합한 양세법兩稅法을 실시하였다.(양세법은 명대까지 시행되었다.)

唐은 태종 말기 이미 토지 부족의 징후가 있었다. 개국 공신 등에게 지급되는 사전賜田과 급증한 관리들의 녹봉 및 세습 가능한 토지가 증가하자 세수는 감소할 수밖에 없었다. 그래서 결국 재상 양염楊炎의 건의에 따라 덕종 때 양세법이 도입되기에 이른다.(780) 양세란 1년에 세금을 하세夏稅(6월 말 납기)와 추세秋稅(11월 말 납기)로 두 번 나누어 내는 것으로, 호구戶口가 아닌 토지를 근거로 과세하는 것이다. 즉 양세법은 농민의 몰락과 빈익빈부익부를 국가가 공식적으로 인정한 것이며, 평등한 사회 체재가 무너졌음을 의미한다. 이는 국가의 호구 파악 능력을 저하시킴으로써 백성에 대한 지배력의 약화를 야기하였다.

현실을 인정한 양세법은 실질적인 효과가 있어서 반짝 경제 활황이 일어났다. 그러나 당나라의 기울어가는 국세를 회복시킬 수는 없었다. 또 다른 문제들이 파생되었기 때문이다. 우선 균전제의 몰락은 조용조租庸調 및 부병제府兵制의 몰락을 낳았다. 균전제 하에서 일정 농토를 불하받은 정남丁男은 조용조라는 세금을 납부해야 하는데,[17] 농토를 잃은 농

수 있다. 또한 호적의 위조로 인한 세금 탈루도 상당했다.

17 조(租)는 탈곡하지 않은 잡곡, 조(調)는 견(絹), 용(庸)은 매년 20일 이상의 요역을 분담하는 것이며 대체 납부도 가능했다. 그 외 경지 면적에 따라 일정량의 곡식을 거두어 흉년 등 비상시를 대비하는 지세(地稅), 호등(1~9)에 따라 관리의 봉급을 충당하는 호세(戶稅) 등이 있었다.

민들이 급증하게 되니 당연히 조용조는 무력화 되었고 또한 병농일치에 따른 부병제도 불가능해졌다. 이미 개원 10년(722) 대규모 모병이 시작되었는데, 모병제로 직업 군인이 생기자, 갈 곳 없는 유랑민이나 거지, 이민족 등이 대거 군대로 유입되었다. 이들은 국가에 대한 충성심도 박약했고 정예화하기도 힘든 집단이었으므로 군대의 기강이나 전투력이 현저히 약화되었다.

양세법 시행의 배경에는 농업 생산량 제고 및 화폐 경제의 발달로 인한 수취 체계의 변화도 있었다. 우선 현물로 받던 세는 양세법 이후 전납錢納이 가능했고, 새로운 작물의 등장과 이모작의 발달 등은 년 2회 징수하는 양세법 도입의 촉진제가 되었다. 한편 양세법과 더불어 상업세가 신설되었고, 전국의 지방관들은 양세 이외에 추가적인 진봉進奉을 더 내야 업무 평정에 유리했으므로 백성에 대한 착취는 점점 심해져 갔다.

농민 몰락의 이유

농민은 수확을 하면 우선 그 소출로 가족들과 먹고 살아야 하며, 세금 납부도 해야 한다. 또한 다음 해 농사를 위한 종자種子도 비축해야 하고 기타 여러 가지 경비도 들 것이다. 이렇듯 가계家計가 늘 빠듯한 농민들은 흉년이 들거나 가족들의 병고病故, 혼례婚禮, 상례喪禮 등 약간의 변수만 발생해도 토지를 고리高利로 저당 잡히고, 급전을 빌리게 되는데, 이를 제때에 변제하지 못하여 소작농으로 전락하거나 토지를 잃게 되는 경우가 빈번하였다.

반대로 부유한 계층에서는 이런 상황을 이용하여 손쉽게 더욱 많은 부富를 축적하게 된다. 이런 모순은 결국 균전제의 붕괴를 가속화시켰다. 균전제 붕괴의 전조는 이미 초당初唐 말기부터 보이기 시작하는데, 겉으로 보기에 매우 번영했던 개원開元 말기에 이르면 이미 사회 하층부에서의 경제난은 심각했을 것이다.

균전제의 붕괴와 모병제의 문제

부병제府兵制 아래에서 균전均田을 지급받은 모든 정남丁男들은 3년에 한 번씩 징집되었다. 복무 중 세금은 면제되었지만 병기兵器, 식량 등을 스스로 해결해야 했으며, 군마軍馬 사육의 의무도 있었다. 또한 일생에 한 번은 3년의 변경邊境 근무를 해야 했고, 농한기에는 군사 훈련도 받아야 했다. 그러나 농민 몰락으로 균전제가 붕괴하자 당연히 부병府兵 수급에 차질이 생기게 되었다.

한편 당대에는 대략 600여 개의 절충부折衝府가 있었다. 절충부가 있는 곳에 사는 정남丁男 만이 부병府兵이 될 수 있었고, 절충부는 장안과 낙양 인근에 집중되어 있었는데 그 지역은 인구가 많아서 지급받은 토지가 적었다. 그래서 세금이나 부병의 부담으로 인해 많은 도호逃戶가 발생하게 되었다.

뿐만 아니라 부호富豪들은 대리인을 군에 보내거나 승려 등으로 신분을 위조했고 관리들과 결탁하는 경우도 많았다. 이처럼 많은 사람들이 각종 수단을 동원하여 군역軍役을 회피하니 결국 군에 가는 사람들은 주로 사회·경제적 약자들이었다. 이런 사람들이 생업을 전폐하고 군역에 종사하기란 쉽지 않았을 것이다. 게다가 군역 수행 중 자부담해야 하는 병기 구비와 식량 등도 큰 부담이 되다보니, 군 내부에는 이탈자가 속출하였다.

이에 따라 개원 10년(722) 즈음 군사 수급 문제를 해결하기 위해 모병募兵을 시작했고, 개원 25년(737)에는 부병제가 완전히 폐지되고 모병제로 전환되었다. 모병된 병사들은 주로 경제적 빈곤층이나 이민족들이었고 그들은 근본적으로 정예군아 되기 힘든 사람들이었다. 모병제의 폐단은 여기서 그치지 않았다. 덕종德宗 이후 실시된 양세법으로 재정 문제가 다소 숨통이 트였으나, 양세법으로 확보된 세수는 모병제 유지를 위한 경비로 지출되어야 했다. 결과적으로 양세법의 성과도 재정 건전성 제고로 연결이 되지 못했던 것이다.

이렇듯 균전제의 와해는 당나라 쇠락의 징조이자 쇠락의 견인차 역할을 하게 되었다.

9. 환관의 폐해

환관의 전횡은 번진藩鎭의 할거와 함께 당나라 멸망의 양대 화근 가운데 하나이다. 송나라 사마광司馬光은 당대唐代 환관 세력의 발달 과정을 네 단계로 구분하여 "환관에 의한 화禍는 현종玄宗 때 시작되었고, 숙종肅宗, 대종代宗 때 심해지더니, 덕종德宗에 이르러 그 화의 국면이 완전히 정착되어, 소종昭宗 때에는 극에 달했다(宦官之禍, 始於明皇, 盛於肅代, 成於德宗, 極於昭宗)"고 했다.[18] 물론 현종 이전에 이미 환관들의 권력 태동이 시작되었으나 당초唐初에는 '이망수위계以亡隋爲戒(수나라 멸망을 경계警戒로 삼는)'하는 입장에서, 제도적으로 환관의 세력에 엄격한 제재를 가하였다.

사마광이 밝혔듯이 唐代 환관의 세력화는 현종의 환관 고력사高力士에서 그 기미가 보인다. 현종 이전 즉 측천무후 때만 해도 환관의 세력화는 전혀 감지되지 않았다. 측천무후 당시 환관의 폐해가 없었다는 점에서도 그녀의 국정 능력을 엿볼 수 있다. 그러나 현종은 고력사를 매우 신임하여 웬만한 국사國事는 모두 고력사가 결정하게 하였다. 현종은 고력사를 위해 내시감內侍監을 설치하였고, 당시 환관의 수는 3천에 달했다.

현종의 뒤를 이은 숙종肅宗과 대종代宗은 모두 환관 이보국李輔國에 의해 옹립되었고, 이보국의 농단이 심해지자 대종은 또 다른 환관 정원진程元振을 이용하여 이보국을 처단했다. 그러나 정원진과 그 뒤를 이은 어조은魚朝恩 역시 모두 조정 내 농단이 대단하였고, 대종은 조신朝臣들과 연합하여 환관들을 처단했다. 이처럼 이때까지는 환관들이 절대 권력

---

18 『자치통감·당기79(資治通鑑·唐紀79)』

을 행사하지는 못했고, 황제와 신료들이 협력하면 환관의 폐해를 시정할 수 있었다. 그러나 이내 환관들은 황제를 능가하는 조정 내 최고 실력자가 된다. 환관들이 무소불위의 권세를 얻게 된 결정적 이유는 그들이 병권兵權을 접수했기 때문이다.

환관의 병권 장악은 덕종德宗 때에 이루어졌다. 경원병변涇原兵變을 계기로, 금군禁軍의 주력부대인 신책군神策軍의 지휘권이 환관들에게 넘어간 것이다. 경원병변으로 피난을 가게 된 덕종은 환관에게 금군의 병권을 넘겨주었고 목종穆宗 때부터는 국가 기밀을 담당하는 추밀사樞密使까지 환관이 관장했다. 좌우신책군左右神策軍 책임자 두 명과 추밀사 두 명은 사귀四貴라 불릴 정도로 권세가 대단했었다. 덕종을 이은 순종順宗은 왕숙문王叔文 등과 함께 영정혁신永貞革新이라는 대개혁을 추진하며, 환관 수중으로 들어간 병권을 되찾으려고 했으나 실패하고 만다.

순종順宗을 이어 환관들에게 적극 추대되어 즉위한 헌종憲宗은 환관 세력을 뿌리 뽑으려 했던 영정혁신 당원들을 처단했으나, 결국 그도 환관들에게 주살되었다.[19] 뒤를 이은 목종穆宗에서 소종昭宗에 이르는 8명의 황제 가운데 일곱 황제가 환관들에 의해 옹립되고 폐위 당하니 문종文宗은 "주周의 난왕赧王, 후한의 헌제獻帝는 강력한 제후諸侯들에게 제압되었는데, 지금 과인은 가노家奴의 제압을 받고 있다(赧, 獻受制于强諸侯, 今朕受制于家奴)"고 할 정도였다.[20] 막강한 세력을 지닌 환관의 횡

19 헌종(憲宗)의 죽음에 대해서는 선인(仙人)이라 자처하던 유비(柳泌)의 말을 믿고 복용한 장생약(長生藥) 때문이라고 알려져 있으나 사실은 환관 왕수징(王守澄)과 진홍지(陳弘志)가 황제를 살해한 것이며, 다른 환관들과 결속하여 외부로 비밀이 누설되지 않았다고 전해지고 있다. 그 후 황제 승계 문제를 둘러싸고 환관들은 황태자파와 반대파로 분열하여 싸움을 벌였는데 결국은 황태자파가 승리하여 목종(穆宗)이 즉위한다. 이것은 환관이 후계자를 옹립한 최초의 일이다. 미타무라 타이스케(三田村泰助) 저, 하혜자 역, 『환관-측근정치의 구조』, 도서출판 나루, 1995년, 210쪽

20 『자치통감·당기62(資治通鑑·唐紀62)』

포가 날로 극심해지자 영정혁신永貞革新이나 감로甘露의 변變 등 조정의 대신과 황제가 연합하여 환관의 숙청을 기도했으나 번번이 실패로 돌아갔고, 환관들의 횡포는 더욱 심해졌다. 환관이란 정권에 빌붙어 득세할 수 있는 일종의 기생충 같은 존재이다. 당나라 말기 주전충朱全忠에 의한 대대적인 환관 주살로 환관 세력이 완전히 제거됨은 唐의 멸망과 그 운명을 같이한다.

환관에 대하여

환관의 화禍는 唐代와 明代에 특히 심했다. 거세된 남성이었던 환관은 결혼을 하지 않고 자식도 없었기 때문에 큰 사욕이 없을 것처럼 보이지만 권세욕은 대단하였다. 또한 환관을 미천한 인물로 보는 경향이 있는데, 환관은 황제의 최측근으로 현재의 대통령 비서에 해당하며, 재능도 뛰어나고 정치적 감각과 세력의 판세를 읽는 능력이 탁월한 경우가 많았다. 한대 종이를 발명한 채륜蔡倫, 명대 대항해를 이끌었던 정화鄭和 등이 모두 환관이다.

경원병변과 환관의 병권 장악

덕종德宗 건중建中 2년(781) 성덕절도사成德節度使가 죽자, 그의 아들 이유악李惟岳이 절도사 승계를 요구했고 덕종은 이를 불허하였다. 이에 이유악은 위박魏博, 산동山東, 치청淄青 지역의 절도사와 더불어 唐에 대항하였고, 唐은 회서절도사淮西節度使 이희열李希烈의 힘을 빌어 이들을 진압했다. 그러나 논공행상에 불만을 품은 이희열 역시 반당反唐을 선언하였고, 조정에서는 경원병涇原兵에게 이희열 토벌을 명했지만, 이들은 열악한 처우에 반발하여 오히려 장안을 공격하며 주차朱泚를 황제로 옹립했다. 이에 덕종은 783년 봉천奉天으로 피난을 가게 되었다. 이

것이 경원병변涇原兵變이다.

문관文官에 의해 통솔되던 장안의 금군禁軍은 절도사의 군대보다 현저히 전투력이 떨어져서, 이들을 막을 역량이 못되었고 금군이 미덥지 못했던 덕종은 금군의 병권을 환관에게 넘겨 버렸다. 『자치통감』에서 "환관의 화가 덕종 때에 완전히 정착되었다(宦官之禍, 成於德宗)."고 했는데, 그것은 덕종 때 환관들이 병권을 장악하면서 조정 내 무소불위의 권력 집단이 되었기 때문이다.

중당과 만당

중국 봉건 역사상 최고 치세라는 성당盛唐을 지나자마자 중당中唐이라는, 전혀 다른 위기의 시대가 도래한다. 만당晩唐이 당나라가 회생불능의 상태로 완전히 접어든 시기라면, 중당은 위기가 본격적으로 불거져 나온 시기이자, 중흥中興의 노력이 이어졌던 시기이다. 영정혁신永貞革新이나 감로甘露의 변變 등 중당 시기에 나온 각종 노력들을 보면 당시 체재 모순을 타파하려는 시도들이 상당하였음을 짐작할 수 있다. 다음은 중당시기의 대표적인 개혁인 영정혁신과 감로의 변에 대한 설명이다.

영정혁신은 순종順宗 황제와 왕숙문王叔文 등이 추진했던 개혁이다. 그들이 추진했던 개혁의 주요 내용은 다음과 같다. 환관의 병권 환수, 환관들의 농단이 심했던 궁시宮市와 오방五坊 폐지, 탐관오리 축출 및 청렴한 인사 기용, 백성 수탈의 수단이 되었던 진봉進奉 폐지 등이다. 그러나 이런 대개혁은 환관 뿐 아니라 모든 기득권층의 반발을 불러일으켰고 게다가 순종은 건강이 악화되어 말도 제대로 할 수 없게 되었다. 결국 영정혁신은 실패로 끝나고 만다. 궁시宮市는 궁에서 사용되던 물품 조달 시장이며 오방五坊은 궁에서 기르던 동물을 관장하던 기구이다.

감로의 변이란 문종文宗 태화太和 9년(835) 11월, 이훈李訓, 정주鄭注

의 무리들이 궁중의 석류나무에 감로가 내렸다는 구실로, 환관들을 한 장소에 집결시킨 후 환관 무리들을 일거에 주살하려고 했으나 이훈, 정주의 반목과 사소한 부주의로 인해 수포로 돌아가고 만 사건이다. 중당시기는 이 감로의 변이 실패로 돌아간 835년까지로 본다. 감로의 변으로 인해 조정과 황제의 권위는 추락하였고, 환관의 국정 농단은 더욱 심해지니 唐은 더 이상 재건의 희망을 잃고 패망의 길로 완전히 접어들게 된다.

이처럼 안사의 난 이후부터 시작되는 중당시기는 영정혁신이나 헌종憲宗 대의 중흥, 감로의 변 등 쇠락한 국세國勢를 재건하려는 다양한 노력이 시도되었던 시기였다. 그러나 감로의 변을 끝으로 모든 중흥의 노력은 실패로 돌아가고 당조唐朝는 더 이상 회생의 희망을 잃고 만다. 이런 이유로 감로의 변을 경계로, 중흥과 재기의 노력이 이어졌던 중당과 희망을 잃고 패망의 길로 완전히 접어든 만당을 구분한다.

당대의 당쟁

당나라 멸망의 핵심 요인은 환관의 국정농단, 번진 세력의 비대화 그리고 당쟁黨爭으로 인한 국력 낭비로 볼 수 있다. 당대의 당쟁은 우승유牛僧孺와 이덕유李德裕의 대립인 이우당쟁李牛黨爭이 대표적이다. 우승유는 음서蔭敍 제도에 따라 무시험으로 등용될 수 있었으나 친히 과거科擧에 응시하여 수석 합격을 했고, 재상 이길보李吉甫의 아들 이덕유는 음서로 정계에 진출한 인물이다. 파당의 진원은 주로 '과거科擧'와 '문벌門閥'이었고, 당쟁의 주요 쟁점은 과거라는 시험 제도 및 공정성 시비였다. 이들은 모두 환관들과 결탁하였고 형세 변화에 따라 각 파벌에서는 등용과 실각이 되풀이되었다. 당쟁은 중당 이후 대두되는데 이때는 과거제가 상당히 정착되어 진사과進士科 출신 관리들이 어느 정도 안정적으로 공급되던 시기이다. 양파 모두 과거의 중요성에 대해서는 같은 입장이었다.

10. 당나라 멸망

번진의 할거, 환관의 전횡, 당쟁 등 唐 말기의 혼란과 백성에 대한 과도한 수탈은 많은 민란을 야기했고 끝내 唐은 망국의 길에서 벗어나지 못했다.

재정난 타개를 위해 당조唐朝는 758년 대표적 소금 산지인 강회江淮 지역의 소금을 국가 전매로 하였고, 2년 후 소금의 국가 전매는 전국으로 확대되었다. 소금은 국가 재정 수입의 절반을 차지하며 재정 확충에 큰 도움이 되었으나 소금 가격은 천정부지로 올랐고[21] 이후 차茶에 대한 전매도 실시되었다. 이에 민간에서는 소금과 차 밀매업자가 생겼고 소금과 차의 운송로인 강江에는 도적떼인 강적江賊들이 출현하였다. 궁지에 내몰린 백성들은 반란이 일어나면 적극 가담하였고 급기야 당나라 멸망을 불러 온 '황소黃巢의 난'이 일어났다.(875~884) 황소의 난은 청나라 말기에 일어났던 태평천국太平天國의 난과 더불어 중국 역사상 최대 규모의 민란이다.

크고 작은 민란이 횡행하는 가운데 흉년과 홍수 등 자연재해까지 이어졌고, 백성들에 대한 수탈이 도를 더해가자, 874년 소금 밀매업자인 왕선지王仙芝가 먼저 봉기를 하였고 이듬해 황소黃巢가 이에 호응하여 난을 일으켰다. 산동山東 지역의 소금 밀매업자였던 왕선지와 황소는 각종 정보에 밝았고 많은 사람들이 봉기에 호응하였을 뿐 아니라 봉기군의 전투력도 뛰어났다. 878년 호북성湖北省 황매黃梅에서 패한 왕선지가 피

21 한 두(斗) 즉 한 말에 10文 하던 소금이 최고 370文까지 뛰었고 국가 세수의 50% 이상을 염세(鹽稅)가 차지하게 되었다. 국가 세수는 눈에 띄게 확충되었으나 백성들의 불만은 하늘을 찌를 듯하였고, 결국 민란을 야기한다. 한편 황소(黃巢)와 왕선지(王仙芝) 등의 사염업자(私鹽業者)들은 양질의 소금을 싸게 공급하여 필요악적인 존재이기도 하였다.

살되자, 왕선지의 10만 군대를 흡수한 황소가 반란군의 수장으로 부상한다. 황소는 자신을 천보평균대장군天補平均大將軍(하늘이 돕는, 모든 백성의 평등을 도모하는 대장군)이라 칭했는데, 초기에는 연전연승하였다. 880년 말에 낙양이, 이듬해인 881년 초에는 장안이 황소 군에게 점령되었고, 희종僖宗은 황급히 피난을 떠날 수밖에 없었다. 그러나 시간이 지날수록 황소 진영 내부에서는 체재 모순이 불거졌다. 승리에 도취한 황소는 장안 입성 후 철저한 대비를 하지 못했고, 도처에서 모여든 반란군들도 백성을 보호할 신념이나 의지가 약했다. 한편 내부에서는 적당히 조정에 투항하여 상이나 받고 편히 살고자 하는 사람들도 많았다. 혼란의 시대, 반란 집단이 일시적으로 세력을 확장할 수는 있겠으나, 체계적인 통치를 하기에는 근본적으로 역량이 부족했던 것이다. 게다가 지방 번진들도 반란을 일으켰다. 황소는 반란 번진을 토벌하기 위해 자신의 부하인 주온朱溫을 토벌대장으로 출정시켰는데 주온은 당조唐朝의 회유로 황소를 배신했고, 이는 황소에게 치명적이었다. 주온은 唐朝로부터 전충全忠이란 이름을 하사받는데, 그가 바로 唐 제국을 공식적으로 멸망시킨 주전충朱全忠이다. 황소는 唐軍과 지방 세력들의 협공을 받아 고전했는데 특히 주전충과 돌궐족 이극용李克用의 협공으로 사면초가에 빠지게 된다.

883년 이극용이 황소 군을 대파하고 장안을 향해 진격해오자, 장안을 떠날 수밖에 없었던 황소는 1년 이상 저항하다가 884년 고향인 태산泰山 근처에서 패한 후 자결하였다. 피난을 갔던 희종僖宗은 황소가 죽은 후 885년 마침내 장안으로 돌아올 수 있었다. 이후 장안 수복의 두 공신인 이극용과 주전충은 서로 대립하였고, 주전충이 최종 승리한다. 주전충은 환관 세력을 척결한 후, 907년 唐의 마지막 황제 애제哀帝로부터 선양을 받아 후량後梁을 세웠으나, 전국 각지의 세력들이 독립 군벌화하여 후량은 작은 군소 정부의 하나로 전락했다. 이리하여 唐朝는 완전히 와해되었고(907) 그로부터 5대 10국의 시대가 전개된다.

11. 오대십국시대

오대십국五代十國이란 907년 唐이 망하고, 960년 송태조宋太祖 조광윤趙匡胤에 의해 개창된 송이 979년 전국을 통일할 때까지, 황하黃河를 중심으로 중원中原에서 흥망성쇠를 거듭한 다섯 왕조와, 중원 이외의 지역(화중華中, 화남華南 등)에서 할거와 흥망을 거듭한 십국(오월吳越, 민閩, 형남荊南, 초楚, 오吳, 남당南唐, 남한南漢, 북한北漢, 전촉前蜀, 후촉後蜀)을 이른다.

오대五代는 중원 땅의 후량後粱, 후당後唐, 후진後晋, 후한後漢, 후주後周인데 후주의 세종世宗 시영柴榮은 오대십국의 혼란을 극복하고 천하통일의 대업을 이룰 만한 인물이었다. 그러나 그는 대업 추진 중에 갑자기 병사했고, 그 뒤를 이어 송나라를 건국한 사람이 바로 송태조宋太祖 조광윤趙匡胤이다. 후주後周의 세종은 불교를 대대적으로 탄압하여[22] 국가 재정을 정비했고, 후촉後蜀과 남방의 강국 남당南唐을 제압하여 주요 소금 산지인 양자강 하류를 장악하였다. 또한 최강국 거란에게도 승리함으로써 연운십육주燕雲十六州 가운데 2개 주를 수복하는 등 통일의 기반을 착실히 닦아 나갔다. 그러나 그는 38세의 젊은 나이에 급사하고 만다. 그 바람에 그의 친위대장(금군대장)이었던 조광윤이 후계자로 추대되었고, 조광윤은 후에 송을 건국하여 송태조가 되었다.

---

22 중국 역사상 4대 불교 탄압 사건인 삼무일종(三武一宗) 불교법난(佛敎法難) 가운데 하나가 후주(後周)의 세종(世宗) 때에 일어났다. 223쪽~225쪽 참고

십국은 여러 지역에 널리 분포되어 있었기에, 중국 전역의 발전에 상당한 기여를 하였다. 또한 이들 국가들은 전란의 영향이 비교적 적은 편이어서 당唐의 문화를 잘 계승했다. 특히 남당南唐의 산수화山水畵와 화조도花鳥圖가 송宋의 회화로 이어졌고, 남당南唐과 후촉後蜀에는 唐 후기부터 유행했던 사詞가 성행했는데, 이 詞가 송의 대표적인 문학 장르로 발전한다.

불교와 폐불

당唐 황실은 그 출신 배경이 순수 한족漢族이라기보다 북방 계통일 가능성이 높다는 점에서 당당하지 못했다. 이에 도교계道教界에서는 당 황실이 이씨李氏 성을 사용하고 있다는 점에 주목했다. 노자老子의 이름이 이담李聃임을 내세워, 당 황실이 다름 아닌 노자의 후손이라 했던 것이다. 이런 주장은 당 황실에서도 충분히 수용할 만한 가치가 있었기에 도교는 唐代에 상당한 우대를 받았다.

한편 동한 이래 중국에 유입된 불교는 지속적으로 교세를 확장해 왔고, 비대해진 불교는 국가 경영에 악영향을 미치고 있었다.

당시 불교계의 폐단은 심각하였다. 도첩度牒으로 승려 신분을 사면 평생 세금이 면제되었고, 종교 단체의 면세 특혜로 불교계는 엄청난 자산을 소유하게 되었다. 또한 대량의 불상 제작으로 인해 화폐의 원료가 되는 금속의 사찰 유출이 심각했고, 심지어 어떤 사찰에서는 상점 소유로 임대수익을 꾀하거나 제분소 경영을 통해 곡식에 대한 가격 담합까지 한 정황이 포착되기도 하였다. 결국 무종武宗 회창會昌 5년(845)에 중국 역사상 최대 법난法難 사건이 일어났다. 주요 내용은 4천 6백여 곳의 관사官寺 및 4만여 일반 사찰 폐지, 26만 승려 환속, 노비 15만 명 몰수 등이다. 불교뿐 아니라 모든 종교를 대상으로 내려진 시책이었으나 최대 피해는 당연히 가장 방대한 규모로 성장했던 불교계가 받았다.

중국 역사상 사대四大 불교 탄압

삼무일종三武一宗 불교법난佛敎法難

삼무일종

1. 북위北魏 태무제太武帝
2. 북주北周 무제武帝
3. 당唐 무종武宗
4. 후주後周 세종世宗

1. 북위北魏 태무제太武帝

북조대北朝代에서는 이민족 왕조가 중국 땅과 한족漢族을 지배했다. 북방계 이민족들은 한족을 통치하기 위한 통치술의 일환으로, 황제가 곧 여래如來라는 사상을 도입하였고 불교는 정치권력의 체재 안으로 들어오게 된다.(반면 남조에서는 정교政敎가 분리되어 황제들이 개인 신앙으로 불교를 믿었고, 불교는 종교로서 독립할 수 있었다.) 다만 도교에 심취했던 북위北魏의 태무제太武帝는 438년 50세 이하의 모든 승려를 환속시켰고, 이어 444년 일반 백성의 시주와 공양을 금하고 고승高僧들을 제거하였다. 이후 446년 반란 진압에 친히 나선 태무제는 사찰에 무기가 있는 것을 발견하고, 불상佛像과 불경佛經을 불사르고 모든 승려를 묻으라는 명을 내린다. 그러나 북위 태무제의 불교 탄압은 일시적인 것이었으며 이후 북위에서는 불교가 번창한다.

2. 북주北周 무제武帝

불교의 비대화로 국가 재정財政에 적지 않은 문제가 야기되자 북주北周의 무제武帝는 불교 탄압의 구실을 마련하기 위해 유·불·도 삼교 토론회를 개최했으나, 불교 고승高僧과 대적할 수 있는 상대는 없었다. 그러나 결국 불교와 도교는 심한 탄압을 받게 된다. 574년 무제는 승려와 도사를 모두 환속시키고 불·도교의 재산도 모두 국고로 환수하였다. 덕분에 재정이 충분해진 북주는 577년 북제北齊를 멸망시키고 북조를 통일할 수 있었고, 무제는 전국에 불교를 금하였다. 북주의 불교 탄압은 200만이 넘는 승려와 3만이 넘는 사찰로 인해 야기되는 국가 재정 상의 폐단을 바로잡으려 한 것으로, 앞서 북위北魏 태무제太武帝 때의 불·도교 간 종교적 대립과는 성격이 다르다.

3. 당唐 무종武宗

당나라 무종武宗 때 일어났던 회창會昌의 폐불廢佛은 중국 4대 법난法難 가운데 규모가 가장 컸던 것으로, 그 배경은 도교 세력의 성장과 일정 부분 관계가 있다. 唐 황실은 이씨 성을 쓰고 있었는데 그들은 출신(혈통)의 모호함을 극복하기 위해, 자신들이 이담李聃 즉 노자老子의 후예라는 인식을 정착시켰다. 이는 황실과 도교계 모두의 이익에 부합되는 것이었다. 그러나 아무래도 국가 재정에 많은 문제를 야기했던 唐代 불교계의 비대화를 폐불廢佛의 가장 큰 원인으로 봐야 할 것이다. 무종 회창會昌 5년(845), 4천 6백여 곳의 관사官寺와 4만여 일반 사찰이 폐지되었고 26만 승려가 환속되고 사찰에 딸린 노비 15만 명이 몰수되었다. 수·당대 들어 중국의 불교는 중국화의 길을 걷게 되는데, 회창의 폐불 이후 불경 학습이나 가르침 등이 요구되는 교종敎宗보다, 깨달음이 관건인 선종禪宗의 부흥이 두드러졌다.

4. 후주後周 세종世宗

오대五代 후주後周의 세종世宗에 이르러 다시 재정적 측면이 주요 원인이 된 법난이 일어났다. 955년 세종은 황제로부터 사액賜額을 받은 칙액사勅額寺 이외의 모든 사찰을 폐기한다. 이에 총 30,336개의 사찰이 폐기되었고 남은 사찰은 2,694개에 불과했다. 또한 약 6만 명의 승려만 남기고 17만여 명의 승려를 환속시켰다. 세종이 폐불을 한 가장 큰 이유는 면세 특권을 누리는 불교계에 과세하기 위함이며, 불상 제작으로 동전의 재료가 부족해지자 불상이나 각종 불구佛具를 환수하여 동전 주조의 원활화를 꾀하기 위한 목적도 있었다. 북방 왕조인 후주의 폐불로 중국 불교의 중심지는 남방으로 이동하게 된다.

한유의 「논불골표」

한유韓愈의 「논불골표論佛骨表」는 헌종憲宗 원화元和 14년(819) 형부시랑刑部侍郎 한유가 부처의 사리舍利를 모시는 행사를 반대하면서 지은 표表(왕에게 올리는 글)이다. 당시 법문사法門寺에서는 30년을 주기로, 부처의 사리를 일반에 공개하며 풍년과 평안을 기원하는 행사를 개최했었다. 불교 신자였던 헌종은 사리를 3일간 궁전에 모시고자 했고, 대소 신료에서 일반 백성에 이르기까지 지나치게 이 행사에 몰두하자 한유는 이를 비판하며 「논불골표」를 썼다.

한유는 불교를 믿었던 황제나 제왕들이 단명했으며, 불교가 중국에 들어오기 전 즉 동한 명제 이전에는 제왕들이 장수했음을 강조하였다. 헌종은 불교를 통해 무병과 장수를 빌고자 하는 마음이 강했는데, 불교를 신봉하면 단명에 나라까지 망하게 된다는 글을 보자 격노를 금하지 못하고 한유에게 사형을 언도한다. 그러나 재상 배도裴度를 비롯하여 주위 신료들이 하나같이 한유의 충심을 들어 탄원을 했기에, 한유는 겨우 사형을 면하고 조주자사潮州刺史로 좌천된다. 조주자사로 부임한 한유는 헌종에게 「조주자사사상표潮州刺史謝上表」라는 글을 올려 헌종의 노여움을 풀려고 했는데, 글의 내용이 지나치게 비굴하다는 평가를 받고 있다. 헌종의 치국이 태종보다 뛰어나니 태산泰山에서 봉천의식을 행하여 천하에 그 공덕을 알리라고 했고, 헌종은 부모와도 같은 존재이며 비록 몸은 떨어져 있으나 혼령이라도 황제 곁으로 가고 싶다고 했다. 아래는 「논불골표」의 일부이다.

……무릇 부처는 본시 오랑캐로, 중국과 언어가 통하지 않으며 의복의 법도가 다릅니다. 그들은 입으로는 선왕의 법언을 말하지 않고, 몸에는 선왕의 복식을 따르지 않으며, 군신 간의 의리와 부자父子의 정을 모릅니다. 만약 그가

지금까지 생존하여 그 나라의 명을 받들어 우리의 수도에 왔다면, 폐하께서는 친히 접견하시고 그저 선정전에서 한번 만나시고 예빈원에서 잔치를 베풀어 옷 한 벌 하사하신 뒤, 호위하여 국경까지 보내줌으로써 우리의 백성들이 현혹되지 않도록 하면 되는 것입니다. 그 몸이 죽은 지 이미 오래되었음에도 썩은 뼈와 흉측하고 더러운 찌꺼기를 어찌 궁중에 들이려 하는 것이옵니까?(夫佛本夷狄之人, 與中國言語不通, 衣服殊製, 口不言先王之法言, 身不服先王之法服, 不知君臣之義, 父子之情. 假如其身至今尙在, 奉其國命, 來朝京師, 陛下容而接之, 不過宣政一見, 禮賓一設, 賜衣一襲, 衛而出之于境, 不令惑衆也. 況其身死已久, 枯朽之骨, 凶穢之餘, 豈宜令人宮禁)

최치원

고운孤雲 최치원崔致遠(857~?)은 현 남경시南京市 율수현溧水縣 및 양주揚州의 당성唐城에서 관리 생활을 하였다. 현재 율수에 가면 최치원 동상(2000년 제막)이 세워져 있다. 율수현 근처에는 아직도 쌍녀분雙女墳 표석이 있는데, 여기에 최치원의 설화가 전해온다. 최치원은 율수 현위縣尉 시절 공무상 출타했다가 여관 근처에 있는 쌍녀분 전설을 듣게 된다. 강제 결혼을 피해 자결한 장씨張氏 자매 이야기인데, 최치원은 위로의 시를 지어 바쳤고 이에 감동한 두 자매가 나타나 최치원과 하룻밤을 보낸 후 새벽에 돌아갔다는 것이다. 현재도 이 지역 사람들은 병에 걸리면 쌍녀분 앞에서 치유를 기원하고, 병이 나으면 붉은색, 녹색 띠를 걸어둔다고 한다.

또한 중국 양주시揚州市에서도 2006년 10월 15일부터 2007년 10월 15일까지, 1년 동안 최치원 기념관을 지었다. 양주시는 10월 15일을 '최치원의 날'로 정하고 기념행사를 한다.

최치원은 육두품六頭品(득난得難) 출신으로 성골聖骨, 진골眞骨보다는 못하지만 신분이 낮았다고는 볼 수 없다. 그러나 출사出仕에 한계가 있어 12세의 나이에 당나라로 유학을 갔다. 전남 영암에서 출발한 최치원은 배로 약 1,500리, 다시 장안까지 3,000리 길을 3개월 만에 도착한다. 최치원은 어릴 때부터 천재로 명성이 나 있었는데, 최치원의 부친은 10년 만에 급제하지 못하면 부자父子의 인연을 끊겠다고 했고, 최치원은 인백기천人百己千(다른 사람이 백의 노력을 하면, 나는 천의 노력을 한다.)의 정신으로 결국 6년 만에 장원급제를 한다.

唐代 장안에는 국립대학인 국자감國子監이 있었는데 당태종 당시 중국 학생이 3천 명, 기타 고구려, 백제, 신라, 고창국 등 외국에서 온 유학생이 5천여 명 있었다고 한다. 역대 과거科擧 합격자 명단을 기록한 『등과기고登科記考』에 최치원의 이름을 찾을 수 있으며, 장원급제 후 "작년 발해인에게 장원을 빼앗긴 수치를 씻었다."고 술회하였다.

『전당문全唐文』에도 최치원의 문장이 실려 있으며, 『신당서新唐書』에는 최치원의 빈공과賓貢科 급제 및 그의 작품집인 『사륙집四六集』, 『계원필경桂苑筆耕』[23] 등에 대한 기록이 있는데, 중국 정사正史에 외국인의 작품이 소개된 것은 최치원이 유일하다고 한다.

최치원은 875년 황소黃巢의 난 때 고병高駢의 휘하에서 「격황소서檄黃巢書」를 썼는데 이를 본 황소가 놀라서 털썩 주저앉았다는 이야기가 전해온다. 황소의 난이 진압된 후, 25세의 최치원은 희종僖宗으로부터 자금어대紫金魚袋를 하사받고 명성을 떨치게 된다.

그는 신라를 걱정하여 당나라에서의 성공을 뒤로하고 고국으로 돌아왔으나, 지방의 태수太守 등 한직을 전전한다. 892년 진성여왕眞聖女王 때 시무십여조時務十餘條를 바쳤지만 받아들여지지 않았고, 골품제 개혁, 과거제 실시 등의 주장 역시 받아들여지지 않았다. 이에 그는 해인사海印寺에 은둔하다 생을 마감한다.

고려高麗 왕조가 들어서자 최치원은 문창후文昌侯로 추대되어 최초로 문묘文廟에 모셔지게 된다.(고려 현종顯宗 11년(1020)) 다음은 최치원

23 885년 중국에서 귀국한 후 1년 동안 그간의 작품을 정리하여, 886년 통일신라 정강왕(定康王)에게 바친 문집이다. 현전하는 우리나라 개인 문집 중 가장 오래된 것으로, 시 60편, 산문 310편이 수록되어 있다. 최치원의 문학은 대부분 두 번째 임지인 양주(揚州) 당성(唐城)에서 창작된 것이다.

의 「추야우중秋夜雨中」이란 시이다.

「추야우중秋夜雨中」

가을밤에 비 내리니

秋風唯苦吟	**추풍秋風에 오직 괴로움 읊조림은**
世路少知音	**세상에 지음知音이 없어서이네.**
窓外三更雨	**깊은 밤, 창 밖에는 비 내리고**
燈前萬里心	**등불 앞엔 만리 고향 그리움 서성이네.**

최치원은 어린 나이에 이역만리異域萬里 땅에 유학을 갔다. 약조한 기한 내에 과거科擧에 합격을 하지 못하면 부자父子간의 정을 끊겠다는 약속까지 한 터였다. 언어와 풍습이 다른 곳에서 외로이 지내야하는 처지라면 누구라도 견디기 힘들 것이다. 최치원이 아무리 뛰어난 천재라 해도, 여린 마음을 지닌 어린 나이가 아닌가? 그의 심적 부담은 상상 이상이었을 것이다. 상기 시는 바로 그런 마음이 깃든 작품이다.

이 시가 唐에서 귀국한 후에 지어졌다는 설도 있다. 뛰어난 인재가 조국(통일신라)에 대한 충정으로 개혁안을 올렸으나 국세國勢는 이미 회생불능 상태로 기울어 개선의 노력이 통할 때가 아니었으니, 시의 내용으로 보아 최치원의 회재불우懷才不遇의 비감이 서려있는 작품으로 봐도 무방할 것이다.

필자가 중국에 유학하고 있을 때, 당대문학연구회唐代文學研究會 회장을 역임한 필자의 지도교수님께 질문을 드렸던 적이 있다. 한국의 옛 한문漢文 문장과 중국의 고문古文을 비교하면 어떤 차이가 있냐고? 그 때 지도교수님께서는 오직 최치원의 문장만은 외국인이 쓴 글인지 중국의 문장가가 쓴 글인지 분간할 수 없다는 말씀을 하신 기억이 난다.

최치원은 변려문騈儷文에도 능하였는데 그의 문장들은 『전당문全唐文』에 수록되어 있다. 최치원이 합격한 빈공과賓貢科가 비록 외국인 전용 과거科擧이긴 했지만, 그는 당나라에서 실제 관직 생활을 하였으며,

선정善政을 펼쳐 아직까지도 해당 지역에서는 그를 신격화하고 있다. 최치원이 얼마나 뛰어난 인재인지를 알 수 있는 사례들이다.

후주의 세종과 고려 과거제

후주後周(951~960)는 고려高麗의 4대 왕 광종光宗이 즉위하자(949) 쌍기雙冀를 사신으로 보낸다. 그런데 쌍기가 병으로 귀국하지 못하자, 고려 광종은 후주의 세종世宗에게 쌍기를 고려의 신하로 삼을 수 있기를 청했고, 세종의 허락을 받아낸다. 광종은 쌍기에게 후주의 좋은 제도 중 고려가 본받을 만할 것이 무엇인지 물었고, 쌍기는 과거제 실시를 권한다. 이에 고려 광종 9년(958) 개경開京에서 우리나라 최초의 과거가 실시되었다.(우리나라에서 과거 시험은 1894년까지 936년 동안 지속되었다.) 개혁을 추구했던 고려 광종은 노비안건법 실시 등 왕권 강화를 위해 노력했는데, 신진세력의 등용을 통해 구세력 견제에 도움이 되는 과거科擧도 널리 시행하였다.

이런 사실을 미루어 봤을 때 당시 후주와 고려는 서로 우호 관계를 유지했던 것으로 짐작된다.

당대 문학

1. 당시唐詩와 이백과 두보

당나라는 시詩의 나라로 불린다. 후대 시인들은 "시를 지으려고 하니, 이미 당나라 시인들이 다 지어버려 더 이상 지을 시가 없다"고까지 말했다. 청나라 강희康熙 46년(1707)에 칙명으로 편찬된 『전당시全唐詩』

900권에는 2,200여 시인의 시 48,900여 수가 수록되어 있는데, 唐代는 비단 시의 양적인 성장 뿐 아니라 체재, 내용, 풍격, 사상, 작가, 독자 등 모든 방면에서 큰 변화와 발전이 이룩된 시기였다.

당시唐詩의 발달은 보통 초당初唐, 성당盛唐, 중당中唐, 만당晩唐 이렇게 네 시기로 나누는 것이 일반적이다. 그 가운데 당시唐詩가 가장 발달했던 시기는 당나라 최전성기였던 성당시기이며 이때는 낭만주의가 꽃을 피워 왕유王維, 맹호연孟浩然을 중심으로 하는 자연시파가 두르러졌다. 그러나 아무래도 성당과 중당에 걸쳐 활동했던 시선詩仙 이백李白(701~762)과 시성詩聖 두보杜甫(712~770)가 唐詩를 대표한다 할 것이다. 唐詩의 쌍벽을 이루는 두 사람은 나이 차이도 크게 나지 않으며 비슷한 시기를 살았지만, 둘의 인생과 시는 판이하게 다르다. 평생을 유유자적하고 여유롭게 산 이백은 낭만주의의 최고봉이 되었고, 평생을 지독한 가난과 고통 속에 살다 간 두보는 현실주의의 최고봉이 되었다. 여기 이백과 두보의 시를 한 수 씩 소개해 본다.

「산중문답山中問答」 이백

問余何事棲碧山 나에게 왜 푸른 산 속에 사느냐 물으니
笑而不答心自閑 웃으며 대답은 않지만 마음은 절로 한가롭네.
桃花流水杳然去 복사꽃 물결에 실려 아득히 흘러가는
別有天地非人間 인간 땅 아닌 별천지가 바로 예라네.

「춘망春望」 두보

國破山河在 나라가 무너져도 산하는 변함없고
城春草木深 장안성에 봄이 오니 초목이 무성하다.
感時花濺淚 시절을 근심하니 꽃도 눈물을 뿌리고
恨別鳥驚心 이별을 아파하니 새도 마음 조리는데
烽火連三月 춘삼월에도 봉화는 그치지 않으니

家書抵萬金　가족들 소식은 억만금보다 더 소중하다네.
白頭搔更短　흰머리 긁어, 점점 듬성해져
渾欲不勝簪　이제는 비녀 꽂기도 힘들어졌다오.

이백의 「산중문답山中問答」은 산중에서 느끼는 탈속의 자유와 선경仙境의 정취를 자문자답의 형식을 통해 잘 나타내고 있다. 「춘망春望」은 안사의 난 때 길을 나섰다가 반란군에 잡혀 장안에 억류되어 있던 두보가, 나라와 가족을 걱정하는 심정을 읊은 시이다. 국파가망에도 변함없는 자연은 나라와 가족을 걱정하며 늙어가는 자신의 처지와 잘 대비되어 있다.

그림14 이백

그림15 두보

2. 소설다운 소설의 출현-전기소설(『침중기』와 『남가태수전』)

사회 변혁기인 중당 시기에는 문체 혁신 운동인 고문운동古文運動이 일어나, 형식주의가 타파되고 사상과 내용을 쉽게 전할 수 있는 산문散文 문체들이 대거 등장하였다. 또한 내용 전달에 용이한 문체를 활용한 전기소설傳奇小說도 등장하는데, 당전기唐傳奇는 허구적 내용에 모종의 메시지를 전하기 위해 일정한 이야기 구조를 갖춘, 중국 최초의 소설다운 소설로 중국소설사에 이정표를 제시하였다.

당대 전기소설(당전기)의 유행 배경에는 과거 시험도 있었다. 과거에 응시하려는 사람들이나 승진을 준비하는 사람들은 사전에 시험관이나 상사上司에게 글을 지어 바쳤는데, 이는 자신의 재능을 인정받기 위한 비공식적 관행이었다. 이런 글은 무엇보다 시험관들에게 주목을 받고 관심을 불러일으켜야 했기에, 흥미성을 갖춘 전기소설이 적격이었다. 이리하여 많은 유생들이 전기의 작가나 독자가 될 수 있었다. 인생은 일장춘몽이라는 주제를 가진 『침중기枕中記』와 『남가태수전南柯太守傳』 등이 당대唐代 전기傳奇의 대표작이다. 두 작품을 소개해 본다.

『침중기』

노생盧生이라는 한 젊은이가 객잔에서 여옹呂翁이라는 도사를 만나, 자신의 신세를 한탄하니, 도사가 노생의 소원을 물어본다. 이에 노생은, 대장부라면 나라에 큰 공을 세우고 재상의 자리에 올라 가문을 빛내고 부귀와 영화를 누려야 한다고 답하고는, 남루한 옷을 입고 들에 나가 고된 노동을 해야만 하는 자신의 신세가 처량하다고 하였다. 말을 마치자 노생은 졸음이 밀려왔고 여옹이 건네 준 도자기 베개를 베고 스르르 잠이 든다. 노생은 곧 꿈을 꾸는데, 꿈속에서 외적을 물리치고 고관의 자리에 올랐으며 명문가의 규수와 결혼하여 온갖 부귀와 영화를 다 누렸다. 수십 년의 세월이 흘러 죽음에 임박하자, 자신은 원래 들판에서 농사나 짓는 신분이었다며 황제에게 은퇴를 청한 후 사망한다.

이렇듯 노생은 꿈에서 자신의 소원을 모조리 경험하였다. 그런데 꿈에서 깨보니 좀 전에 주모가 짓던 기장밥이 아직 익지 않은 상태였다. 수십 년 부귀영화를 누린 꿈속의 일이 아주 짧은 시간 동안에 이루어진 것이다. 여옹은 크게 놀라는 노생에게 인간 세상의 일이 다 한 순간의 부질없는 일임을 알려주었고 노생은 큰 깨달음을 얻고 사례하고 떠나간다.

『남가태수전』

호탕한 협사 순우분淳于棼은 관직에서 쫓겨난 후 생일 날 마을의 큰 괴목槐木 나무 아래에서 친구들과 술을 마시다 대취하여 잠이 든다. 잠이 든 후 이내 꿈을 꾸게 되는데, 꿈속에서 순우분은 개미 나라 왕의 사위가 되어 온갖 부귀와 호사를 누리다가 남가군南柯郡의 태수가 된다. 그는 남가군에서 20년 동안 선정을 펼쳤고 안팎으로 칭송이 자자했으나 그만 외적과의 전쟁에서 패하고 공주마저 죽고 만다. 이에 그는 태수의 자리에서 물러났고 왕은 그를 인간의 땅으로 돌려보낸다. 이상이 꿈 이야기이다. 꿈에서 깬 순우분은 수십 년 동안 겪은 파란만장한 경험이 모두 한 순간의 꿈이었다는 사실에 놀라며 큰 깨달음을 얻는다. 이처럼 『남가태수전』 역시 『침중기』처럼 인생은 부질없는 일장춘몽이라는 주제를 담고 있다.

이 두 소설은 고래로부터 우리나라 지식인들에게도 많이 알려져 있다. 『침중기』와 『남가태수전』은 각각 한단지몽邯鄲之夢과 남가일몽南柯一夢이란 고사의 유래가 되었다.

3. 사詞의 등장

당나라가 망해가는 시기인 만당시기에는 세기말적 유미주의와 현실을 극렬하게 풍자하는 문학이 두드러졌으며, 그런 가운데 노래가사가 원류인 사詞라는 장르가 대두되어, 송대의 대표적 문학 장르로 자리잡게 된다.

7장

송대宋代

송대 역사·문화 개관

당말唐末 희종僖宗 때 일어났던 황소黃巢의 난은 약 10년 동안(875~884) 지속 된 끝에 평정되었고, 唐의 국세는 재기불능 상태가 된다. 결국 소선제昭宣帝(애제哀帝) 때 후량後梁의 태조太祖가 된 주전충朱全忠에 의해 唐은 멸망하고 만다.(907) 이후 오대십국五代十國의 혼란이 지속되다가, 960년 송태조宋太祖 조광윤趙匡胤에 의해 송宋이 건국되었고, 2대 황제 태종太宗이 중국 전역을 통일했다.(979) 처음 宋의 수도는 변경汴京[1]이었다.

1127년 흠종欽宗과 태상황 휘종徽宗이 금나라로 잡혀가자, 휘종의 아들(흠종의 동생) 조구趙構가 남쪽으로 내려가 임안臨安[2]을 수도로 삼으니 이때부터를 남송南宋이라 하고, 그 이전은 북송北宋이라 하여 서로 구분한다. 즉 흠종은 북송의 마지막 황제이며, 조구는 남송의 첫 황제(高宗)인 것이다.

당나라 패망의 주요 원인이 지방 번진의 할거와 환관 세력의 비대화에 있었으므로, 송나라에서는 이를 교훈으로 삼아 강력한 중앙 집권제를 실시하였다. 특히 과거제를 완전히 정착시켜 문벌이 득세하지 못하게 하였는데 이는 황권 강화와 중앙 집권 공고화의 바탕이 되었다. 그러나 과거科擧로 대거 등용된 관리들의 녹봉과, 모병제로 인한 군대 유

1 현 하남성(河南省) 개봉(開封)
2 현 절강성(浙江省) 항주(杭州)

지 비용 및 중앙 위주의 비효율적인 군대 운영 등은 국가 재정에 큰 부담을 주었다. 이에 왕안석王安石을 중심으로 신법新法을 주장하는 개혁파가 등장하였고, 그들과 사마광司馬光, 구양수歐陽修, 소식蘇軾 등 개혁 반대파와의 파벌 다툼은 많은 정치적 혼란을 야기하였다.

한편 송나라는 역대 왕조 가운데 대외적으로 가장 약한 왕조였지만, 요나라, 금나라, 몽골족 등 주변 이민족(국)과의 굴욕적 화친을 통해 가급적 전란을 피해가며, 비교적 안정세를 구가할 수 있었다. 게다가 이모작의 광범위한 실시로 농업 생산력이 크게 증대되었고, 상공업의 발달로 전대미문의 경제적 번영을 이루었다. 최초로 야간 통행금지를 해제하여 상가는 밤새 불을 밝혔으며, 최초로 지폐를 발행하기도 하였다. 이런 경제적 번영으로 宋의 인구는 1억 명을 돌파하였고, 경제적 번영을 바탕으로 한 서민들의 지위 향상과 지배계층의 문화 중시는 문학과 예술의 융성을 낳았다. 사상적으로는 신유학新儒學, 성리학性理學, 이학理學 등으로 불리는 새로운 유학이 성행하였다. 신유학의 대두는 불교, 도교의 지속적 성장으로 인한 유가 측의 위기의식도 작용했지만, 무엇보다 명분만 강조하는 옛 유학으로는 새로운 시대를 이끌어 갈 수 없었기 때문이었다. 신유학은 체계와 이론 그리고 실용성이 보완된 새 시대의 새로운 유학인 것이다.

-송대 역사 간표-

960: 태조太祖 조광윤趙匡胤 송宋 건국

979: 태종太宗(2대 황제) 오월吳越, 북한北漢 등을 복속시키고 5대 10국의 분열을 통일함.

1004: 거란국 요遼의 침공에 조공으로 화친(전연지맹澶淵之盟)

1044: 서하西夏(탕구트족) 침공에 조공으로 화친

1115: 금金나라 건국

1125: 宋, 金 연합으로 요나라 멸망시킴.

1127: 정강靖康의 변變(정강靖康 2년): 金에 의해 개봉開封이 함락되고 흠종欽宗 및 태상황 휘종徽宗이 금나라로 압송됨. 흠종의 동생 조구趙構는 임안臨安(현 항주杭州)으로 천도하여 남송南宋의 고종高宗이 됨.(남송의 시작)

-남송 초기-

악비岳飛 등의 활약으로 金에 완강히 대항 → 악비 사형(1142) → 금나라 내분 → 宋·金 화평

1207: 북벌(금金나라 공격) 실패로 화친

1234: 金의 마지막 황제 말제末帝 피살, 남송과 몽골 연합군의 협공으로 金 멸망 → 남송은 낙양洛陽, 개봉開封 회복(이 자체가 몽골과의 협정 위반) → 송, 몽골 전쟁

1279: 몽골 임안臨安 점령(宋 멸망)

1. 송의 개국과 송태조 조광윤

후주後周의 세종世宗(재위 954~959) 시영柴榮은 운 좋게 왕이 되었다. 그는 고모의 양자로 들어갔는데, 고모부 곽위郭威가 바로 후한後漢 왕조를 멸하고 후주後周를 세운 후주의 1대 황제 태조太祖이다. 곽위는 후주의 전대 왕조인 후한後漢의 추밀부사樞密副使였는데, 후한의 2대 황제가 신변의 불안을 느껴 창업 공신들을 모두 몰살시켰다. 다행히 곽위와 시영

은 타지에 부임하고 있던 터라 목숨을 건졌지만, 도읍 개봉開封에 있었던 곽위의 가족들은 모두 죽임을 당하였다. 이에 곽위와 시영은 개봉으로 진격하며 반란을 일으켰고, 곽위는 부하들의 추대로 후주의 초대 황제가 되었지만, 3년 뒤 51세의 나이로 병사하고 만다.

앞서 곽위의 자식들은 이미 모두 몰살되었기에, 자연히 34세의 시영柴榮이 곽위의 뒤를 이어 후주의 2대 황제 세종이 되었다. 시영은 과묵하고 결단력이 있었으며 법 집행이 매우 엄격한 명군이었다. 그는 10국 가운데 후촉後蜀과 남당南唐을 제압했고, 최강국 거란으로부터 연운십육주燕雲十六州의 일부를 수복하기도 하였다. 그러나 안타깝게도 그 역시 거란 토벌을 위해 군사를 일으켰다가, 959년 6월 38세의 나이로 병사하고 만다.[3]

연운십육주

후진後晋의 건국자 석경당石敬瑭은 후당後唐을 멸망시키기 위해 916년 건국된 거란국과 손을 잡게 된다. 거란의 도움으로 후당을 멸망시킨 석경당 일파는 한족 지배 지역인 연운십육주燕雲十六州를 거란에게 넘겨주고 신하 관계가 된다.(937) 거란의 연운십육주 지배는 북방 유목민족이 처음 장성長城 이남 땅을 정식으로 지배한 경우이다. 이 연운십육주는 두고두고 송의 골칫거리가 된다. 연운십육주를 차지한 거란은 송을 압박했고, 송은 거란에게 많은 조공을 바쳐야만 했다. 이후 송

3 세종(世宗)에게는 왕박(王朴)이라는 천문(天文)과 역법(曆法)에 능한 신하가 있었는데, 세종이 왕박에게 자신의 남은 수명을 묻자, 그는 30년이라 답했다. 이에 세종은 10년은 천하 통일, 10년은 국정의 안정 그리고 나머지 10년은 태평성세를 이루면 되니, 여생이 30년이면 족하다며 기뻐했다고 한다. 그러나 세종의 재위 기간은 단 5년 6개월이었다. 30년이라 한 것은 5년 6개월(5x6=30)을 완곡히 말한 것이라는 이야기가 전해진다.

은 연운십육주 수복을 위해 노력했으나 큰 성과를 보지 못하고, 1127년 수도를 임안臨按(현 항주杭州)으로 천도했다. 그 후 이 지역은 금나라가 차지하게 되었다. 연운십육주는 현재의 북경北京, 대동大同, 천진天津 일대이다.

송태조宋太祖 조광윤趙匡胤(재위 960~976) 역시 후주後周의 세종世宗처럼 운 좋게 황제가 된 경우이다. 그는 후주의 군 최고 사령관인 태위太尉였는데, 959년 후주의 세종이 갑자기 죽자 세종의 아들 7세 공제恭帝가 즉위하였고 이듬해 진교병변陳橋兵變을 통해 본의 아니게 공제를 밀어내고 정권을 잡았다. 진교병변의 내용은 이러하다.

960년 정월에 요나라와 북한北漢이 쳐들어온다는 전갈이 전해지자, 조광윤은 출정을 위해 개봉開封 동북쪽 진교역陳橋驛에 진을 쳤다. 그런데 측근들이 조광윤에게 진탕 술을 먹인 뒤, 술에 취한 조광윤에게 황포黃袍를 입히고 그를 새 지도자로 추대했다. 이 사건이 바로 960년 일어났던 진교병변이다. 여기서 황포가신黃袍加身이란 성어成語도 생겨났다. 이때 조광윤의 나이가 33세였다. 혼란의 시기, 어린 군주보다는 군에서 잔뼈가 굵고 두루 신임이 두터웠던 조광윤이 나라를 책임지는 것이 바람직했을 것이다. 요나라의 침공이나 대취한 조광윤이 얼떨결에 황제가 되었다는 것 모두 정당성 확보나 명분을 위해 억지로 꾸며낸 일일 가능성이 농후하다. 조광윤은 어린 공제恭帝나 그의 측근들을 절대 해치지 않는다는 조건으로 공제로부터 양위를 받아 송을 세웠다. 실제로 그는 쿠데타를 통해 황제가 되었지만, 여느 역모와 달리 피비린내 나는 살육은 없었다.

조광윤은 국내를 안정시킨 후, 통일의 대업을 차근차근 추진해 나갔다. 963년 형남荊南, 965년 후촉後蜀, 971년 남한南漢, 975년 남당南唐을 차례로 멸망시켰는데, 마지막 남은 북한北漢의 제압은 동생 태종太宗의 몫이었다. 남당을 복속시킨 이듬해(976) 49세의 나이로 병사하고 말았기 때문이다.

북송 시기 새 황제가 즉위하면 황제는 태묘太廟에서 태조 조광윤의 유훈遺訓을 보고 그 의미를 가슴에 새기는 특이한 의식을 거쳤다. 1127년 금군金軍이 개봉開封에 쳐들어 왔을 때, 그의 유훈이 발견되었는데, 주요 내용은 후주의 왕가王家인 시씨柴氏에 대해 최대한 예를 갖추고, 설화舌禍 등 지식인들에 대한 핍박을 최대한 자제하라는 것이다. 이런 태조의 유훈은 오랫동안 지켜졌다.

조광윤 이래 지방의 할거 세력들이 하나씩 병합되면서 송나라의 기반이 확립되었는데, 그 과정에서 대규모 숙청이나 탄압은 별로 없었다. 이런 점에서 송태조 조광윤은 중국 역사상 손꼽을 만한 명군으로 평가할 만하다. 특히 별다른 혼란 없이 주변 세력들을 무력화시킨 배주석병권杯酒釋兵權(술자리에서 병권兵權을 포기하게 만들다) 일화는 유명하다. 진교병변 이듬해(961) 조광윤은 석수신石守信 등 창업 공신들과 술자리를 가졌다. 거기서 그는 황제의 자리를 노리는 측근들에 대한 우려를 내비침으로써 측근들로 하여금 자발적으로 자신들의 병권을 모두 내놓도록 하였다. 이를 두고 '배주석병권'이라 일컫는다. 당말唐末에서 오대십국에 이르는 혼란의 시기, 지방 세력들의 할거를 친히 목도한 조광윤이었고, 자신 역시 무력武力 쿠데타로 황위를 찬탈하였으니 누구보다도 할거 세력들의 위협을 제거하고 싶었을 것이다. 이런 창업 군주의 국정 방향은 한동안 지속된 무력에 의한 통치 흐름을 문관에 의한 문치文治의 시대로 전환시켰다. 지방 할거 세력을 무력화시켜 강력한 중앙 집권제를 실현하면 내부적인 안정은 도모할 수 있지만, 외세의 방비에는 취약할 수밖에 없는데 이는 대국 경영의 딜레마가 아닐 수 없다. 결국 문치에 역점을 둔 송은 중국 역사상 대외적으로 가장 나약한 왕조라는 불명예를 안아야 했다.

2. 통일의 대업

976년 태조 조광윤이 급사하자 태조의 아들이 아닌, 태조 옹립의 일등 공신이라 할 수 있는 태조의 동생 조광의趙匡義가 제위를 이었다. 그가 바로 송의 2대 황제 태종太宗이다. 황제의 아우인 조광의가 황위皇位를 이은 것에는 여러 가지 의문점이 있다. 형제는 평소 우의가 돈독했던 것으로 알려져 있으나, 병석의 태조 조광윤은 동생 조광의와 단둘이 있다가 죽었으며 바로 다음 날 조광의가 황제가 되었다. 조광윤의 두 아들과 조광의의 동생도 이른 나이에 석연치 않게 죽거나 병사했으며, 3대 황제 진종眞宗은 조광의의 3남 조항趙恒이다.

978년 양자강 하류 지역에 자리 잡고 있던 오월吳越의 5대 왕 전홍숙錢弘俶은 스스로 송나라에게 나라를 맡겼고, 이듬해인 979년 북방의 북한北漢은 송나라에 의해 멸망되었다. 이리하여 907년 당나라가 망한 지 70여 년 만에 마침내 5대 10국의 혼란과 분열이 재통일되기에 이르렀다. 이런 사실을 통해 보면 태조의 동생이 황위를 이은 것은 결과적으로 바람직한 선택이었다고 볼 수 있다. 다만 연운십육주燕雲十六州는 태종이 두 번이나 수복 전쟁을 일으켰으나 모두 실패하였다.

태조와 태종 2대 30년은 치세治世가 펼쳐졌는데 거기에는 당시 최강이었던 거란의 내분이라는 행운도 작용하였다. 태종 말기 즈음 거란은 안정을 찾았고, 1004년 거란국 요遼와 송은 전연지맹澶淵之盟을 맺기에 이른다.

3. 과거科擧의 보편화와 문치

3.1 과거제 발달의 배경

절도사節度使 출신인 송태조 조광윤은 지방 군벌인 절도사의 폐단을 누구보다 잘 알고 있었기에, 절도사 세력의 근원인 병권兵權을 접수하고 황실 부대인 금군禁軍을 강화하였다. 즉 지방 절도사의 정예 부대는 금군에 통합시키고, 나머지 잔여 군대는 상군廂軍으로 편제했는데, 상군은 홍수 시 제방 보수나 도로 건설 등 주로 토목공사에 동원되었다. 또한 절도사의 임지任地를 자주 바꾸었고 행정권도 완전히 몰수하였다. 특히 조세租稅와 염세鹽稅 징수권을 전운사轉運使에게 넘김으로써 절도사의 권한은 현격히 약화되었다. 결국 시간이 지나자 '절도사'는 퇴역 군인에게 부여되는 칭호 정도로 유명무실해졌고, 각 지역의 실권은 전국의 주州, 현縣에 파견된 문신들의 차지가 된다. 오대의 무인정치武人政治가 문인정치文人政治로 완전히 탈바꿈한 것이다.

이런 중앙집권적 체제 유지를 위해서는 많은 관리들이 필요했고, 원활한 관리 공급을 위해 과거제가 광범위하게 시행되었다. 당대唐代에도 과거가 시행되었으나 그때는 문음門蔭 등 문벌의 영향력이 매우 컸었다. 그러니 唐代에는 과거科擧보다 문벌귀족들의 음서蔭敍가 더욱 강세였고 또한 과거에 합격해도 임관이 불투명한 경우가 많았다. 게다가 문벌귀족들이 막강한 인사권을 가지고 있어서, 과거 합격자의 관리 임용 자체도 문벌귀족들에 의해 좌우되었다. 唐을 이은 宋은 문벌의 몰락으로 과

거의 기능이 대폭 강화된다. 과거 합격자 수를 봐도 唐代의 경우 한 회 수십 명 정도의 합격자가 배출되었지만, 송대에는 과거 합격자 수가 연평균 200여 명으로 늘었다. 973년 태조는 황제가 시험관이 되는 전시殿試를 정착시켜 모든 과거 합격자는 황제의 문하생이라는 관계가 형성되도록 하였는데 이 역시 황제의 관리 장악에 적지 않은 보탬이 되었다.

한편 1065년부터는 부정기 시험이었던 과거가 정기시험으로 바뀌어 3년에 1회씩 시행되었고, 객관성과 공정성 확보를 위해 호명법糊名法(응시자의 성명을 가리고 채점) 및 등록법謄錄法(제출된 답안을 시험관들이 모두 옮겨 적은 후 채점함으로써, 필적에 의한 채점 부정을 방지함)을 시행하는가 하면 응시자 이름 대신 수험번호를 적도록 하였다. 아울러 부정행위에 대해서는 당사자는 물론 연루자와 책임자 모두를 처벌하였다. 이처럼 수대隋代에 시작된 과거科擧는 송대에 완전히 정착되었으며, 그것은 무엇보다 황제의 중앙 집권 강화를 위한 유용한 수단이 되었다.[4]

3.2 과거제의 폐단

과거科擧로 관리를 뽑다 보니 모든 교육이 과거 시험에 예속되어, 균형 있는 학문 발달 특히 실용 학문의 발달에 지장을 초래하였다. 또한 과거 합격생은 보통 여유 있는 강남江南 지역에서 많이 배출되어 그들과 정통 귀족이었던 화북華北 출신 관료와의 대립도 생겨났다. 한편 송대는 관리의 수도 많았지만 처우도 좋았다. 관리가 퇴직하면 죽을 때까지 국

4 중국의 과거제는 587년 수문제(隋文帝) 때 시작되어 청말(淸末)까지 약 1,300년에 걸쳐 시행되었다.

가가 그 생계를 책임지거나, 사망 시 조의금을 지급하기도 하였다. 이러한 관리 우대 정책은 국가 재정에 큰 부담이 되어, 시간이 흐를수록 과거科擧의 영향력은 서서히 약화되어 갔다. 그 결과 과거 시험 경쟁률은 점차 올라가 수백 대 일로까지 치솟았다.(당송대에 과거 경쟁률이 수백 대 일로 치솟은 것은 응시자는 늘었는데 합격자 수는 한정되었기 때문이다.) 과거를 통한 관계官界의 진출은 어려워졌지만, 그것이 예전처럼 크게 문제가 되지는 않았다. 사람들의 사고방식이 많이 변했기 때문이다. 농촌에는 시장공동체가 등장했고 대도시에는 상공업이 크게 발달했는데, 경제관념이 생긴 많은 사람들은 관계 진출을 꾀하기보다, 부富의 축적을 통한 권세를 추구하게 되었다. 실제로 부상富商의 집안에서 고위층 집안의 며느리를 보는 경우가 적지 않았다.

3.3 기타 과거 관련

과거 시험에 합격하기 위해서는 상당 기간을 생업에 신경 쓰지 않고 시험에 몰두해야 하기 때문에 합격자는 중소 지주 계층 이상에서 배출되는 것이 보통이었다. 한편 송대에는 인구가 크게 증가하고 사회 구조도 복잡해졌기에 관리들이 법무적, 행정적 지식을 필수적으로 갖춰야 했지만, 유학儒學을 공부한 과거 합격생들이 행정이나 법무적 실무에 밝기는 어려웠다. 그러다 보니 현장에서 실무를 담당하던 하급관리인 서리胥吏의 입지가 강하게 되었다. 이에 왕안석王安石은 신법新法을 통해 과거 시험 과목을 행정 실무와 관련된 과목으로 바꾸었다.

송대에는 일정 행정 단위마다 과거 시험 과목을 가르치는 국립 학교인 주현학州縣學 등의 관학官學 있었고, 사립 교육기관인 서원書院도 많이 발달했는데, 남송 이후 서원은 대표적 교육기관으로 성장하게 된다. 송대에는 자구字句 해석에 연연하던 과거過去의 유교적 학풍을 개선하고자 신유학新儒學인 성리학性理學을 장려하였다. 성리학의 집대성자인 주희朱熹(1130~1200)는 강서성江西省 여산廬山의 백록동서원白鹿洞書院을 중건했는데, 이 백록동서원은 송대의 대표 서원으로 자리 잡았다.

송대사대서

오대십국의 혼란을 완전히 극복하고 중국 전역을 통일한 2대 황제 송태종은 문사文士들에게 후한 대우를 해주며 대규모 서적 출판 사업을 벌인다. 송대사대서宋代四大書 가운데 『태평광기太平廣記』, 『태평어람太平御覽』, 『문원영화文苑英華』가 태종의 칙령으로 이루어진 것이며, 그의 아들 3대 황제 진종眞宗의 칙령으로 이루어진 것이 『책부원구冊府元龜』이다. 이러한 대규모 편찬사업은 송대 숭문崇文의 분위기를 짐작할 수 있도록 해준다.

『태평광기太平廣記』

이방李昉 등이 태종의 칙명勅命으로 편찬한 소설총집小說叢輯으로 태종 태평흥국太平興國 연간에 완성되어 『태평광기太平廣記』라 명명되었다. (『태평어람太平御覽』도 같은 경우이다.) 한대漢代에서 당대唐代에 이르는 야사野史, 지괴志怪, 일사逸事, 잡사雜史, 소설小說 등이 망라되어, 고소설古小說 연구 등에 귀중한 자료가 되고 있다. 특히 위진남북조시대 지인志人, 지괴志怪의 보고寶庫이며, 「장한가전長恨歌傳」, 「앵앵전鶯鶯傳」, 「이와전李娃傳」 등 유명한 당전기唐傳奇들이 수록되어 있다.

『태평어람太平御覽』

977년 태종의 칙명을 받아 이방李昉 등이 983년 편찬한 유서類書[5]로, 원래 서명書名은 『태평총류太平總類』였는데 1천 권의 방대한 양을 태종이 하루에 세 권씩 읽어, 1년 만에 완독하여 『태평어람』이라 하였다.

『문원영화文苑英華』

태종의 칙명으로 이방李昉, 서현徐鉉 등이 완성한, 남조南朝 양梁나라에서 만당晩唐에 이르는 시기의 시문詩文을 모은 대규모 시문총집詩文總集이다. 약 2,200여 작가의 1만 9천 여 시문이 수록되어 있는데, 수록 작품의 90%가 당대唐代 작품이니 唐代 시문의 보고寶庫라 할 수 있다.

『책부원구冊府元龜』

상고시대부터 만당오대에 이르는 동안의 역대 정치에 관한 기록들을 정사正史, 실록實錄 등에서 뽑아 편찬한 책으로 특히 前代인 당오대唐五代 관련 기록들이 많다. 송대사대서 가운데 실제 분량이 가장 많은 책으로, 1005년 진종眞宗의 칙명으로 시작되어 1013년에 완성되었다.

4. 조세 제도

4.1 지이와 절변

송대의 세금에는 크게 다섯 종류가 있었다. 국유 토지인 공전公田을 경작하고 바치는 세, 개인 토지인 민전民田을 경작하고 바치는 세, 주택 및 토지에 부과되었던 세, 성인에게 부과되었던 인구세人口稅 그리고 잡

5 유서(類書)는 일종의 백과전서로, 세상만사에 대한 기록을 편집하고 절록하여, 다방면으로 참고가 되게 하고 또한 그 내용들을 후대에 남기는 것이다.

세雜稅 등이다. 송宋은 당唐의 양세법兩稅法을 계승하였다. 송의 양세 역시 하세夏稅와 추세秋稅로 나눌 수 있는데 송의 양세는 기본적으로 토지에 부과되는 토지세였다. 다만 부과 세액은 소유한 토지의 다과, 토지의 생산력(비옥도) 등을 두루 고려하였는데 징수물이나 징수 방법에는 여러 가지가 있었다. 대표적인 것이 지이支移와 절변折變이다. 과세에는 보통 납입 물품과 납입 창고가 정해진다. 그런데 형편상 다른 물품이 필요할 때가 있다. 이럴 때는 동일 가치의 다른 물품이나 혹은 화폐로 대납하게 하였는데 이를 '절변'이라 한다. 화폐 대납 시에는 금액 산정 기준을 국가가 임의로 정하는 것이어서 납세자의 부담이 커질 수 있었기에, 절변은 상등호上等戶에게 우선적으로 부과되었다. 한편 납세 창고는 보통 납세자가 속한 지역에 있었으나 상황에 따라 타 지역 창고로 보내야 할 때도 있었을 것이다. 이처럼 납세자가 거주하는 지역 이외의 주현州縣 등으로 납세토록 하는 것을 '지이'라 한다. 먼 곳에 있는 창고가 지정되면 운반비 등의 추가 부담이 발생하므로 창고의 거리 등을 고려하되 역시 주로 상등호에 할당되었으며 이를 거부할 시 운반비를 부담해야 했다.

4.2 납세 의무자

당대唐代의 피지배자는 양민良民과 천민賤民으로 대별되었는데 세금은 주로 양민들이 부담했었다. 송대의 피지배자는 주호主戶와 객호客戶로 나뉘는데(모두 호적에 등재), 주호는 소유 토지 등 자산의 정도에 따라 5등급으로 구분되었다. 4등호 이하 하등호下等戶가 과반수를 점했으며, 이들은 보통 3등호 이상 지주에 대하여 소작, 고용, 대차 등에 의한 종속 관계에 놓여있었다. 객호客戶는 평가할 재산 자체가 없는 소작인이 대부분이며 정착 생활도 쉽지 않았다. 이들이 唐代의 소작농과 다른 점이라면 지주에게 모든 것이 예속된 신분이었다기보다, 계약에 따라 일정 소작료를 지불하는 관계였다는 점이다. 대체적인 통계에 의하면 주호가 2/3, 객호가 1/3을 점했는데 주요 납세 의무가 있던 주호의 파악이 송조宋朝 지배의 근간이라 할 수 있다. 이외에 호등戶等이 아니라 두당頭當 부과되었던 신정전身丁錢, 신정미身丁米 등은 객호도 부담하였다.

4.3 직역과 부역

세금은 징수물에 따라 화폐나 현물로 납부하는 것과 노동력을 제공하는 것으로 나눌 수 있다. 노동력을 제공하는 세는 크게 병역兵役과 요역徭役으로 나눌 수 있는데, 송대는 모병제募兵制였기 때문에 병역은 기본적으로 해당 사항이 없다. 송대의 요역으로는 직역職役과 부역夫役이 있었다. 직역은 등호等戶 즉 자산 정도에 따라 차등 부과된 것으로, 상등호上等戶들이 주로 관청에서 행정 보조 업무를 맡았다. 상등호들이 문자와 글에 대한 지식이 있었기 때문인데, 과세 대상자에게는 적지 않은 부담이 되었다. 한편 직역 외의 요역을 부역夫役이라 하는데, 부역은 주호主戶 뿐 아니라 객호客戶에게도 부과되었다. 예를 들어 긴급한 제방 보수 공사나 혹은 황하 범람을 방비하기 위한 정기적 토목 사업 등에는 노동 가능한 주변 백성들이 일괄 동원되었다.

4.4 비농업세의 증가

당나라 초기 국가 세수稅收의 대부분은 농업세였는데, 북송에 오면 정부의 전매 수입과 상업세가 농업세를 능가하기 시작했고, 남송에 접어들면 염세鹽稅, 주세酒稅, 차세茶稅 등 농업세 외의 세수가 가장 많은 비중을 차지하게 된다. 또한 남송에 이르러 화폐 세수가 현물 징수를 능가하기 시작했다.

5. 신법

5.1 신법의 출현과 왕안석

11세기 중반에 이르면 급증한 관리의 인건비 및 서하西夏와의 7년 전쟁 등으로 인해 국가 재정에 비상이 걸린다. 특히 과도한 군비軍費 지출이 문제였다. 송대 초기(975) 금군禁軍과 상군廂軍을 합친 병력이 대략 39만 정도였는데, 인종仁宗 시기(1045)에 오면 약 126만으로 급증했다. 송대는 모병제를 실시했으므로 병사들의 급여가 적지 않게 나갔고, 군대 유지비용이 정부 예산에서 가장 큰 비중을 차지하였다. 게다가 제대 제도가 없어서 노병老兵들이 많았고, 흉년이나 기근이 심해지면 먹고 살길이 막막해진 사람들이 군대로 모여들었다. 이처럼 송의 군대는 유지비는 지속적으로 증가하고, 전투력은 저하될 수밖에 없는 구조적 모순을 안고 있었다. 이런 군 조직으로는 용맹한 북방 민족들의 적수가 될 수 없음이 자명하다.

관리의 수도 11세기 초 진종眞宗 때 1만여 명이었던 것이 11세기 중반

영종英宗 때에는 2만 4천 명을 넘었고, 관리의 급여가 가장 높았던 왕조 또한 송대였다.

결국 11세기 중엽, 정치 개혁을 통한 국가 재정財政 정비를 주장하는 사람들이 나오니 이들이 바로 신법파新法派이다.

신법의 주창자는 왕안석王安石(1021~1086)이지만, 변법變法을 최초로 주장한 사람은 범중엄范仲淹(989~1052)이었다. 일찍이 인종仁宗은 범중엄의 개혁을 시행하고자 했으나 특권을 누려왔던 사대부들을 비롯하여 모든 기득권들이 반대하는 바람에 흐지부지 끝나고 말았다. 그리하여 신법은 개혁 의지가 충만했던 왕안석과 과단성 있던 젊은 황제 신종神宗에 의해서 비로소 시행되기에 이른다.

왕안석은 당송팔대가唐宋八大家의 한 사람으로 유명한 문인이기도 했다. 21세에 우수한 성적으로 진사進士가 되었고, 지방직을 두루 거치며 사회 현실을 깊이 이해한 왕안석은 처음 인종에게 「상만언서上萬言書」를 올려 재정적자 타개를 위해 변법變法의 시행을 주장했지만 받아들여지지 않았다. 왕안석의 신법을 채용한 신종神宗은 1068년 21세의 나이로 황제가 되었는데 그는 태자 때부터 왕안석의 개혁에 관심을 두고 있다가, 황제가 되자 즉각 그를 부총리급의 참지정사參知政事에 임명하고 개혁을 추진했다.

5.2 신법의 주요 내용과 시행

신법의 핵심은 청묘법青苗法, 모역법募役法, 시역법市易法 등이다. 아래에 각각을 간략히 소개해 본다.

청묘법

춘궁기春窮期에 가난한 서민은 식량, 돈, 종자 등을 지주에게 빌리는 경우가 많았는데, 그 이자가 최저 6할에서 최고 10할에까지 이르렀다. 물론 제때 상환하지 못하는 경우가 빈번했고, 서민들은 토지를 처분하여 빚을 갚을 수밖에 없었으니 빈익빈부익부의 모순은 점점 심화되어 갔다. 이러한 문제를 타개하고자 한 것이 청묘법青苗法이다. 청묘법은 국가가 2할의 이자로 빌려주고, 곡물이나 화폐로 편리하게 상환하도록 한 것이다. 기득권층은 국가가 국민을 상대로 대부업을 해서는 안 된다는 논리로 청묘법을 극렬하게 반대했다. 물론 그것은 명분으로 포장된 기득권 유지의 성격이 강했다. '청묘법'은 매년 벼의 모가 푸를 때 시행했다고 해서 명명命名된 것이다.

모역법

모역법募役法은 북송 전반기 농민의 최대 부담이었던 직역職役을 응모제로 하고, 직역을 면제받은 납세 의무자에게 면역전免役錢을 징수하는 것이다. 역役을 면제해주는 대신 세금을 받는다는 취지에서 면역법免役法이라고도 한다. 직역이 면제되었던 관호官戶[6](진사 등 고급관료 배출 집안), 사관寺觀, 상인 등에게는 조역전助役錢을 부과하였는데, 직역이 면제되었던 계층들로서는 없던 세금이 새롭게 추가된 것이었으므로 반발이 심하였다.

시역법

청묘법青苗法과 모역법募役法이 서민들을 위한 것이었다면 시역법市易

6 송대가 문치(文治) 및 문관(文官)을 우대하는 시대임을 보여주는 예가 될 수 있다.

法은 영세 상인 구제법으로, 거상巨商 주도의 유통구조를 혁신하고 영세한 상인들을 보호하고자 한 것이 그 취지이다. 영세 상인을 보호하기 위해 정부는 소규모 상인들에게 연 2할의 낮은 이자로 대부해주거나 재고를 매입해 주었다. 또한 당시 국가 조달품은 거상들의 조합인 행行을 통해 구매가 이루어졌는데, 국가가 行을 거치지 않고 상인들로부터 직접 구매하고자 하였다. 하지만 관공서나 국가 기관에 납품하던 거상들은 환관이나 후궁들과 은밀하게 결탁하고 있었기에, 환관들은 시역법 반대운동을 벌였다. 그래서 왕안석 실각의 가장 직접적인 원인 가운데 하나를 시역법의 시행으로 보기도 한다.

기타 혁신 정책

과거科擧 시험의 실제 내용은 유교 경전이나 시문詩文이었기 때문에, 과거 합격자가 관직을 제수 받아 실제 업무에 배치되면, 업무에 서툰 경우가 많았다. 그러다 보니 실무자인 하급 서리胥吏들의 입지가 강해졌는데, 왕안석은 오경五經 가운데 하나인 『춘추春秋』를 '조정의 공문 쪼가리'에 불과하다며 혹평을 한 사람이다.(그 반대파였던 사마광司馬光은 어릴 적부터 특히 『춘추』를 좋아하였다.) 그는 유가의 경전이 과거 시험의 핵심 과목이 된 것을 매우 비합리적이라 여겼다. 과거의 양대 시험은 진사과進士科와 명경과明經科인데, 왕안석은 명경과를 폐지하고 명법과明法科를 두어 법령法令과 형법刑法 관련 지식을 시험하게 하였으며, 진사과에서도 시부詩賦를 없애고 경의經義와 책론策論을 시험 보게 하였다.

신법 가운데 하나인 보마법保馬法은 군마軍馬의 관리를 민간에 위탁시키고, 위탁자에게 세금을 면제해 주는 것이다. 또한 모병제의 심각한 폐단을 우려한 왕안석은 부병제府兵制처럼, 각 호를 기본 단위로 하여 징집과 군사 훈련을 하는 방안을 채택하였다. 이를 보갑법保甲法이라 하는데

10호(보保), 50호(대보大保), 500호(도보都保) 단위로 편제하여, 뽑힌 장정이 평상시는 치안을 담당하고 유사시에는 전쟁에 차출되도록 하였다. 이는 부병제 성격의 민병제民兵制라 할 수 있다.

신법의 시행과 경과

왕안석의 신법 시행은 국가 재정에 큰 기여를 하여, 적자 재정을 흑자로 돌아서게 하였다. 그러나 기득권층은 줄곧 반대를 했고, 관리들의 세금 착취가 심해지면서 점차 일반 농민들의 반대도 커져 갔다. 또한 신법을 시행하면서 충분한 사전 설명이 부족했으며, 왕안석 개인의 독단적 성향 등 여러 요인으로 인해 신법의 추진은 결국 실패로 돌아가고 만다. 구조적 모순과 반대파들이 득세하는 상황에서 혁신 정책이 성공하기는 쉽지 않았을 것이다.

정치철학적인 대립도 있었다. 왕안석의 문우文友였던 명신名臣 사마광司馬光은 왕안석 보다 두 살 위로 그 역시 20세 약관에 진사進士가 된 뛰어난 인재였다. 화북華北의 구귀족 출신이었던 그는 비록 신법을 반대했으나 왕안석과 비교적 좋은 관계를 유지하였다. 빈부란 근면함의 여부로 결정되는 것인데, 근면하지 않아서 빈곤하게 된 사람까지 국가가 돌볼 필요가 없다는 것이 신법 반대의 주된 이유였다.

이렇듯 초기에는 서로 노선만 달랐을 뿐 신구파新舊派 모두 국가의 안위를 걱정하는 사람들이었다. 그러나 지속적인 파벌 대립은 결국 건전한 국가 발전에 해가 되었다. 송대는 많은 관료들로 인해 당파 싸움도 많았었는데 특히 신구법파 사이의 정쟁이 심각했다. 구양수歐陽修, 사마광司馬光, 소식蘇軾 등 많은 명사名士들이 신법을 반대했으나, 왕안석에 대한 신종神宗의 신임이 워낙 두터워 신종 재위(1068~1085) 시에는 신법이 추진되었다. 그러나 신종 사후 구법의 시대가 열렸고, 이후에는 신구법파들이 번갈아 득세하며 당쟁은 더욱 치열해져갔다. 게다가 시간이 갈수록 신구법파 모두 백성 수탈에 열을 올렸다. 결국 휘종徽宗 선화宣和 원년(1119) 산동山東의 양산박梁山泊에서 송강宋江의 난이 일어났고, 이듬해에는 강남에서 방랍方臘의 난이 일어났다. 금나라의 도움으로 난을 진압하긴 했으나, 얼마못가 북송은 금나라에 망했고(1127), 금나라로 잡혀간 흠종欽宗의 동생 조구趙構가 임안臨安(항주杭州)으로 가 남송南宋의 고종高宗이 되었다. 북송의 시대가 저물고 남송의 시대가 열린 것이다.

왕안석의 신법이 파벌 대립을 낳긴 했으나, 만약 신법이 올바로 시행되었다면 북송이 쉽게 무너졌을까 하는 생각을 해 볼 수 있다. 신법의 일부는 구법파들도 수용하자는 입장이었고, 실패의 이유도 신법 자체의 문제라기보다 시행 과정에서의 문제로 비롯된 측면이 크다. 특히 거대 기득권 세력의 이익에 반하는 소수 개혁파들의 급진적 노력은 이미 실패가 예고된 것이나 다름없었다. 그러나 신법은 젊은 신종 황제의 지원 아래 상당 기간 의욕적으로 추진되어, 어느 정도는 성과가 있었고 그 교훈이 대대로 전수되었다는 점에서 적지 않은 의미를 부여할 수 있다.

사마광과 『자치통감』

사마광司馬光(1019~1086)과 왕안석王安石(1021~1086)은 모두 청빈한 삶과 위대한 인문적 업적을 남긴 명신名臣들이다. 살아있는 부처라 칭해졌던 사마광은 부인이 죽었을 때 장례비조차 없을 정도로 청렴했는데, 신종神宗이 왕안석을 불러 신법을 추진하자 낙양에 칩거하여 19년 만에 거저巨著 『자치통감自治通鑑』을 완성한다. 기존의 역사서들은 너무 복잡하고 방대하여 위정자들이 참고하는데 적지 않은 불편이 뒤따랐다. 이에 종합적이고 간결한 역사서가 필요하다는 인식에서 나온 것이 바로 『자치통감』이다.

신종은 사마광의 신법 반대 주장을 받아들이지는 않았으나, 그의 충정과 지덕知德을 아는지라 사마광이 『자치통감』을 완성할 수 있도록 협조와 지원을 아끼지 않았다. 1085년 신종이 죽고 어린 철종哲宗이 즉위하자 영종英宗(신종의 아버지)의 황후이자 신종의 모친인 고태후高太后가 섭정을 했는데 이때 사마광은 다시 복직이 되었다. 구법파였던 소식蘇軾은 모역법募役法 등 신법의 일부를 시행할 것을 주장했으나, 사마광은 신법을 모두 폐지했고, 이듬해(1086년) 4월 왕안석은 사망한다. 당시 사마광도 병세가 심했는데 왕안석 사후 5개월 만에 그도 숨을 거두었다.

사마광은 소아격옹도小兒擊甕圖라는 그림의 주인공이다. 어린 시절 한 친구가 놀다가 큰 물 항아리에 빠지자 모든 아이들이 어쩔 줄 몰라 하고 있었다. 그때 사마광이 침착하게 돌로 항아리를 깨뜨려 아이를 구한다. 이 고사를 그림으로 그린 것이 소아격옹도이다.

『자치통감』

B.C. 403년 전국시대戰國時代 주周의 위열왕威烈王 때부터 오대 후주後周 세종世宗 때까지(959) 약 1,362년 간의 역사를 기록한, 중국의 가장 대표적 편년체編年體 역사서 가운데 하나이다. 북송의 사마광이 1084년 완성하여 신종에게 바치자, 신종이 역사를 거울삼아 치국에 도움이 되게 한다는 의미로 『자치통감自治通鑑』이라 하였다.

소동파의 오대시안

중국 역사상 가장 뛰어난 문인으로 평가받는 소식蘇軾(1036~1101, 동파東坡는 호號임)은 문학은 물론 서예, 그림, 음악, 요리 등 많은 분야에서 탁월한 재능을 보인 위대한 인물이다. 그런데 43세 되던 해에 한 편의 글이 발단이 되어 오대시안烏臺詩案이라는 일생 최대의 위기에 빠지게 된다. '오대'란 감찰기관인 어사대御史臺를 가르키는 말이다. 한나라 때 어사대에 측백나무가 무성했는데 거기에 까마귀 무리들이 서식하여 '오대'라는 별칭이 생겼다.

북송 신종神宗 원풍元豐 2년(1079) 3월 소식蘇軾은 태호太湖 근처 호주湖州로 부임하게 된다. 이곳은 소주와 항주에 인접한 풍요의 땅이었다. 부임 후 그는 일종의 부임 보고서로 볼 수 있는 「호주사표湖州謝表」를 올렸는데, 이 글이 발단이 되어 석 달 뒤 7월 28일, 어사대 관리가 소동파를 체포하기 위해 호주에 당도한다. 당시 증언에 의하면 마치 소나 닭을 끌고 가듯이 태수를 잡아갔다고 했으며, 소동파는 많은 사람들이 연루될 것을 걱정하여 투신자살까지 기도했으나 실패하였다.

소동파는 열악한 독방에 수감되어 혹독한 심문을 받았으며 사형을 직감하고, 유일하게 친절하게 대해준 간수 양성梁成에게 시를 두 수 지어 동생에게 전해달라고 부탁하였다. 수감자의 모든 글은 검열을 받아야 했기에, 그 시는 신종 황제에까지 보고가 된다. 시를 읽은 신종은 감동하여 눈물을 흘리며 소동파의 죄를 감면하라고 지시한다.

「호주사표」에서 문제가 된 문구는, "어리석어 시의를 따르지 못하고 신진을 좇아가기 어려움을 아시고, 늙어서 일을 벌이지는 못하지만 작은 백성은 다스릴 수 있음을 살피시어(知其愚不適時, 難以追陪新進. 察其老不生事, 或能牧養小民)"이다. 여기서 '新進'은 신법 추진을 위해 등용된 신진 인사를 가르키고, '生事'는 일을 벌인다는 의미로 '신법 추진'으로 볼 여지가 있다. 즉 소동파가 이 글에서 신법 추진을 은근히 비꼬고 있다는 것이다.

소동파는 그동안 신법에 대하여 반대하는 입장을 취해왔다. 신법파들은 이 글을 빌미로 눈엣가시였던 소동파를 집중 모함하고 탄핵하였고 결국 신종도 소동파를 조사하라는 명을 어사대에 내렸던 것이다. 다행히 죽음을 예상하고 쓴 시가 신종의 마음을 움직였고, 사형하라는 신법파들의 주장에도 불구하고, 인종仁宗의 태후와 당시 은퇴해있던 왕안석마저 인재를 함부로 죽여서는 안 된다고 탄원하는 등 많은 사람이 소동파를 용서해야 한다고 호소했기에 소동파는 4개월 만에 석방되어 황주黃州로 귀양을 떠나게 된다.

6. 상업혁명

송대는 중국의 사회·경제가 비약적으로 발전한 시기여서 상업혁명商業革命 혹은 당송변혁기唐宋變革期란 말을 쓴다. 북송의 수도 개봉開封(변경汴京)은 인구가 100만을 넘었고, 남송의 수도 임안臨安(항주杭州)에는 150만 명이 거주했으며, 북송 후기에 이르면 전체 인구가 1억을 돌파한다.[7] 또한 세계 최초의 지폐라는 교자交子가 등장했고 중국 역사상 화폐 사용이 상당히 보편화되었는데, 농업 기술의 발달 및 생산량 증가 등이 고도성장의 뒷받침이 되었다. 화폐의 사용은 물물 교환 시대에서 화폐 교환 경제 시대로의 전환을 의미한다. 경제가 분화되고 규모가 커질수록 화폐의 사용은 필연적이다. 화폐가 상용화되었다는 것 자체가 이미 상품 경제가 발달했다는 증거이며, 송대의 대도시는 경제적 번영으로 인해 형성되고 유지되었던 경제 도시였다.

북송의 수도 개봉開封은 서안西安, 낙양洛陽과 함께 중국의 3대 고도古都 가운데 하나이다. 당대唐代의 수도 장안長安은 정치·군사 중심지로, 해가 지면 성문城門은 물론 성 내 블록인 방坊도 닫히고 출입이 통제되었다.[8] 시장도 정오에서 일몰까지 동시東市와 서시西市에서만 영업이 가능했다. 그러나 야간 통행금지가 해제되었던 북송의 개봉은 24시간 영업이 가능했고, 상업 활동에 장소의 제한이 없어져 노점상 등 상업 활동이 보편화·자유화 되었다. 북송 당시 수도 개봉의 인구는 100만을 넘었는데 그것은 수도가 정치 중심지가 아니라 경제 중심지였기에 가능했던 것이다. 개봉이나 임안 이외에도 수십만의 인구를 가진 대도시가

---

7 남송과 금나라 인구를 합쳐서 1100년에 1억 명, 1200년에 1억 천만 명을 돌파했는데, 이는 세계사적으로 유래를 찾기 힘든 폭발적 인구 성장이다.

8 당나라 수도 장안(長安)에서는 원소절(原宵節, 정월대보름)에만 야간 통금이 해제되었다.

속속 생겨났다. 송의 대도시들은 唐代의 장안이나 낙양처럼 계획도시가 아니라 상업 활동으로 인해 자연 발생적으로 형성된 도시여서, 비좁고 구불구불한 길이 많았고 질서정연한 모습을 갖추지 못했다. 한편 남북조 이래 지속된 토지 개간 사업이 송대에 오면 거의 완성 단계에 이른다. 이에 따라 원래 습지였던 양자강揚子江 일대의 강남 일대는 송대에 들어 비옥한 곡창지대로 탈바꿈하였다. 이에 소주蘇州, 항주杭州가 지상의 천당天堂이란 말까지 생기게 되었다.[9]

송대의 화폐 유통

화폐를 사용하지 않으면 상품의 가격은 물물 교환되는 여러 상품에 따라 다르게 매겨지지만, 화폐로는 동일한 하나의 단위로 가격을 정할 수 있다. 또한 각자 자기 직업에 종사하며 획득한 화폐를 통해 필요한 물품을 쉽게 구할 수 있고 부富의 축적도 용이해진다. 경제 규모가 커지고 산업의 세분화·전문화가 진행되면 화폐를 사용하지 않을 수 없게 된다. 화폐의 상용화는 본격적인 상품 경제의 시대로 접어들었음을 의미한다고 볼 수 있다.

송대 동전銅錢의 발행량은 전대인 당대唐代의 열 배를 넘었다. 송대에는 동전이 가장 많이 쓰였고 철전鐵錢이 그 다음이었는데, 동전과 철전 모두 이동과 보관이 불편하였다. 이에 진종眞宗 초(10세기 초) 사천성四川省 성도成都에서 16개의 거상巨商 연합이 세계 최초의 지폐인 교자交子를 발행했는데, 교자의 효용이 뛰어나자 인종仁宗 시기(1023) 사천의 지폐 발행권을 정부가 가져간다. 동전, 철전 등을 맡기고 발행받

9 남송의 명신(名臣)이자 문인이었던 범성대(范成大)는 『오군지(吳郡志)』에서 "하늘에 천당이 있다면, 아래(땅)에는 소주, 항주가 있다(上有天堂, 下有蘇杭)"고 했다.

은 증서(교자)는 교자무交子務에서 언제라도 동전이나 철전으로 교환이 가능했고, 교자 발행 시 일정액의 수수료를 받았기에, 국가 재정에도 어느 정도 기여를 하였다. 『중국의 과학과 문명Science and Civilization in China』을 쓴 조셉 니덤Joseph Needham은 이런 중국의 지폐가 유럽의 지폐 발행에 영향을 주었다고 하였다. 마르코 폴로는 그의 『동방견문록東方見聞錄』에서 지폐를 신기하게 여기며 상세히 설명한 바 있다. 유럽 최초의 지폐는 1661년 스웨덴에서 발행되었는데 그 시기가 중국보다 훨씬 늦다. 1690년에는 미국이, 1720년에는 프랑스가, 1797년에는 영국이, 독일은 1806년이 되어서야 지폐를 발행했다. 교자무交子務에서는 수수료를 받고 예금증서 격인 교자를 발행하였다. 그렇다면 교자무는 실질적인 근대 은행의 모태로도 볼 여지가 있다.

송대의 도시 풍경

송대의 경제 발달은 민간 예술이 비약적으로 발전할 수 있는 계기도 만들어 주었다. 도시에는 민간 연예 공연을 위한 와사瓦舍와 구란句欄 등이 설치되기도 하였다.(와시瓦市는 번화한 거리를 말한다. 기와는 모이면 합쳐지지만 흩어지면 와해瓦解된다. 사람들이 분주히 모였다가 흩어지는 곳을 와사라 부른다.) 북송 말 장택단張擇端이 수도 변경汴京(현 하남성河南省 개봉開封)의 화려함을 그린 「청명상하도淸明上下圖」와 1147년 남송의 맹원로孟元老가 변경汴京의 상업과 민간 풍속을 폭넓게 기술한 『동경몽화록東京夢華錄』을 통해 번화한 송대 도시의 전반적인 모습을 엿볼 수 있다.

그림16 청명상하도

7. 성리학의 대두

송대에는 인구가 급증하고 상공업이 발달했으며 상품 경제의 시대가 도래하였다. 그에 따라 사람들의 사고와 의식도 많이 변했으며, 과거의 유학은 더 이상 발달된 사회를 지배하는 사상으로 적합하지 못했다. 이에 우주의 원리와 인간 본성을 철학적으로 해석한 신유학新儒學 즉 성리학性理學이 대두되어 명·청대까지 주요 사상으로 자리 잡는다. 경전에 대한 훈고訓詁 위주의 옛 유학은 종법질서 유지를 위한 진부한 내용 위주여서, 오랜 기간 동안 이론과 논리를 갈고 닦은 불교나 혹은 기타 새로운 사상이나 이론 앞에서 늘 논리적 약점이 노출되었다.

신유학은 이러한 옛 유학의 단점을 극복하기 위해 이기론理氣論을 앞세워 논리적 약점을 보완한 것이다. 이후 理를 중시하는 理學과 心을 중시하는 心學으로 구분되기도 하였다. 태극론太極論을 제기한 북송의 주돈이周敦頤가 창시하고 정호鄭顥, 정이鄭頤 형제를 거쳐, 남송의 주희朱熹(1130~1200) 즉 주자朱子가 최종 집대성·완성하였다. 그래서 성리학을 정주학鄭朱學 혹은 주자학朱子學이라고도 부른다.

중국(송대) 3대 발명품

영국의 경험주의 철학자이자 정치가요 과학자였던 베이컨Bacon(1521~1626)은 서양의 근대화를 이끈 3대 발명품으로 나침반, 인쇄술, 화약을 꼽았는데 모두 중국에서 전해진 것이다. 3대 발명품의 기원은 오래되었는데, 송대에 이르면 그 기술이 획기적으로 발달하여 완성 단계에 접어든다. 『중국의 과학과 문명Science and Civilization in China』의 작가 조셉 니덤은 중국의 과학기술이 송대에 특히 큰 발전을 이루었으며, 18세기 유럽의 수준을 능가했다고 했다. 중국의 3대 혹은 4대 발명품이 세계 문명사에 있어서 미친 영향은 실로 지대하다. 중국의 3대 발명품은 인쇄술, 나침반, 화약이며 4대 발명품에는 제지술이 포함된다. 이 3대 발명품은 그 기술이 송대에 거의 완성 단계에 이르렀기 때문에 송대의 3대 발명품이라고도 한다.

인쇄술

수당대隋唐代에 큰 발전을 이룬 중국의 목판 인쇄술은 송대에 이르러 보편화의 단계에 접어들게 된다. 북송대에 오면 국가는 물론 민간에서도 대형 인쇄업자들이 대량의 서적을 유통시켰는데, 조판組版 인쇄술은 전국시대戰國時代 도장이나 탁본拓本의 기술을 응용한 것이다. 중국 최초의 목판 인쇄물은 868년 당의종唐懿宗 때 간행된 『금강경金剛經』이다.[10] 송대 심괄沈括의 『몽계필담夢溪筆談』에 의하면, 송인종宋仁宗

10 종이에 인쇄된 세계 최고(最古)의 인쇄본이며 1907년 돈황(敦煌)에서 발견되었다.

때(1041) 필승畢昇이란 사람이 활자活字를 개발했다. 이는 세계 최초의 활자이며 독일의 구텐베르크Gutenberg, Johannes 금속활자(1435~1445)보다 약 400년을 앞선 것이다. 활자 인쇄는 다음과 같은 순서로 진행되었다고 한다.

1) 도장에 음각으로 글자를 새김.
2) 내용에 맞게 철 틀에 글자를 배열함.
3) 송진, 밀랍, 재 등을 철 틀에 발라 열을 가하여 음각에 스며들게 함.
4) 음각에 스며든 고형을 떼어 내면 양각의 글이 나옴.
5) 먹을 발라 인쇄함.

송대에는 과거제科擧制의 보편화로 과거 관련 수험 서적이 대량으로 간행되었다. 문치文治 위주의 송대에는 대규모 서적 출판 사업도 자주 이루어졌으며, 상공업의 발달로 관련 업종이 발전할 수 있는 터전이 마련되었다. 이런 점들이 바로 송대 인쇄술이 발달한 배경이다.

한자는 자음과 모음으로 결합되는 표음문자表音文字가 아니라, 각 글자가 독립되어 있는 표의문자表意文字인데다 모양까지 복잡하기 때문에 막대한 비용과 시간이 소요되는 활자 인쇄술이 고대 중국에서 큰 발전을 이루기에는 한계가 있었을 것이다.

나침반

『한비자韓非子』에 이미 자석을 이용하여 방향을 파악했다는 기록이 있는데, 대체로 병가兵家와 음양가陰陽家들에 의해 개발되었을 가능성이 크다. 북송시기에 군인들이 흐린 날 혹은 야간 이동 시 방향을 찾기 위해 지남차指南車를 이용했다는 기록이 있고, 심괄沈括의 『몽계필담夢溪筆談』에는 지남차 만드는 방법이 소개되어 있다.[11] 북송대의 기록에 의하면, 바다에서 배가 이동할 때 태양(낮)과 별(밤)의 위치를 보고 방

11 지남차란 톱니바퀴(태엽)를 이용해, 항상 남쪽을 가리키는 장치(보통 나무로 만든 신선

향을 파악했는데 흐린 날이나 어두운 날에는 지남침指南針을 이용하여 방향을 알았다고 되어 있다. 이처럼 적어도 북송대에는 항해에 나침반이 이용되었음을 알 수 있다. 항해에 나침반을 이용한 것은 북송이 세계 최초이며, 남송 때에 아라비아 상인들에 의해 중국의 나침반이 유럽에 전파되었다고 한다.

화약

고대 도교의 도사道士들은 단약丹藥을 만들다가 유황硫黃과 탄炭 등을 잘 배합하면 폭발력을 얻는다는 사실을 알게 된다. 당대唐代에 발명된 화약은 당말오대唐末五代의 혼란시기에 전쟁에 사용되었고, 송대에는 화약 제조술이 크게 발달하여 975년 宋이 남당南唐을 멸망시킬 때 화약을 썼으며, 북송대에는 화약 무기가 보편화되었다. 화약은 광산을 폭파하여 철광석을 채굴하는데도 쓰였는데, 송대에 채굴된 철은 무기 및 농기구 제조, 화폐 주조 등에 사용되었다.

인쇄술의 발달은 지식의 확대·보급에 결정적 기여를 하였으며, 나침반을 통한 항해술의 발달과 화약으로 인한 전쟁 양상의 변화 등은 세계사에 일대 변화를 불러일으켰다.

한국의 인쇄 기술

현존하는 세계 최고最古의 목판 인쇄물은 1966년 불국사 삼층석탑(석가탑) 보수 과정에서 발견된 『무구정광대다라니경無垢淨光大陀羅尼經』[12]으로 간행 연대를 751년으로 보고 있다.(중국에서는 중국 최초의 목판

이 손가락으로 항상 남쪽을 가르키게 함)를 앞에 단 수레이다.

12 국보 126호, 불교중앙박물관 소장 『무구정광대다라니경』 발견 이전에는 일본의 백만탑 다라니경(770)이 세계 최초의 목판 인쇄물로 인정받았었다.

인쇄물인, 868년 당의종唐懿宗 때 간행된 『금강경金剛經』이 세계 최초라고 한다.) 세계 최초의 금속 활자본인 『직지심체요절直指心體要節』[13] 역시 한국에서 제작되었다. 이것은 1377년 고려 흥덕사興德寺에서 인쇄되었는데, 서양 최초의 금속 활자인 독일의 구텐베르크 금속 활자(1435~1445)보다 약 70년 앞선다. 중국에서는 명대 홍치弘治 원년(1448)에 구리 활자가, 16세기에는 납 활자가 등장했다.

석탄 연료의 보편화

『산해경山海經』에 이미 석탄 관련 언급이 나오고 한나라 때에도 석탄이 연료로 사용되었다고 전하는데, 송대에 이르면 석탄 채굴 기술이 거의 완성 단계에 도달한다. 하남성河南省 학벽시鶴壁市에서 발견된 송대의 탄광 유적을 보면, 채굴 시 유독가스 발생 및 배수 문제를 해결했으며 통풍과 조명, 갱도 지지대, 도르래 사용을 통한 운반법 등 채굴 시스템이 완비되었음을 알 수 있다.

석탄 채굴 시스템의 완비로 북송의 수도 개봉開封(변경汴京)에는 거의 모든 가정에서, 땔나무가 아닌 석탄을 사용했을 것이라 주장하는 사람도 있다. 1271년~1295년 동안 동방을 여행했던 마르코 폴로는 석탄을 매우 신기하게 여겼는데, 이는 당시 서양에는 아직 석탄 연료가 전혀 보편화되어 있지 않았다는 것을 의미한다.

13 현재 파리 국립도서관에 소장, 2001년 유네스코 세계기록문화유산으로 지정됨.

차의 보편화와 도자기

차茶는 인도(Assam 지역)가 본산으로 처음에는 약용藥用으로 쓰이다가 당대唐代부터 서서히 음료화되어 『다경茶經』이란 책이 저술되기도 하였다.[14] 차는 송대에 보편화되었고 그에 따라 차의 생산과 유통이 주요 산업으로 대두되었다. 송나라는 도자기로도 유명한데 중국 최고의 도자기가 송대에 생산되었고, 이때 경덕진景德鎭[15] 등 유명 도자기 산지産地가 부각되기도 하였다.

8. 정복왕조의 출현과 송의 멸망

중국의 주변 이민족들은 군사적 우위를 바탕으로 잠시 중국을 침범할 수는 있더라도, 오래가지 못하며 또한 결국 중국 문화에 동화된다는 것이 기존의 보편적 관점이었다. 그런데 이를 정면으로 뒤집는 개념이 바로 정복왕조Conquest Dynasty[16] 이다. 요遼, 서하西夏, 금金, 원元, 청淸 등은 한족이 아닌 이민족들이 세운 국가인데, 이들은 중국 문화의 영향도 받았지만 자신들의 문자를 창제하는 등 독자적 문화와 통치 체계를 통해 중국을 지배했기 때문에 정복왕조라 부른다. 송대는 거란국 요遼라는 정복왕조가 출현한 최초의 시기이다.

---

14 『다경(茶經)』은 당대(唐代) 육우(陸羽)가 쓴 세계 최초의 차(茶) 전문 서적으로 차 끓이는 법, 음용법 등이 망라되어 있다.

15 중국 강서성(江西省) 북동부에 있는 도시로 송대 경덕연간(景德年間, 1004~1007)에 세워진 진(鎭)이어서 경덕진이라 불림.

16 독일의 역사학자 비트포겔(K. A. Wittfogel)이 1949년 출판된 자신의 저서 『History of Chinese Society Liao』에서 제기함. 정복왕조란 거란국 요(遼), 탕구트족이 세운 서하(西夏), 여진족이 세운 금(金), 몽골족의 원(元), 만주족 청(淸) 등을 들 수 있다.

8.1 요나라

당말오대唐末五代 혼란 시기였던 916년 거란족 부족 연합의 수장인 야율아보기耶律阿保機는 거란국을 세우고, 920년 거란 문자를 창제·보급하더니, 926년에는 만주 지역을 거점으로 한 해동성국海東盛國 발해渤海를 멸망시켰다. 거란의 판세 확장은 이후에도 계속된다. 937년 거란은 오대 후당後唐의 하동절도사河東節度使 석경당石敬瑭에게 군사를 지원해 주고 연운십육주燕雲十六州를 할양받았으며, 947년에는 국호를 대요大遼로 정했고, 993년에는 고려를 침공하였다. 그리고 송나라와의 교전도 계속하였다.

1004년 요나라 성종聖宗은 송을 침입하였다. 전세가 송에 유리하게 돌아갔지만, 전쟁을 피하고자 했던 송의 진종眞宗은 수도 개봉開封에서 삼백 리 정도 떨어진 전연澶淵에서 '전연의 맹盟'을 맺는다.(1004) 그에 따라 송은 요遼와 형제 관계(송이 형, 요가 동생)를 맺게 되는데 송은 평화와 체면을 얻은 대신 매년 비단 20만 필, 은 10만 냥 등을 바쳐야 했고 두고두고 굴욕적 조약에 대한 비판도 감수해야 했다.

전연의 맹 이후 약 백 년 동안 요와 송 사이에는 평화가 유지되었다. 요는 송으로부터 매년 받은 공물 덕분에 탄탄한 기반을 다질 수 있었고, 중앙아시아에서 서아시아 일대를 평정하게 되었다.(이 지역 사람들은 아직도 '거란'이란 뜻의 '키타이Kathay'를 '중국'이란 의미로 사용하고 있다.) 그러나 요나라는 성종聖宗의 치세 이후, 내부 파벌 싸움으로 국세가 기울기 시작했고, 금나라와 북송의 협공으로 1125년 망하고 만다.

거란, 키타이, 캐세이

러시아에서는 중국을 거란契丹을 의미하는 키다이Китай라 한다. '키타이'는 유럽에서 한동안 중국 북부를 가리키는 말로 쓰였으며, 영어권에서는 아직도 이 말이 중국의 별칭으로 사용되고 있다. 홍콩의 영국계 항공사 '캐세이 퍼시픽Cathay Pacific Airways Ltd'의 '캐세이'가 바로 중국(거란)을 뜻하는 말이다.

거란의 고려 침입과 서희의 강동육주

거란국 요遼는 993년 소손녕蕭遜寧의 지휘로 고려를 침입하는데, 그 목적은 영토 확장이 아니라 고려가 거란의 적대국인 송과 화친하여, 거란이 외교적으로 고립되었기 때문이었다. 이를 간파한 서희徐熙는 소손녕과 담판을 짓는다. 요遼 측은 옛 고구려 땅의 반환을 요구하였고 자신들과 화친하지 않는 것도 추궁하였다. 이에 대해 서희는 다음과 같이 응수하였다. 국호에서 알 수 있듯이 고려高麗는 고구려高句麗를 계승한 나라이니 오히려 거란이 차지하고 있는 옛 고구려 땅을 고려에게 돌려주어야 하며, 고려가 거란과 교류하지 못하는 것은 고려와 거란 사이에 여진족이 가로막고 있기 때문이다.

이러한 서희의 명쾌한 대응이 통하여, 고려는 거란에 입조하여 거란 연호를 사용하는 대신 여진족이 차지하고 있던 압록강 동쪽 땅을 지배할 수 있게 된다.(거란으로부터 그 땅이 고려의 땅이라는 것을 인정받는다.) 고려는 여진족을 몰아내고 그곳에 강동육주江東六州(평안북도 서북 해안지대 및 압록강 이남 지대)를 설치했는데, 이후 거란은 강동육주를 차지하기 위해 노력하지만 실패를 거듭한다. 특히 거란의 2차, 3차 침입을 방어하는데 이 강동육주는 큰 역할을 하였다.

강감찬의 귀주대첩과 낙성대

거란의 3차(마지막) 침공 당시 고려는 문무 관료들 간의 대립으로 많은 무신武臣들이 제거된 상황이었다. 이때 소배압蕭排押의 지휘로 요나라가 쳐들어오자 고려는 매복과 기습 작전으로 요군遼軍을 괴롭혔고, 강감찬姜邯贊은 퇴각하는 요나라 군대를 귀주龜州(현 평안북도 구성시 龜城市)에서 크게 무찔렀다.(1019) 10만 요군遼軍 가운데 생환한 자가 6천여 명에 불과했고 이 승리로 고려는 요, 송과 함께 동아시아 3대 강국으로 부상하였다. 요나라를 격퇴시킨 후 고려는 송, 요와 통교하며 많은 문물들을 받아들였고 이후 1033년 천리장성 축조를 시작하여 여진, 거란 등과 문화적, 국경적 경계를 마련한다.

강감찬姜邯贊(948~1031) 장군의 생가 터가 서울 관악구 봉천동 소재 낙성대落星垈이다. 강감찬 장군이 태어나던 날 하늘에서 큰 별이 떨어졌다고 '낙성대'라는 명칭이 붙여졌다. 낙성대 근처에는 서울시 사적史蹟인 낙성대 3층 석탑 등 강감찬 장군 관련 유적이 몇 군데 있다. 서울특별시 관악구는 해마다 강감찬 장군 축제를 낙성대 인근에서 개최한다.

8.2 서하

송이 요遼와 '전연澶淵의 맹盟'(1004)으로 안정을 찾아갈 무렵, 서북 지역에서는 티베트계 탕구트족 계열이 송으로부터 독립하여 대하大夏를 건국하였다.(1038) '대하'는 중국의 고대 국가인 하夏나라를 이었다는 의미인데, 중국에서는 우禹가 건국했다는 하나라와 구분하기 위해 서하西夏라 부른다. '서하'라는 명칭은 중국의 서쪽에 위치했기 때문에 붙여진 것이다. 즉 이 왕조의 정식 명칭은 대하이지만, 중국의 입장에서 서하라 부르는 것이다.

서하의 왕족은 탁발씨拓跋氏로 당태종 때 귀화하여 태종으로부터 이씨李氏 성을 하사받았다. 그 후 안사의 난 진압을 도운 공으로 정난절도사定難節度使직을 제수 받는 등 당대唐代부터 송초에 이르기까지 이들은 중국 왕조와 사이가 좋았다. 그러나 1038년 새로운 지도자 이원호李元昊가 출현하여 스스로 칭제稱帝한 후 수도를 영하寧夏에 정하고 대하국大夏國을 세웠다. 송은 무력으로 서하를 진압하려 했으나 큰 성공을 보지 못하고 1044년 서하와 화친을 맺었다.

서하가 송의 신하가 되는 대신 송은 매년 서하에게 비단 13만 필, 은 2만 냥, 차 2만 근을 바쳐야 했다.[17] 서하는 1050년 요遼와도 화친하여, 요의 신하도 되었다. 서하와의 전쟁과 조공 등으로 인한 송의 재정 파탄은 왕안석王安石이 신법新法을 주창하는 직접적인 계기가 되었다. 송이 남천南遷한 이후에는 새로운 패자 금金이 세력을 떨쳐, 송과 서하와의 관계는 더 이상 지속되지 못했다. 서하는 독자 문자를 가졌고 불교를 국교로 삼은 문명국이었으나 1227년 몽골에 의해 멸망되었다.

---

17 1038년 서하(西夏)의 이원호(李元昊)는 대하(大夏)라는 독립국을 선언하고 황제가 된 후 송(宋), 요(遼)와 대등한 나라로 인정받기를 원했다. 그리고 곧 병사 10만을 이끌고 宋을 침입한다. 宋의 인종(仁宗)은 한기(韓琦)를 총 책임자로 하여 맞서게 했으나, 공명심이 앞선 부하 장군이 단독으로 서하군 깊숙한 진영까지 진격했다가 포위되어 1만 3천여 명의 병사를 잃고 만다. 한기(韓琦)가 물러나고 범중엄(范仲淹)이 총책임자가 된 후 전세(戰勢)는 바뀐다. 군기를 잡고 병사들을 추스른 후, 전쟁 지역 백성의 민심을 얻은 범중엄은 뛰어난 전략과 전술로 전투에서 승리한다. 범중엄은 뛰어난 문인이기도 하지만 명장(名將)으로도 이름이 높다. 이런 범중엄의 공으로 서하는 宋과 화친을 구하게 되고, 1044년 화친이 이루어진다. 화친의 내용은 宋이 서하에게 많은 조공을 바치는 대신 서하는 宋을 황제의 나라로 모시고 종신(臣從)하는 조건이었다. 宋이 서하와 화친을 맺은 이유는 서하와 요가 서로 동맹을 맺는 것을 우려해서였는데, 과연 수년 후 서하는 요와 강화를 맺었다.

8.3 금나라

요遼나라는 중국 동북지역을 주무대로 하던 여진족女眞族을 매우 탄압했으나, 여진족은 안으로 힘을 키워 동족의 통합을 이루어 갔다. 한편 요遼의 지배계층은 점차 정착 생활에 익숙해졌고 송나라로부터 받은 공납을 통해 사치를 알게 되었다. 결국 요나라는 여진족에 의해 멸망당한다. 여진족은 정착과 수렵을 병행하는 민족으로 말갈족의 후예들이다. 당시 여진족은 요의 지배 아래 든 숙여진熟女眞과 독자 생활을 하던 생여진生女眞으로 나눌 수 있었는데, 생여진의 중심 세력이 부족을 통합하고 요의 지배를 거부하며 1115년 금金을 세웠다. 창업자는 완안부完顔部의 추장 아골타이다.

금나라가 강성하여 요나라를 압박하자, 송은 해로海路를 통해 사신을 금나라로 보내 동맹을 체결하고(해상海上의 맹약(1120)) 요의 속박에서 벗어나고자 하였다.[18] 송은 맹약에 따라 금나라와 연합하여 요를 협공하기로 약조하였으나 방랍方臘의 난을 진압하느라 뒤늦게 가세했고 게다가 연패하고 만다. 결국 요나라는 금나라에 의해 멸망된 셈인데(1125) 이후 송이 금나라를 적대시하자, 금은 송의 수도 개봉開封을 공략했고 전쟁 배상금 및 영토 할양을 약속받고 나서야 물러갔다. 그러나 송이 또 약속을 지키지 않자 금나라는 정강靖康 2년(1127) 개봉을 함락시킨 후 송의 태상황 휘종徽宗과 황제 흠종欽宗 그리고 황족, 궁녀, 관리, 각종 기술자와 예술인 수천 명 등을 포로로 잡아 북방으로 압송하니 이를 '정강靖康의 변變'이라 한다. 정강의 변으로 북송은 멸망하고 황족 가운데

18 해상의 맹에서 금나라와 송나라가 맺은 약속은 다음과 같다. 우선 宋과 金이 연합하여 요나라를 멸망시킨다. 그 후 연운16주는 송나라에 귀속시키고 만리장성 이북은 금나라가 차지하며, 송나라는 요나라에 바치던 세금을 금나라에 바치기로 한다.

포로가 되지 않았던 흠종欽宗의 아우 강왕康王 조구趙構가 임안臨安(현 항주杭州)으로 가 고종高宗으로 즉위하였다. 이때부터 천하의 절반을 잃어버린 남송南宋의 시대가 전개된다.

남송 이후에도 금나라와 남송의 공방은 계속되었고 남송의 명장 악비岳飛 등이 활약하였지만, 금나라의 포로였다가 귀환한 진회秦檜가 재상에 오르자 그의 주장대로 1142년 송은 금나라와 화의를 맺는다. 이에 따라 남송은 금에 대해 신하의 예를 취하고, 금으로부터 책봉을 받아야 했으며 매년 은 25만 냥, 비단 25만 필을 바쳐야 했다. 중국 정통 왕조가 이민족에게 신하의 예를 취한 것은 매우 이례적이고 굴욕적인 일이었다.

현재 중국 전역에는 대금對金 항전을 펼치다 억울하게 죽은 악비岳飛의 사당이 있으며, 악비는 만고의 충신으로, 진회秦檜는 역사의 매국노로 낙인찍혔다. 그러나 이 화친으로 남송은 빠르게 안정을 찾게 되었고 게다가 얼마 후 금의 폭군 해릉왕海陵王이 남침하려다 실패하는 바람에 대금對金 관계에서도 송은 이전보다 훨씬 유리한 입장이 되었다.

해릉왕은 중국 전역을 통치하려는 야심가였다. 그는 20세에서 50세 사이의 금나라 남성들을 모조리 전쟁에 동원시켰는데 이탈자가 속출하였다. 결국 민심이반으로 해릉왕의 사촌이 세종世宗으로 추대되고, 해릉왕은 막사에서 반란군에게 살해당한다.[19] (1161) 금은 곧 북쪽으로 철수하였으며 이듬해(1162) 남송에서는 고종高宗이 퇴위하고 효종孝宗이 등극했는데, 송의 효종과 금나라 세종은 모두 화의를 원했다. 이후 남송이 금에게 바치는 조공의 양은 훨씬 줄었고, 송·금 관계에 있어서도 남송의 지위가 격상되어 양국 관계는 군신 관계에서 형제 관계로 조정된다. 이

19 물 약한 금군(金軍)은 장강(長江) 도하를 해야 했는데, 폭군 해릉왕(海陵王)이 3일 내에 도강(渡江)을 하지 못하면 처형하겠다고 선포하자 내부적으로 반란이 일어나 해릉왕을 죽이고 물러갔다. 이 때 宋은 물러가는 金을 추격하여 일정 영토를 회복하였다.

를 바탕으로 효종 대에 이르면 남송시대 최고의 안정기가 펼쳐진다.

방랍의 난

1120년 해상의 맹에 의해 宋은 연운 16주의 핵심지인 연경燕京(북경)을 공격해야 했다. 그런데 그 해 절강성에서 농민 출신 방랍方臘이 조정의 부패와 관의 핍박에 못 이겨 난을 일으켰는데, 반란군의 규모가 100만에까지 이르렀다. 결국 송 조정은 연경을 공격할 15만 부대를 방랍의 난 진압에 투입해야 했고, 연운 16주도 약속과 다르게 금나라에 의해 점령된다.

방랍의 난의 직접적인 원인은 예술에 심취한 휘종徽宗 때문이었다. 기석奇石 수집에 몰두한 휘종은 강남 지역에 기석 수집을 위한 관청을 설치한 후, 경비 확보를 위해 백성들을 착취하고 사유재산을 침해하였으며 기석 운송을 위해 백성들을 무자비하게 차출하였다. 1121년 즉 난이 일어난 이듬해에 방랍군方臘軍은 정부군에 의해 진압되었고, 방랍은 체포되어 개봉에서 처형당한다.

난은 종결되었지만 진압 과정에서 수백만의 사상자가 발생했고 무엇보다 금나라와의 약속을 지키지 못하게 되었다. 방랍의 난과 비슷한 시기에 산동 일대에서는 송강宋江이 36명의 반란 지도자들과 함께 난을 일으켰다. 역시 일시적인 위세는 대단하였으나 곧 관군에 의해 진압되었다. 반란 지도자 송강을 『수호전水滸傳』의 주인공인 송강과 동일 인물로 보는 것이 일반적이지만 확실하지는 않다.

소흥과 임안

-소흥-

남송의 고종은 금나라의 공격을 피해 도망 다니다가 1130년 월주

越州로 돌아와 1131년 연호를 소흥紹興으로 바꾼 후, 월주越州라는 지명도 소흥紹興으로 바꾸었다. 월주는 춘추전국시대 월나라 수도였기에 명명된 지명이다. 소흥주紹興酒의 원산지이며 중국의 근대문학가 노신魯迅의 생가가 있는 곳이다.

-임안-

고종은 소흥에서 곧 임안臨安으로 돌아간다. 남송의 수도였던 현재의 항주杭州를 당시에는 임안부臨安府라 불렀는데 임안부는 황제가 잠시 머무는 곳이란 의미이다.

만고의 충신 악비

악비岳飛(1103~1141)는 빈농 출신 명장이다. 남송 초 금군金軍은 여러 차례 남송을 공격했으나 악비와 의병 등의 분전으로 큰 성공을 거두지 못한다. 1140년 다시 남송을 침범한 금나라는 악비의 강력한 항전으로 송에 화의를 구하게 되었다.

악비 등 주전파主戰派들은 이때를 이용하여 적극적으로 국토를 수복하자고 하였으나, 진회秦檜를 중심으로 하는 주화파主和派에 의해 서둘러 화의가 성립되었다. 게다가 진회의 무리는 악비가 반란을 꾀했다고 날조하여, 1142년 39세의 악비를 참수하였다. 이에 악비는 만고의 충신으로 시대를 초월한 중국의 국민적 역사 영웅이 되었고, 진회는 역사의 매국노로 영원히 낙인찍혔다. 남송의 수도였던 항주의 악비 사당에는 쇠사슬에 묶여 무릎을 꿇고 있는 진회 부부의 철상鐵像이 있다.

금나라는 농업 지역인 광대한 화북華北 땅을 점령한 뒤 농경과 정착생활을 하며 중국 문화에 적응해 갔는데, 그 결과 유목민의 본성과 체질에 맞지 않은 생활로 인해 서서히 힘을 잃어갔다. 한편 몽골의 초원에는 새로운 세력이 성장하여 1211년경부터 본격적으로 금나라를 공격하기 시작했는데, 1234년 결국 몽골에 의해 금은 멸망하고 만다. 이로써 120년의 금조金朝는 막을 내리게 되었고, 1279년 남송도 몽골족의 원나라에게 멸망당했으니 중국 역사상 최초로 이민족(몽골족)이 중국 전역을 지배하게 되었다.

송은 경제적으로 번영했고 전란의 피해도 적었기 때문에 백성의 삶은 안정되었고 문화가 크게 융성할 수 있었다. 다만 그러한 번영과 평화는 주변 강국에 대한 굴복과 막대한 조공朝貢의 대가였기에 송은 중국 역사상 대외적으로 가장 나약한 왕조라는 불명예를 안게 되었다. 그 원인으로는 지나친 문치주의文治主義, 관료 사회의 비대화, 과도한 관리 우대 정책, 이민족에 대한 정책 실패 등을 들 수 있다. 북송이 금나라의 힘을 이용하여 요遼를 멸망시켰으나 후에 자신도 금나라에게 패망했듯이, 남송 역시 몽골의 힘으로 금나라를 멸망시켰으나 얼마 뒤 몽골에 의해 멸망당하게 된다.(1279)

송대 문학

1. 사詞의 흥기(여류 사인詞人 이청조와 소동파의 사)

송대 문학의 대표 장르는 사詞이다. 詞는 노래 가사 정도로 생각하면 된다. 대중가요의 가사가 본류이다. 중국의 시詩는 원래 노래 가사적 성격이 강했다. 그래서 옛날부터 '시가詩歌'라는 말을 써 왔다. 그런데 문인들에 의해 형식화의 길을 걸어온 중국의 시는 당대唐代에 들어 마침내 근체시近體詩로 발전하여, 리듬 정도의 음악성을 띠는, 읊조리는 문학이 되었다. 이렇게 시가 노래 가사로서의 기능을 상실하자 본격적으로 대두된 것이 바로 사詞이다.

송대는 비록 대외적으로는 무력했지만, 내부적으로는 상업과 경제가 번영하였고 경제적으로 여유가 있는 일반인들이 크게 증가하였다. 이런 분위기 속에서 문화가 꽃을 피운 강남 지역을 중심으로 詞가 크게 유행하였다. 노래를 즐기는 데는 상하가 따로 없기에, 詞는 일반 백성에서 황제에 이르기까지 모든 사람들에게 인기가 있었고, 詞의 창작에도 상하 구분이 없었다. 또한 송대 들어 사는 자유시와 같은 새로운 형태의 시로 많은 문인들에 의해 창작되었다.

당규장唐圭璋(1901~1990)의 『전송사全宋詞』에는 1,330여 詞 작가의 작품 2만여 수가 수록되어 있다. 특히 조선 세종 때 편찬된 『고려사·악지高麗史·樂志』에도 소개된 유영柳永(987?~1053?)의 詞는 "우물물을 마시는 곳에서는 늘 유영의 詞가 불리어지고 있다(凡有井水飮處, 卽能歌柳詞)."(『피서녹화避暑錄話』)는 말이 있을 정도로 유행했었다.

북송이 망하면서 하루아침에 인생이 나락으로 떨어진, 중국 최고의 여류 사인詞人 이안거사易安居士 이청조李淸照(1084~1159)의 완약婉約한 詞는 송사宋詞를 논할 때 빼놓을 수 없다. 이청조가 남편과의 이별을 앞두고 지은 애절한 사詞 한 수를 소개해 본다. 詩와는 다른 詞의 분위기를 느낄 수 있을 것이다.

「봉황대상억취소鳳凰臺上憶吹簫」 이청조李淸照

香冷金猊,	금동 향로 싸늘하고
被翻紅浪,	붉은 이불 물결처럼 펼쳐져 있는데
起來慵自梳頭.	일어나서도 빗질하기 귀찮구나.
任寶奩塵滿,	화장대 위 먼지 쌓인 채
日上簾鉤.	주렴 고리 위로 해는 떠오르고
生怕離懷別苦,	이별의 고통 너무나 두려워
多少事, 欲說還休.	이런저런 일을 말하려다 그만 두네.
新來瘦,	요즘 여위어 가는 것은
非干病酒,	술 때문도 아니오

不是悲秋.	슬픈 가을 때문도 아니라오.
休休.	관두자, 관둬
者回去也,	이번 떠남은
千萬遍陽關,	천만번 이별곡을 부른들
也則難留.	머무르게 할 수 없으니
念武陵人遠,	임께서 아득히 먼 땅 가시니
烟鎖秦楼.	안개가 여인의 누각을 가두어 버리리라.
惟有楼前流水,	다만 누각 앞 흐르는 물만이
應念我, 終日凝眸.	종일 멍하니 있을 나를 불쌍히 여길 것이니
凝眸處,	홀로 지켜야 할 곳에 눈 두고 있으니
從今又添,	이제부터 또다시
一段新愁.	한 뼘 새로운 시름이 생기는구나.

이처럼 詞는 가요의 가사처럼 사랑과 이별, 애절함 등을 함축적이고 절절하게 표현하는 것이 정격이다. 그러나 문학이나 예술은 시대에 따라 혹은 작가의 성향에 따라 내용과 풍격이 다양한 것이 본질적 속성이다. 일대의 문호인 소동파는 이청조보다 반세기 정도 앞서 태어난 사람인데, 그의 작품에는 특유의 웅혼한 기상이 반영되어있다. 즉 그는 풍격이나 내용 등에 있어서 정격의 詞에서 벗어나, 마치 장대하고 스케일이 큰 시처럼 사를 창작했다. 이에 소동파를 송사사宋詞史에서 호방파豪放派라 부르며, 사의 경계를 확대하고 내용을 해방시켰다고 평하고 있다. 그러나 사가 사 같지가 않다고 싫어하는 사람들도 적지 않았다. 이청조 역시 대선배의 이런 사를 좋아하지 않았다. 아래는 적벽회고赤壁懷古라는 부제가 붙어있는 소동파의 「염노교念奴嬌」이다.

「염노교念奴嬌」　　소식蘇軾

大江東去, 浪淘盡, 千古風流人物.

故壘西邊, 人道是, 三國周郎赤壁.

亂石崩雲, 驚濤裂岸, 捲起千堆雪, 江山如畫, 一時多少豪傑.

遙想公瑾當年, 小喬初嫁了, 雄姿英發.

羽扇綸巾, 談笑間, 强櫓灰飛煙滅.

故國神游, 多情應笑我, 早生華髮.

人生如夢, 一尊還酹江月.

큰 강, 동으로 도도히 흘러가니, 천고의 호걸들도 물결 따라 사라졌네.

사람들이 말하네. 옛 보루의 서쪽은 삼국시대 주유周瑜가 활약했던 적벽의 터라고.

기암괴석이 구름을 뚫고 치솟아 있고, 놀란 파도는 강변을 찢어 놓은 듯한데, 천 겹의 물보라가 휘감아 올라가네. 그림처럼 아름다운 강산, 한 때 얼마나 많은 호걸들이 있었던가!

아득한 주유周瑜의 옛 시절 떠올리니, 소교小喬가 갓 시집왔을 때 영웅의 풍채 당당했고, 깃털 부채에 푸른 두건 쓰고 담소하면서, 백만 대군을 재와 연기로 사라지게 했었지.

적벽의 옛 일 그리며 노니니, 정 많은 나를 비웃겠지. 일찍 하얗게 세어버린 내 머리카락 보며. 인생은 일장춘몽인 것을, 술 한 잔 따라 강 속의 달에게 부어 주노라.

2. 산문과 당송팔대가

중당 때 일어났던 고문운동古文運動이 만당오대晩唐五代를 거치면서 주춤하자, 다시 변려문騈儷文이라는 극도의 형식적 문장이 유행했었다. 그러나 북송에 들어 구양수歐陽修라는 대문호가 나와, 내용과 사상 전달에 충실할 수 있는 간명한 고문古文을 부르짖으며 고문운동을 최종 성공시켰다. 특히 그는 과거 시험을 관장하는 지공거知貢擧가 되어, 고문으로 쓴 답안을 우대하여 문풍을 개혁할 수 있었다.

이리하여 문장의 주류가 형식미를 과도하게 따지는 변려문에서,

형식미에 구애받지 않는 고문으로 완전히 정착된다. 그러나 한자 자체가 음악성을 띤 문자이기에, 중국에서는 어떤 문학을 창작하더라도 성음聲音의 미를 배제하지 않는다는 점을 간과해서는 안된다. 아울러 오랜 세월동안 진행된 언어와 문예미의 부단한 발달로 인해, 비록 간명한 고문이라 할지라도 문학적 성취가 뛰어날 수 있다는 점도 알아야 할 것이다.

고문운동을 이끈 당대唐代의 한유韓愈, 유종원柳宗元과 宋代의 고문 영수領袖 구양수歐陽修를 비롯하여 왕안석王安石, 증공曾鞏, 소순蘇洵, 소식蘇軾, 소철蘇轍을 일러 '당송팔대가唐宋八大家'라 한다. 이 당송팔대가의 문장들은 한국이나 일본 등에서도 한문의 모범이 되었고, 그들의 문집은 고문의 교과서로 자리매김하였다.

3. 송시宋詩와 환골탈태

시詩의 영역에서는 당시唐詩가 이미 최고의 경지에 올랐기에, 송대 시인들은 새로운 방향으로 눈을 돌려야 했다. 그것은 시의 산문적, 논리적, 철리적 경향이다. 그러다보니 예로부터 송시宋詩는 시 같지 않다는 비판을 많이 받아왔다. 명대 전후칠자前後七子도 "문장은 반드시 진·한대秦·漢代의 것을 따르고, 시는 반드시 성당盛唐의 시를 따라야 한다(文必秦漢, 詩必盛唐)."고 했듯이, 대대로 중국의 시는 당시唐詩가 대표했고 송시는 상대적으로 경시되었다. 그러나 시간이 흐르면서 문학은 각 시대를 대변하며 발전을 거듭해 갔다.

1991년 북경대학고문헌연구실北京大學古文獻硏究室에서 편찬한 『전송시全宋詩』에는 9,300여 시인의 시 27만여 수가 수록되어 있다. 송대에는 시인의 수와 창작된 시의 양이 전대前代를 크게 능가하였으며, 시의 유파도 어느 시대보다 다양하였다. 또한 송대 시인들은 전대 시의 성취를 모두 학습하였다. 결국 송시는 새로운 경지를 개척함으로써 지금까지와는 차원이 다른 발전을 이룩한 것이다.

송대 시단의 대표는 황정견黃庭堅(1045~1105)과 강서시파江西詩派이다. 강서시파의 개조가 황정견인데 그는 깊은 학문을 바탕으로 엄정하고 숭고한 자세로 시작詩作에 임했다.

환골탈태

황정견은 시작詩作에 있어서 환골換骨과 탈태脫胎를 내세우며, 옛 시의 훌륭한 점을 적극 본받자며 다음과 같은 주장을 하였다.

누구나 존경하는 두보杜甫와 한유韓愈의 명작도 알고 보면 고인들의 작품에서 참고를 한 것이 있는데, 보통 사람들은 독서가 부족하여 그 사실을 알지 못할 뿐이며, 쇠를 잘 다루어 금으로 만들듯 고인의 말을 잘 활용하여 창작을 하자.

쇠를 잘 다루어 금을 만든다는 것이 소위 점철성금點鐵成金인데 이 점철성금의 구체적인 방법으로 제시된 것이 바로 '환골'과 '탈태'이다. 환골과 탈태는 황정견과 교유했던 혜홍惠洪(1071~1128)의 『냉재야화冷齋夜話』에 나오는 말이다. 황정견 보다 26세 어렸던 혜홍 스님은 황정견이 대략 이렇게 말했다고 한다.

"시의詩意는 무한한데 인간의 재능에는 한계가 있다. 유한한 재능으로 무한한 시의를 좇으려 하면 도연명이나 두보라 할지라도 잘 해내지 못할 것이다. 그러니 고인故人(기존 작품)의 뜻을 바꾸지 않으면서 새로운 시어詩語(표현)를 만들어 내는 것을 환골법이라 하고, 그 뜻을 본받아 그것을 형용해내는 것을 탈태법이라 한다."(詩意無窮, 而人才有限, 以有限之才, 追無窮之意, 雖淵明少陵, 不得工也. 然不易其意, 而造其語, 謂之換骨法, 規模其意, 而形容之, 謂之奪胎法.)

조금 더 부연하면, 환골은 타인의 작품에서 묘사된 시의詩意를 취하여 다른 말로 바꾸어 표현하는 것이고, 탈태는 고인의 시의를 적절히 응용하는 것이다. 환골과 탈태는 서로 명확한 구분조차 어려운 것이 사실이며 또한 이 둘은 결국 표절이나 모방이라는 비판을 꾸준히 받아왔다. '환골탈태'는 우리가 알고 있는 것과 사뭇 다른 의미로 쓰였음을 알 수 있다.

4. 백화소설의 출현

송대에는 이야기와 노래로 구성된 민간 연예演藝가 크게 흥성한다. 수천 명을 수용할 수 있는 와사瓦舍와 구란勾欄 등이 이런 연예의 주요 무대였다. 이러한 대규모 대중 예술의 발달은 경제의 번영과 백성의 지위 향상 등에서 그 배경을 찾을 수 있다. 대중들에게 가장 큰 인기를 끌었던 연예의 두 부류는 사회의 여러 가지 잡사나 기괴한 이야기 그리고 『삼국지연의』, 『수호전』, 『서유기』 등의 모태가 되었던 역사 이야기를 다룬 것이었다. 이런 대중 연예의 대본이 화본話本인데, 화본은 당연히 구어口語 즉 백화白話로 쓰였고 그것은 연예의 대본이 아닌, 개인이 독서용으로 읽어도 문학적 가능성이 충분했다. 그래서 중국 최초의 백화소설인 화본소설이 등장하게 되었다.

8장

원대元代

몽골과 몽고

몽골은 부족(민족)의 명칭이다. 몽골은 그 역사가 오래되었으나 예전에는 별다른 집중을 받지 못했기에 그저 '변방 민족' 정도의 막연한 명칭으로 불리다가, 당대唐代에 들어서야 몽올蒙兀, 맹고萌古라는 이름이 등장한다. '몽고蒙古'의 자의字意를 살펴보면, '蒙'은 어둡고 어리석다는 의미이고, '古'는 오래되고 진부하다는 의미이니, '蒙古'는 중국인이 그들을 비하하기 위해 쓴 말일 것이다. 그러므로 '몽고'라 해서는 안 되며, 반드시 '몽골'이라 해야 한다. 예컨대 몽골어, 몽골족, 몽골 등으로 불러야 한다.

예전에 몽골 측에서도 우리 정부에게 자국 국호國號에 대한 요청을 한 적이 있었다. '몽고'라 부르지 말고 '몽골'로 불러 달라는 것이다. 이정도로 몽골 사람들은 '몽고'라는 명칭에 대해 민감하게 반응한다.

1924년에 사회주의 국가인 '몽골 인민공화국Mongolian People's Republic'이 시작되었고, 1992년에는 자본주의화 하면서 국호를 '몽골 공화국The Republic of Mongolia'으로 고쳤다. '몽골'은 몽골말로 '용감한 사람'이란 의미라고 한다. 우리나라와는 1990년 3월 외교 관계가 수립되었다.

『원사』와 『원조비사』

원나라 역사를 기록한 대표적 사서史書로는 『원사元史』와 『원조비사元朝秘史』가 있다. 『원사元史』는 명나라 초기 즉 원나라 멸망 직후에 쓰여진 데다, 송렴宋濂이란 사람이 주축이 되어 단기간에 만들어졌기 때문에 객관성이 많이 떨어진다. 『원조비사元朝秘史』는 칭기즈칸 사후 몽골어로 쓰인 것인데 곧 망실되었고, 명대에 나온 한문漢文 번역본만 남아있다. 주요 내용은 칭기즈칸과 관련된 것이다.

이처럼 몽골의 역사는 관련 자료가 많지 않고, 몽골 역사를 알기 위해서는 몽골어를 알아야 하는 등 다른 조대에 비해 연구하기가 특히 어렵다고 알려져 있다.

1. 몽골제국과 원나라

12세기 중반까지 북중국을 지배하고 있던 금金나라는 초원 지역에서 강력한 세력이 성장하지 못하도록 분열 정책을 폈다. 칭기즈칸의 아버지 예수게이는 러시아 남부에 살던 타타르족과의 전투에서 테무진이란 장수를 사로잡았고, 그 기념으로 아들에게 테무진(최고의 철로 만든 인간)이란 이름을 지어준다. 그러나 칭기즈칸이 9살 때 그의 아버지는 타타르족에게 독살당하고 만다. 이 모든 것이 金의 분열 정책과 관련이 있다.

부친이 살해당한 후 테무진은 풀뿌리로 연명하며 철저히 외롭고 강인하게 성장한다. 그는 핍박과 고난 속에서도 부족들을 연합해 나갔고, 전쟁에서 승리를 거두어 몽골 대연합의 맹주로 성장하였다.

타타르족이 金에 반기를 들자, 金은 몽골족과 연합하여 타타르족을 응징했다. 이때 테무진도 참가하였다. 타타르족은 일찍이 테무진의 아버지를 없앴기에 테무진은 당연히 복수의 기회를 마다하지 않았을 것이다. 金은 타타르족을 응징함과 동시에 타민족 간 분열 정책도 성공했다고 여겼으나, 부유하고 풍족한 다른 민족의 생활상을 접한 테무진은 힘을 키워 금나라를 공략할 야심을 키워나갔다. 1206년 마침내 테무진은 바이칼 호 아래 오논강에서 열린 부족장 회의(쿠릴타이)에서 칸으로 추대되어 칭기즈칸(세계의 지도자)이 되었다. 이때부터 몽골 제국의 세계 원정이 본격화되며 세계가 요동을 친다.

칭기즈칸은 1218년 중앙아시아와 이슬람 국가 호레즘 제국을 제압하였고, 1226에는 서하西夏까지 멸망시켰으나 1227년 66세의 나이로 병사했다.[1] 이후 1234년 칭기즈칸의 셋째 아들(오고타이)이 칸이 되어 金을 멸망시켰다. 금나라 애종哀宗은 몽골에 대항하여 상당한 전과戰果를 올렸다. 그런데 오랜 전쟁으로 금과 몽골 양쪽이 모두 지친 상태에서, 남송이 몽골과 연합하면서 일거에 전세가 몽골 쪽으로 기울게 되었다. 금나라 애종哀宗은 채주蔡州[2]로 도망갔고, 금의 수도 개봉開封은 금방 점령되었다. 이후 몽골과 남송의 연합군이 채주를 포위하자 애종은 자결했으며, 애종의 뒤를 이은 말제末帝는 잡혀 처형당하고 만다. 이로써 1115년 아골타가 세운 금나라는 1234년 종말을 고했다.

몽골은 이후 모스크바(1238), 남러시아 키에프(1240)를 차례로 점령했다. 1241년에는 신성로마제국과 폴란드 연합국과의 일전에서 대승을 거두었으며 1258년에는 바그다드를 점령했다. 그러나 이후 몽케 칸이 사망하면서 몽골 제국은 분열의 길을 걷게 된다. 1259년 몽케가 사망하

---

1 1995년 「워싱턴포스트」에서 지난 1,000년 동안 가장 위대한 인물을 선정한 적이 있었는데, 서양의 인물이 아니라, 적은 병력으로 유라시아를 평정했던 칭기즈칸이 뽑혔다. 칭기즈칸은 사후 몽골 습속에 따라 봉분 없이 평장(平葬)되었으며, 그의 유언대로 비밀리에 매장되어 아직도 그의 무덤을 찾지 못하고 있다.

2 하남성(河南省) 여남(汝南)

자 1260년 쿠빌라이와 아릭부케가 각각 쿠릴타이를 개최하여 모두 칸이 되었고, 두 칸의 대결에서 쿠빌라이가 승리하여 1264년 쿠빌라이가 확고한 칸이 된다. 이후 몽골은 분열되어 쿠빌라이는 중국 땅의 지배에만 전념했고, 그 외 지역은 독립국화 된 네 개의 한국汗國이 지배하게 된다. 쿠빌라이는 1267년 북경 지역에 도성을 쌓고 대도大都라는 도읍을 건설했고, 1271년에는 국호를 원元으로 바꾸었다.[3] 1276년에는 남송의 중심부 임안臨安을 공격하더니, 1279년 마침내 남송을 완전 멸망시켰다. 이로써 元의 국가 중심축은 중국으로 이동하였고 이민족 정권이 중국 전역을 지배하는 초유의 역사가 시작된다. 사실 元은 이 보다 더 일찍 중국 전역을 정복할 수 있었지만, 칭기즈칸을 비롯한 몽골의 지도자들이 중국보다 세계 정복에 더 매진한 덕분에 남송이 좀 더 오래 버틸 수 있었던 것뿐이다. 이로써 宋은 태조太祖 조광윤趙匡胤의 건국으로부터 멸망까지 320여 년을 지속한 셈이다.(남송은 152년 존속)

-몽골제국의 초기 황제-

· 태조太祖: 칭기즈칸(테무진, 재위 1206~1227)

· 태종太宗: 오고타이(칭기즈칸 셋째 아들, 재위 1229~1241)

· 정종定宗: 구유크(오고타이 장남, 재위 1246~1248)

· 헌종憲宗: 몽케(칭기즈칸 넷째 아들 톨루이의 장남, 재위 1251년~1259년)

· 세조世祖: 쿠빌라이 칸(몽케의 동생, 재위 1260~1294), 원나라 초대 황제
1271년 국호를 대원大元, 수도를 대도大都(북경)로 정함.

---

3 국호(國號)를 元으로 한 것은 쿠빌라이가 『역경(易經)』의 건원(乾元)에서 취한 것이다. 또한 쿠빌라이 때부터 북경이 중국 전역의 수도가 되었다.

보통 건국자를 태조太祖라 하고 그 계승자를 태종太宗이라 한다. 같은 군주라도 대체로 '祖'에는 건국 군주의 의미가 담겨져 있고, '宗'은 일반 군주로 볼 수 있다. 그런데 태조太祖, 태종太宗, 정종定宗, 헌종憲宗에 이어 5대 황제 쿠빌라이를 세조世祖라 하는 것은, 유라시아를 포괄했던 몽골 대제국이 분열되었기 때문이다. 다시 말해 세조 쿠빌라이 때부터는 몽골 세력이 5개로 분할되어, 원나라 즉 중국 지역은 쿠빌라이가 다스리고, 나머지 4개 지역은 4개의 한국汗國이 되어 각각 독립적으로 통치되었다. 쿠빌라이의 원나라는 중국 땅만 통치하는 동아시아의 새로운 하나의 제국으로 볼 수 있기에 쿠빌라이를 세조世祖라 칭하는 것이다. 쿠빌라이는 국호와 수도를 정했을 뿐 아니라 국가의 제도까지 정비하였는데, 이는 자신이 중국 지역의 통치에만 전념하겠다는 의미로 해석할 수 있다.

원세조元世祖 쿠빌라이는 한족漢族 참모의 조언을 잘 받아들였고 유교적 소양도 풍부했다. 그는 태자를 책봉하여, 몽골에서 미증유였던 중국식 황위 계승제를 확립하였다. 그러나 쿠빌라이의 중국식 황위 계승제는 황제가 바뀔 때마다 적지 않은 내분을 불러일으켰다. 그가 책봉한 태자조차 자신보다 먼저 죽어, 태자의 셋째 아들이 황위를 이으니 그가 성종成宗이며, 성종이 책봉한 태자 역시 성종보다 일찍 죽어 성종의 서자庶子인 카이산이 무종武宗으로 제위를 잇는다. 무종은 동생을 태자로 삼았는데 그가 바로 과거제를 부활하고 안정기를 이룩한 인종仁宗이다.

2. 신분 및 군사 제도

원조元朝는 전 국민을 몽골인, 색목인色目人, 한인漢人,[4] 남인南人(남송인)으로 구분하였는데 이 순서가 바로 사회 계급의 순이었다. 이에 강남 지역 한족들은 출사出仕 길이 봉쇄된 채 가장 낮은 사회 계급으로 전락하였다. 또한 직업별로 사람을 등급화 하였는데, 등급의 순서는 관官, 리吏, 승僧, 도道, 의醫, 공工, 장匠, 창娼, 유儒, 개丐(걸인)이다. 유가儒家는 거지(丐) 바로 앞에 놓여 10등급 가운데 아홉 번째 등급으로 추락하였다. 뿐만 아니라 元朝의 한족 문화 말살 정책은 급기야 과거제科擧制 폐지로 이어졌다. 유가사상에 젖어있던 한족 지식인들에게 과거 시험 폐지란 인생의 꿈이자 지상 과제를 박탈당한 것과 다름없는 것이었다.[5]

이런 급진적인 변혁은 문화적 충격이 되었고 새로운 문학의 도래를 야기한다. 그 대표적인 예가 바로 원대 희곡戲曲의 발달이다. 과거過去 전통 문인들의 작품은 시문詩文이 위주가 되었으며, 과거科擧 시험의 주요 과목도 바로 시문이었다. 지금까지는 대다수 유생儒生이나 지식인들이 시문을 공부하고 즐겼지만, 이제는 그럴 필요가 없어졌고 점차 전통 문학에 대한 애착이나 흥취 자체도 희박해져갔다. 그 대신 옛 문인들이 거들떠보지도 않았던 희곡이 새롭게 부상하여 성황을 이루었다.

---

4 한인(漢人)은 요(遼), 금(金)의 통치를 받던 북방 지역의 한족(漢族)

5 인종(仁宗, 1312~1323)은 안정된 정치로 유명한데 특히 과거제(科擧制)를 부활시켜 높은 평가를 받는다. 진사(進士) 급제 인원은 100명이었고, 몽골인, 색목인(色目人), 한인(漢人), 남인(南人)을 과별(科別)로 각각 25명씩 평등하게 뽑았다. 그러나 인구 비율을 보면 한인과 남인이 압도적이었기에, 한인과 남인 즉 한족의 합격률은 상대적으로 매우 낮은 편이었다. 어쨌든 과거제의 부활은 한족 지식인들의 열렬한 환영을 받았고, 이로 인해 인종(仁宗)에게는 성군(聖君)의 이미지가 더욱 강하게 각인되었다.

몽골족의 한족 억압 배경

몽골족이 한족漢族이나 중국의 전통 사상인 유가儒家를 그토록 멸시한 이유는 무엇일까? 그 이유를 유추하자면 지배계층의 몽골 지상주의와 더불어 중화사상中華思想에 대한 반발을 들 수 있다. 원나라는 송나라를 병탐하기 전에 이미 서유럽 및 서방 세계를 두루 경험하였고, 기독교 문명 등 세계의 유수한 문화와 문물을 섭렵하였다. 그런데도 중화제일주의가 뼛속까지 깊이 박힌 한족 지식인의 배타적 우월주의와 이민족 무시는 몽골인들로 하여금 한족들과 그들의 문화를 철저히 핍박하도록 했을 것이다.

예를 들어 형사취수兄死娶嫂는 유목민들로서는 당연한 습속이었다. 유목민들이 형사취수를 하는 이유는 크게 두 가지이다. 첫째는 가장家長을 잃은 형제의 가족들을 보살피기 위해서이며, 둘째는 남자 형제가 죽었을 때 만약 그 부인이 다른 집안에 재가하면 남자 형제의 재산도 따라가게 되므로 혈족의 재산 이탈 방지 목적도 있었다. 그러나 형사취수에 대한 한족 지식인들의 입장은 인간으로서는 상상도 할 수 없는 야만적인 것이며, 그런 문화를 가진 사람들은 동물보다도 못한 것이었다.

이런 점은 현대를 사는 우리에게도 시사하는 바가 크다. 즉 타 문화가 아무리 이해하기 힘들지라도 나의 잣대로 함부로 폄하하거나 멸시해서는 안 된다는 것이다.

몽골의 군대는 크게 중앙군과 지방군으로 나눌 수 있는데 중앙군은 황실 및 수도 지역을 담당하였다. 지방에는 4종의 군이 편성되었다. 몽고인으로 구성된 주력군인 몽군蒙軍(병역 의무가 있었던 15~70세의 모든 몽고인), 몽골족 이외의 변방 민족으로 구성된 탐마적군探馬赤軍, 중원 백성에서 징발한 한군漢軍, 남송 지역 漢人으로 구성된 신부군新附軍 등이다. 이 네 종류의 군대는 백성들을 국인國人(몽골인) 색목인色目人, 한인漢人, 남인南人으로 나눈 것과 일맥상통한다.

3. 행정 제도

세조世祖 쿠빌라이는 중국의 법제를 모방한 통치 체제를 완비하였다. 중앙에 최고의 정무기관政務機關인 중서성中書省을 두고 황하黃河 이북을 황제가 직할로 통치하였고, 나머지 지역은 10개의 구역으로 나누고 그곳에는 행중서성行中書省을 두었다. 행중서성은 행성行省 혹은 성省 등으로 약칭되었는데 중서성의 출장소 정도로 볼 수 있다. 이 행중서성은 오늘날 중국의 행정구역인 성省의 전신으로 볼 수 있다. 원대 설치된 열개의 행중서성은 하남행중서성河南行中書省, 섬서행중서성陝西行中書省, 감숙행중서성甘肅行中書省, 강서행중서성江西行中書省, 사천행중서성四川行中書省, 운남행중서성雲南行中書省, 절강행중서성江浙行中書省, 요양행중서성遼陽行中書省, 영북행중서성嶺北行中書省 등이다.

4. 경제와 조세 제도

원나라의 각종 제도는 나라가 안정된 세조 이후에 정비되었는데 세금 관련 제도 역시 예외가 아니다. 원의 조세 제도는 남송 멸망 이후 세조 때에 정비되었으며 남북이 이원화되었다. 북방에는 지세地稅와 정세丁稅를 두었는데 호등戶等에 따라 부과되었고, 남송 지역에는 기존의 양세법兩稅法에 따라 하세夏稅와 추세秋稅를 징수하였다. 또한 노동력을 제공받는 역役에는 과차科差가 있었는데 그것은 세금(재물)을 내고 역役을 면제받는 것이었다. 이 역시 호등에 따라 부과되었다. 이외에도 30여개 종목에 이르렀던 액외세額外稅가 있었는데 그것은 그만큼 과세의 대상이 많았기 때문이다. 소금, 차, 술 등은 국가가 전매하였다. 한편 유목

민족의 핏줄을 가진 원대의 지배 계층은 피정복민을 수탈의 대상으로 보는 경향이 짙었기 때문에 원대 백성들은 대체로 수탈과 착취를 많이 당하였다.

원대에는 국경 개방으로 상업 특히 국제 무역이 성행했고, 면화업, 방직업 등이 발달하면서 일정 규모를 갖춘 공장 형태가 출현하였다. 원대는 화폐 본위 시대가 열렸다고 볼 수 있는 때이다. 금은이나 동전 등이 보조적 수단이 되고, 교초交鈔라는 지폐가 교역의 주요 수단이 되었다. 지폐는 교역에 편리함을 제공하여 상업과 경제 활동의 활성화에 기여하기도 했지만 부작용도 컸다. 위조지폐가 만들어져 경제 활동에 혼란이 야기되는가 하면, 많은 지폐가 발행되어 인플레이션이 유발되었으며, 높게 책정된 전납錢納 기준은 백성 수탈의 도구가 되기도 하였다.

5. 종교와 과학

원조元朝는 불교를 숭상하였는데 특히 티베트 불교인 라마교喇嘛教를 우대하였다. 세조 쿠빌라이는 티베트의 라마교 고승 파스파八思巴를 국사國師로 삼아 새로운 문자를 창제하게 했는데 그는 티베트 문자를 변형하여 파스파 문자를 만들었다. 표음문자인 파스파 문자는 한글 창제에 도움을 주었을 가능성이 크다. 쿠빌라이는 중국 최초의 라마교 신자로 알려져 있으며 이후 원나라 황실에서는 라마교를 신봉했다고 전해진다.

북방 민족은 다양한 종교를 믿었는데 몽골족은 모든 종교에 대해 관대했다. 서양의 기독교 문명을 경험한 황실에서는 기독교도 우대하였는데 칭기즈칸도 기독교를 좋아했고 쿠빌라이의 생모 및 쿠빌라이 동생의 부인도 기독교 신자였다. 그녀는 바그다드 공격 시 탄원서를 올려 기독교인은 사살하지 말라는 요청을 했다고 한다. 당대唐代 회창會昌의 폐불廢佛 때 불교와 함께 거의 자취를 감추었던 기독교는 원대에 들어 크게 대두되었다.

원나라는 아랍과 서구 문명을 중국에 전파했다는 점에서, 중국의 과학과 문화 발달에 큰 기여를 하였다. 예를 들어 아라비아와 이란의 영향을 받아 元에서 만든 회회포回回砲는 화약 포탄의 사정거리를 증가시켰다. 화약은 일찍이 중국에서 만들었으나 화약 포탄을 멀리 보내는 기술은 원나라에서 도입·개발한 것이다. 중국에서는 이슬람교도들을 회족回族이라 하는데, 회회포回回砲 역시 회족에서 비롯된 명칭이다.[6] 원조元朝의 타문화에 대한 포용적 태도는 외래의 문화와 기술이 중국에 쉽게 수용될 수 있도록 해주었다

한편 당시 천문, 역법 관련 과학들도 큰 발전을 이루었는데 예를 들어 천문학자이자 수학자인 곽수경郭守敬(1231~1316)은 계산을 통해 1년을 365.25일로 산출하기도 하였다.

---

6 원나라 군대가 강했던 근본 원인은 기마부대로서의 신속함과 잔인함 그리고 우수한 무기 등을 들 수 있다.

파스파 문자와 한글 창제

조선 초기 문신 성현成俔(1439~1504)이 지은 필기筆記 『용재총화慵齋叢話』와 조선후기 실학자 이익李瀷(1681~1763)의 사상과 견문 등을 집대성한 『성호사설星湖僿說』에는 한글이 산스크리트Sanskrit어와 파스파 문자를 참고하여 만들어졌다고 하였다. 한글 창제는 불교의 영향을 받았을 가능성이 크다. 다만 그 영향력이 어느 정도였는가에 대한 견해들은 각자 다를 수 있을 것이다.

티베트어와 파스파 문자의 모태는 산스크리트어라 볼 수 있으며, 특히 한글이 파스파 문자처럼 초성, 중성, 종성으로 구성되어 있는 점을 고려하면, 한글 창제는 표음문자인 고대 인도의 범어梵語 및 그로부터 파생된 파스파 문자 등을 참고했다고 봄이 합당해 보인다. 그러나 이런 점이 한글의 독창성이나 위대함을 평가 절하하는 것이 결코 아니라는 점을 인식하고, 정확한 역사 사실과 전후 맥락을 잘 살펴보는 것이 한글에 대한 이해도를 높이고 자긍심을 지키는 길임을 알아야 할 것이다.

6. 마르코 폴로와 『동방견문록』

원대는 국경 개방으로 국제 무역이 성황을 이루었고 마르코 폴로Marco Polo(1254~1324)도 그런 분위기 속에서 중국으로 들어왔다. 마르코 폴로는 무역상답게 먼저 방문한 지역에서 물건을 구매한 후, 그 다음 방문지에서 그 물건을 되팔아 이익을 남겨가며 원거리 여행을 했을 가능성이 크다. 원나라는 광활한 지역의 통치와 교역을 위해 잘 정비된 역참驛站 제도를 운영하였다. 주요 교통로에는 일정 거리마다 역참이 있었고, 허가증만 있으면 말馬과 숙식을 쉽게 해결할 수 있었는데 이 점은 상업 활동 및 동서 교류에 큰 기여를 하였다.

이탈리아 베네치아(베니스)의 부유한 보석 상인의 아들로 태어난 마르코 폴로는 1271년 아버지와 작은 아버지를 따라 몽골을 향해 베네치아를 떠났다. 수많은 우여곡절을 겪은 후, 수 년 만에 대도大都(북경)에 도착한 마르코 폴로 일행은 황제 쿠빌라이 칸의 극진한 대우를 받는다. 색목인이었던 마르코 폴로는 약 17년 동안 중국에 머무른 후, 1295년 고향 베니치아로 돌아왔다. 그는 지중해와 중동 지역에서 무역업에 종사했는데 1298년 베네치아와 제노바 사이에 전쟁이 일어났고, 베네치아 군을 지휘하던 그는 제노바군의 포로가 되어 투옥된다. 거기서 그는 감방 수감자들에게 중국 이야기를 흥미진진하게 들려주었고, 옥중에 있던 피사Pisa의 문인 루스티치아노Rusticiano는 마르코 폴로의 이야기를 기록하였다. 그것이 바로 『동방견문록』이다.

이 책에는 중국의 문화가 망라되어 있으며 여러 언어로 번역되고 필사되어 유럽인들에게 선풍적인 인기를 끌었다. 특히 애독자 중에는 콜럼버스도 있었는데 이 책은 콜럼버스의 아메리카 대륙 발견의 단초로 작용하였다. 원본은 사라졌으나 수많은 사본과 번역본이 유통되다가 1934년 펠리오에 의해 편집된 책이 전한다. 마르코 폴로는 석방 후에도 여전히 무역업에 종사했으며 70세를 일기로 베네치아에서 숨을 거두었다.

원대 동서 교류의 주역은 색목인들이었다. 당대唐代 장안에도 외국인들의 집단 거주지가 있었고, 외국인들이 법적으로 보호를 받는 등 외국인에 대한 관대한 정책이 있었는데 이런 전통과 정책은 원대에 들어 당시 특히 우대받았던 색목인들에게 널리 적용되었다.

7. 여몽 전쟁

요遼나라는 1125년 금나라에 멸망되었다. 이후 재기를 노리던 요나라 유민이 몽골에 쫓겨 고려 국경을 넘자, 고려는 몽골과 연합하여 이들을 격퇴한다.(1219년 강동성江東城 전투) 이것이 고려와 몽골과의 첫 접촉이다. 몽골은 고려에 거란(요) 정벌의 대가를 요구했고 고려는 몽골을 적대시하게 되는데, 이런 상황에서 1225년 고려로부터 조공을 받아가던 몽골의 사신 저고여著古與가 압록강 근처 국경에서 피살당하는 사건이 일어났다. 이에 몽골은 1231년부터 고려를 침략하기 시작했고 1232년 강화도로 천도한 고려는 아홉 차례에 걸친 몽골의 침략에 끈질기게 저항하였으나, 1259년 끝내 항복하고 말았다.

1270년 고려 원종元宗은 몽골과 화의하고 개경開京으로 환도하였고 이로써 고려의 공식적인 대몽對蒙 항쟁은 끝이 났다. 그리고 이때부터 元의 본격적인 간섭과 수탈이 시작된다. 개경 환도 이후에도 삼별초三別抄의 대몽 항쟁은 계속되었으나, 1272년 제주도에서의 삼별초 저항을 끝으로 고려의 대몽 항쟁은 더 이상 찾아볼 수 없게 된다. 이처럼 고려는 元에 정복되긴 했으나, 역사상 가장 크고 강력했던 대제국을 상대하여 수십 년간 항쟁한 것 자체가 유례를 찾기 힘든 것으로 평가 할 수 있다.

원나라의 일본 정벌은 대규모 원정에도 불구하고 태풍과 일본군의 저항 등으로 끝내 실패하였다. 세조 쿠빌라이는 일본 원정을 두 차례 시도하였다. 1274년 1차 일본 원정 때는 고려군이 주력 부대였다. 당시 고려는 약 900척의 전함과 5천여 명의 군사를 부담해야 했다. 남송 멸망(1279) 후 이어진 2차 일본 원정 때(1281)는 고려와 남송의 병력이 동원되었다. 이때도 고려는 900척의 전함을 비롯하여 적지 않은 병력과 기타 비용을 부담하여야 했다. 피지배국 백성을 전쟁에 동원하는 것은 원나라의 전형적 전쟁 전술이었다. 元의 2차 일본 침공 때는 약 15만 병사와 4,400척의 전함이 투입되었다.

元의 일본 침략 실패는 두 차례 모두 태풍이 주요 원인이었다. 이에 일본은 스스로를 신神이 보호해주는 민족이라 여겼고, 元의 침략을 효과적으로 막는데 크게 일조한 바람을 신풍神風 즉 '가미가제'라 불렀다. 2차 세계대전 당시의 가미가제 특공대의 명칭이 여기서 유래한다.

삼별초

고려 고종高宗 때 도적이 횡행하자 최우崔瑀가 도적을 방비하기 위해 개인적으로 야별초夜別抄를 두었는데 그것이 확대·재편된 것이 삼별초三別抄이다. 삼별초는 최씨 무신정권의 사병으로, 좌별초左別抄, 우별초右別抄, 신의군神義軍을 합쳐서 부르는 이름이다. 이들은 최씨를 보호하는 일종의 특수 부대였는데 몽골이 고려를 침입하자 정규군보다 훨씬 뛰어난 전투력을 발휘하였다.

1231년 몽골이 침입하자 1232년 강화도로 천도했던 고려의 조정은 1270년 개경開京(개성)으로 환도하고 원나라에 굴복했지만, 배중손裵仲孫이 이끄는 삼별초는 진도에서 새로운 왕까지 옹립하고 몽골과의 항전을 선포한다. 고려 조정에서는 이를 반란으로 여겨 몽골과 함께 진도의 삼별초를 공격하였고 제주도로 쫓겨 간 삼별초는 1273년까지 항쟁을 지속하다가 여몽 연합군에 의해 섬멸당하고 만다.

팔만대장경

1087년에 완성된 우리나라 최초의 대장경인 초조대장경初雕大藏經이 대구大邱 부인사符仁寺에 보관되어 있다가, 1232년 몽골의 침입으로 소실되었다. 이에 불교 국가였던 고려는 부처의 힘으로 몽골의 침입을 막는다는 염원으로 대장도감大藏都監을 설치, 1236년(고종高宗 23년) 강화도에서 조판에 착수하여 15년 만인 1251년(고종 38년) 대장경을 완성했다. 이것이 재조대장경再雕大藏經인데 고려대장경高麗大藏經 혹은 팔만대장경八萬大藏經이라고도 한다. 원래는 8만 1,137판이었으나 조선시대에 새로 새긴 것과 합하여 현재 총 8만 1,258판이 보존되어 있다.

경판經板은 길이가 약 68~78센티미터, 폭이 약 24센티미터이며 두께는 2.7~3.3센티미터이다. 강화도 대장경판당大藏經板堂에 보관되다가 1318년(충숙왕忠肅王 5년) 강화도 선원사禪源寺로 옮겨졌고, 1398년 다시 경남 합천 해인사海印寺로 옮겨져 오늘에 이르고 있다.(1962년 국보 32호로 지정, 2007년 세계기록유산 등재) 내용과 체재 모두 완벽하다는 평가를 받는 이 팔만대장경을 통해 고려의 목판 인쇄술이 얼마나 발달했는지 알 수 있다.

8. 원나라의 멸망

원나라는 몽골 지상주의를 통해 중국 전역을 지배하려 했지만 유목민 특유의 내부 갈등과 중국 내 저항 그리고 정치·경제적 모순(대토지 소유, 백성 수탈)에 자연재해까지 겹치며, 민심 이반과 사회 혼란이 점차 심화되어 갔다. 결국 14세기 중엽에 이르면 전국 각지에서 크고 작은 난이 일어나는데 그 가운데 가장 대표적인 것이 '홍건적紅巾賊의 난'이다. 한산동韓山童은 미륵彌勒 신앙을 표방하는 백련교白蓮敎의 대표로, 자신이 미륵불이자 송 휘종徽宗의 8대 손이라 사칭하며 송의 부흥을 기치로 거병했는데(1351) 이것이 홍건적紅巾賊의 난이다. 난세에 중생을 구하기 위해 미륵이 출현한다는 미륵 신앙은 원 말 핍박받던 대중에게 열렬한 환영을 받았다. 처음 원나라 조정에서는 홍건적의 난을 가볍게 여겼으나 반란이 확산되자 본격적으로 난을 제압해 나갔다. 한산동은 곧 元의 포로가 되었고 그의 아들 한림아韓林兒가 반란의 수장으로 올랐는데, 그를 받들던 여러 반란 집단의 지도자 가운데 곽자흥郭子興이 두각을 나타냈다. 훗날 명태조明太祖가 된 주원장朱元璋은 바로 곽자흥의 부장副將이었다.

곽자흥이 죽자 주원장은 그 세력을 물려받아 남경南京을 공략하여 근거지로 삼았으며, 홍건적을 따르지 않고 독자 노선을 걸었다. 물산이 풍부한 경제 거점 남경을 차지한 주원장의 전략은 주효했다.[7] 1368년 明을 건국한 그는 남경을 도읍으로 삼고, 연호를 홍무洪武라 하였으며 그 해 8월 대도大都를 함락시키고 元의 세력을 몰아냈다.

원나라의 존립 기간은 짧게는 약 90년, 길게는 약 160년으로 볼 수 있다. 元의 시작을 세조 쿠빌라이가 남송을 멸망시키고 중국 전역을 통일한 때로부터 보면 대략 90년(1279년~1368년)이 되며, 테무진이 칭기즈칸이 되는 때를 기점으로 보면 약 162년(1206년~1368년)이 된다.

---

7 홍건적은 수세에 몰리자 고려를 침략한다. 홍건적 잔당의 고려 침략은 두 차례(1359, 1361)에 걸쳐 일어났다. 첫 번째 침략에서는 서경(西京, 평양)이 함락되었으나 고려는 곧 탈환하고 홍건적을 섬멸하였다. 두 번째 침략에서도 10만 홍건적이 개경(開京, 개성)을 함락하자 공민왕은 경북 안동까지 몽진을 가야 했지만 다시 홍건적을 격퇴하였다. 그러나 이 두 번의 홍건적의 고려 침입은 고려 멸망의 한 원인으로 작용할 정도로 고려에 큰 타격을 주었다.

신안 앞바다에 침몰한 원나라 무역선

1323년경 원나라 경원항慶元港(절강성 닝보寧波)을 출발하여 일본 하카다博多항으로 가던 한 무역선이 항해 도중 침몰하였다. 그 침몰선은 652년 후 우리나라의 한 어부에 의해 발견되었다. 1975년 전라남도 신안군 증도 앞바다에서 고기를 잡던 어부의 그물에 도자기 몇 점이 걸려 올라왔다. 그 가치를 몰랐던 어부는 그것들을 집에 방치해 두고 있었는데 어부의 동생(초등학교 교사)이 군청에 신고를 하면서, 엄청난 보물들과 원나라 무역선의 실체가 드러나게 되었다. 복원 결과 배의 길이와 폭이 각각 최대 34m와 11m에 달했는데 그것은 무역선으로서 당시 최대 규모였다. 또한 동력은 바람이었으며 최대 탑승 인원은 100여 명인데 당시 60명 정도가 탑승했을 것으로 추정되었다. 아울러 최초 선적일이 1323년 4월 22일, 최후 선적일은 6월 3일로 밝혀졌으며 제주도에서 풍랑을 만나 신안 앞바다 근처까지 떠밀려 와 침몰된 것으로 추정되었다.

신안 앞바다에 보물선이 가라앉아 있다는 소식이 돌자, 보물을 찾기 위해 많은 사람들이 몰려들었다. 이에 1976년 정부에서는 '신안 해저 유물 발굴 조사단'을 꾸려 본격적으로 발굴을 시작했는데 9년 동안 11차례에 걸쳐, 도자기를 비롯해 2만 7천여 점의 진귀한 유물을 건져냈다. 유물의 대부분은 송, 원대의 도자기(2만 5천 점)였으며 동전도 28톤이나 나왔다. 중국 도자기는 일찍이 9세기부터 약 천 년 동안 세계로 수출되었는데 이 발굴은 당시 일본에서도 중국 도자기가 매우 인기 있었음을 보여주고 있다. 발견된 도자기는 대부분이 중국 도자기의 명산지인 절강성浙江省 용천요龍泉窯 청자와 강서성江西省 경덕진요景德鎭窯 백자인데 이 배가 출항한 경원항慶元港은 당시 중국 최대의 도자기 수출 항구였다.

한편 1323년은 고려 충숙왕忠肅王 때인데, 이때 이미 중국 - 한국 - 일본에 이르는 무역항로가 존재했음이 밝혀진 것도 이 발굴의 큰 성과이다.

원대 문학

1. 산곡과 잡극의 흥기

원나라 시대에는 詩文과 같은 전통문학이 침체의 늪을 벗어나지 못했다. 문인·식자 계층이 억압받던 시대였고 특히 과거 시험은 원대에 들어 오랫동안 실시되지 않다가 한인漢人들의 지속적인 건의로 매우 제한적으로 시행되었는데, 이는 전통문학의 침체를 불러 온 핵심 요인이라 할 만하다. 다만 북방 민족의 음악에 맞춘 새로운 노래인 산곡散曲과 그것이 사용된 북방의 연극인 잡극雜劇은 크게 유행하였다. 특히 잡극은 원대 문학의 백미이다.

과거제 폐지 및 한족 억압 정책으로 벼슬길이 막힌 많은 유생儒生들이 잡극 창작으로 눈을 돌렸고, 여기에 도시인의 경제력 향상으로 잡극에 대한 수요층이 두터워진 점 등을 잡극 흥성의 주요 배경으로 볼 수 있다.

2. 중국의 셰익스피어 관한경

예로부터 원 잡극의 대표자로 관한경關漢卿, 마치원馬致遠, 정광조鄭光祖, 백박白朴 등을 꼽았는데, 이들은 원곡元曲 혹은 원잡극元雜劇의 사대가四大家로 칭해지고 있다. 이 가운데 관한경은 잡극반두雜劇班頭(잡극의 일인자)라 불렸으며, 근래 들어서는 중국의 셰익스피어라 칭해진 바 있다.

그는 평생 기루妓樓에서 가기歌妓나 예인藝人들과 어울리며 잡극 창작에 종사하였는데, 연출은 물론 배우로까지 출연한 적이 있을 정도로 잡극을 위한 인생을 살다 갔다. 아쉽게도 관한경의 정확한 생졸년이나 평생사적은 잘 알려져 있지 않다. 그는 대략 66종의 잡극을 창작했다고 알려져 있으나, 현재 18종 정도가 전해진다. 이 가운데 『감천동지두아원感天動地竇娥寃』(『두아원竇娥寃』), 『조반아풍월구풍진趙盼兒風月救風塵』(『구풍진救風塵』), 『규원가인배월정閨怨佳人拜月亭』(『배월정拜月亭』) 등을 대표작으로 꼽는다. 특히 여자가 한을 품으면 한여름에도 눈이 내리고(유월강설六月降雪), 3년 간 가뭄이 든다(대한삼년大旱三年)는 내용으로 유명한 『두아원竇娥寃』이 볼 만하다.

9장

명대明代

1. 명나라 건국

원나라는 몽골 전통에 반했던 세자 책봉제를 시행하여 황제가 바뀔 때 마다 권력 내분이 일어났다. 한편 유목 민족이 정착 생활을 하게 되면서 지배계급들은 사치를 알게 되었고, 유목민 특유의 피지배자들에 대한 수탈 일변도 정책은 백성들의 원성과 불만을 고조시켰다. 14세기 중엽에 이르면, 지배계층의 가혹한 수탈에 자연재해까지 겹치며 전국적으로 민란이 발생하게 된다. 그 대표적인 세력이 미륵彌勒 신앙을 표방한 한산동韓山童의 백련교白蓮敎이다.

미륵 신앙의 기본 교리는 난세에 중생을 구제하기 위해 미륵불이 나타난다는 것인데, 교주인 한산동은 자신이 미륵불이자 송휘종宋徽宗의 8대손이라 사칭하였다. 1351년 백련교도들은 군軍 조직으로 변모하였고, 불의 기운으로 몽골족에 대항하고 송을 부흥한다는 기치 아래 머리에 붉은 두건(음양오행상 송나라는 火에 해당함)을 쓰고 난을 일으키니 이것이 '홍건적紅巾賊의 난'이다.

홍건적의 세력이 커지자 원조元朝는 홍건적을 적극 토벌하기 시작했다. 주원장朱元璋은 반란 집단의 장수 가운데 한 명이었다. 그는 전투에서 수세에 몰린 홍건적을 지원하기 위해 병력을 이동하고 있었는데, 주원장의 지원군이 도착하기도 전에 홍건적 부대는 원나라 군대에 궤멸당한다. 이에 주원장은 방향을 돌려 양자강 이남으로 내려가 독립 세력화의 길을 걸었다. 당시는 워낙 살기가 어려웠던 때라 쉽게 많은 병력을 모집할 수 있었고, 주원장은 같은 반란 집단이었던 장사성張士誠, 진우량陳友諒 등의 주변 세력을 평정함으로써 반란 세력을 통합하였다. 남쪽 지방은 원나라 세력이 쉽게 미치기 어려웠으므로 그는 비교적 쉽게 남방으로 세력을 확장할 수 있었다. 특히 강남 지역은 원나라 재정의 근원이었는데 물산이 풍부한 강남을 점령당한 원나라는 수세에 몰릴 수밖에 없었다. 남방인 남경南京을 근거지로 삼은 것이 원나라 축출에 크게 주효하였다고 볼 수 있다.

1368년 41살의 주원장은 마침내 남경에서 명나라를 세우고 25만의 병력을 앞세워 북진한다. 당시 원나라 황실은 여전히 세력 다툼 중이었고 1368년 元의 마지막 황제 순제順帝는 싸우지도 않고 도망가 버렸다. 대도大都를 점령한 주원장은 중원 국가의 기틀을 다질 수 있었다.[1] 그는 도읍을 응천부應天府 즉 남경에 두었으며, 연호는 홍무洪武라 하였다. 1황제 1연호의 시대가 열린 것도 이때부터이다.

2. 명태조의 통치 정비

주원장朱元璋은 원래 떠돌이 탁발승 거지였다. 소작 빈농의 아들 주원장은 부모가 곡창 지역인 소주蘇州에서 아사餓死하자(혹은 역병으로 사망했다고 함), 먹고살기 위하여 황각사皇覺寺로 들어갔다. 그때 주원장의

1 오대십국시대(五代十國時代) 석경당(石敬瑭)은 연운십육주(燕雲十六州)를 거란에 할양하는 대신 거란의 힘을 빌어 후당(後唐)을 멸망시키고 후진(後晋)을 세웠다.(936) 이후 이 지역은 금나라에 점령되었다가 다시 원나라에 점령되는데, 1368년 주원장이 元의 수도 대도(大都)를 점령하면서, 430여 년 만에 마침내 이 지역이 한족(漢族)의 영토로 수복된 것이다.

나이가 17세였다. 그는 부패와 수탈을 일삼는 부유층을 싫어했는데 특히 상인 계층을 극도로 증오하였다. 주원장은 자신이 극빈층이었기에 대중의 지지를 쉽게 받을 수 있었고, 다른 한편으로는 元의 통치 아래서 울분을 삭히던 강남 대지주 층의 후원도 받을 수 있었기에 큰 세력으로 성장할 수 있었다. 그러나 그는 황제 등극 후 황권 강화를 목적으로 10만여 명의 개국공신과 지주층 등을 학살했다. 명태조明太祖 주원장(1328~1398, 재위 1368~1398)은 한고조漢高祖 유방劉邦과 함께 평민 출신의 황제였는데, 그는 유방 보다 훨씬 미천한 빈농 거지 출신이었다.

2.1 이갑제里甲制 실시

· 1갑甲은 1갑수호甲首戶 아래 10호로 구성됨.(1갑은 갑수호 포함 총 11가구)
· 갑수호는 전체 11가구(호) 가운데 한 가구가 매년 돌아가면서 맡으며, 해당 甲의 조세 징수를 책임지고 이장里長에게 전달 및 보고 함.
· 1리里는 10갑甲으로 구성됨.(총 110호)
· 열 개 갑의 각 갑수호 가운데 한 갑수호가 매년 돌아가면서 이장里長이 됨.
· 이장은 10개의 甲에서 올라온 세금을 모아 국가 지정 장소로 보냄.

조세 징수가 이갑제의 가장 큰 목적이지만, 이갑제 아래 각 농가에서는 호적 관리를 비롯하여 치안이나 물자 조달 등 기타 의무도 있어서 백성들에게 큰 부담으로 작용하였다. 명나라는 홍무 14년(1381) 이갑제를 통해 농촌을 안정시키고 철저히 세수를 파악할 수 있었다. 그러나 명 중기에 접어들면 탈세와 부역의 모순(과중함, 편중됨) 및 그로 인한 백성의 유랑流浪, 상인과 고리대금업자의 농촌 유입 등으로 이갑제는 와해된다.

2.2 전조와 역역

세금은 기본적으로 전조田租와 역역力役 두 가지가 있었다. 토지세인 전조는 기본적으로 양세법兩稅法을 따랐고, 역역은 본인이 직접 복역하는 역차力差와 은銀으로 대납하는 은차銀差 두 가지가 있었는데 백성이 선택하게 하였다.

2.3 기본 행정 기구 정비

강력한 중앙 집권을 위해 중서성中書省과 재상宰相 제도를 폐지하고, 그 아래 있던 6부部를 황제 직속으로 하였다. 또한 지방 행정을 통괄하던 행중서성行中書省을 폐지하고 민정, 군정, 감찰, 사법의 권한을 분산시켜 황제에게 보고하도록 하였다. 이런 체재는 중앙 집권력을 강화하고 조신朝臣들의 농단을 막는 데는 도움이 되었으나 황제의 업무는 과중해질 수밖에 없었다. 온갖 풍상을 겪으며 자수성가했던 주원장이야 능히 그것을 감당할 수 있었겠으나 후임 황제들은 이런 시스템에 취약할 수밖에 없었고 그것은 환관을 비롯한 측근의 농단을 야기하였다.

2.4 『원사』의 편찬

태조 홍무제 집권 3년 차에, 남경의 천계사天界寺에서 전체 2백 10권에 이르는 『원사元史』가 약 6개월 만에 졸속으로 편찬되었다. 그래서 청대淸代에 들어 『신원사新元史』가 다시 편수되었는데 『신원사』는 중국의 정사正史인 24史에는 들어가지 않으나, 24史에 『신원사』를 넣어 25史라 부르기도 한다. 홍무제가 『원사』 편찬을 서두른 까닭은 이민족 왕조인 元을 전복시키고 漢 왕조를 부활시킨 자신의 치적을 높이 드러내고 싶었고 또한 대규모 전적典籍 사업은 지식인들을 회유하고 인재를 모으는 좋은 수단이 되기 때문으로 볼 수 있다.

2.5 기타

* 대명법大明法 제정
* 1황제 1연호제 정착
* 사회기강 확립을 위해 잔혹한 형벌 시행:
  ·반역도는 주동자와 동조자를 모두 능지처참하고, 16세 이상 모든 혈족 참형
  ·60량 이상 횡령자는 사형 후 껍질을 벗겨 군중에게 게시 등
* 전국적 토지 측량 및 인구 조사
  ·어린도책魚鱗圖冊: 토지대장(소유주, 면적, 모양 등 상세 기록)으로 10년 주기 재작성
  ·부역황책賦役黃冊: 토지 소유액, 가족 수, 조세 부담 상황 등 기록

이외에도 몽고식 의복, 언어, 풍습 등을 금지하고 유교 교육을 실시하였으며 과거제科擧制를 부활시켰다. 또한 비밀 첩보기관인 금의위錦衣衛를 설치하여, 관리들의 행태를 보고 받고 감시하였다.

명태조 주원장의 정신 건강

중국은 최초의 황제 진시황秦始皇으로부터 마지막 황제인 청대清代 푸이(부의溥儀)에 이르기까지 2,132년간 211명의 황제가 있었다. 통계에 의하면 평균 재위 기간이 10년, 평균 수명이 42세 정도였다. 재위 기간이 최장인 황제는 청나라 건륭제乾隆帝(61년)이며 가장 짧았던 황제는 금나라의 마지막 황제 말제末帝(1일)였으며, 유일한 여황제는 당나라 측천무후則天武后이다.

중국 모 신문사의 조사에 의하면 역대 황제 가운데 심리적으로 가장 문제가 있던 사람이 바로 명태조 주원장이다. 주원장은 심각한 심리 장애와 인격 분열의 정신병적 증세가 있었다고 한다. 그것은 가난한 빈농의 아들로 태어나 농민 반란을 통해 지존至尊의 자리에 오르기까지, 심한 의심증과 방어 기제로서의 폭력성이 생겨났기 때문일 것이라고 한다.

또한 그는 추한 외모에 대한 콤플렉스가 있어서 이상 증세가 더욱 심해졌을 것이라 한다. 심지어 도盜, 광光, 독禿(대머리), 승僧, 적賊과 발음이 비슷한 글자는 쓰지도 못하게 하였다. 한 선비가 "빛이 광명의 땅光天之下에 하늘이 성인을 낳아生 세상의 법칙法則을 만들었다."고 했다가 즉각 참형을 당한 적도 있었다.

홍무제洪武帝 주원장은 수많은 인사들을 무참히 살해했는데 자신의 잔혹함에 스스로도 두려워하였다. 사후 왕릉 도굴을 우려한 그는 철저한 보안 속에 자신의 묘를 만들도록 하였고, 주원장 장례 당일에는 총 13개의 관이 행렬을 이루었다고 한다. 남경의 효릉孝陵이 그의 능이다.

『홍무정운』과 한국 최초의 운서『동국정운』

『홍무정운洪武正韻』은 홍무 8년(1375) 태조의 칙령으로 악소봉樂韶鳳, 송렴宋濂 등이 만든 운서韻書로, 편찬 목적은 漢字의 표준 발음을 정하는 것이다.(현전본은 1548년판) 즉 중국어음의 지역적 차이를 극복하는 표준음 제정이 목적인 것이다. 북경 발음을 표준으로 삼아 4성(평성平聲·상성上聲·거성去聲 ·입성入聲) 체계를 잡았으며 발음 표기는 반절半切을 사용하였다. 한국의 훈민정음訓民正音(1443) 및『동국정운東國正韻』에 큰 영향을 주었으며, 한국 한자음 및 한자체의 모범이 되었다. (『동국정운』이란 서명도『홍무정운』에서 따옴.)

1324년에 나온 운서인 주덕청周德淸(1227~1365)의『중원음운中原音韻』과『홍무정운』은 서로 일치하지 않는 부분이 적지 않다. 그 까닭에 대해서는 여러 가지 설이 있는데 두 운서의 편찬 과정을 보면 어느 정도 이해가 된다.『홍무정운』의 저자 가운데는 남방인이 많았으며,『홍무정운』은 칙령으로 편찬되었기 때문에 중국 전통 운서의 영향을 많이 받았을 것이다. 그러나 산곡散曲 작가였던 주덕청이 쓴『중원음운』은 대도大都 즉 북경 주변 지역의 당시 실제 음을 바탕으로 쓴 곡률 참고서이다.(정확하게 어느 지역의 음을 반영하고 있는지에 대해서도 이설이 많음) 그래서 비슷한 시기에 나온 두 운서의 내용이 일치하지 않는 것으로 보인다. 이 외에도 여러 가지 설이 존재하나 정확한 규명은 어렵다.

『동국정운東國正韻』은 1448년(세종 30년)에 간행된 우리나라 최초의 운서韻書로, 훈민정음 창제 뒤, 통일된 바른 한자음을 세우기 위하여 신숙주申叔舟 등이 세종의 명으로 편찬하였다.

3. 정난의 변

주원장 홍무제가 71세의 나이로 세상을 뜨자(1398) 황손인 22세의 건문제建文帝가 즉위했다. 황태자가 아버지(홍무제) 보다 일찍 세상을 떠났기 때문이었다. 홍무제는 혈족이나 형제 등이 없었기 때문에 자손과 혈연에 대한 욕심이 컸었다. 그는 아들만 26명을 두었고, 뛰어난 젊은이들에게는 주씨朱氏 성을 하사하기도 하였다. 아들이 많았던 홍무제는 후계자 다툼이 걱정이 되었을 것이다. 그는 자식들 간의 제위 다툼을 피하고 한편으로는 북방 지역 방비를 위해 아들들을 북방 지역의 왕에 봉하였다.

주원장과 정실 마황후馬皇后 사이에는 다섯 명의 아들이 있었는데, 그 가운데 넷째 주체朱棣가 가장 뛰어났었다. 태조는 그를 군사적으로 매우 중요한 연경燕京(북경) 지역의 연왕燕王에 봉하였다. 넷째 아들 주체는 명나라 건국 초기, 아직 몽골의 세력이 상당하였던 북방 지역의 수비를 훌륭히 수행해냈고 그 덕분에 주원장은 큰 걱정을 덜 수 있었다. 이처럼 주체는 아버지 태조의 기대에 십분 부응하였고 태조는 그에게 제위까지 물려줄 생각을 했으나, 마황후와 문무 대신들의 반대로 일찍 죽은 세자의 아들인 주윤문朱允炆이 2대 황제인 건문제建文帝로 등극하였다.

건문제는 즉위 후 각지 변방의 왕들을 제거하려는 시도를 했는데, 연왕 주체는 그 최종 목표가 자신임을 간파하고 1399년 정난靖難의 변變[2]을 일으켜, 1402년 건문제로부터 황위를 찬탈한다.(43세, 남경에서 즉위) 그가 바로 280년 명 왕조의 기초를 굳건히 다지며 명대 최고의 치세를 이룬, 3대 황제 성조成祖 영락제永樂帝이다. 그는 조카로부터의 황위를 찬

2 정난(靖難)은 난(難) 즉 악(악의 세력)을 제거(靖)한다는 의미이다.

탈하였고 그를 비판한 지식인들을 무참히 살해하였다. 그는 마치 당태종唐太宗 이세민李世民이 그랬던 것처럼, 자신의 황제 등극에 대한 부정적 인식을 타파하기 위해 누구보다도 열심히 나라를 다스렸다. 정난의 변은 황실 내부적으로는 골육상잔이었으나 결과적으로는 국가와 백성에 유익하였던 것이다.

4. 영락제의 치국

4.1 북경 천도

영락제永樂帝(재위 1402~1424)는 즉위 직후(1403) 북평北平을 북경北京으로 개칭한 후 1406년부터 1421년까지 15년만에 세계 최대의 궁전인 자금성을 완공하였다. 그리고 그 해 남경에서 북경으로 천도遷都를 단행했다.(1421) 남경에서 많은 정적政敵들을 처단한 영락제는 하루빨리 남경에서 먼 북쪽으로 천도하고 싶은 마음이 강했을 것이다. 북경은 북방 방어가 가능한 정치·군사적 요충지였기 때문에 청나라 때까지 줄곧 수도가 되었다.

4.2 환관의 중용

영락제는 환관의 제보로 방위가 허술한 남경을 단번에 점령했고, 남경 궁성 내 장수 및 환관들은 성문을 열고 영락제를 맞이하였다. 환관의 내응內應이 정난의 변을 성공하는 데 큰 기여를 하였던 것이다. 태조 홍무제洪武帝와 그를 이은 건문제는 모두 환관을 철저히 억압·배제하였다. 정난의 변에서 환관들이 영락제를 도운 것은 이에 대한 반발이 작용하였다고 볼 수 있다.

영락제는 1420년 비밀경찰 동창東廠을 설치하여 그 총괄권을 환관에게 넘겨주었고, 홍무제가 설치했던 금의위錦衣衛도 환관이 관할하도록 하였는데 이는 환관 전횡의 결정적 단초가 되었다. 태조 홍무제와 그 뒤를 이은 건문제建文帝는 철저히 환관들을 통제했지만 영락제는 정난의 변에서 자신을 도운 환관들을 우대하였다. 한편으로는 태조 이후 워낙 많은 인재들이 화禍를 당하여 환관들이 중용될 수밖에 없었던 배경도 있었다. 태조는 규정상 환관 수를 100명으로 제한했으나 영락제 때는 약 1만 명의 환관을 두었으며, 明 말기에는 약 7만 명의 환관이 있었다. 결국 환관의 전횡은 명나라 멸망의 주요 원인 가운데 하나가 된다.

4.3 대외 확장

영락제는 북北으로 다섯 차례나 친정親征하여 몽골을 철저히 제압하였고[3] 동東으로는 여진족, 조선 그리고 일본에 책봉과 조공 체계를 구축하였다. 또한 남南으로는 몽골에게도 제압당하지 않았던 베트남을 정복하였으며 나아가 정화鄭和 함대를 파견하여 30여 나라의 새로운 조공국을 만들었다.

---

3 영락제는 5차 몽골 정벌 후 귀국길에서 사망한다.(1424) 황제가 친히 다섯 차례나 북벌을 한 경우는 중국 역사상 전무후무한 일이며, 또한 그는 강력한 몽골군을 맞아 연전연승하였다. 다만 이러한 혁혁한 전공이 그의 건강에는 악영향을 미쳤을 것이다.

만주의 어원

길림吉林의 여진족들은 명나라에 조공하는 대신 생필품 등을 명나라와 교역할 수 있었고, 명나라 군대에 편입되어 몽골 수비에 활용되기도 하였다. 여진족은 철저히 한족에 동화되어 갔는데 그들은 자신들을 문수보살文殊菩薩의 후예라 여기며 스스로를 문수도文殊徒라 불렀다. 문수文殊는 범어梵語로 읽으면 /manju/이다. 그래서 그들은 만주족滿洲族이라 불리기 시작한다.

중국에서는 '만주'라는 명칭을 꺼린다. 일본에 의해 세워졌던 만주국(1932~1945)의 역사도 있고, 또한 이 지역은 옛부터 이민족의 터전이었기 때문이다. 중국에서는 이 지역을 보통 동북지역東北地域이라 부른다.

베트남

베트남은 긴 역사와 강인한 민족성을 가진 나라이다. 고조선처럼 건국 신화가 있으며 대략 B.C. 200년 남월南越에서 비롯되었다. 고조선이 그랬듯이 B.C. 111년 한무제漢武帝에게 정복되었고 약 천 년 동안 중국의 지배권 아래 있다가, 오대십국五代十國의 혼란 시기인 939년 독립에 성공한다. 975년 송나라의 침공을 훌륭히 격퇴했고, 1054년에는 송의 침입 낌새를 알아차리고 송을 선제공격하여 크게 승리하였다. 이에 송이 보복 공격을 가했으나 송은 베트남(당시 대월大越)에게 패한다. 이후 쿠빌라이 시대에 3차례에 걸쳐 침략을 당했으나 元은 한 번도 베트남을 제대로 제압하지 못했고, 베트남은 元의 무력武力을 훌륭히 막아냈다.

다만 영락제永樂帝 시기에 내분이 일어나 1407년 明에 점령당했으나 지속적인 저항으로 1428년 명나라 선종宣宗 때 독립한다. 1788년까지 독립을 유지한 베트남은 청나라 군대도 격파하는 등 놀라운 저항력을 보였으나, 19세기 서구 열강의 아시아 침략기인 1883년부터 프랑스의 식민지가 되었다. 이후 1945년 공산주의자이자 독립운동가인 호치민胡志明의 영도로 독립선언을 한 뒤, 프랑스에 대항하여 마침내 1954년 프랑스를 격퇴하고 독립을 쟁취했다. 그러나 독립 후 공산주의와 민주주의 두 파로 나뉘어 베트남 전쟁(1955~1975)이 일어났고, 미국의 지원을 받고 있던 남베트남의 사이공이 공산주의인 북베트남에 함락당하여(1975) 최종 붕괴된 후, 그 이듬해(1976) 베트남 사회주의 공화국으로 통일된다.

4.4 정화의 대항해

정화鄭和의 본명은 마삼보馬三寶(1371~1435)이다. 이슬람의 후예로 12세 때 환관이 되었고, '정난靖難의 변變' 때에도 영락제를 도와 공을 세웠다. 영락제 즉위 후 태감太監이 되었고 특이하게도 영락제로부터 정씨鄭氏 성을 하사받았다. 그는 1405년~1433년까지 약 30년 간 7차례의 대항해를 이끌었는데, 말레이시아, 수마트라, 자바, 인도 및 인도양을 거쳐 중동 지역과 남아프리카 동쪽에까지 진출하여, 30여 개국으로부터 조공을 받아냈다. 최대 규모의 항해에는 대선大船 62척과 병사 및 선원 약 27,000명이 동원되었다.

영락제는 몽골 격퇴를 위해 친히 출정하는 등, 내치에 신경을 쓴 홍무제洪武帝와는 달리 외세 확장에 매우 적극적이었다. 그는 충분한 국가 재정을 바탕으로 명나라 국세國勢를 천하에 떨치며, 조공 관계를 통해 대대적으로 교역을 확대·촉진시켰다. 그 결과 동서 교류가 활성화되었고 현 동남아 화교의 기초가 다져졌다. 정화 함대의 대형 선박은 대략 길이가 150m, 폭이 62m에까지 이른다고 한다. 정화 함대의 대규모 항해는 15세기 항해술과 조선술의 결정판이라 볼 수 있다.

정난의 변으로 황위를 찬탈한 영락제는 수도였던 남경성南京城을 점령할 당시 건문제建文帝를 찾으려 애썼으나, 불에 탄 건문제 황후의 시신만 찾았을 뿐 건문제의 행방은 묘연했고, 어딘가에 살아있다는 소문이 나돌았다. 이에 영락제가 건문제를 찾기 위해 정화 함대를 파견했다는 설이 나왔다. 그러나 국세國勢를 확장하고 교역을 확대하는 것이 대항해의 주된 목적이라고 봐야할 것이다. 1424년 영락제가 죽자 항해는 잠시 중단된다. 그후 1431년 정화는 예순의 나이에 제7차 항해를 이끌었고, 1433년 항해에서 돌아와 세상을 떠났다. 정화가 죽은 후에는 재정 문제와 중농정책 등으로 더 이상 항해는 재개되지 못했다.

정화항해도

정화鄭和가 약 30년 동안 7차례나 사고 없이 대항해를 성공적으로 수행한 데는 정확한 항해도가 있었기 때문이다. 그의 정화항해도鄭和航海圖에는 남경을 기점으로 인도차이나반도를 둘러 아프리카 동부 연안에 이르기까지, 항해에 필요한 천문, 지명, 암초, 뱃길 등이 상세히 기록되어 있다. 특히 정화 항해는 나침반을 이용하여 뱃길을 찾았다는 점에서 가치가 있다. 정화는 중국에서는 볼 수 없는 진귀한 물건들을 구해와 영락제를 기쁘게 해주었는데, 영락제는 상서로운 동물의 상징이자 상상 속의 존재로만 알려졌던 기린을 보고 무척 기뻐했다고 한다. 정화항해도는 1621년 모원의茅元儀가 편찬한 『무비지武備志』 끝부분에 수록되어 있다.

영락제의 문화 사업

『영락대전永樂大全』

1405년(영락 3년)에 착수하여 1408년에 완성된 중국 최대 규모의 백과사전(유서類書)으로 총 2만 2,877권, 1만 1,095책冊으로 구성되어 있다. 글자 수만 약 3억 7천만 자에 달하며 2,000여 명의 학자들이 투입되었다. 당시 존재하던 거의 모든 전적을 종류별(천문, 지리, 역법, 역사, 정치, 문화, 의학 등)로 분류하여 엮은 중국 문화의 보고寶庫라 할 수 있다.

한림학사翰林學士 호광胡廣 등이 영락제의 칙령에 따라 편찬한 『성리대전性理大全』, 『오경대전五經大全』, 『사서대전四書大全』 등도 있다. 『성리대전』은 송·원의 성리학자 120여 명의 학설을 주제별로 분류한 성리학의 집대성으로 1419년 조선에 전래되었다. 『오경대전』은 송대 정이程頤, 주희朱熹 등의 학설을 많이 취하여 만든 오경五經에 대한 해설서이며(총 154권) 『사서대전』은 모두 36권으로 사서四書에 대한 해설서이다.

당태종과 영락제의 공통점과 차이점

영락제와 당태종 이세민李世民은 모두 골육상잔을 통해 황위를 찬탈한 황제이다. 두 황제 모두 선정善政을 펼쳐, 자신들의 정당치 못했던 찬탈 행위를 최대한 만회하려 했고 그 결과 치세治世를 이룬 명군이 되었다. 하지만 두 인물에 대한 평가는 사뭇 다르다.

영락제는 중국 역사상 유능하지만 가장 잔혹했던 황제로 기억된다. 그는 송렴宋濂의 제자이자 건문제建文帝의 스승이었던 절강학파의 거두 방효유方孝孺가 자신을 인정하지 않는다는 이유로 10족을 멸하여

(9족 + 친구, 제자, 애독자 등) 거의 900명 이상을 처형하였다. 이처럼 주변 인물에 대한 참혹한 처단은 그가 明代 최고의 치세를 이룬 황제였음에도 불구하고, 조카를 죽여 황위를 찬탈했으며 인재를 무참히 처단했다는 부정적인 면이 많이 부각되도록 하였다.

이 점은 당태종 이세민과 상당한 대조를 이룬다. 당태종 이세민도 형제와 그의 아들들을 살육하여 황위를 찬탈했지만(현무문玄武門의 변變), '정관지치貞觀之治' 등 명군으로서의 좋은 점이 부각될 뿐, 부정적 황위 찬탈에 대해서는 집중 조명을 피해간다. 그 까닭은 이세민은 황위 찬탈 성공 후 자신의 정적들을 처참하게 살육하지 않았기 때문이다. 당태종 이세민은 황태자였던 건성建成의 책사 위징魏徵을 크게 중용하여, 정관지치에 큰 공을 세우게 했다. 위징은 건성에게 이세민을 제거하여 후환을 없애라고 했던 인물이다. 이세민이 제위에 오른 직후 위징에게 그것을 따져 묻자, 위징은 대담하게도 건성이 자신의 권유를 듣지 않아 오늘날의 변고가 생겼다고 했지만, 이세민은 그의 절개를 높이 사서 자신의 최고 조력자로 만들었다. 당태종 이세민과 영락제의 후세 평가를 통해, 왕좌에 오른 자는 과거사를 합리적으로 참작하고 뛰어난 인재를 적극 기용하는 것이 국가나 자신을 위해서 바람직하다는 교훈을 얻을 수 있다.

만리장성

현존하는 만리장성萬里長城은 거의 명대에 개보수된 것이다. 중국 전역을 최초로 통일한 진시황은 전국시대 각국의 성城을 연결하여, 흉노족에 대한 방비를 하였다. 그 후 국경을 크게 넓힌 한무제漢武帝 때에 장성은 서쪽의 돈황敦煌에까지 연결 되어, 실크로드를 통해 이루어지던 교역 활동을 보호하는 역할을 해 주었다. 이후 오랫동안 장성은 방치되었다. 특히 당조唐朝와 원조元朝는 외세에 대해 공격적이었고, 수비가 주목적인 장성 축조에는 별 관심이 없었다.

명대 영락제때부터 몽골족 등에 대한 수비 강화를 위해 본격적으로 만리장성을 개보수를 하게 되었다. 현존하는 만리장성은 거의 명대 이후 개보수된 것으로 보면 된다.

만리장성은 전체가 하나로 연결이 되어있지 않으며, 총길이는 대략 6,000㎞가 넘는다. 세계에서 가장 큰 건축물로 1987년 유네스코 세계문화유산에 등재되었다.

북경시 인근 연경현延慶縣에 소재한 팔달령장성八達嶺長城은 일반인에게 가장 먼저 개방된 만리장성 구역이다. 이곳에 가면 국공내전國共內戰 당시 국민당에 쫓긴 마오쩌뚱毛澤東 즉 모택동이 말한 "만리장성에 오르지 않으면 사나이 대장부가 아니다(不到長城, 非好漢)"를 새긴 비석이 있다.

북경과 남경의 명칭

북경

명태조 주원장은 원元의 수도 대도大都(북경 북쪽)를 함락시킨 후, 북방 지역을 평정한 기념으로 대도를 북평北平이라 하였다.(영락제도 처음에는 북평왕北平王이었다가 연왕燕王으로 개칭됨) 북평 천도遷都를 계획했던 영락제는 영락 원년(1403)에 북평을 북경北京이라 개칭하였으며, 자금성을 완성한 후 1421년 천도하였다. 이후 국민당 정부 시절 남경南京을 수도로 삼으면서 다시 북평으로 이름이 바뀌었다가, 1949년 10월 1일 북경에서 중화인민공화국 수립이 선포되고 다시 수도가 되면서 북경으로 개칭되어, 오늘날까지 이어져 오고 있다.

남경

남경南京은 중국 강소성江蘇省의 성도省都이며 춘추전국시대 초나라 때는 금릉金陵이라 불렸다. 오吳의 손권은 이곳을 건업建業이라 하고 수도로 삼았는데, '건업'이란 명칭은 건강建康으로 바뀌게 된다. 서진西晉의 마지막 황제 민제愍帝의 이름이 사마업司馬鄴인데 사마업의 '업鄴'은 건업建業의 '업業'과 발음이 같다. 그래서 동진東晉의 초대 황제 원제元帝가 건업建業을 피휘避諱하여 건강建康으로 바꾼 것이다. 이후 송·원대까지 건강建康으로 불렸는데, 명태조 주원장이 이곳을 점령한 뒤에는 응천부應天府라 했다가, 명나라를 건국한 후 이곳을 수도로 삼고 남경이라 바꿔 불렀다. 그 뒤 수도의 의미인 경사京師라 불렀다가, 홍무제 때 수도를 북경으로 천도하면서 다시 남경이라 하였다.

자금성에 대하여

자금성 개요

명·청의 황제 24명이 기거했던 자금성紫禁城은 1925년부터 고궁박물원古宮博物院이란 이름으로 일반인에게 공개되고 있다. 자금성에는 9,999개의 방과 700개의 건물 그리고 100만 점 이상의 유물이 있으며, 1987년 유네스코 세계문화유산으로 등재되었다.

자금성의 건축 기술

2016년 7월 18일부터 중국 남·북부 지방에 30년 만의 기록적인 폭우가 쏟아졌고 그로 인해 큰 물난리를 겪었지만, 자금성만은 탁월한 배수시설로 아무런 피해를 보지 않았다. 자금성 바깥쪽에는 해자 즉 통자하筒子河가 설치되어 있고 건물 지하에는 배수로가 있다. 북서쪽이 높고 남동쪽이 낮은 지형에 따라, 배수되는 물은 자연적으로 자금성 주변의 저수지와 하천으로 흘러들며, 비가 내리면 약 1,142개의 처마 끝 용머리에서 물이 모였다가 자연스럽게 해자로 유입된다. 당시 북경시 전역이 물에 잠겼지만 시내 중심에 있는 자금성이 멀쩡했던 까닭이다.

자금성의 명칭

자금성紫禁城은 옥황상제가 거주한다는 자미원紫微垣에서 그 이름이 유래되었다고 한다. 워낙 규모가 커서 서양에서는 Forbidden city라 불린다.

자금성을 통해 중국의 역사와 위용을 과시한 사례

2017년 일본을 거처 한국에서 1박 2일을 보낸(11.7~11.8) 트럼프 미국 대통령이 중국을 방문했다.(11.8~11.10) 이때는 북한의 핵미사일 시험과 한국의 사드 배치 그리고 불공정 무역에 대한 미국의 불만 등으로 미국과 중국의 입장이 첨예하게 대립된 시기였다. 중국정부는 11월 8일 하루 평균 8만 명이 찾는 자금성을 폐쇄하고, 트럼프를 자금성에서 맞이하였다. 1949년 중공 정부 수립 이후 해외 국빈이 종일 자금성에서 일정을 보낸 적은 없었다. 특히 건륭제乾隆帝의 보물 창고로 알려진 건복궁建福宮은 일반인 출입금지 구역이지만 트럼프를 위해 특별 개방하고, 집권 2기를 막 시작한 시진핑習建平 주석이 직접 자금성에 대해 설명하며 그를 환대했다. 중국의 유구한 역사와 문화적 우수성을 통해 세계 강국으로서의 면모와 시진핑 주석의 위상을 잘 보여주었다는 평가이다. 다음날(11월 9일)은 천안문 광장 일대를 전면 통제하고 트럼프 환영 행사를 하였다.

자금성과 천안문 사태

자금성의 남문南門이 정문인 오문午門이며, 자금성 밖 황성의 남문이 천안문天安門이다. 천안문 광장에서 일어난 천안문 사태는 1989년 6월 4일 중국 정부가 천안문 광장에서 민주화를 요구하던 학생과 시민 100만여 명을 탱크와 장갑차 등을 앞세워 무력으로 진압한 사건이다.(당시 북경 시장 진희陳希는 200명 사망에 3,000여 명 사상死傷이라고 밝혔지만, 서방 외교 문서에 의하면 사망자가 1만 명이 넘는다는 보도도 있었다.)

중국 공산당은 천안문 사태의 언급 자체를 매우 금기시한다.

2017년 개봉되어, 한국에서 천만 이상의 관객을 동원한 영화 「택시운전사가」 있다. 이 영화는 5·18 광주민주화 운동을 외부에 알린 독일 기자 힌츠페터와 그를 도운 택시 기사 김사복의 실화를 바탕으로 한 것인데, 2017년 10월 중국 정부는 「택시운전사」가 천안문 사태를 연상시킨다는 이유로 상영을 금지시켰다.

2019년 6월 4일은 천안문 사태 30주년 기념일이었다. 천안문 광장 보안 검색대에서는 AI 안면 인식 CCTV로 모든 출입자를 감시했고, 외국인들은 더욱 철저히 감시되었다. 학교 교육에서도 천안문 사태를 언급하지 못하게 하였고, SNS 상에서도 천안문 사태를 의미하는 키워드는 철저히 통제되었다. 그래서 보통의 중국 젊은이들은 천안문 사태에 대해 거의 아는 바가 없다.

그림17 천안문

그림18 자금성

5. 인종과 선종

영락제는 5차 몽골 정벌 후 귀국길에 사망했고(1424), 47세의 인종仁宗 홍희제洪熙帝가 뒤를 이었으나 1년 만에 죽었다. 인종은 단 1년간 제위에 있었으나 영락제가 출타한 사이 영락제를 대신하여 선정善政을 펼쳤다. 그는 막대한 재정과 인력이 소요되는 몽골 원정을 반대했고 그것을 반대하다가 투옥된 자들을 석방하는 등 선정을 펼쳤다.

인종의 뒤를 이은 선종宣宗은 매우 합리적이면서 철두철미하고 냉정한 면이 있었다. 먼 외곽 지역은 관리가 어려우므로 국경선을 안쪽으로 축소시켜 평화와 내실을 기했고, 환관 대신 궁중의 문연각文淵閣에 소속된 각신閣臣이 실질적인 승상의 역할을 하도록 하였다. 특히 세 명의 양씨楊氏는 인종의 스승으로 영종英宗 때까지 승상의 역할을 했다.[4] 선종은 인종에게 반란을 일으켰다가 유폐된 인종의 동생 한왕漢王이 자신을 걷어차자, 동銅으로 만든 단지에 가두고 불을 지펴, 단지가 녹아내리게 하여 죽이는 잔인함을 보이기도 했다.

환관을 대대적으로 육성한 점은 선종宣宗이 비판받아야 할 점이다. 선종 때에는 궁에 환관 양성학교를 두고 10세 전후의 환관 200~300명을 양성하였다. 게다가 자신의 아들(영종英宗) 교육을 환관 왕진王振에게 맡긴 것이 최대의 실수였다. 1436년 9세의 영종이 즉위했는데, 섭정하던 장태후張太后와 그녀가 신임하던 세 양씨가 죽자, 영종은 환관 왕진을 기용하였고 국정은 왕진의 손에 좌우되었다.

6. 북로남왜의 화[5]

몽골 지역은 서쪽의 오이라트와 동쪽의 타타르로 분열되었는데 오이라트족이 강성해면서 리더인 에센이 유목민을 통합해갔다. 오이라트

---

4 세 명의 양씨를 보통 삼양씨(三楊氏)라 부른다. 삼양씨는 양사기(楊士奇), 양영(楊榮), 양부(楊溥)이다.

5 북로남왜(北虜南倭)란 북쪽의 오랑캐(虜)와 남쪽의 왜구(倭寇)를 이른다.

는 말(馬)을 팔며 명나라와의 교역에서 큰 소득을 올렸는데 사실상 명나라는 돈을 주고 평화를 유지한 것이다. 교역에 있어서 명나라 측은 싼 값으로 수출하고 고가高價에 수입을 했는데, 오이라트족은 교역량을 점점 더 많이 요구하였다. 1448년 오이라트족은 50명 수준의 사절단 규모 제한을 어기고, 수천 명의 사절단과 십만 필의 말을 가지고 와서 교역을 요구했고, 환관 왕진王振은 말 가격을 1/5로 책정해버렸다. 이에 에센은 즉각 명나라를 공격했고 영종英宗은 주변의 만류에도 불구하고 왕진의 말만 듣고 50만 대군을 이끌고 직접 출정했다가 큰 위기에 봉착하게 되었다. 즉시 남쪽으로 후퇴해야 했으나 왕진은 사적인 이유로 그것을 막았고, 명나라 군대는 북경 북쪽 인근 토목진土木鎭에서 참패하고 영종은 에센의 포로가 되고 말았다.(1449) 이를 '토목보土木堡의 변變'이라 한다. 이에 왕진은 근위대장에게 맞아죽고 전 재산을 몰수당했으며 친족까지 몰살당했다.

영종이 포로가 되자 북경 궁성에서는 황태후 손씨孫氏가, 영종의 어린 자식이 아닌 영종의 동생을 황제로 옹립하니 그가 경태제景泰帝 대종代宗이다. 오이라트족은 인질로 잡은 영종을 이용하여 유리한 협상을 벌이려 했으나, 황실에서 별 반응을 보이지 않자 영종을 풀어주었다. 귀궁한 영종은 일단 상황上皇으로 물러났으나, 곧 대종을 폐위시키고 다시 황제가 되었다.

영종 생환 후, 차기 황제를 기 책봉된 영종의 아들로 할 것인지 아니면 새로 바뀐 대종의 아들로 할 것인지에 대해 조정에서 적지 않은 파벌 대립이 있었으나, 대종이 폐위되고 곧 병사하자 태자 문제는 자연스럽게 해결되었다. 상황上皇이 다시 황제가 되고, 전쟁터에서 황제가 포로가 된 것은 역사상 매우 드문 경우이다. 토목보의 변 이후 에센은 피살되었고, 타타르족의 알탄 칸이 몽골을 통일한 후(1533) 자주 명나라를 침범했으나, 1571년 칸의 손자가 명나라에 투항한 후 강화가 맺어져 무역이 자유로워졌으며 북방의 평화도 이어졌다.

한편 남쪽에서는 왜구의 침략이 빈번하였다. 영락제의 동방 원정으로 일본이 명에 책봉되면서 조공 관계에 의한 무역이 공식화되었으나, 너무나 제한적이다 보니 밀무역이 성행할 수밖에 없었다. 이후 일본은 정권이 무너지며 전국시대戰國時代가 되었고 각 지역 세력들은 다투어 중국과 밀무역을 하기 시작했다.[6] 일본은 이즈음 상업과 사회의 발달로 많은 교역이 필요했고, 명나라 역시 국가제도에 의한 무역 통제가 불가능할 정도로 백성들의 수요가 급증했기에 밀무역이 성행할 수밖에 없었다. 그런데 밀무역업자들에 의한 폭력, 살인, 방화 등의 사회 교란이 심해지자 명나라 조정에서는 밀무역을 적극 근절시키려 했고 이것이 왜구 출현의 직접적인 계기가 되었다. 1560년대 중후반인 가정嘉靖 말기는 왜구의 극성 시기였다. 명明·왜倭 무역은 쌍방이 필요한 물품을 조달하는 창구였으므로, 사적인 불법 거래는 막대한 이득을 남겼고 오히려 왜구를 가장한 중국 밀매상들이 70~80%를 차지할 정도였다. 명나라 조정은 왜구를 물리치고 1567년 다시 교역을 재개시켰다.

1592년 즉 신종神宗 만력萬曆 20년, 풍신수길豊臣秀吉(도요토미 히데요시)이 조선朝鮮을 침략했다. 임진왜란壬辰倭亂이 발발한 것이다. 조선은 1392년 건국 후 약 200년 동안 별 전란이 없었고 전쟁 대비도 전혀 되어있지 않았다. 왜倭는 무방비의 조선을 파죽지세로 밀고 나갔다. 결국 명나라는 조선에 원군을 보냈다. 왜의 조선 침략 목적이 정명가도征明假道(明을 치기 위해 길을 빌림)였기에, 명나라로서는 원군을 보내지 않을 수 없었

6 일본의 전국시대(戰國時代, 센고쿠 시대)는 대략 14세기 중엽부터 16세기 말까지의 혼란 시기를 이른다. 이때는 무사 계급에 속하는 사무라이의 전성시대였다.

다. 임진왜란은 히데요시가 죽은 후에야 끝나게 되는데, 명나라는 막대한 비용을 지출하여 국고가 텅 비게 되었다.

이 시기는 마침 명·청 교체기가 시작되는 때로, 1616년 누르하치에 의해 후금後金이 건국되자 明과 후금은 대립하게 된다. 이에 명나라는 임진왜란 파병의 대가로 조선에 원군援軍을 요구했고, 광해군光海君은 원군 1만 3천 명을 파병했지만 조선과 명의 연합군은 후금에 패하였다. 이후 광해군은 신흥 강국 청淸과, 우방이지만 망조로 접어든 명 사이에서 중립적 입장을 취했으나, 서인西人들은 그것을 명나라에 대한 배신이라며 인조반정仁祖反正(1623)의 명분으로 삼았다. 결국 인조반정이 성공하여 광해군은 쫓겨났고 인조가 제위에 올랐다. 명나라는 인조반정을 인정하는 대신 조선에 파병을 요구했고, 그것을 받아들인 조선은 후금과 대립하다가 1627년 정묘호란丁卯胡亂을 겪게 되었다.

1636년 후금은 국호를 청淸으로 고치고 조선에 군신 관계를 요구했고, 이를 거절한 조선을 침략하니 그것이 병자호란丙子胡亂(1636)이다. 1637년 청나라에 항복한 인조는 삼전도三田渡의 굴욕을 당한 후, 이제는 淸을 도와 明과 싸우기 위해 많은 물자와 백성들을 또 희생시켜야 했다. 명·청 교체기의 친명배금親明排金 정책은 급변하는 외세를 잘 살피지 않고, 당리당략을 쫓다가 온 국가가 재난에 휩싸이게 된 경우이다.

임진왜란 발발 여부에 대한 역사적 오판

『선조실록宣祖實錄』과 『선조수정실록宣祖修正實錄』에 의하면 1590년 3월 6일(혹은 1일)에 통신사 황윤길黃允吉, 부사 김성일金誠一 등이 일본으로 출발했다고 되어 있다. 그로부터 정확히 1년 후 1591년 3월 1일(『선종수정실록宣祖修正實錄』에 의하면) 서인西人인 황윤길은 반드시 전쟁이 일어날 것이라 했으나, 김성일은 그렇지 않고 오히려 민심을 동요시켜서는 안 된다고 했다.

당시 조정은 동인東人이 집권하고 있었는데, 서인인 황윤길의 의견에 동조했다가 동인 세력에게 배척당할 것이 두려워, 황윤길의 의견에 동조하면서도 아무도 말을 하는 이가 없었다고, 사관史官이 개인적인 의견을 피력하였다. 그보다 더 심한 것은 어전회의 후 유성룡柳成龍과 김성일이 나눈 사적인 대화이다. 김성일은 유성룡에게 자신도 일본이 안 쳐들어온다고만 보기 힘들지만, 나라가 혼란해지는 것을 막고자 그런 주장을 했다고 했다. 국가적 위기의 순간에 당리당략과 무사안일한 처신으로 인해 결국 침략국에 속수무책으로 당하고 말았던 것이다.

한편 장기간 전쟁이 없었던 조선은 당시 전쟁에 대한 대비가 거의 되어있지 않았었다. 이런 상황도 위정자들의 판단력을 흐리게 하였을 것이다.

조선시대 실록과 『승정원일기』

『선조실록宣祖實錄』은 광해군 당시 편찬되었으나 인조반정(1623)을 성공한 서인들의 간청으로 『선조수정실록宣祖修正實錄』의 편찬이 결정된다. 그런데 이 책은 정묘호란, 병자호란 등으로 인해 1657년 효종孝宗 8년에야 완성된다. 『선조수정실록』이 없었으면 충무공忠武公 이순신李舜臣의 혁혁한 공도 묻힐 뻔 했다.

조선 왕조에서는 왕이 죽으면 즉시 왕의 생전 사초史草들을 모아 실록實錄을 편찬하고, 모든 공문과 자료, 대화록 등을 집대성한 『승정원일기承政院日記』도 작성했다. 당쟁이 격화된 선조 이후 총 4차례의 수정 실록이 편찬되었고, 다행히 수정 전 실록을 그대로 보존였기에 후세에도 당시의 역사를 다각도로 살필 수 있게 되었다.

『승정원일기』의 기계번역 착수

2017년 7월 번역회사 시스트란은 인공지능(AI) 기반인 신경망 번역 Neural Machine Translation을 이용하여 『승정원일기』를 번역한다는 발표를 하였다. 2016년 11월 구글에서 처음 서비스를 개시한 신경망 번역의 기술적 진보가 예사롭지 않다. 신경망 번역이 처음 소개되었을 때 문학 번역과 고전 번역은 기계번역의 영향력 밖에 있을 것으로 예상했으나, 기계번역의 적용 범위는 크게 제한을 받지 않을 가능성이 크다. 고문의 경우 문장 구조가 정형화된 패턴을 보이는 경향이 있으므로 오히려 기계번역이 더 용이한 측면도 있다. 그러나 '언어'의 본질과 속성을 고려하면, 데이터 기반의 기계번역은 완벽할 수 없다. 기계번역은 인간 번역사의 입지를 많이 좁혀 줄 것이나, 유능한 번역사나 통역사의 수요는 오히려 더욱 증가해 갈 것이다.

『승정원일기』는 전체 3,243책으로 구성되어 있고, 글자 수는 총 2억 4,250만여 자에 이르는 방대한 분량이다. 1994년 번역이 시작된 『승정원일기』는 2017년 7월까지 번역률이 19% 정도였고, 완역 예상 시기는 2062년이었다. 하지만 기계번역의 도움으로 번역 완료 시점이 2035년으로 앞당겨졌다.

기계번역을 통해 완성된 번역을 기대할 수는 없으며, 기계번역의 역할은 초벌번역 정도이다. 즉 신경망 번역을 통해 빠른 시간 안에 초벌번역이 이루어지면, 고전번역 전문가가 그것을 수정하여 최종적으로 번역을 완성하는 것이다. 기계번역이 초벌번역을 담당할 수 있다는 것도 실로 대단한 진보가 아닐 수 없다. 인공지능을 이용한 고전번역의 진행 상황은 매우 흥미롭게 지켜 볼 일이다.

광해군과 인조반정

광해군光海君은 아버지 선조宣祖와 후궁 사이에 난 자식이다. 선조는 나이 50에 부인과 사별하자, 광해군보다 아홉 살이나 어린 19세의 인목대비仁穆大妃를 얻는다. 여기서 난 자식이 영창대군永昌大君인데, 1614년 광해군은 영창대군을 죽이고(광해군 6년) 인목대비를 평민으로 강등시켜 경운궁慶運宮에 유폐시켰다. 이것이 인조반정의 첫 번째 명분이다.

인조반정의 두 번째 명분은 광해군의 중립외교이다. 한족 왕조인 명나라뿐만 아니라 청나라와도 좋은 관계를 유지하려는 광해군의 외교 전략을 문제 삼은 것이다. 이미 노쇠한 명나라만 추종하고 신흥 강국인 청나라를 배척했다가 국가적 위기를 초래할 수 있음을 간파한 광해군의 외교적 안목은, 서인들에 의해 인조반정의 명분이 되고 말았다. 폭군으로 각인된 광해군은 사실 임진왜란을 승리로 이끌고 전후戰後 국가와 백성들을 안정시킨 유능한 군주로 볼 수 있다. 급변하는 외세를 무시하고 정파적 당리당략만을 일삼은 조선 조정은 결국 얼마못가 '삼전도三田渡의 굴욕'이라는 역사적 치욕을 당해야 했다.

파로호

북로남왜北虜南倭에서 '虜'는 오랑캐를 의미하는 글자이다. 강원도 화천군에는 파로호破虜湖가 있다. 이 파로호는 일제 강점기 때인 1944년 화천댐 건설로 만들어진 인공호수로 원래 이름은 화천저수지였다. 한국전쟁 당시(1951년 4월~5월) 이 지역에서 국군 제6사단과 해병 제1연대가 중공군 제10, 25, 27군 약 2만 5천명을 격파하였고, 이승만 대통령은 이를 기념하여 호수의 이름을 '파로호'로 바꾸었다.(파로破虜는

오랑캐를 무찔렀다는 의미)

2019년 상반기 중국에서는 이 파로호의 이름을 바꿔 줄 것을 요구했다. 파로호를 관광한 중국 관광객들이 중국 당국에 요구했고, 이에 중국 정부가 우리 정부에 요구한 것으로 보인다.

이 전투에서 순직한 국군을 기리는 가곡이 「비목碑木」이다. 1960년대 강원도 화천에서 군복무를 했던 전 국립국악원장 한명희漢明熙가 한국전쟁 당시 순국한 무명용사의 간이 무덤을 발견했고, 이후 2006년 타계한 장일남張一男의 권유로 그것을 회상하며 「비목」을 작시했다. 장일남은 「비목」의 작곡가이다.

7. 양명학

명대 중기는 명초의 치세가 붕괴되면서 사회 모순과 변화가 요동쳤던 격동기였다. 이때 출현한 사상이 왕양명王陽明(1472~1528)의 양명학陽明學이다. 명초의 치세와 안정으로 농업 생산이 자급자족의 수준을 넘게 되자, 잉여 산물에 대한 매매와 부의 축적 및 사치가 일반화되었고 특히 상인의 지위가 격상되었다. 이런 사회의 전반적인 변화는 양명학 출현의 주요 배경이 되었다.

인간 사회를 상하 관계로 양분했던 이전의 주자학적朱子學的 관점과 달리, 사농공상士農工商의 도道는 같은 것이며 누구에게나 있는 양지良知를 잘 계발하고 그것을 실행에 옮기면, 즉 지행합일知行合一하면 모든 사람이 성인聖人이 될 수 있다는 것이 양명학의 요지이다.

양명학은 여기서 더 나아가 계층 이동은 물론 재물과 색色에 대한 추구 역시 인간의 자연스러운 본성으로 보고 긍정적 태도를 취했다. 이런 양명학은 시대적 상황과 잘 맞아 서민 및 상공인 계층에서 선풍적인 인기를 끌었으나 지배계층에서는 사회 질서를 어지럽히는 이단으로 보았다. 한편 양명학은 소설, 희곡 등 명대 대중문학 발달의 사상적 배경이 되기도 하였다. 사대기서四大奇書 가운데 하나인 『금병매金瓶梅』는 양명학의 사상적 영향을 특히 많이 받았던 작품이다. 우리나라에서 양명학은 정제두鄭齊斗(1649~1736)에 의해 본격적으로 수용되었다.

왕양명의 『전습록』

왕양명의 본명은 왕수인王守仁이며 『전습록傳習錄』은 왕양명의 어록이다. 왕양명의 부친은 과거科擧에서 장원급제한 인재이며 왕양명 역시 28세에 급제하였다. 전습傳習은 『논어·학이論語·學而』에 나오는 말로, 스승에게서 전수받아 배운 것을 익힌다는 뜻이다. 마음이 즉 우주만물의 이치心卽理인데, 욕망으로 인해 흐트러진다는 것이 요지이다.

8. 마테오리치

16세기 초 마르틴 루터Martin Luther(1483~1546)에 의한 종교개혁의 불길이 유럽 전역으로 확산되자, 가톨릭계는 해외 선교로 눈을 돌리고 예수회를 창설하였다. 마테오리치Matteo Ricci(1552~1610)는 이탈리아의 예수회 신부였는데 중국 선교를 위해 1582년 마카오澳门에 당도하였다. 그는 열심히 중국어를 배우고 중국식 복장을 입는 등 스스로 철저히 중국화하기 위해 노력하였고, 해시계, 지구의, 프리즘, 자명종, 세계지도 등 중국인들에게 서양의 과학기술을 전수하며 지식인들의 호감을 샀다. 그는 불·도교에 대해서는 부정적이었지만 유교 경전에 대해서는 높이 평가 하였다. 하느님과 유교에서 말하는 상제上帝는 사실상 같은 것이라며 천주교 교리를 전파하였고, 북경에 진출하여 상당수의 고위 관료들을 천주교 신자로 만들었다.

신종神宗 황제는 그가 가지고 온 자명종 시계에 매료되어 포교를 허용했다고 하는데, 그가 중국의 발전에 미친 영향은 상당하였다. 마테오리치 자신이 제작한 세계지도인 곤여만국전도坤與萬國全圖는 중화사상에 빠져있던 중국인들의 세계관을 확장시켜 주었고, 유클리드의 기하학을 비롯한 서양의 문명과 기술을 소개함으로써 동서 문물 교류에 큰 역할을 하였다. 마테오리치는 27년 동안 중국에서 포교하였는데 이후에도 서양의 대중국 포교는 이어졌고 그 결과 명대에 수만 명의 천주교 신자가 생겼다. 청대에도 천주교는 계속 인정되었다. 그러나 옹정제雍正帝 때부터는 로마 교황청의 제사 불허 방침으로 천주교가 금지되었는데, 그 후 애로우 사건 등으로 체결되었던 북경조약(1860)에 의해 천주교 활동은 다시 용인이 된다.

『천주실의』

『천주실의天主實義』는 1603년 간행된 마테오리치가 쓴 천주교 소개서로, 천주교에 능한 서사西士와 중국 문물에 능한 중사中士 간의 대화와 토론을 통해 천주교를 소개하고 있다. 이 책에서는, 천주교가 불교나 도교와는 다르지만 유교와는 통한다는 주장을 한다. 마테오리치는 신부神父이면서 과학 등 다양한 분야에 박학다식했고 성실하였으며 중국을 존중하였다. 이러한 그의 좋은 품성도 중국인들에게 천주교를 전파하는데 큰 역할을 하였다. 당시 수시로 중국을 오갔던 이수광李睟光은 조선에 『천주실의』를 소개하여, 최초로 한국에 서학과 천주교를 알렸다.

한국과 중국 최초의 서양식 세계지도

한국에서 최초로 제작된 서양식 세계지도는 조선 중기의 문신 여필汝弼 박정설朴廷薛이 만든 만국전도萬國全圖(보물 1008호, 1661년 제작)이다. 이것은 1623년 선교사 알레니Aleni가 만든 한문판 휴대용 세계지리서인 『직방외기職方外紀』 가운데 있는 만국전도를 확대·필사·채색한 것이다. 바다는 푸르게 대륙은 붉게 채색되어 있으며 현대 세계지도와 흡사하다.

알레니는 마테오리치가 북경에서 사망한 해에(1610) 선교를 위해 중국에 온 베네치아 출신의 예수회 신부이다. 그는 선교를 위해 『직방외기』를 저술했는데, 앞부분에 제시된 이 만국전도는 마테오리치의 곤여만국전도坤與萬國全圖와 같이, 서방의 옛 세계지도가 대서양을 중심에 둔 것과 달리, 태평양을 중심에 두어 아시아가 중앙에 부각되어 있다.

『직방외기』와 만국전도는 인조仁祖 9년(1631)에 명나라 사신으로 갔던 정두원鄭斗源에 의해 국내에 들어왔다. 이때 서양의 각종 기술 서적과 망원경인 천리경, 자명종 시계 등도 함께 들어왔다. 박정설의 만국전도는 조선 18대 왕인 현종顯宗 즉위 직후 만들어졌으며 1821년(순조純祖 21년)에는 이것을 토대로 조선후기 실학자 규남圭南 하백원河百源이 만국전도(전남 유형문화재 285호)를 제작했다. 또한 마테오리치가 1602년 북경에서 제작한 세계지도인 곤여만국전도坤與萬國全圖를 1708년(숙종 34년) 조선에서 모사한 곤여만국전도坤與萬國全圖(보물 849호)가 서울대 규장각에 보관되어 있다.

한편 동아시아 최초의 세계지도라 불리는 혼일강리역대국도지도混一疆理歷代國都之圖는 1402년(태종 2년) 김사형金士衡, 이무李茂, 이회李薈가, 13세기 원나라에서 만들어진 성교광피도聲敎廣被圖와 혼일강리도混一疆理圖에 조선과 일본을 자세하게 추가하여 제작한 것이다. 우리나라에는 이 지도가 남아있지 않으며, 일본 류코쿠 대학龍谷大學 도서관 등에 전해지고 있는데 이를 모사한 것이 서울대 규장각에 보관되어 있다. 보물 1008호인 박정설朴廷薛의 만국전도는 1994년 동대문구 휘경

동 소재 함양咸陽 박씨朴氏 문중에서 도난당했다가, 25년 후인 2019년 5월 말 경북 안동의 골동품 업자의 식당 벽에서 발견되었다.

종교개혁과 예수회 그리고 언어의 혁신

1517년 독일 비텐부르크Wittenburg에서 시작된 종교개혁은 유럽 근대화에 견인차 역할을 한 대사건이다. 당시 극도로 부패한 구교(가톨릭)는 하나님의 말씀 즉 성경의 이름으로 면죄부(면벌부)를 팔아 백성들을 착취하였다. 이에 젊은 마르틴 루터가 나서서 그것을 정면 반박하고, 어려운 라틴어로 된 『성경』을 쉬운 독일어로 번역하였으며, 마침내 신교 즉 프로테스탄트를 태동시켰다. 그에 앞서 1440년경에는 구텐베르크Johannes Gutenberg의 금속활자가 발명되었는데 금속활자 덕분에 루터의 현대 독일어 번역판 『성경』의 급속한 보급이 이루어졌다. 그 결과 무지한 백성들이 개명되어, 더 이상 신의 이름으로 백성을 억압하기가 어려워졌으며, 언어 혁신을 통한 지식의 보급이 급속히 이루어졌다.

이런 과정을 거치면서 현대 독일어는 자연스럽게 뿌리를 내리게 되어 문맹률이 크게 떨어졌고, 과학기술의 발전 및 시민의식도 크게 성장하게 된다. 이에 위기에 몰린 구교 측에서는 예수회를 조직하여 해외 선교로 눈을 돌렸는데 마테오리치가 바로 예수회 소속 신부이다.

성경 번역과 한글의 보급

앞('종교개혁과 예수회 그리고 언어의 혁신' 부분)에서 쉬운 독일어로 번역된 성경이 인쇄술에 의해 널리 보급되면서 현대 독일어가 확립되었다고 했는데, 이는 우리나라에도 적용시킬 개연성이 있다. 한국은 선교사가 들어오기 전, 이미 자국 언어로 성경을 번역한 보기 드문 나라인데, 1911년 대략 94만 자의 한글 성경이 출판되었다. 이후 성경을 보급하는 권서勸書(colporteur)를 통해 전국으로 한글 성경이 보급되었다. 영국 성서공회 통계에 따르면 1900년부터 1918년 사이에 약 620만 권의 성경이 보급되었다고 한다.

당시 인구가 약 1,800만 명이었으니 인구 3명 당 1명이 성경을 보유한 셈이었다. 권서들은 매월 적게는 100권에서 최대 400권의 성경을 판매했는데 거기에는 재미있는 심리적 전략이 숨어 있었다. 고신대학교 이상규 교수에 따르면, 성경을 무료로 배포하니 찢어서 벽지로 바르거나 함부로 훼손하는 경우가 많아서, 하다못해 감자 몇 개나 쌀 두 되 정도라도 받고 성경을 팔았다고 한다. 그랬더니 성경을 함부로 대하는 현상이 사라졌다는 것이다. 전인구의 1/3이 한글 성경을 보유하고 있었다니 당시 기독교계에서 얼마나 성경 보급에 노력을 기울였는지 짐작할 수 있다.

이러한 기독교계의 노력은 '한글 대중화'라는 부차적인 결실을 맺게 된다. 학계 전문가들도 이런 주장을 직접적으로 하고 있다. 성기지 한글학회 학술부장, 전 국립국어원 원장이자 서울대 교수인 민현식 교수 등은 당시 평민들은 글을 배울 기회조차 갖기 어려웠는데 주로 교회에서 성경을 통해 한글을 익힐 수 있었다고 했다. 장로회신학대 소기천 교수와 김상복 목사는 성경을 통해 한글을 익혔기 때문에 그로부터 일반 평민들도 온갖 지식과 지혜를 쌓을 수 있었다고 했다.

9. 명대 중기의 경제상

명나라는 1436년부터 관리들의 급여를 은銀으로 지급함으로써 본격 화폐 경제 시대로 돌입하게 된다. 이제 백성들은 삶을 영위하기 위해 꼭 농업에 종사할 필요가 없게 되었으며 상업 등 경제 활동을 통한 부유한 평민 계층이 급증하였다. 이들은 소비를 주도하였고 특히 비단의 적극 구매층이 되어 견직물 산업이 크게 발전하도록 이끌었다. 이에 따라 대규모 공장이 세워졌고 여기서 고용 관계와 노동 시장이 형성되었다. 이런 변화로 인해 상품 경제의 발달과 부의 축적이 이루어졌고 시민 계층의 성장 및 백성들의 의식 제고도 동반되었다.

명나라 조정은 필요한 비단 및 의복 관련 관영官營 공장을 운하의 도시인 소주蘇州, 항주杭州에 집중시켰고 소주, 항주 주변 지역은 농업 도시에서 면화와 수공업 공장 지역으로 변모되어 명·청대 중국 최대의 상공업 도시로 발전하였다.

한편 명 중기 이후 중국의 곡창 지대는 강소성江蘇省, 절강성浙江省에서 동정호洞庭湖를 중심으로 하는 호북湖北, 호남湖南 지역 즉 호광湖廣 지역으로 이동하였다. "호광이 무르익으면, 천하가 풍족해진다(湖廣熟, 天下足)"란 말이 생길 정도였다. 이 지역에는 명초부터 이주민들이 대거 유입되었고, 황무지의 개간과 수리 시설의 확충이 뒤따랐는데 이런 점들이 바로 호광 지역을 곡창 지대로 바꾸는 주요 요인이 되었다.

10. 일조편법

명대 초기에는 전대前代를 이어 기본적으로 양세법과 기타세로 이원화된 조세 체계를 유지했다. 그러나 이후 이갑제里甲制의 와해, 농산물의 다양화, 상공업의 발달, 다양한 역역力役의 등장 등으로 세금의 종류가 번다해지고 징수가 효율적으로 이루어지지 않자, 1560년대부터 강남 지역을 중심으로 일조편법一條鞭法이 시행되었다. 일조편법은 복잡하고 다양해진 전조田租(토지세)와 역역力役(인두세) 각각을 단일화하고 은銀으로 납부할 수 있도록 하는 것이다. 개혁적 재상 장거정張居正이 활약하던 만력萬曆 초(1581년 경)에는 일조편법이 전국적으로 실시되었는데, 은이라는 단일 기준을 적용함으로써 세금 징수가 매우 간편하고 효율화되어 명대의 재정 적자 해소에 큰 도움이 되었다.

그러나 아무리 제도가 좋아도 지배계층의 사치와 국정 태만이 과도하게 되면 문제를 피하기 어렵다. 신종神宗 말기에 이르면, 세금 자체가 증가하고 수시로 역역力役을 징발하는 등 말기 증상이 두드러진다.

개혁 재상 장거정

1572년 열 살의 신종神宗이 황제로 등극하자 신종의 스승격인 장거정張居正이 권력을 잡아 약 10년 동안 도탄에 빠진 민생과 혼란한 정국을 바로잡는데 힘을 쏟았다. 황가와 고위층의 세금 부과를 확대했고 근무 평정을 통해 관료들의 기강을 바로잡는가 하면, 대외적으로도 수완을 발휘하여 몽골과의 관계 개선을 이루어내기도 하였다. 그러나 만력제萬曆帝 신종의 사치와 무능은 장거정의 노력으로 비축된 국고를 금방 텅 비게 하였고, 1582년 장거정이 죽자 환관을 비롯한 특권층들은 그를 비난하기에 바빴다. 결국 만력제는 그의 시호를 박탈하고 재산을 몰수하였으며 가솔들도 유배시키고 만다.

11. 명대 말기의 혼란

홍무제, 영락제 이후 명나라는 뚜렷한 치세기도 없었고, 외척에 의한 폐단이나 권력의 농단도 그리 심하지 않았다. 환관의 화禍도 명나라 멸망을 부추긴 점은 있으나 당대唐代 만큼 심각하지는 않아, 황실과 신료들의 마음먹기에 따라 환관 축출이 가능했다. 명나라의 불운은 연이은 혼군昏君의 장기 집권이었다.

명대의 열여섯 황제 가운데 선군善君은 태조太祖 홍무제洪武帝(재위 1368~1398), 성조成祖 영락제永樂帝(재위 1402~1424), 인종仁宗 홍희제洪熙帝(재위 1424~1425), 선종宣宗 선덕제宣德帝(재위 1425~1435), 효종孝宗 홍치제弘治帝(재위 1487~1505) 정도인데, 이 가운데 홍무제와 영락제를 제외하면 모두 단명한 황제이다. 반면 이들을 뒤이은 혼군들은 장기 집권을 하였다. 환관 유근劉瑾에게 정사政事를 맡기고 라마의 방중술에 탐닉한 무종武宗 정덕제正德帝(재위 1505~1521), 정치는 뒷전이고 불로장생술을 신봉하며 도교 인사를 대거 등용했던 세종世宗 가정제嘉靖帝(재위 1521~1566), 축재에만 열을 올리며 자신의 능묘인 정릉定陵을 치장하기 바빴던 신종神宗 만력제萬曆帝(재위 1572~1620) 등은 모두 장기 집권을 한 황제들이다.

신종 시기에 접어들면 부패한 관료와 결탁하여 백성 수탈에 앞장 선 환관들의 국정농단이 심했고, 3대 외정外征과 만력제(신종)의 사치는 결국 민란과 첨예한 당파 싸움을 초래하였다. 만력제의 3대정大征은 1592년 영하寧夏에서 일어난 몽골인 보바이哱拜의 반란과, 같은 해 시작되어 7년 동안 지속된 임진왜란, 1597년 귀주貴州에서 일어나 수년을 끈 양응룡楊應龍의 난인데 이 3대정에서 명나라는 막대한 국력의 손실을 초래하였다. 또한 만력제는 은광 개발과 상업세 징수를 위해 전국 각지에 환관을 파견하여 세금 착취에 열을 올렸고 환관들은 약탈에 가까운 악행을 서슴지 않았다.

결국 1601년 '직용職傭의 변變'이 일어났다. 소주蘇州에서 환관이 직조기계와 비단에까지 세금을 부과하자, 물류가 마비되고 수천 명의 관련 업종 종사자들이 실직하였다. 이로 인해 일어난 폭동이 바로 직용의 변이다. 1604년에는 강소성江蘇省 우시(무석無錫)에 동림서원東林書院이 설치되어, 환관 및 그 결탁 세력들인 엄당閹黨을 적극 견제하기 시작했다.

1622년 동림당東林黨의 지도자 주순창周順昌이 소주의 견직물 업자들에게 가렴주구한 환관 이실李實을 비판했다가 동창東廠 관리에게 체포가 된다. 그런데 체포의 변辯을 낭독하는 개독開讀 의식에 만여 명의 군중이 관청을 포위하고 항의하는 사태가 발생했고, 이후 동림당과 환관 측과의 파벌 싸움은 명나라 멸망 때까지 지속되었다.

동림당과 동림서원

환관 세력과 결탁한 무리들을 엄당閹黨이라 하는데, 이 엄당의 폐단을 막고자 한 반환관 학사學士 집단이 동림당東林黨이다. 동림당원 및 그들과 뜻을 같이하는 인사들이 모여든 곳이 바로 강소성江蘇省 우시(무석無錫)에 있는 동림서원東林書院이다. 동림서원은 송대 양시楊時가 세웠는데, 명대 신종 당시 고헌성顧憲成 등의 학자들이 이 서원을 재건하여, 학문 연마와 함께 조정의 실정을 비판하는 역할을 수행하였다.

환관 위충현

위충현魏忠賢(1568~1627)은 하북성河北省 출신의 시정잡배였다. 그는 거액의 도박 빚을 갚기 위해 22세 때에 스스로 거세하고 환관이 되었는데, 풍채도 볼만했고 말솜씨도 뛰어났던 호남아 스타일이었다고 한다. 위충현의 권력은 그가 극진히 모시던 왕손王孫이 일약 황제가 되면서 비롯되었다. 무능 황제의 전형이었던 신종神宗은 40여 년이나 제위에 있었는데 그에게는 다섯 아들이 있었다. 그는 첫째 아들 주상락朱常洛보다 셋째 주상순朱常洵을 더 아꼈다. 그러나 문무신료들의 강력한 권유로, 어쩔 수 없이 장남 주상락을 후임 황제로 삼았으니 그가 광종光宗이다.

광종은 1년도 못 돼 급사하고(1620)[7] 그의 아들인 16세 주유교朱由

校가 재위를 잇게 되는데, 그가 희종熹宗이다. 희종은 자신을 키우고 보살핀 유모 객씨客氏를 매우 아껴 그녀에게 봉성부인奉聖夫人이라는 칭호를 하사했다. 위충현은 희종이 어렸을 때부터 희종을 극진히 보살폈고, 유모 객씨와도 매우 가까운 사이였다. 미모가 출중했던 유모 객씨는 위충현은 물론 희종과도 은밀한 관계였다는 이야기가 전한다. 위충현의 원래 이름은 위사魏四였는데 입궁 후 이진충李進忠으로 이름이 바뀌었다가 희종으로부터 위충현魏忠賢이라는 이름을 하사받는다. 위씨 성을 다시 찾게 해줌과 동시에 충성스럽고 현명한 신하가 되라는 의미였다.

환관 최고직인 태감太監에 오른 그는 매관매직을 비롯하여 온갖 농단을 일삼으며 권력을 키워갔다. 희종은 공예품 제작에 대단한 조예가 있었고 승마와 무술에 심취했었다. 국사國事에 태만했던 희종은 정사政事를 위충현에게 맡겨버렸고, 위충현은 1626년 동창東廠의 장관이 되어 모든 정보를 쥐고 엄당과 결탁, 권력을 둘렀다. 아무도 그를 통하지 않고서는 황제를 알현할 수 없었고 행차 시 수천 명의 환관들을 대동하였다.

그는 뇌물수수와 매관매직에 열을 올렸고 공자와 자신을 동일시하여 살아있었음에도 전국에 자신의 사당(생사生祠)을 지었으며, 자신이 지나가면 구천세九千歲를 외치게 하였다. 뿐만 아니라 자신을 탄핵하고 비판했던 동림당원을 색출하여 죽였고, 전국에 서원 철폐령을 내렸다. 이런 위충현의 대단한 세도는 희종熹宗의 죽음으로 끝을 맺는다. 희종이 죽자 의종毅宗(숭정제崇禎帝)이 즉위했고 의종은 지체없이 위충현과 그 무리를 처단했다. 숭정제는 1627년 자결한 위충현을 다시 능지처참하도록 하였고, 유모 객씨도 태형笞刑으로 죽게 하였다. 위충현의 묘는 북경 근처 벽운사碧雲寺에 있다.

---

7 광종은 홍환(紅丸)이라는 환약을 먹고 죽고 마는데 이를 '홍환(紅丸)의 안(案)'이라 한다.

12. 이자성의 난과 명나라 패망

16세기 말 만력萬曆 연간(1573~1620)의 3대정大征 등으로 명나라는 재정적으로 심각한 타격을 받았다. 명대 후기로 접어들어서는 환관의 득세, 권신의 농단, 관리들의 부패가 더욱 심해져갔다. 게다가 만력부터 숭정崇禎 원년(1628) 사이에 일어났던 가뭄과 대기근 등의 천재天災는 많은 농민들을 유랑의 도적 무리로 만들었다. 숭정제는 재정 확보를 위해 물자와 우편 수송을 담당하는 역참驛站의 인원을 60% 이상 해고했는데 거기에 불만을 품은 많은 사람들이 반란을 일으켰다. 전국의 숙박업소 종사자 등 역참 주변에서 일하던 사람들은 대체로 극빈층이자 사회 불만 계층이었는데 그들은 역참 조직을 반란 조직으로 삼았다.

명나라를 멸망시킨 이자성李自成 역시 이 조직 출신이다. 원래 이자성은 고영상高迎祥이라는 반란군 지도자의 휘하에 있었으나, 고영상이 명나라 군에 잡혀 죽자 그의 세력들을 그대로 이어받았다. 1639년에는 화북에 대기근이 들어 유랑민들까지 대거 흡수했다. 그는 세금 경감과 빈민층 구제 등으로 세를 확대하더니, 1644년 마침내 국호를 대순大順이라 정하고 그해 4월 환관의 제보로 텅 빈 북경을 함락하였다. 북경이 이자성에게 함락될 즈음, 명나라의 마지막 황제인 숭정제崇禎帝는 세 명의 아들을 도피시키고, 두 공주를 죽인 후 경산景山에 올라 스스로 목을 매어 자결하니(34세) 이것으로 276년 역사의 명나라는 종말을 고하였다.(1644)

북경이 텅 비어 있었던 이유는 북쪽에서 일어난 청나라와의 전쟁 때문이었다. 반란군들이 명군明軍에 의해 거의 토벌될 무렵, 청나라 군대가 북경 근처까지 진격해왔기에 명 조정으로서는 반란군 토벌을 중지하고 청군淸軍을 막아야만 했다. 이틈에 반란군은 전열을 재정비하였고,

민심을 얻은 이자성은 다시 세력을 규합하여 明을 압박했다. 이때까지 이자성은 시운時運이 상당히 좋은 편이었다. 그러나 이자성 정권은 주원장朱元璋 때와는 달랐다. 노쇠한 명나라 왕조를 무너뜨리고 나니, 오랫동안 실력을 키워온 막강 청나라가 천하를 노리고 있었던 것이다. 게다가 갑자기 일어난 이자성의 반란 정권은 淸과 상대가 되지 못했다. 이를 간파한 환관 및 반反 이자성 무리들이 적극적으로 淸을 도왔으니 결국 천하 제패의 최종 승리는 청나라가 가져갔다.(1644) 이자성은 1645년 북경을 탈출하던 중 피살당했고, 청나라로서는 이자성의 반란을 진압한다는 좋은 명분까지 얻게 되었다.

명십삼릉

명십삼릉明十三陵은 북경 북쪽 40km 부근에 위치한 명나라 13 황제의 능묘군이다. 명나라 황제는 모두 16명이지만 남경에 도읍을 두었던 태조 주원장朱元璋은 남경의 효릉孝陵에 묻혀있고, 건문제建文帝는 생사를 확인할 길이 없으니 능도 없다. 또한 '토목보土木堡의 변變'으로 영종英宗이 오이라트족의 포로가 되자 대종代宗이 즉위했는데 그는 후에 생환한 영종에게 황위皇位를 빼앗기고 한 달 뒤 죽어, 북경 서쪽 옥천산玉泉山에 묻히게 된다.(대종은 황제가 아닌 왕으로 격하되어 황제가 아닌 왕의 격식에 따라 장례가 치러졌고 후에 경태제景泰帝라는 황제로 격상됨)

이리하여 명 13릉이 되었다. 명 13릉 가운데 3대 황제인 영락제의 장릉長陵, 12대 융경제의 소릉昭陵, 14대 황제 신종의 정릉定陵 등 세 능만이 일반에 개방되어 있다.

중국 도자기의 유럽 수출

명대에 유럽 각국은 아프리카와 아메리카에 식민지를 건설했고, 새로운 음식들도 많이 받아들였다. 특히 16세기에는 유럽에 커피가 들어왔고, 17세기 말에는 유럽 전역에서 많은 커피가 소비되었다. 초창기 유럽의 도자기는 뜨거운 액체를 오래 담아두기 어려웠고, 저온에서 만들어져서 강도도 약했다. 그러나 중국 도자기는 매끈하고 강도도 높았고, 뜨거운 음식을 오래 담아 두어도 변형이 없었으며, 미적으로도 아름다웠다. 이에 유럽에서는 중국 도자기가 선풍적인 인기를 끌었고, 중국 도자기의 소유는 부의 척도가 되었다.

당시 해상무역을 주도하던 포르투갈과 네덜란드 상인들은 무역을 통해 중국 도자기 수출에 힘을 쏟았다. 중국 도자기가 품질이 좋았던 이유는 기술적인 요인도 있었지만, 고령토가 있었기 때문이다. 예컨대 중국의 대표적인 도자기 생산지인 강서성江西省 경덕진요慶德鎭窯 부근의 고령촌高嶺村에는 고령토高嶺土라 불리는 훌륭한 점토가 산출되었다. 고령토라는 명칭은 여기서 비롯된 것이다.

명나라 말기 즉 16세기 후반, 중국으로부터의 수입이 용이해지자 도자기 수입을 위해 많은 유럽 상인들이 중국으로 들어왔다. 그러나 18세기에 접어들면 유럽의 도자기 기술도 크게 발달하여 중국 도자기 수입 열풍은 가라앉게 된다. 중국 도자기가 다른 나라에 수출되기 시작한 때는 9세기로 본다.

명대 문학

명나라는 몽골족의 억압으로부터 부활한 한족漢族 왕조였다. 그래서 명대에는 잃어버렸던 한족의 문화를 수복하려는 의지가 강했고, 그 결과 문화와 학술적인 면에서 복고주의와 옛 한족 문화 정리 사업이 크게 일어났다. 한편 명대는 중국 자본주의의 맹아기라 불릴 정도로 상업과 경제가 번영했다. 그에 따라 부를 축적한 많은 일반 백성들이 문화의 향유층으로 등장하여, 대중문학이 큰 발전을 이루게 되었다. 그 결과 전통문학이자 귀족들의 전유물이었던 시문詩文은 복고주의와 의고주의에 빠져 침체를 벗어나지 못했지만, 소설과 희곡 등 대중문학은 전례 없는 발전을 이룩하였다.

1. 장편소설 사대기서(『삼국지연의』, 『수호전』, 『서유기』, 『금병매』)

명대의 대표적인 문학 장르는 소설이다. 송대의 화본소설話本小說이 연예演藝의 대본이었다면, 명대의 소설은 본격적인 독서용 소설이다. 명대는 장편소설과 단편소설이 모두 흥기하였는데 특히 사대기서四大奇書라 불리는 네 종의 장편 장회소설章回小說이 널리 알려져 있다. 장회소설이란 장편의 작품이 장章 또는 회回로 나누어져 있어서 붙여진 이름이며, 사대기서란 『삼국지연의三國志演義』, 『수호전水滸傳』, 『서유기西遊記』, 『금병매金瓶梅』를 이른다.

『삼국지연의』

'연의演義'는 풀어쓴다는 의미인데, 연의소설이란 (역사를 풀어서 쓴) 역사적 사실에 기초하여 만든 소설을 이른다. 『삼국지연의三國志演義』는 연의소설의 개조로, 『삼국지연의』 이후 역사를 소재로 한 장편 소설을 연의소설이라 부르게 되었다. 『삼국지연의』는 보통 원말명초元末明初에 살았던 나관중羅貫中의 작품으로 알고 있으나, 동한東漢 말에서 위魏·촉蜀·오吳 삼국에 이르는 역사 고사는 대대로 사람들에게 널리 알려져 있었다. 즉 나관중은 정사正史인 『삼국지三國志』에 기초하고, 기존의 역사 고사 즉 송·원대의 화본 등을 대폭 개작하여 『삼국지연의』를 만들었는데, 현재는 나관중의 책은 볼 수 없고, 나관중의 책을 청나라 강희康熙 연간에 모종강毛宗崗이 문사를 가다듬어 60권, 120회로 쓴 모본毛本이 전한다. 이 모본은 나관중 이후 나온 수많은 『삼국지연의』 소설본들을 최종 통합·완성한 것이며, 지금 우리에게 전하는 소설 『삼국지연의』의 실질 원본이다.

『삼국지연의』는 동한 영제靈帝에서 진무제晉武帝 시기까지 즉 동한 말 황건기의黃巾起義로부터 시작하여 위·촉·오가 혼전 끝에 서진西晉에 의해 통일이 되는 과정을 이야기로 엮은 전쟁 중심의 역사 연의소설이다.

『수호전』

『수호전水滸傳』은 『삼국지연의』와 비슷한 시기에 출현한 작품이다. 오래전부터 유전流傳되고 발전되어 오다가, 원말명초에 생존했을 것으로 추정되는 시내암施耐庵에 의해 최종적으로 정리·완성되었다는 것이 통설이다.[8] 『수호전』은 『송사宋史』에 기록된, 북송 연간 산동 지역에서 일어났던 송강松江을 비롯한 36인의 봉기 이야기에 기초하고 있다. 이 이야기는 남송 이래 광범위하게 퍼졌을 것으로 보이며, 원대에도 많은 희곡으로 공연되었다. 『수호전』의 모태는 송말원초宋末元初에 나온 화본話本인 『대송선화유사大宋宣話遺事』이다.

『대송선화유사』는 송강과 36인의 호걸 이야기를 소설화하여, 훗날 『수호전』의 기본 틀이 되었다. 이처럼 『수호전』은 시내암이 원대 잡극雜劇과 송 화본 등 전대의 작품을 바탕으로 하여, 거기에 각종 이야기를 수집하고 보태어 108인의 영웅호걸 이야기로 최종 완성한 것이다.

『송사』에는 송강 관련 기록이 짤막하게 기록되어 있을 뿐이다. 그 내용은 송강이 36명을 이끌고 반란을 일으켜 상당한 위세를 떨쳤으나 결국 조정에 투항한다는 것이다. 이처럼 『수호전』도 『삼국지연의』처럼 사실史實에 기초하고 있지만, 『삼국지연의』에 비해 작가의 허구적 창작이 훨씬 많은 부분을 차지하며 또한 사건 중심의 『삼국지연의』와 달리 인물 중심의 소설이다.

---

8 『수호전』은 나관중도 집필에 참여했는데 『수호전』은 정권에 반하는 내용이 많았기 때문에, 나관중은 가문에서 축출 당했고 이후 집필 활동으로 생계를 이어갔다고 한다.

『서유기』

초당初唐의 고승高僧 현장玄奘(602~664)은 당태종 정관貞觀 1년(627) 28세의 나이에 천축국天竺國(인도)으로 불경佛經을 수집하러 떠나, 정관 19년 마침내 불경 600여 권을 가지고 돌아왔다. 현장은 『대당서역기大唐西域記』를 통해 그의 다양한 경험담을 술회하였다. 현장이 겪은 수많은 고난과 역경은 대대로 사람들에게 유전되었다. 그러다가 남송의 화본인 『대당삼장취경시화大唐三藏取經詩話』에서 최초로 소설화되었다. 여기에는 삼장법사三藏法師를 비롯하여 후행자猴行者, 삼사신深沙神, 저팔계豬八戒 등 주요 등장인물이 모두 등장한다.

이후 원 잡극인 『당삼장서천취경唐三藏西天取經』, 원말명초의 『서유기잡극西遊記雜劇』 등이 나왔으며, 원말에는 『서유기평화西遊記平話』라는 화본이 출현하였다. 오승은吳承恩(1510?~1582?)은 오랫동안 다양한 형태로 전래되어오던 각종 민간 전설 및 전대 작품을 참고하여 오늘날의 100회 본 『서유기西遊記』를 정리·완성하였을 것으로 보인다.

『서유기』는 기상천외한 상상력이 두드러지는 작품으로, 비현실적인 요괴 등이 주요 등장인물이지만 모두 인정人情에 어긋나는 행위는 하지 않는다. 그렇기 때문에 소설적 가치를 부여할 수 있는 것이다. 사대기서 가운데 대중적 인기가 가장 많은 작품이다.

『금병매』

『금병매金瓶梅』는 세 여자 주인공의 이름인 반금련潘金蓮, 이병아李瓶兒, 춘매春梅에서 제목을 취한 것이며, 내용은 『수호전』의 23회~27회에 걸친 이야기를 100회로 확대한 것이다. 사대기서 가운데 앞서 살펴본 세 작품은 오랜 기간 동안 전래되던 관련 작품들과 이야기들이 수합·정리되어 최종 작가에 의해 완성된 것이다.

『금병매』도 100% 작가의 창작이라고는 말하기 어려우나, 다른 소설과 달리 과거로부터 전래되던 기존 작품들이 윤색된 것이 아니라, 당대當代의 현실이 최대한 반영되면서 작가의 창작이 중심이 된 최초의 장회소설이라 할 만하다. 『금병매』의 판본 가운데 가장 조기早期의 것으로 보는 『금병매사화金甁梅詞話』의 서문은 흔흔자欣欣子라는 사람이 썼는데, 그는 난릉蘭陵의 소소생笑笑生이 『금병매』를 지었다고 밝히고 있다. 소소생이 누군지 정확히 알기는 힘들지만, 난릉은 현재의 산동성에 있으며 『금병매』가 산동 방언으로 쓰인 것으로 보아, 작가가 산동 사람임을 유추할 수 있다. 아마도 외설적인 내용 때문에 작가가 자신의 이름을 밝히지 않고, 소소생이라 했을 것이다.

『금병매』의 주인공은 기존 작품들과 달리, 영웅호걸이나 위인偉人이 아닌 보통의 인간이다. 특히 이 소설은 세속적 욕망에 휩싸인 여성들을 중심인물로 설정한 최초의 장회소설이다. 남자 주인공인 서문경西門慶 역시 일개 약제상藥劑商으로, 부를 축적하여 벼슬을 사거나 많은 첩을 거느리며 향락적 생활을 하는 등 모범적 인물과는 거리가 멀다. 이 소설의 표면적인 시대 배경은 송휘종宋徽宗(1112~1127) 시기이나, 『금병매』는 황금만능주의와 퇴폐·향락풍조, 관官의 부패, 도덕성 상실 등 명말의 혼란한 사회 현실을 잘 반영하고 있다. 명대는 자본주의의 맹아라 불릴 정도로 상공업과 경제가 발달하였고, 왕양명王陽明 사상 등 인간의 본능과 자유를 긍정하는 파격적인 사상이 대두된 시기이다. 바로 이런 점들이 『금병매』의 창작 배경이 되었다.

『금병매』는 외설적인 내용과 표현으로 외설문학이니 퇴폐문학이니 하는 부정적 평가도 많지만, 어떤 소설보다도 당대當代의 현실을 잘 반영한 진보적이고 근대적인 작품이라 할 만하다. 언어 구사 면에서 『금병매』는 방언과 속어를 거침없이 썼으며, 『홍루몽紅樓夢』의 창작에 큰 영향을 주었을 것으로 보인다. 앞서 언급하였듯이 다른 장회소설들은 전래되던 설화나 기존 고사들이 바탕이 되어 완성된 것이다. 이와 달리 『금병매』는 작가의 독창적 창작이 중심이 되었다는 점에서 큰 의의가 있다. 또한 주인공이 영웅호걸이나 역사적 인물이 아닌 평범하고도 세속적 인물이라는 점, 스토리 자체도 세속적이라는 점 등에서 소설발달사적小說發達史的으로도 큰 의미가 있다.

『수호전』과 『금병매』의 내용

무송武松은 힘과 지략을 겸비한 인물로 송강宋江과 의형제를 맺었으나, 고향을 못 잊어 청하淸河로 가다가 경양강景陽岡의 식인 호랑이를 때려잡는 바람에 그곳의 도두都頭가 된다. 그곳에는 마침 무송의 형인 무대武大가 살고 있었는데, 형수 반금련潘金蓮이 무송을 유혹하였다. 무송이 그 유혹에 넘어가지 않자, 반금련은 남편(무대)에게 무송이 자신을 유혹하였다고 거짓으로 무고를 한다. 그러나 형 무대는 동생을 믿었고, 무송은 관사로 거처를 옮겼다. 이후 반금련은 거상 서문경西門慶과 놀아나고, 남편 무대를 독살한다. 무송이 진상을 밝히려 했지만 뇌물을 받은 관아에서는 제대로 조사를 하지 않았고, 무송은 서문경과 반금련을 베어버린다. 『수호전』의 이 부분을 확대해서 쓴 것이 바로 『금병매』이다.

2. 희곡 (『살구기』와 『모란정』)

명초의 사대전기와 『살구기』

중국은 워낙 광활하여 문학도 각 지역별로 다른 특색을 띠고 있다. 희곡의 경우도 예외가 아니어서 크게 남방의 남희南戲와 북방의 잡극雜劇으로 대별할 수 있다. 원나라가 1279년 남송을 멸망시키고 남쪽으로 세력을 넓히자, 북방의 잡극이 남방에서 유행하게 되고 그 결과 남희와 잡극의 장점을 모두 흡수한 전기傳奇라는 새로운 희곡이 등장하여 크게 유행했다.

명초 가장 대표적인 전기傳奇 네 작품을 사대전기四大傳奇라 부른다. 사대전기는 『형차기荊釵記』, 『백토기白兎記』, 『배월정拜月亭』, 『살구기殺狗記』 등인데 거기에 『비파기琵琶記』를 더해 오대전기五大傳奇라 부르기도 한다. 이 작품들은 모두 명대 작가가 개작한 것으로, 고명高明의 『비파기』 이외에는 정확한 작가를 파악하기 어려운데 대체로 민간에서 나온 작품으로 본다. 아래는 『살구기殺狗記』의 줄거리이다.

부잣집 아들 손화孫華는 나쁜 친구들과 어울려 다니며 동생도 집에서 쫓아낸다. 그의 아내는 남편을 개과천선시키기 위해, 개를 한 마리 죽인 후 그 개에 사람의 옷을 입혀 대취한 손화가 술김에 사람을 죽였다고 하였다. 손화는 친구들에게 도움을 청했지만 모두 거절당하고, 내쫓았던 동생만이 손화를 적극 도와준다. 손화는 그제야 각성을 하지만 친구들은 손화의 재산을 노리고 그를 살인죄로 관가에 고발한다. 곧 모든 진상이 밝혀지고, 개과천선한 손화는 내쫓은 동생을 다시 불러들여 행복하게 산다.

『살구기』는 특이하게도 가정사를 다룬 것으로, 처현부화소妻賢夫禍少 즉 처가 현명하면 남편에게 화가 적게 돌아간다는 봉건 관념을 표방하고 있으며 내용이나 곡사도 저속하다. 그러나 사상이나 예술적 가치를 떠나서, 가정의 중요성을 강조하며 통속적 재미와 공감을 자아내는 본 작품은 대중에게 큰 인기를 끌었다. 민중문학 본연의 특징을 잘 보여주는 작품이다.

명대 중기의 전기 『모란정』

수도를 북경으로 옮긴 후, 북경 일대에서 북방의 희곡인 잡극이 유행하자 전기傳奇 창작은 침체기에 빠진다. 그러다가 명대 후기로 오면 전기는 다시 황금기를 맞이하게 된다. 이 시기의 가장 중요한 전기 작가는 탕현조湯顯祖이다. 『환혼기還魂記』라고도 불리는『모란정牧丹亭』은 탕현조의 대표작이자 중국 희곡의 대표작이라 할 만하다. 줄거리를 간단히 소개해 본다.

남송의 가난한 서생 유춘경柳春卿은 어느 날 꿈을 꾸는데, 매화나무 아래에서 한 미녀가 이르기를, 자신과 훗날 인연이 있을 것이니 이름을 몽매夢梅로 바꾸라고 한다. 한편 남안南安 태수 두보杜寶는 딸 두여랑杜麗娘에게 많은 공부를 시키며 예교적 속박을 강요했다. 두여랑이 하루는 화원花園에 바람 쐬러 갔다가 아름다운 봄 경치와 대비되는 자신의 신세를 한탄하며 모란정牧丹亭에서 잠을 자는데, 꿈에서 한 젊은이를 만나 사랑을 나눈다. 이후 두여랑은 매일 야위어갔으며 자신의 모습을 그려 매화나무 화원에 두었다. 두여랑은 앓다가 죽었고, 그녀의 유언에 따라 매화나무 아래 묻혔다.

3년 후 청년 유몽매는 과거를 보러 가다가 병에 걸려, 화원에서 요양을 하던 중 우연히 두여랑의 그림과 시를 발견하고 마음을 빼앗긴다. 이를 안 저승의 두여랑은 이웃집 여자의 몸을 빌려 매일 밤 유몽매와 사랑을 나누었다. 이후 두여랑은 유몽매에게 이실직고하고 환생할 수 있도록 도움을 청한다. 흔쾌히 동의한 유몽매는 무덤을 파서 두여랑을 환생시켰다. 과거를 치른 후 합격 발표를 기다리던 유몽매는 두여랑의 부친을 만났으나, 두여랑의 부친은 유몽매의 말을 믿지 않고 오히려 딸의 무덤을 팠다며 그를 옥에 가두었다. 그러나 후에 두여랑의 모친이 환생한 딸과 만나고 유몽매가 장원급제하자, 오해가 풀려 두 사람은 사랑의 결실을 맺을 수 있게 된다.

『모란정』은 비정한 예교주의와 과거 제도의 문제 등 당시의 사회문제를 다루고 있으며, 생사를 초월한 고귀한 사랑의 이야기는 대대로 많은 사람들에게 감동을 주고 있다.

10장

청대清代

1. 후금과 청조 개창[1]

수렵과 채집을 했던 여진족女眞族은 정착에 유리한 조건을 갖춘 민족이었다. 명대 후기 여진족은 몇 개의 부류로 나뉘어져 있었는데, 심양瀋陽 동쪽 건주建州 여진의 수장 누르하치奴爾哈齊는 1588년 건주 여진 통합을 시작으로, 1616년 만주의 대부분을 통일하고 후금後金을 세웠다. 이즈음 명나라는 임진왜란壬辰倭亂을 비롯한 3대정大征과 내분 등으로 여진족에 신경 쓸 여력이 없었고, 그 사이 누르하치가 착실히 실력을 키워 나갔다. 후금이 건국되자 명나라는 당장 그들과의 교역을 금했고, 1618년 누르하치는 명나라를 공격한다. 이때 명나라는 임진왜란 파병에 대한 보답으로 조선에 지원을 요구했고, 광해군光海君은 1만 3천 명의 병력을 보냈다. 그러나 1619년 조선과 명의 연합군은 후금에 패하고 만다. 그럼에도 조선은 큰 피해를 보지 않았다. 파병군 총괄 강홍립姜弘立이 광해군의 의중을 알고 전투에 적극 임하지 않았기 때문이었다. 이후 광해군은 명나라의 파병 요구를 거부했고, 1623년 사대사상事大思想에 젖어

---

1 역사는 왕조 멸망 후 어느 정도 시간이 흐른 뒤 기술되어야 객관력을 가질 수 있다. 예를 들어 당(唐) 멸망 후 40년 만에 나온 『구당서(舊唐書)』는 문제가 많아, 150년 후 다시 『신당서(新唐書)』가 쓰여 졌다. 청나라는 1912년에 망했지만 아직까지 『청사(淸史)』는 나오지 못했다. 『청사』는 2002년 8월 중국국무원(中國國務院)에서 출판이 결정되었으며, 그해 12월 대일(戴逸)을 주임으로 하는 국가청사편찬위원회(國家淸史編纂委員會)가 정식 발족되었다. 2012년 말 원고의 약 95%가 완성되었다고 했으며 완본은 나오지 않았다.

있던 서인西人들은 이를 명분으로 반란을 일으켜 광해군을 폐위시키고 인조仁祖를 왕으로 세웠다. 이 인조반정仁祖反正의 성공으로 다시 명나라의 요구를 수용해야 할 입장에 처한 조선은, 후금 및 청과 적대적 관계에 놓이게 되었고 정묘호란丁卯胡亂, 병자호란丙子胡亂 등을 겪어야 했다.

후금의 거점이자 수도인 봉천奉天(심양瀋陽)에서 서쪽에 있는 북경을 공략하기 위해서는 산해관山海關을 통해야하며, 산해관 점령을 위해서는 먼저 영원성寧遠城을 통과해야 했다. 명나라의 명장 원숭환袁崇煥은 영원성을 굳건히 지켜 냈고, 네덜란드 대포(홍이포)를 도입하여 후금 군대에 심각한 피해를 주었다. 누르하치도 이 포격에 의한 부상으로 1626년 9월 30일 숨을 거두었다. 누르하치가 죽자 아들 홍타이지(태종)가 즉시 제위를 이었다.

당시 청나라의 최대 위협은 명나라의 명장 원숭환袁崇煥과 명나라가 보유한 홍이포였다. 홍타이지는 반목 작전으로 명장 원숭환을 제거했다. 원숭환은 모문룡毛文龍이 밀수를 한다는 사실을 알고, 3만 군대 앞에서 그를 공개 처형했는데, 모문룡은 위충현魏忠賢의 동상을 세울 정도로 조정 내 엄당閹黨의 지지를 받던 인물이었다. 홍타이지는 명나라 궁중에 첩자를 보내 원숭환이 적과 내통하고 있다는 소문을 퍼트렸고, 엄당파는 원숭환을 북경으로 소환하여 처형하였다.(1630) 그러자 원숭환의 부장들이 병졸들과 함께 홍이포를 가지고 후금군에 투항했고, 후금은 자신들의 최대 위협이었던 적국의 유능한 장수와 우수한 무기를 동시에 해결한 셈이 되었다.

1636년 홍타이지는 자신을 황제라 칭하고 국호를 청淸으로 고쳤다. 그가 곧 청태종淸太宗이다. 국호를 후금後金에서 淸으로 바꾼 것은 이제 여진만의 왕조가 아니라, 몽골, 여진, 한족 및 기타 민족들을 아우르는 통일 왕조를 지향하겠다는 뜻이다. 淸은 조선에게 군신 관계와 명나라 토벌군을 요구하는 등 압력을 행사했다. 이에따라 조선에서는 척화파의 목소리가 높아졌다. 조선이 청나라의 속신屬臣을 거부하자 청태종은 친히 10만 대군을 이끌고 압록강을 건너 병자호란을 일으켰다(1636년 12월). 임경업林慶業 등이 분전하였으나, 남한산성에 피신했던 인조는 다음해 1월 삼전도三田渡에서 항복하고 만다. 이즈음 이자성李自成은 1641년 낙양洛陽, 1642년 개봉開封, 1643년 승천承天을 함락했다. 그리고 1643년 불세출의 홍타이지가 52세에 돌연사 한다.

정묘호란과 병자호란

1623년 인조가 즉위하여 친명배금親明排金 정책을 고수하자 누르하치의 뒤를 이은 홍타이지는 놀라지 않을 수 없었다. 일찍부터 명나라의 배후 세력인 조선을 달갑지 않게 여겼던 홍타이지는 즉위 이듬해인 1627년 조선을 침략했는데 그것이 곧 정묘호란丁卯胡亂이다. 정묘호란에는 조금 더 직접적인 이유가 있었다.

인조반정의 공신이었던 이괄李适은 논공행상論功行賞과 신하들 간의 알력 등의 이유로 1624년 반란을 일으켰으나 곧 부하들에게 살해당하고 반란은 실패로 돌아갔다. 그러나 그 잔당들이 후금으로 도망가 홍타이지에게 인조의 즉위가 부당하다고 알렸다. 이에 기회를 노리던 홍타이지가 광해군에 대한 보복을 한다는 명분으로 3만여 군을 이끌고 조선을 침략하니 이것이 바로 정묘호란이다.

후금군은 압록강 하구의 모문룡毛文龍 부대를 격파한 후 의주義州를 거쳐 대동강을 건너 한양으로 진격하였다. 이에 인조와 신료들은 강화도로 피신하고 명나라에 원군을 요청했으나, 명나라는 군대를 지원할 형편이 못되었다. 이런 와중에 청나라 군에 맞서 분전한 세력은 다름 아닌 조선 전역에서 일어난 의병들이었다. 특히 정봉수鄭鳳壽는 용골산성龍骨山城에서 적의 보급로를 차단하여 후금을 궁지로 몰았다. 후금으로서는 주력 부대를 조선에 장기간 투입할 형편이 못되었고 조선도 전쟁을 할 여력이 없었기에 후금과 조선은 금방 화의를 맺었다. 화의의 내용은 조선과 후금이 형제의 관계를 수립하고, 조선이 후금과 화의를 맺더라도 명나라와의 관계를 계속 유지한다는 것이었다.

정묘호란 후 1636년 4월, 후금은 국호를 '淸'으로 고쳐 모든 민족을 통괄하는 제국을 지향했다. 그것은 청나라가 그만큼 강성해졌다는 의미였다. 이에 따라 청나라는 형제의 관계에 있던 조선에게 군신 관계를 요구했고, 해마다 바치는 세폐歲幣도 증액하는 등 무리한 요구를 이어갔다. 이에 조선에서는 당연히 배청排淸 의식이 고취되었다. 그러던 중 청나라 황제의 대관식에 참가한 조선 사신이 신하국의 예를 올리지 않자, 청태종은 자신을 청나라 황제로 부를 것과 왕자를 볼모로 보낼 것 그리고 사죄할 것 등을 요구했으며 만약 이 요구를 받아들이지 않을 시 조선을 공격하겠다는 최후통첩을 전했다.

척화파가 우세한 조선에서는 청의 요구를 수용하지 않았고, 청태종은 1636년 12월, 2만의 병력을 이끌고 직접 조선을 향해 출병하였다. 이것이 바로 병자호란이다. 청나라 군대는 큰 어려움 없이 신속히 한양으로 진격했다. 인조는 남한산성으로 피신했으나 속속 도달한 10만의 청군淸軍에 포위당한 채 추위와 굶주림에 시달리다. 결국 항복하고 말았다. 병자호란으로 조선은 明과 단교하고 淸과 군신 관계를 맺어야 했으며, 해마다 많은 조공을 바쳐야 했다. 가혹한 조건을 감내해야 했던 조선에서는 배청적 경향이 더욱 강해지게 되었고, 1649년 효종孝宗 이후 북벌론이 대두되었다.

삼전도의 비와 삼배구고두례

삼전도三田渡의 비碑는 1639년 건립되었으며 원래 명칭은 대청황제공덕비大清皇帝功德碑이다. 청태종清太宗이 남한산성에 피해있던 인조를 항복시킨 후, 자신의 공덕을 만주어, 몽고어, 한자 등으로 기록하게 한 비석이다. 사적 제101호로 지정되었으며, 서울특별시 송파구 석촌동에 있다. 인조는 청의靑衣 즉 평민복으로 갈아입고 삼전도 수항단受降壇에서 세 번 절하고, 머리를 아홉 번 조아리는 굴욕을 당했다. 이 의식은 속국에서 황제에서 올리는 삼배구고두례三拜九叩頭禮라는 여진족의 풍습이다.

환향녀와 호로자식

병자호란에 패한 조선이 청나라 군마에 짓밟히자, 많은 조선의 여인들은 절개를 지키기 위해 목을 매거나 투신하는 등 자결을 선택했다. 여필종부 사상이 당연시되었던 사회이다 보니 여성들에게 자결을 강요하는 분위기도 없지 않았다.(수절守節을 하거나 시댁을 극진히 봉양하여 열녀烈女로 지정되면 그 집안은 많은 혜택을 받던 시절이었다.)

병자호란 이후 수십만의 조선 사람이 청나라로 끌려갔는데, 그 가운데 다수는 굶어죽는 등 죽음을 면치 못했고, 살았다 해도 노예 신분으로 전락하였다. 병자호란 후 약 10년 동안 수만 명의 조선 여인들이 살아서 고국으로 돌아왔으나 그들은 환향녀還鄕女로 불리며 갖은 수모를 당해야 했다. 그들이 낳은 자식도 '호로자식胡虜子息(오랑캐의 자식)'이라며 손가락질을 당했다. '화냥년'은 환향녀에서 나왔다. '후레자식'은 '호로자식'에서 왔다는 설이 있으며, '홀의 자식' 즉 편모나 편부 슬하에서 자란 자식을 가리키기도 하는데, 둘 다 제대로 배우지 못해 막돼먹은 사람을 뜻한다.

사리사욕을 앞세우는 무능한 지배계층으로 인해 죄 없는 백성들이 얼마나 많은 고초를 당했는지 잘 보여주는 사례이다.

야마자키 안사이

성리학을 일본의 실정에 맞게 주체적으로 재구성하여 수용하려고 노력한 사람이 야마자키 안사이山崎闇齊(1619~1682)이다. 그는 일본 유학사儒學史에서 본격적으로 주자朱子를 연구하고 추종한 최초의 인물로 꼽히는 사람이다. 병자호란은 바로 야마자키 안사이가 활동했던 시기에 일어났다.

뼛속까지 주자학과 중화사상에 젖어있던 조선은 외세의 판도 변화에 전혀 적응하지 못하고, 망해가는 노대국 명나라에 집착을 하다가 병자호란을 겪었으며 그로인해 백성들이 갖은 고초를 겪었다. 반면 당시 일본은 우리와 전혀 다른 생각을 가졌음을 유추할 수 있는데 그 단서를 야마자키 안사이로부터 찾을 수 있다. 어느 날 그는 제자들에게 물었다. 만약 공자와 맹자를 장군으로 삼은 중국 군대가 일본으로 쳐들어온다면 어떻게 해야겠냐고. 제자들이 주저하자 그는 이렇게 가르쳤다. "당연히 칼을 차고 말을 타고가 공자와 맹자를 사로잡음으로써 조국 일본에 충성해야 한다."

조종암과 만절필동

경기도 가평군 조종면 대보리에는 경기도 기념물 제28호인 조종암祖宗巖이 있다. 조종암은 임진왜란 때 지원군을 파병한 명나라의 은혜를 기리고, 병자호란의 치욕을 잊지 말자는 뜻에서 관련된 여러 글귀들을 새겨 놓은 바위이다. 이 바위 앞에 비석을 세우고 정기적으로 제를 올렸는데, '조종'이란 제후가 종주국을 모신다는 의미이다. 이 글귀들은 숙종 10년(1684) 당시 가평 군수 등이 새겼는데, 그 가운데는 선조宣祖의 '만절필동, 재조번방萬折必東, 再造蕃邦'이란 글귀도 있다. "황하의 물줄기는 만 번이나 꺾이지만 결국 동쪽으로 흐르며, (명나라가) 임진왜란으로부터 변방의 나라(조선)를 구하여 다시 나라를 건설해주었다."는 의미이다.

'만절필동'은 왕에 대한 충신의 혹은 제후국의 종주국에 대한 변함없는 충절로 해석이 된다. 이 '만절필동'이 최근에도 화제가 되었다. 2017년 12월 신임 주중 대사가 임명장을 받으러 북경 인민대회장에 가서 방명록에 '만절필동 공창미래萬折必東 共創未來'라 쓴 것이다. '공창미래'는 함께 미래를 창조해 나가자는 의미로 별문제가 없으나 '만절필동'은 자칫 스스로를 속국이나 제후국으로 지칭한 것으로 볼 수 있다.

또한 2019년 2월 12일 문희상 국회의장은 낸시 펠로시Nancy Pelosi 미국 하원의장에게 '萬折必東'을 써서 주었다. 문희상 국회의장이 생각하는 '만절필동'은, 황하가 많은 곡절을 거치면서도 결국에는 동쪽으로 흘러가듯, 한반도 역시 평화와 안녕의 시대가 도래한다 의미이다. 그런데 '만절필동'의 유래를 고려하여 확대 해석하면 자칫 우리가 미국의 속국이나 제후국 정도로 스스로를 격하시켰다고 볼 여지도 없지 않은 것이다.

'숭명배청崇明排淸'과 중화사대주의의 상징으로 쓰였던 이 글귀의 유래를 생각한다면 논란이 될 수 있음을 충분히 이해할 수 있다.

2. 순치제

홍타이지 즉 청태종이 죽자 그의 장남은 실력자인 작은 아버지(청태종의 동생) 도르곤이 두려워 제위에 오르는 것을 거부했고, 6세인 동생이 세조世祖 순치제順治帝(재위 1643~1661)가 되었다. 그리고 순치제는 도르곤의 보좌를 받았다. 1644년 이자성은 텅 빈 북경성을 함락했고 明의 마지막 황제 숭정제崇禎帝가 자결함으로써 명나라는 종말 하였다.

이자성이 자금성을 점령한 후에도 명나라의 명장 오삼계吳三桂는 산해관山海關을 굳게 지키고 있었다. 오삼계는 숭정의 요청을 받은 터라 아버지의 항복 권유에도 불구하고, 이자성에게 끝까지 항전할 것을 결심했다. 이에 이자성은 병사 10만을 이끌고 오삼계 토벌 길에 올랐고, 오삼계는 청나라에 원병을 요구했다. 결국 청나라 대군이 이자성을 압박하자 이자성은 서둘러 자금성으로 돌아가 오삼계 일족 등을 처형한 뒤 고궁에 불을 지르고 도망갔다. 그러자 명나라 환관과 신하들은 불과 한 달 전 이자성을 맞이했을 때와 같이 이번에는 청군清軍을 그렇게 맞이하였다.

청나라 군은 북경 입성 후 북경을 수도로 삼았고 병사들에게 살인, 약탈 등 백성을 해치는 행위를 엄금했다. 뿐만 아니라 한족 관리들을 대부분 복귀시켜 업무에 차질이 없도록 하였고, 만주어와 중국어를 모두 쓰도록 하여 한족의 불만을 잠재우고자 하였다. 다만 변발辮髮은 복종의 표시로 강제하였다.

3. 남명정권과 정성공

1644년 명나라는 망했지만 남방에서는 명나라 부활을 기치로 남명정권南明政權이 수립되었다. 명나라 황실 자손인 복왕福王이 남경에서, 당왕唐王이 복주福州에서, 계왕桂王이 광동廣東에서 연이어 明의 황제를 칭하였으나 모두 오래가지 못했다. 당왕을 도왔던 정지룡鄭芝龍은 당왕이 청나라에 잡혀 죽자 청나라에 투항했다. 그러나 그의 아들 정성공鄭成功은 청조清朝 타도를 목표로, 해상에서 청나라 군에 적지 않은 타격을 입혔다.

정지룡은 해적 출신일 가능성이 높은데 일본인과 결혼하여 일본에서 살다가 중국으로 갔고, 아들 정성공은 7세 때 아버지의 부름을 받고 중국으로 건너갔다. 정지룡은 일찍이 해상에서 교역으로 성공한 인물로 바다 사정에는 누구보다 밝았고, 아들 정성공도 바다에 익숙했다. 그러나 청나라의 끈질긴 공격으로 남경에서 크게 패한 정성공은 1661년 해양 세력의 근거지로 적격인 대만으로 거점을 옮겼으나 대만에 정착한 지 1년 만에 39세의 나이로 죽었다. 그 후 그의 아들 정경鄭經이 20년간 대만을 통치했는데, 정경의 아들 정극상鄭克塽이 1683년(강희 22년) 청에 투항함으로써 정씨 3대의 반청反淸 운동과 대만 통치도 종말을 고하였다. 이로써 청나라는 마침내 중국 전역을 통일하게 되었다.

대만의 역사

대만臺灣은 명대까지 한족의 직접 통치권 밖에 있었다. 1590년 포르투갈 사람들이 대만 땅에 당도했고(이들은 대만을 포르모사[아름다운 섬]라 불렀는데 아직도 간혹 Formosa라는 영문 표기를 볼 수 있다.) 이후 네덜란드, 스페인 등에서 각각 일정 영토를 점유했으나 1642년경부터 네덜란드가 스페인을 물리치고 대만을 거의 독식하다시피 했다.(타이완이란 이름도 당시 타이완이란 곳에서 살던 한 부족명을 네덜란드인이 부르면서 비롯되었다.)

1644년 明이 淸에 망한 이후에도 대략 20년 동안 꾸준히 명조明朝 수복운동이 일어났는데, 그 대표적인 세력이 바로 정성공鄭成功이다. 이들은 남경에서 청나라 군대에 대패하여 수세에 몰리자, 대만을 明朝 부흥을 위한 해양 거점 지역으로 지목했다. 당시 대만 원주민들은 냉혹한 네덜란드인의 지배에 불만이 많았기에 정성공은 쉽게 대만에서 네덜란드인을 몰아냈고(1661), 청나라를 못마땅하게 여기는 명나라의 많은 지식인들도 대만으로 들어왔다. 그러나 1683년(강희 22년) 정성공의 손자 정극상鄭克塽이 청에 투항함으로써 청은 대만을 완전히 복속하게 된다. 이는 역사상 최초로 대만이 중국의 영토에 정식 편입된 것으로 큰 의미를 지닌다. 정씨 3대에 의한 20여 년의 대만 통치기간 동안 대만은 완전한 중국화가 진행되었다. 지정학적 위치로 인해 대만은 이후 계속 분규에 쌓이는데, 1894년 청일전쟁淸日戰爭에서 패한 청나라는 일본과 시모노세키조약馬關條約을 맺어, 요동반도遼東半島와 대만을 일본에 넘겨준다. 이후 1945년 일본이 2차 세계대전에서 패하자 대만은 중화민국中華民國에 반환되었는데, 1949년 10월 1일 북경에서 중화인민공화국이 수립되자 중화인민공화국에서는 대만에 대한 모든 권리가 자신들에게 있다고 주장하고 있다.

- 청나라 초기 주요 사건 정리 -

· 태조太祖 누르하치: 만주를 거점으로 후금後金 건국(1616)

· 태종太宗 홍타이지: 국호를 淸으로 바꿈, 병자호란丙子胡亂(1636)

· 세조世祖 순치제順治帝: 이자성에 의해 明 멸망. 청과 오삼계 연합 이자성 패퇴, 청군淸軍 북경 입성 및 통일(순치제 원년, 1644)

4. 청나라 최고의 치세기

만주 지역 여진족女眞族의 수장 누르하치는 만주를 거점으로 후금後金을 세웠고(1616), 2대 홍타이지는 청淸으로 국호를 바꿔(1636) 제국을 지향하였다. 뒤이은 세조世祖 순치제順治帝 때에는 이자성의 반란으로 명나라가 멸망했고(1644), 순치제는 明의 오삼계吳三桂와 연합하여 이자성 세력을 몰아내고 중국 전역을 통일하였다.(1644) 그리고 순치제의 뒤를 이은 강희康熙(재위 1662~1722), 옹정擁正(재위 1722~1735), 건륭乾隆(재위

1735~1796)이라는 세 명군名君에 의한 장기간(130여 년)의 통치는 청나라를 중국 역사상 최고 치세의 최대 제국으로 만들어 놓았다.

그림19 강희제

그림20 옹정제

그림21 건륭제

4.1 강희제

청나라가 중국을 통일하고 얼마 되지 않은 시점에서 황제가 된 강희제康熙帝는 무엇보다 중국 전역을 안정시키는 것이 급선무였다. 강희제는 8세에 황제가 되어 6년 동안 원로들의 보필을 받다가 14세부터 본격 정무를 보기 시작했다. 청나라는 오삼계吳三桂 등 한인 세력의 도움으로 쉽게 중원을 점령할 수 있었다. 오삼계를 비롯하여 천하통일에 도움을 준 3대 세력을 삼번三藩이라 하는데, 처음 청나라 조정에서는 삼번에게 각각 일정 지역을 다스릴 수 있도록 해주었다. 그러나 강희제는 지배력 강화를 위해 이들을 무력화시키려 했고, 1673년 오삼계를 필두로 삼번의 난이 일어났다. 난 초기에는 청나라가 고전하였으나, 1681년 결국 삼번의 난(1673~1681)은 모두 평정이 되었다. 이후 청조淸朝는 중국 지배를 위한 확고한 기초를 닦았고, 젊은 황제 강희제는 강력한 황권의 기반을 잘 다질 수 있었다.

삼번의 난

淸과 연합하여 이자성을 몰아냄으로써 청나라가 중국 전역을 지배하는데 가장 큰 역할을 한 오삼계吳三桂, 원숭환袁崇煥 처단 후 淸이 가장 두려워했던 홍이 대포를 들고 투항한 상가희尙可喜, 1644년 청의 북경 입성 후 중국 전역의 크고 작은 전투에서 큰 공을 세운 경중명耿仲明 이 세 사람은 청나라 천하 제패의 최대 공신들이다. 그래서 청조淸朝는 통일 후 이들을 번왕藩王에 봉하였다.

오삼계는 운남雲南, 귀주貴州 지역을 다스리는 평서왕平西王에, 상가희는 광동廣東 지역을 다스리는 평남왕平南王에 그리고 경중명의 아들 경계무耿繼茂는 복건福建 지역을 다스리는 정남왕靖南王에 각각 봉해졌다. 청나라의 천하통일 직후, 明의 최초 수도였던 남경에 남명정권이 들어서 명조明朝 부활을 위한 투쟁이 전개될 때, 삼번은 남명정권의 항청抗淸 활동을 진압하는데 큰 공을 세웠다. 특히 오삼계는 남명정권 최후의 세력인 계왕桂王을 생포함으로써 남명정권의 몰락에 큰 공을 세웠다. 이렇듯 청나라의 통일 이후에도 삼번은 청나라 안정에 큰 역할을 해 주었다. 그러나 남명정권 몰락 후 청나라가 기반을 다져가자 청조淸朝로서는 반독립 세력인 삼번이 거슬릴 수밖에 없었다.

1671년 은퇴하려는 상가희가 자신의 작위를 아들 상지신尙之信에게 세습할 것을 요청하자 젊은 강희제는 그것을 단호히 거부했고 이로부터 삼번의 난이 비롯되었다. 이후 오삼계 등도 철번撤藩이 요구되자 반란을 일으켰는데 약관의 강희는 가차 없이 이들을 섬멸했다. 삼번의 난 진압 후 청나라에서는 더 이상의 번왕藩王을 두지 않았고 중국 전역에 관리들을 파견하여 직접 통치에 들어갔다. 황제 중심의 강력한 통치 체제가 확립된 것이다.

영토 확장

청대 초기 최대 위기였던 삼번의 난을 평정한 강희제는 그 여세를 몰아 세력 확장에 박차를 가했다. 먼저 대만臺灣을 본거지로 삼아 명 왕조 부활을 꾀하던 정씨鄭氏 일족을 항복시켜, 대만을 복건성福建省에 귀속시키고 중국의 영토로 삼았다.(1683) 또한 청의 근거지였던 만주 지역에까지 넘어와 군사 기지를 구축하고 있던 러시아와 네르친스크 조약을 체결하여(1689), 흑룡강(아무르강) 이북을 지키며 러시아와 국경을 정했다.

1688년에는 몽골계(서몽골의 오이라트계 준가르)가 외몽골에까지 세력을 펼치자, 친정親征을 통한 지속적인 압박으로 결국 그들을 평정하였고(1697), 1717년에는 티베트를 침공하여 라사拉薩를 점령하였다. 1720년에는 준가르의 세력을 티베트에서 일소시켰고, 그 즈음 투루판 분지도 제압하였다.

한족 통치와 문화사업

소수의 만주족이 다수의 한족을 효과적으로 지배하기 위해 만주족 지배계층은 요遼, 금金, 원元의 교훈을 반면교사 삼았다. 강희제 때부터 한족과 만주족을 함께 등용하여 서로 경쟁하고 감시하도록 하였고, 만주족 통치에 불만이 많던 한족 지식인을 포섭하기 위해 특별 관리 선발 시험(박학홍유과博學鴻儒科)을 실시하는 회유책을 쓰는 한편 중국 역사상 가장 많은 문자옥을 통해 한족들을 핍박하였다.

강희제는 매우 영특한데다 학문을 좋아하는 영민한 군주였다. 강희제의 부친 순치제順治帝가 8명의 아들 가운데 셋째 강희를 태자로 삼은 것도 그가 어릴 때부터 영특했기 때문이었다. 그는 예수회 신부로부터 유럽의 발달된 학문을 배우고 그들을 관리로 채용하기도 하였고,[2] 스스로 수십 년 치세의 비결이 독서에 있다고 할 정도로 독서광이기도 하였다. 학문을 애호하는 이런 강희 황제는 『강희자전康熙字典』을 비롯하여, 『패문운부佩文韻府』, 『고금도서집성古今圖書集成』 등 대규모 국가 편찬 사업을 성공적으로 완수하였는데 이런 대규모 문화 사업은 한족 지식인들을 달래고 국력을 단결하려는 의도도 있었다.

한편 근검절약을 솔선수범한 그는 국가 재정의 남용을 막고 국민 부담을 최소화시키려 노력한 황제로도 유명하다. 황제 등극 60주년 축하 기념 연회를 열자는 건의를 일언지하에 거절했고, 여섯 차례의 남방순행 시에도 궁중에서 비용을 부담했다. 재정이 건실해지자 강희 50년(1711) 이후 출생자에게는 인두세를 면해주기도 하였다. 그런 그에게도 고민이 있었으니 바로 후계자 문제였다. 강희제에게는 35명의 아들과 20명의 딸이 있었다. 둘째 아들이 첫 황태자로 책봉되었으나 이후 취소와 재책봉을 거듭한 끝에, 임종 시 유언으로 넷째 아들 옹정제雍正帝를 최후 낙점하게 된다.

강희제는 중국 역사상 최장 기간(61년) 재위에 있으며, 이민족인 만주족 왕조가 근 삼백 년의 역사를 유지할 수 있도록 굳건한 토대를 마련하였다.

---

2 강희제는 서양의 우수한 과학기술의 효용에 대해 깊은 관심을 가졌다. 아담 샬, 페르비스트 등을 북경 천문대 책임자로 두었고 프랑스 예수회 선교사 부베로부터 기하학, 해부학 등을 배웠다. 나아가 그를 중국 토지 측량 사업에 참여시켜, 중국 최초의 실측 지도인 황여전람도(皇輿全覽圖)를 완성하기도 하였다.(1717) 특히 벨기에 신부 페르비스트는 아침부터 오후 늦게까지 강희제에게 서양 학문을 소개하고 가르쳤으며 가끔 진수성찬을 함께 하기도 했다고 술회했다.

강희제의 학술·문화 사업

『강희자전』

『강희자전康熙字典』은 강희 황제의 칙령에 따라 장옥서張玉書, 진정경陣廷敬 등 30여 명의 학자가 참여하여, 강희 49년(1710)에 착수하여 6년 만에 완성한(1716) 자전字典이다. 강희제는 스스로 학문을 좋아하고 독서를 즐겼는데, 그는 고서古書 독서 시 기존의 자전으로는 해결되지 않는 것이 많아 늘 불편을 느꼈다. 그래서 기존의 모든 자서字書들을 참고하여 최고의 자서를 편찬하도록 하였다. 수록자는 총 47,035자이며 명나라 때 나온 자서인 『자휘字彙』와 『정자통正字通』의 체례를 답습하여, 전체를 열 두 지지地支에 따라 12집集으로 나누고, 각 集은 上·中·下 세 권으로 다시 나누었다. 글자는 214 부수에 따라 분류하였고, 각 부수에 속한 글자는 필획 순으로 나열하였다. 발음은 반절反切로 표기하였다.

『패문운부』

『패문운부佩文韻府』는 장옥서張玉書, 진정경陣廷敬, 이광지李光地 등 76명이 참가하여 만든 유서類書로 문인들이 시詩를 지을 때 참고할 수 있도록 하는 것이 원래 목적이었다. 선진先秦에서 명대에 이르는 전적들 가운데 나오는 어휘나 전고 140만여 개를 수록하였는데, 강희 43년(1704)에 착수하여 강희 50년(1711)에 완성하였다. 『패문운부』는 창작은 물론 고전 해독 등 여러 방면에서 현재까지 널리 활용되고 있다. 패문佩文은 강희제의 서재書齋 이름이다.

『고금도서집성』

『고금도서집성古今圖書集成』은 강희제(1701) 때 착수하여 옹정제(1725) 때 최종 완성된, 중국 최대 규모의 백과전서로 총 1만 권에 글자 수 1억 6천만 자, 목록만 40권에 달한다. 유서類書 가운데 규모가 가장 방대할 뿐 아니라 체제도 가장 정비가 잘 되어있다. 1725년 완성하여 이듬해 동활자 조판을 시작, 2년 후(1728) 인쇄본이 나왔다. 원래 서명은 『고금도서휘편古今圖書彙編』이다.

유서類書란 과거의 각종 자료들을 종류별로 분류하여 편집한 것으로 백과사전적인 성격을 띠고 있다. 유서란 명칭은 송대에 정착이 되었다. 송대의 『신당서·예문지新唐書·藝文志』에서 정식으로 유서류를 분류한 것이다.

4.2 옹정제

세종世宗 옹정제雍正帝(재위 1722~1735)는 합리적이고 개혁적인 정책을 펼쳤다. 아버지 강희제康熙帝나 아들 건륭제乾隆帝에 비해 재위 기간(14년)은 짧았지만, 그는 대제국의 안정을 마련하는데 큰 기여를 한 명군으로 평가받는다. 옹정제가 실시한 정책들을 보면 그가 현실적이고 합리적인 동시에 개혁적 성향도 지녔음을 알 수 있다. 다음은 옹정제가 실시한 주요 정책들이다.

군기처 설립

군기처軍機處는 행정과 군사 관련 업무 등을 통괄하는 소수 정예의 최고 의결 기관이었다. 옹정제는 만주어와 중국어 두 언어로 올라오는 문서를 사안이나 성격에 따라 하나의 언어만으로 작성케 했다. 이는 만주족 정권의 상징성이나 체면을 버리고 합리적인 길을 추구한 것이다. 황제가 만주어와 중국어 사용에 아무런 어려움이 없는데 굳이 번역으로 시간과 경비를 낭비할 필요가 없었던 것이다. 군기처를 통해 옹정제가 강력한 중앙집권과 업무의 효율화를 꾀했음을 엿볼 수 있다.

지정은제 시행과 양렴은 지급

명 후기에 전국적으로 실시된 일조편법一條鞭法은 청대 초까지 지속되었는데, 옹정 5년(1727)에 이르러 지정은제地丁銀制로 바뀌었다. 일조편법은 크게 토지에 부과되는 토지세와, 사람(丁)에 부과되는 인두세로 나눌 수 있었는데, 지정은제는 인두세를 토지세에 포함시켜 은으로 납부하게 하는 제도이다. (강소江蘇, 호북湖北, 호남湖南, 절강浙江 등 곡창 지대에는 곡식으로 세금을 납부하도록 하였다.)

토지나 재산이 없는 사람이 증가하고, 탈세를 위해 소유 토지나 정남丁男의 수를 허위 기재하는 일이 많아지면서 일조편법 시행에 많은 혼란이 야기되자, 이를 바로 잡기 위해 시행한 것이 지정은제이다. 지정은제가 시행되자 토지가 없는 소작인들은 인두세 자체가 소멸되었고, 토지에 대한 세금이 위주가 되면서 가난한 서민들이 세금 부담에서 벗어날 수 있게 되었다. 지정은제를 통해 세수 체계가 간단해지고 세금 징수가 현실화, 효율화된 것이다.

한편 지정은제地丁銀制에 약 10%의 부가세를 붙여 그것으로 관리들에게 양렴은養廉銀을 지급하였다. 청대의 관리들은 녹봉이 지나치게 낮았다. 이에 일종의 판공비나 수당 정도로 볼 수 있는 양렴은을 지급하여, 박봉으로 인한 부패를 방지하고 관리들의 처우도 효과적으로 개선하였다.

개토귀류 실시

개토귀류改土歸流란 소수민족 지역의 해당 종족 출신 관리(토관土官이나 토사土司 등)를 중앙에서 파견한 유관流官으로 대체하는 것을 이른다. 이는 중앙의 지배력을 강화시키고, 많은 한족漢族들을 소수민족 지역으로 유입토록 하였으며 이민족의 한화漢化를 촉진시켰다. 개토귀류는 옹정제 때 대대적으로 시행되었다.

태자밀건법 실시

옹정제의 아버지 강희제는 아들이 수십 명이나 되었고, 후임 황제 책봉에 많은 곡절을 겪었다. 태자가 일찍 지목되면 황족과 신료들 간에 분열과 파벌이 생기고, 태자는 교만에 빠지기 쉽다. 이런 문제를 누구보다 잘 아는 옹정제는 태자밀건법太子密建法을 시행하였다.

황제가 태자의 이름을 적은 후 작은 상자에 넣어 건청궁乾清宮 정면에 걸려있는 정대광명正大光明 편액 뒤에 숨겨 두고, 황제 사후에 황제의 밀지密旨와 대조해 보는 것이다. 또한 황제가 지목했던 태자가 수양을 게을리 하거나 다른 문제를 일으키면 태자는 항시 바뀔 수 있었다. 누가 태자로 지목되었는지도 모르고, 태자가 항시 바뀔 수도 있었으므로 황제의 모든 아들들은 행동거지를 바르게 해야 했고, 황제의 권위는 더욱 굳건해 질 수 있었다. 그러나 이 제도는 실제로는 철저히 시행되지 못했다.

4.3 건륭제

어려서 호학好學과 기동奇童으로 유명했던 건륭제乾隆帝(재위 1735~1796)는 청대 최고의 치세를 이룩했던 황제로 『명사明史』와 『사고전서四庫全書』를 간행했으며, 10만여 수의 시詩를 남길 정도로 문학에도 조예가 깊었다. 그러나 집권 말기에 이르러 청나라의 국운은 기울고 만다. 장기 집권이 문제였다. 그는 60년(1735~1796) 동안 황제 자리에 있었다. 조부 강희제康熙帝는 61년 동안 재위에 있었는데, 건륭제는 조부보다 더 오래 제위에 있을 수 없다며, 재위 60년 째 되던 해에 아들 가경제嘉慶帝에게 황위를 넘겼다. 그러나 조부 강희제의 경우 8세에 등극하여 초기 6년 동안은 직접 정무를 보지 않았고, 건륭은 퇴위 후에도 상황上皇에 올라 계속 실력을 행사했으므로 실제 통치 기간은 건륭제가 역대 최장이라 할 만하다.[3]

역사상 최대 영토 개척

건륭제 시기 중국은 역사상 최강의 국력을 떨쳤다.[4] 조부 강희제나 아버지 옹정제 시기에도 세력 확장이 있었으나 그들은 비교적 내치內治에 신경을 썼다. 건륭제는 선친들이 이룬 성취를 발판으로 대규모 외정外征을 통해 불안한 통치 지역을 안정시키고, 새로운 영토 또한 더욱 넓혀 청나라 영역을 최종 확정했다.

淸의 복속지를 위협했던 천산북로 쪽의 준가르를 멸망시켰고(1758) 또한 천산남로 쪽의 회족回族(위그르족)이 준가르의 지배에서 벗어나려고 독립운동을 전개하자, 1758년 淸은 이 지역을 무력으로 복속시켰다. 이에 천난남북로 지역을 새롭게 개척한 영토라 하여 신강新疆이라 명명하였다. 이 지역이 오늘날의 신장 위구르 자치 구역이다.

건륭은 준가르와의 전쟁을 비롯하여 총 10회의 영토 확장 전투에서

---

3 건륭제는 88세까지 살았고 그에게는 17명의 아들과 10명의 딸이 있었다. 그가 죽을 때 아들은 4명만 살아있었고 15번째 아들에게 제위를 넘겨주었다. 그가 가경제(嘉慶帝, 1796~1820)이다.

4 현재 중국의 면적이 약 960만㎢인데 당시는 약 1,150만㎢였다.(1912년 러시아 지원으로 독립한 몽골인민공화국 및 러시아 연해주 지역 등이 현 중국 영토 외의 지역이었다. 참고로 한국과 북한의 면적은 각각 약 10만㎢와 12만㎢ 정도이다.)

모두 승리했다며 만년에 『어제십전기御製十全記』를 편찬하고, 스스로 십전노인十全老人이라 칭했다. 그러나 선친들 때와는 달리, 많은 전쟁으로 인해 심각한 재정적 타격을 받았고 백성들의 부담도 가중되었다. 게다가 판단력이 흐려진 황제와 지배계층의 사치와 부패 등은 결국 많은 민란을 불러 일으켰고, 청나라는 극성기를 맞이한 끝에 쇠퇴기로 접어들게 된다.

장기 집권과 국세의 쇠퇴

검소했던 강희제나 옹정제는 근검절약을 솔선수범했지만, 건륭제는 사치를 알았고 자신에 대한 과시욕도 남달랐다. 그는 자금성 곳곳을 호화롭게 꾸몄고, 15회 이상의 순행巡行은 전국의 미녀를 찾기 위한 목적도 있었다고 하는데, 만년에 들어 백성들에게 민폐를 끼친 순행을 후회하기도 하였다. 탐관 화신和珅에게 국사國事를 맡긴 것도 큰 실책이었다. 가경嘉慶 연간 화신의 재산을 몰수해 보니 사재私財가 국가 세수의 10년치에 달했다고 한다. 이처럼 방만한 국사의 운영과 많은 전쟁으로 백성의 삶은 피폐해졌는데, 청나라의 쇠퇴에는 인구 급증이라는 요인도 있었음을 주목할 필요가 있다. 인구는 급증했으나 경작지는 크게 증가하지 않았던 것이다.[5]

---

5 정확한 인구 통계에 대해서는 이설이 있으나 강희제 때 2억이었던 인구가 건륭 말기에 4억으로 증가하였다고 한다. 인구는 증가했으나 경작지의 증가는 극히 제한적이었고, 잦은 전쟁에도 인구 급감은 일어나지 않았다. 왜냐하면 청초의 전쟁은 내전이 아니라 본토와 멀리 떨어진 외지에서의 전쟁이었으며, 과거와 달리 대규모 인명 손실도 일어나지 않았기 때문이다.

『사고전서』

『사고전서四庫全書』는 건륭제의 명으로 건륭乾隆 38년(1773) 편수에 착수하여, 건륭 47년(1782)에 초고가 완성되었고 10년 후(1792) 최종 완성된다. 당시 존재하던 모든 서적을 정리한 것으로, 기윤紀昀 등 근 400명에 달하는 학자와 관리들이 편찬에 참가하였다. 수록된 책은 3,500여 종으로 8만 권에 달하는데, 전체는 경經·사史·자子·집集 사부四部로 구성되어 있다.

워낙 방대한 양이어서 출판이 어려워 약 1만 5천 명의 서기관이 일일이 필사를 하였고 북사각北四閣, 남삼각南三閣 등 전국 일곱 군데에 보관하여 전국의 학자들이 이용할 수 있도록 하였다. 그러나 중국 도처에 보관되었던 『사고전서』는 난리 통에 많이 훼손되었고, 현재는 북경도서관北京圖書館과 대만 고궁박물관古宮博物館 등 4곳에 보관되어 있다.

중국의 모든 서적을 경·사·자·집이라는 네 부部에 수록하였다고 해서 『사고전서』라 명명하였다. 『사고전서』의 편찬에는 중국의 문화를 총정리하고 한족 지식인들을 달래려는 좋은 취지도 있었으나, 사상통제를 위해 금서를 지정하고 통치에 불리한 서적들을 없애려는 목적도 있었다. 그러다보니 편찬 과정에서 수많은 서적들이 훼손·소각되었으며, 편찬 후에는 금서 목록이 발표되었다.

당현종과 건륭제

당나라 현종玄宗과 청나라 건륭제乾隆帝는 뛰어난 명군이었으나, 모두 장기 집권 끝에 실정失政한 황제들이다. 당현종은 28세에 황제가 되어 무려 45년이나 재위에 있었다.(712~756) 그는 개원지치開元之治라는 중국 봉건 역사상 최고의 치세기를 이룩하였으나, 집권 후반기의 실정은 성당盛唐 치세의 종말을 고하도록 하였다. 그는 충신들을 내쫓고 간신 이림보李林甫나 환관 고력사高力士 등에게 국사를 맡기고, 자신은 양귀비에 빠져서 국정을 소홀히 한 끝에 안사安史의 난을 촉발시켰고, 결국 자신도 제위에서 내려오게 된다. 그로부터 당나라의 국운은 급격히 쇠퇴하였다. 오랜 재위在位로 인한 집권 후반기의 실정失政은 당현종과 건륭제의 공통점이다.

사람은 나이가 들면 판단력이 흐려지고 타성에 젖기 마련이다. 때가 되면 비록 완벽하지 못해도 가능성이 보이는 신진에게 자리를 물려줘야 하나, 이는 실권자가 되고 보면 실행하기 어려운 일이다. 오히려 직언을 하는 유능한 인재를 핍박하고 아첨꾼들만 주변에 둘 가능성이 높다.

중국 역대 황제 중 뛰어난 현군賢君은 대략 20대 후반~30대 초반에 등극하여, 25년 정도 재위에 있었으며 대략 50대에 사망했다고 한다. 등극 시기, 사망 시기 혹은 시대적 정황 등은 개인의 의지로 바꿀 수 있는 것이 아니니, 뛰어난 군주는 어느 정도 운명적으로 타고난다고 볼 수도 있다.

청의 강압 정책

청나라 지배계층은 한족漢族 우대책을 쓰며 한족 문화의 우수성을 인정하는 한편 반청反淸 인사들에 대해서는 혹독한 탄압을 하였다. 또한 만주족의 습속인 변발辮髮을 강제하여, 신체발부를 중시하는 유교적 가치관을 지닌 한족 지식인들의 울분을 샀고, 문자옥文字獄과 사상탄압도 매우 심하였다. 강희제, 옹정제, 건륭제 3대에 일어난 문자옥은 각각 10건, 20건, 130건으로 점점 도를 더해갔고, 청나라 때의 금서는 대략 540종, 13,800여 권에 이르렀다. 함부로 문자를 사용하기 힘들었던 시대이다 보니 창조적인 문학 활동이나 새로운 사상의 발생보다는 복고주의와 고증학이 학술과 문화의 주류가 되었다.

강희제 때 대명세戴名世는 청나라 연호 대신 명나라 재건을 꾀하는 남명정권의 연호를 썼다가, 능지처참에 친족들까지 무참히 화를 당했다. 옹정제 때는 강서성의 향시 시험관 사사정査嗣庭이 『시경詩經』에 나오는 유민소지維民所止(오직 백성이 머무는)란 구절을 인용하였다가, 옹정雍正의 머리를 잘랐다며(維止) 옥사시켰으며, 증정曾靜이 악비岳飛를 본받아 이민족인 청나라와 싸워야한다는 주장을 하자 옹정은 그를 심문하여, 중원의 지배는 한족, 비한족에 있는 것이 아니라 덕으로 백성을 잘 다스리는 데에 있다는 주장을 했다. 건륭제 때에는 실로 문자옥의 시대라 할 만하다. 호중조胡中藻라는 시인은 一把心腸論濁清(마음으로 탁과 청을 논하니)라는 시구를 썼는데, 탁청濁清을 '혼탁한 청나라'로 해석하여 그를 사형에 처하였다.

『열하일기』와 피서산장

『열하일기熱河日記』는 조선의 실학자 연암燕巖 박지원朴趾源(1737~1805)이 44세 때인 1780년에 지은 것으로, 친척 형인 박명원朴明源이 건륭 황제의 칠순七旬 축하연에 파견되자, 그를 따라 청나라 황제의 피서지인 열하熱河에 다녀 온 후 지은 여행기이다. 여행 경로와 견문을 기록하고 있는데 이를 통해 조선 사회에 대한 비판을 가하고 있어서, 조선의 위정자들에게는 배척을 당했다. 그래서 1901년이 되어서야 비로소 간행될 수 있었다.

열하熱河는 현 하북성河北省 승덕시承德市(청더시)의 옛 이름으로 피서산장避暑山莊이라는 중국 최대 규모의 황실 정원이 있는 곳이다. 북경에서 북동쪽으로 250㎞ 떨어진 곳에 있는 피서산장은 1703년 강희제 때 지어지기 시작하여 근 90년 만에 완공되었다. 완공 이후 청나라 황제들은 수도 북경의 무더위를 피해 이곳에서 여름을 보냈다. 여의도 면적의 2/3에 해당하는 크기의 이 여름 별궁에서 청나라 황제들은 일

년 가운데 근 반년을 보냈다. 그러니 수도 북경 다음으로 가는 정치 중심지라고 해도 과언이 아닐 것이다.

5. 아편전쟁

청초清初의 황제들은 서양의 학문과 문물을 인정하고 직접 배우기도 하는 등 서양 문화에 대해 큰 거부감이 없었다. 그러나 로마 교황청에서 중국의 전통을 인정해 온 예수회의 활동에 제재를 가하자, 청나라는 제사나 공자 숭배 등을 거부하는 종교에 대해 포교를 금했다. 이에따라 옹정제 때는 많은 외국인들이 추방되었다. 단, 해외 교역을 위해 광주廣州 한 곳은 개방하였다.

18세기 말~19세기 초, 영국에서는 산업혁명이 일어나 대량 생산으로 인한 상품 수출 시장과 원자재 공급지가 절실했는데, 그들은 중국을 통해 그것을 해결하고자 하였다. 하지만 영국산 제품들은 중국에서 큰 인기가 없었고 오히려 영국에서 중국차茶에 대한 열풍이 불어 영국은 대중국 적자가 심각하게 되었다. 그러자 영국은 아편 수출로 눈을 돌렸다. 아편은 원래 말라리아의 특효약으로 쓰이는 등 의약용으로 쓰였는데 중독성이 있었다. 아편 수입이 급증한 중국에서는 마약 중독으로 사회불안 문제가 불거졌고 또한 교역 수단이었던 은 부족 현상까지 발생하여 국가 재정에도 큰 문제가 생겼다.

이에 도광제道光帝(재위 1821~1850)는 호광湖廣(호북, 호남) 총독 임칙서林則徐를 전권을 행사할 수 있는 흠차대신欽差大臣으로 임명하고 광주廣州로 급파했다. 임칙서는 아편 2만 상자(약 240만 근)를 몰수하고 관련자를 체포했으며 아편상들로부터 영원히 아편을 반입·판매하지 않겠다는 서약서를 요구하였다. 그러나 아편상들은 서약을 거부하고 마카오로 철수(추방)했고, 1839년 6월 임칙서는 광주 근교의 호문진虎門鎭 백사장에서 두 개의 못을 파고 (바닷물과 소금, 생석회 등을 섞어) 아편을 폐기하였다.

이 소식을 접한 영국 정부는 원정군을 파병하기로 결정했고, 1840년 6월 마카오에 도착한 영국의 동방원정군東方遠征軍에 의해 아편전쟁(1차 중영전쟁)이 발발하였다. 청나라 군대는 우수한 무기와 함대를 가진 영국군의 상대가 되지 못했다. 영국 함대가 일거에 천진天津까지 북상하자 청조淸朝는 임칙서를 파면하고, 기선琦善을 흠차대신으로 삼아 위기를 넘기려 했다. 그러나 곧 광주가 함락당하고 이후 하문廈門, 영파寧波, 상해上海가 차례로 점령당하자 청나라는 영국에 굴복하고 만다. 1842년 8월 중국 근대사 최초의 불평등조약인 남경조약南京條約이 맺어졌고, 그에 따라 홍콩이 영국에 할양되고 중국은 영국에 엄청난 배상금을 물어주어야 했다. 남경조약으로 상해[6] 등 5개 항이 개방되자 상업과 무역의 중심지는 광주에서 상해로 이동하게 되었고 남부 지역의 많은 중국 노동자들은 일자리를 잃었다.[7] 양국 간의 관세도 영국이 결정하게 되었으며 영국인의 치외 법권 행사가 가능해졌을 뿐 아니라 영국은 최혜국 대우를 받게 되었다.

---

6 남경조약으로 개항된 교통의 요충지 상해는 조계(租界) 지역(외국인이 자유롭게 살 수 있는 치외 법권 지역)이 되었고 세계 각지에서 사람들이 몰려들어 동서 문화가 섞이며 상업과 사교의 중심지로 발전하였다. 현재에도 와이탄(外灘)에 가면 당시의 번성함을 엿볼 수 있다.

7 특히 운수업자 및 농기구 제조와 관련이 있던 광주 불산(佛山)의 단철업의 타격이 컸다. 값싼 외국산 농기구 등 철제품이 많이 들어왔기 때문이다.

'홍콩' 지명의 유래

홍콩은 중국어로 향항香港이라 적는데 그 의미는 글자 그대로 '향기 나는 항구'이다. 홍콩과 구룡반도 및 신계新界 지역에는 예로부터 향나무가 많아서 그렇게 명명되었다는 설이 있다. 또한 홍콩은 해외로 수출되는 차茶의 집산지였기 때문에 항구에 가득한 차 향기로 인해 향항香港 즉 '향기 나는 항구'가 되었다는 설도 있다.

'香港'의 중국어(표준어) 발음은 '샹강'이지만 현지어인 광동어로는 '횡꽁' 정도로 읽힌다. '횡꽁'은 서양 사람들에게 '홍콩' 정도로 들렸고, 그래서 그 표기를 'Hong Kong'으로 하게 되었다.

6. 태평천국 운동

아편전쟁 후 10년이 지난 즈음 태평천국의 난(운동)이 일어났다. 아편전쟁으로 개항이 되자 대규모 실업 사태가 발생했고, 기독교 자유화로 인해 기독교인들이 개혁의 주류 세력으로 등장하였다. 이 두 가지가 태평천국 운동의 주요 배경이다. 상해上海 개항으로 무역의 중심지가 광주廣州에서 상해로 이동했고, 외국 배와 외국인들이 직접 들어와 상업에 진출하자 운수업 관련 노동자들을 비롯하여 많은 중국인들이 생업에 타격을 받게 되었다.

이런 혼란한 시기에 객가客家 출신 홍수전洪秀全이 새로운 사회 건설을 시도하였다. 그는 과거 낙방 후, 열병을 앓다가 꿈에서 하느님을 만나 계시를 받았다고 하는데, 만민 평등의 기독교 사회를 건설하고자 1851년 광서성廣西省에서 태평천국을 선언하였다. 태평천국은 배상제회拜上帝會를 중심으로 하는 기독교도와 객가들이 주축이 되었는데 그들은 어떤 조직보다도 강력한 결속력을 지녔었다.[8] 이 점은 당시 수많은 민란 가운데 오직 태평천국 운동만이 대규모 세력으로 성장할 수 있었던 주요 배경이 되었다. 그런데 그들의 결속력은 배타성의 근원이기도 하였다. 그들끼리의 배타성은 타 조직(세력)과의 연대에 장애가 되었고, 그것은 세력 와해의 주요 원인으로 작용하였다.

이들은 1853년 남경을 점령한 후 그곳을 천경天京이라 하고 태평천국의 도읍으로 삼았다. 태평천국 운동 초기에는 많은 백성들이 동조하였고 그 세력도 대단하였다. 그러나 이후 지도층 내부의 분열과 토벌대와의 장기적인 대치로 서서히 힘을 잃어 갔다. 서구 열강들도 초기에는 기독교 성향이 짙은 태평천국의 입장에 긍정적이었으나, 태평천국이 지향했던 아편 금지나 외세에 대한 강경 대응 등을 묵고할 수 없었기에 자신들의 이익을 위해 청 왕조를 돕게 되었다. 이에 1864년 수도인 천경天京 즉 남경이 함락되고 태평천국의 난은 종말을 고한다.

7. 애로우 사건과 2차 아편전쟁

청나라 조정이 태평천국의 난 진압에 정신이 없을 때 영국은 애로우 사건(1856)을 빌미로 4년에 걸친(1856~1860) 2차 아편전쟁을 벌였다. 애로우호는 중국인 소유의 홍콩 선적 아편 밀수선이다. 애로우호에 청나라 관원이 올라가 밀수와 아편 반입 및 해적 혐의로 선원을 연행하고

8 객가(客家)는 북송이 금나라에 망할 때 금의 지배를 거부하며 전국에서 남하한 의기 있는 사람들이다. 이들은 새로운 정착지에서 토착인들의 멸시와 차별을 받았고, 버려진 황무지를 개간하고 살아야 했다. 그리하여 그들은 생활력과 적응력이 뛰어나게 되었으며 여성들은 전족(纏足)도 하지 않았다.

강경 조치를 취하자, 영국은 홍콩 선적은 영국 배이며 선장이 영국인이라는 점 그리고 영국 국기를 함부로 내렸다는 점 등을 문제 삼았다. 이를 빌미로 영국은 프랑스와 연합하여 청나라와 전쟁을 벌이려고 했고, 프랑스 역시 자국 이익을 위해 중국 공략이 필요하다고 판단했다. 이에 프랑스는 자국 선교사가 선교 행위를 하다가 처형된 사건을 전쟁의 빌미로 삼았다. 결국 영국과 프랑스는 1857년 12월, 불과 6천여 명의 연합군으로 한 달 만에 광주廣州를 점령한 후 북경을 향해 북진했고, 이들과 같은 이익을 추구하던 미국과 러시아도 참관인 자격으로 전쟁에 개입하였다. 이들은 1858년 5월 말 천진天津에 들어와 북경을 압박하였고, 한 달 후 청조淸朝는 영국, 프랑스와 천진조약天津條約을 체결한다.

천진조약은 1년 내에 수도(북경)에서 비준을 받아야 했는데, 청조는 천진조약에 불만이 많았고 열강이 수도에 들어오는 것을 꺼려하여, 상해에서 비준서를 교환하려 하였다. 그러나 영국과 프랑스는 이를 거부하고 군함을 이끌고 대고大沽에 진을 쳤고, 청나라 군대는 대고에서 포격을 가하여 많은 적함을 격침시켰다. 영국과 프랑스는 대고에서의 패전을 복수하기 위해 이듬해(1860) 대규모 군대를 파견하여 북경을 함락했다. 이들은 원명원圓明園을 약탈하고 불태운 후 자금성마저 태우겠다고 협박했고 청조는 결국 천진조약을 비준하고 북경조약北京條約(1860)까지 체결해야 했다.

천진조약에 의해 '아편'은 양약洋藥으로 이름이 바뀌어 정식 수입품이 되었고, 개항지 확대 및 개항지에서의 외국민에 대한 광범위한 자유(종교, 포교, 여행, 통상, 재판권 등)가 허용되었다. 아울러 막대한 배상금도 지불해야 했다. 북경조약은 천진조약을 추인하는 성격이었으나 이 조약으로 인해 천진이 추가로 개항되었고, 구룡九龍 반도를 영국에 할양하였으며, 중국 내 외국인은 저임금 노동자를 외국으로 데려갈 수 있는 권리를 획득하였다.

러시아는 이 틈을 타 많은 영토를 청나라로부터 할양받아 막대한 이득을 챙겼다. 먼저 1858년 네르친스크 조약을 뒤집은 아이훈조약愛琿條約을 맺어, 시베리아에서 유일하게 농사가 가능한 흑룡강 이북 땅 60만㎢를 확보했다. 또한 북경조약으로는 연해주沿海州를 할양받았는데 여기에 블라디보스토크라는 군사 도시를 건설하여 러시아의 주요 거점 도시로 성장시켰다.

이 당시 청나라는 태평천국의 난을 겪는 등 내우외환으로 인해 외세에 제대로 대처하지 못했고, 연이은 패배와 굴욕적인 조약으로 조정의 권위는 땅에 떨어지고 백성들은 삶은 더욱 궁핍해져 갔다.

원명원과 빅토르 위고

원명원圓明園은 원만하게 밝게 비춘다는 의미로, 건설자인 강희제가 직접 이름을 지었다. 자금성의 5배가 넘는다는 청나라 황실 별궁인 원명원은 1708년 강희제가 훗날 옹정제가 되는 넷째 아들 윤진胤禛에게 하사하겠다는 마음으로 짓기 시작한 것에서 비롯되었다. 인공호수와 각종 정원, 중국과 서양 각지의 건축물들이 어우러진 원명원은 프랑스의 베르사유 궁전에 비견될 정도로 화려한 궁전이다. 그러나 이 궁전은 서구 열강에 의해 무참히 약탈·파괴되었고, 상당 부분이 복원 되었지만 일부는 폐허 상태 그대로를 보존하고 있다. 아픈 역사를 상기하고 교훈을 일깨워주는 살아있는 역사 박물관으로 삼겠다는 것이다.

2차 아편전쟁(1856~1860) 당시, 조약 체결을 위해 나왔던 영국 측 협상 대표를 억류한 것에 대한 보복으로 영국과 프랑스는 원명원을 대대적으로 파괴하였다. 이때 진귀한 보물들과 함께 십이지상十二支像들이 모두 약탈당했는데 약탈당한 십이지상 가운데 하나인 말馬 머리 상이 2019년 11월 13일 중국에 기증되었다. 이 말머리 상은 2007년 런던 소더비 경매에서 마카오의 한 카지노 재벌에게 약 82억 원에 팔렸던 것인데 다시 중국국가문물국中國國家文物局에 기증된 것이다. 당시 홍콩에서는 민주화 시위가 수개월째 지속되고 있었다. 마카오의 중국 반환 20주년을 한 달 앞두고 중국의 귀중한 유산을 기증한 것은 마카오 경제계에서 중국에 성의를 표시한 것으로 보인다는 관측이 있었다. 12개의 상 가운데 현재까지 일곱 마리의 두상이 반환되었는데, 나머지 다섯 개도 언젠가 곧 경매 시장 등에 등장할 것으로 보인다.

원명원 약탈 150주년이 되던 2010년 10월 19일, 원명원에 빅토르 위고Victor Marie-Hugo(1802~1885)의 흉상 제막식이 열렸다. 1860년 10월 18일 원명원이 영국과 프랑스 군대에 의해 파괴·약탈당하자 이 소식을 들은 프랑스의 문호 빅토르 위고는 영국과 프랑스라는 강도가 박물관을 부수고 보물을 약탈한 후 그곳에 불을 지르고 낄낄대며 나왔다고 비난하면서 언젠가 프랑스가 중국에서 약탈한 보물을 반환하기 바란다고 했다. 흉상 제막식에서 원명원 관리 책임자는 빅토르 위고는 원명원에서 환영받을 유일한 프랑스인이라고 했다.

화가로도 유명한 위고는 평소 중국 예술에 대해 깊은 관심을 가졌었는데, 중국의 귀중한 예술 유산이 무참히 파괴되는 것에 대해 당연히 분개하고 안타까워했을 것이다.

8. 이리조약과 청프전쟁

신강新疆(신장)지역은 1758년 건륭제 때 복속되었는데, 약 100년 후 중앙아시아의 야쿱벡이 러시아의 압력을 피해 신강으로 들어왔고, 러시아는 신강 지역의 불안을 이유로 이리伊犁 지역을 점령하였다. 러시아는 야쿱벡이 물러나면 땅을 반환하겠다고 했고, 이후 청나라가 야쿱벡 세력을 축출하자 청나라와 러시아 간에 교섭이 진행되었다. 그 결과 이리조약(1881)이 체결되었고 청나라는 이리 지역을 반환받는 대신 러시아에게 배상금을 지불하고 신강 지역의 상업권을 넘겨주었다.

한편 프랑스는 베트남을 식민지로 삼고자 베트남 남부 지역을 무력 점거하고, 1862년 1차 사이공 조약으로 베트남의 상당 부분을 할양받았다. 이후 프랑스는 베트남 북부 지역까지 점령하고 1874년 2차 조약을 맺었다. 이 조약의 핵심은 베트남을 독립국으로 인정하면서 베트남에 대한 프랑스의 이권을 보장받는 것이다. 즉 청나라의 베트남 종주권을 인정하지 않겠다는 뜻이다.

이후 청나라 흑기군黑旗軍과 프랑스 군이 충돌하는 사건이 발생했고 프랑스는 이를 빌미로 베트남을 공격하여, 프랑스가 베트남의 보호권을 가진다는 내용의 조약을 베트남과 체결했다. 이에 1884년 청나라는 프랑스와 전쟁을 벌였고 청나라가 패하자 청나라와 프랑스는 1885년 천진조약을 맺음으로써 전쟁을 종결시켰다. 조약의 핵심은 프랑스의 베트남 보호권을 인정한다는 것이다. 이것으로 청의 베트남 종주권은 상실되었고 베트남은 프랑스의 식민지가 되어 1945년까지 프랑스의 영향 아래 놓이게 되었다.

9. 양무운동과 청일전쟁

증국번曾國藩의 제자 이홍장李鴻章[9]은 24세에 과거에 합격한 수재였다.

---

9 안휘성(安徽省) 합비(合肥) 출신인 이홍장은 명문가의 자제로 24세에 과거에 우수한 성적으로 합격하여 출세가 보장되었으나 태평천국의 난이 일어나자, 스승인 증국번이 호남성에서 상군(湘軍)을 조직한 것처럼 고향으로 가서 의용군인 회군(淮軍)을 조직한다. 청나라 정규군인 팔기군(八旗軍)이 무용지물이 되어있을 때 증국번, 이홍장 같은 한인(漢人) 출신의 의용군이 태평천국의 난을 진압하는 주체가 되었다.

그는 태평천국의 난 진압으로 명성을 떨쳤고 난 종료 후 총독의 지위에 까지 올랐다. 이홍장은 서구 열강이 중국을 무너뜨린 것은 다름 아닌 강력한 무기를 만들 수 있는 과학기술 때문이었다고 믿었고 서구의 문물을 받아들이자는 양무운동洋務運動을 추진하는데 적극 앞장섰다.

1861년 설치된 총리아문總理衙門에서 양무운동이 총괄되었고, 근대식 무기 공장, 교통 기관, 번역관, 근대 기업 등이 세워졌다. 양무운동은 제도적 뒷받침의 미비와 보수적인 사상(중체서용中體西用)으로 큰 성공을 거두지는 못했으나 중국에 서구의 근대식 공장이 들어서도록 하였고, 서양의 문물과 기술을 소개하고 도입하는 데 적지 않은 역할을 하였다. 여기서 비롯된 서양식 무기가 태평천국의 난 진압에 쓰였다. 이홍장은 해군을 창설하고 천진에 해군학교를 세웠으며 북양함대北洋艦隊를 만들기도 하였다.

청일전쟁은 30여 년의 양무운동이 성공적이지 못했음을 증명하는 사건이다. 1876년 운요호 사건으로 일본과 강화도 조약을 맺은 조선은 대량의 미곡米穀이 일본으로 반출되어 농촌 사회가 피폐해졌다. 이런 상황에서 1894년 고부 군수 조병갑趙秉甲이 농민들을 핍박하자 같은 해에 전봉준全琫準을 지도자로 하는 동학 농민군이 일어나 전주성을 함락했다. 이에 조선 조정은 청나라에 원군을 요청했고 즉각 청나라 군대가 들어왔다. 천진조약에 따라, 청나라의 조선 파병이 일본에 통보되자 일본 역시 자국민 보호 등을 내세워 즉각 군대를 파병하였다. 전주성 함락 후 동학군은 조정과 맺은 전주화약全州和約으로 전주에서 철수했으나, 이후 들어온 일본이 경복궁을 점령하고 조선을 압박하자 동학군은 일본 세력 축출을 위해 다시 봉기하였다. 그러나 동학군은 우수한 무기를 앞세운 일본의 적수가 되기 힘들었다. 1894년 말 동학군은 우금치 전쟁 등에서 패배하였고 전봉준도 처형당하였다.

전주화약으로 동학군이 철수하자 조선은 청과 일본에 철군을 요구했다. 그러나 청나라와 달리 일본은 물러날 생각이 없었다. 일본은 흥선대원군, 김홍집 등을 앞세워 친일 정권을 수립한 후 1894년 7월 23일 경복궁을 공격하였고, 이틀 뒤 풍도豊島(아산만 근처) 앞바다에서 청나라 함대를 포격함으로써 청일전쟁의 서막을 열었다. 이후 청나라와의 국지전에서 연승한 일본은 8월 1일 정식 선전포고를 했고 청나라 역시 선전포고를 하였다.

청나라는 이홍장이 심혈을 기울여 육성한 북양해군北洋海軍을 이용하여 청일전쟁(1894~1895)에서 승리를 거두고자 하였으나, 북양해군은 일본군에 대패했고 이듬해 2월 요동반도遼東半島가 일본에 점령되었다. 결국 이홍장과 이토히로부미伊藤博文는 시모노세키 조약(馬關(下關)條約, 1895)을 체결하였다. 그 내용은 청나라의 조선에 대한 종주권 박탈을 비롯하여 요동반도, 대만 및 팽호도 등을 일본에 할양하고 거액의 전쟁 배상금을 지불하는 것이다. 그러나 일본은 서구 열강들의 압력으로 요동반도의 영유권을 포기해야 했다. 대신 추가적인 전쟁 배상금 3천만 냥을 받아 내었다.

양무운동의 결실인 북양해군의 대패는 충격적이었다. 특히 옛 속국이었던 일본에 패배한 청나라는 근본적인 개혁에 착수해야 했고 강유위康有爲, 양계초梁啓超 등에 의해 제도, 법률, 사상 전반을 개혁하려는 변법자강운동變法自彊運動이 일어났다.

> **동학**
>
> 동학東學은 1860년 최제우崔濟愚(1824~1864)에 의해 창설되었다. 당시 천주교와 기독교 등을 서학西學이라 불렀는데, 동학은 거기에 대비되는 말이다. 동학 지도자들은 서양이 강성한 것은 단순히 군사력 때문이 아니라 기독교 사상 때문이라고 여겼다. 그리하여 그들은 조선 재래의 유교, 불교, 도교 등을 잘 참고하여 동학을 만들었고, 인간에 의해 천국을 만들 수 있다고 설파하였다. 1905년 손병희는 동학을 천도교天道敎로 개칭했고 인내천人乃天(사람이 곧 하늘)과 남녀평등을 부르짖으며 애국 계몽운동, 항일운동에 앞장섰다

10. 무술변법

양무운동의 실패와 청일전쟁에서 일본에 패한 중국은 충격에 빠졌다. 강유위康有爲와 그의 제자 양계초梁啓超는 중국의 정치, 법률, 제도 등에 근본적인 결함이 있다고 여기고 개혁을 통해 입헌군주제를 꾀하며 부국강병의 길을 걷고자 하였다. 변법이란 바로 이러한 법률과 제도의 개혁을 이른다. 시모노세키 조약이 체결된 해(1895)는 최고의 과거 시험인 회시會試가 거행되는 해로, 전국의 인재들이 수도 북경으로 모여들었다. 조약 체결에 분개한 1,300여 명의 거인擧人들은 황제에게 상서上書를 올리고자 하였으나 단순 응시생들의 상서는 접수조차 불가능했다. 이후 일본의 메이지 유신, 러시아 표트르 대제의 개혁[10] 등을 모델로 개혁

10 수도를 모스크바에서 상트페테르부르크(1924년 레닌 사후, '레닌그라드'라 불렸으나 1991년부터 다시 상트페테르부르크라 부름)로 옮겼으며 서유럽의 교육, 제도, 기술 등을 도입하여 부국강병을 꾀하였다.

을 하자는 강유위康有爲의 상서가 광서제光緖帝에게 올라갔고, 20대인 젊은 광서제의 마음을 움직였다.

광서제는 네 살 때 황제에 올랐기 때문에 황제로서의 실질적인 권한과 힘을 가져본 적이 없었다. 성인이 된 광서제는 개혁을 원했고 마침내 과거 시험에서 팔고문을 폐지하는 것을 비롯하여, 보수파 파직과 개혁 세력 임용, 상업의 진흥, 신식 교육 기관의 확대 등을 꾀하였다. 그러나 자신의 입지가 좁아질 것을 우려한 서태후西太后와 보수 기득권 세력들이 반발을 하였다. 이에 변법파 담사동譚嗣同은 군벌 원세개袁世凱에게 도움을 청하여 서태후를 이화원에 억류시키고자 하였으나 원세개는 오히려 서태후와 내통하고 있었다. 결국 서태후와 보수 관료들은 무술정변戊戌政變(1898)을 일으켜 광서제를 구금하였고 강유위와 양계초는 가까스로 일본으로 피신하였다. 이렇게 무술변법운동戊戌變法運動이 100일 천하(1898.6.11.~9.21)로 끝나자 의화단義和團 사건이 일어났고, 이번에는 서태후가 서둘러 개혁에 앞장서게 된다.[11]

명치유신

1603년 도쿠가와 이에야스德川家康로부터 시작된 일본의 마지막 막부幕府(1192년부터 명치유신(1868) 이전까지의 세습 군사정권인 쇼군將軍 정권을 이름)인 도쿠가와 막부德川幕府가 끝나자, 일본은 1868년부터 일왕日王이 직접 통치하는 중앙집권국이 된다. 700여 년의 막부시대가 종말을 고하고 권력에서 배제되었던 왕이 직접 통치하게 된 것이다. 권력을 잡은 메이지 천황은 개혁을 단행하고 서양의 문물을 적극적으로 받아들여 빠르게 근대화를 이루어 갔다. 중국의 양무운동이 실패한 것과 달리 1868년부터 이루어진 일본의 명치유신明治維新(메이지 유신)은 단기간에 아시아의 패권을 장악할 정도로 효과적이었다.

명치유신 후 일본이 시행한 것은 수도 천도遷都를 비롯하여[12] 서양식 군대 조직과 철도 및 전기의 도입, 의무교육 시행, 양력 사용, 서양식 두발 및 양복의 권장, 영어 학습 권장, 서양 학술 서적의 번역 등이었다. 명치유신 시기 일본의 지식인들은 유럽 근대화의 주요 성공 요인이 어려운 라틴어를 버리고 쉬운 일상의 말을 사용한 것임을 깨닫고, 언문일치를 추진했다. 중국 역시 신해혁명辛亥革命으로 수천 년 봉건국가가 타파되는 즈음 백화문 운동이 성공을 거두었다. 이처럼 쉬운 언어를 통한 지식과 정보의 급속한 보급은 근대·민주 국가를 이룩하는 데 지대한 공헌을 하였다.

서태후

서태후西太后(1835~1908)는 만주족 출신으로 1835년생이다. 1851년 함풍제咸豊帝(1851~1861)가 전국에서 후궁을 모집하자 당시 16세였던 가난한 서태후는 여동생과 함께 응모하여 발탁되었고 그때부터 자희慈喜로 불렸다. 그녀는 재색을 겸비한 절세의 미녀로 어려서 매우 영특하였고 목소리 또한 아름다웠다고 한다.

궁에서 우연히 청나라 9대 황제 함풍제咸豊帝의 눈에 든 서태후는 함풍제의 유일한 아들인 동치제同治帝를 낳았다. 함풍제가 31세로 열하熱河에서 요절하자 그녀는 여섯 살 난 동치제를 대신하여 섭정에 들어갔다. 동치제 역시 19세의 나이로 요절하자 이번에는 4세의 광서제光緒帝를 황제로 앉힌 후 또다시 섭정한다. 함풍제의 정실은 동쪽 궁에 거하여 동태후라 했고, 자희태후는 서쪽 궁궐에 거했기 때문에 서태후라 하였다.

---

12 1868년 수도가 교토(京都)에서 에도(江戶)로 천도되었고 그 명칭도 도쿄(東京)로 개칭됨

11. 의화단 운동

서구 열강과의 조약으로 기독교 선교가 자유로워지자 중국에는 기독교인들이 크게 증가했다. 이에 기독교와 반기독교도 사이에 마찰이 자주 발생했고 반기독교 운동도 잦았다. 그 중 하나가 의화단義和團 운동이다. 이들은 1895년부터 산동성을 중심으로 활동하였으며 1899년 크게 봉기하여 기독교 시설을 파괴하고 선교사들을 살해하며 반외세 운동을 펼쳤다. 이들은 의화권義和拳이란 권법을 연마하면 불사의 능력을 지닌다고 하는 등 종교적 색채가 강했다. 당시 서구 열강의 중국 침략과 막대한 배상금 지급으로 인한 극심한 백성 수탈은 의화단에 대한 하층민들의 폭발적 지지를 이끌어 냈다.

의화단은 산동, 하북 등 주로 수도 북경을 중심으로 활동했고 목표는 부청멸양扶清滅洋(청조를 도와 서양을 몰아내자.)이었다. 이들은 1900년 6월 북경에 들어가 교회, 철도, 병원 등 서양(식) 건물이나 기관을 파괴하고 외국 공사관을 습격하였다. 서태후는 의화단의 힘을 빌려 외세를 물리칠 생각이 있었고, 열강에 선전포고를 하여 의화단과 함께 8개국 연합국에 맞섰다. 그러나 그해 8월 연합군의 승리로 북경이 함락되자, 서태후는 광서제를 데리고 자금성을 탈출하여 서안西安으로 갔고, 서태후의 별장 이화원과 자금성을 비롯한 북경 시내 전체가 철저히 파괴되고 약탈당하였다.

이에 1901년 9월 청나라 대표 이홍장은 서태후의 명을 받고 신축조약辛丑條約이라는 패전조약을 맺었는데 주요 내용은 다음과 같다. 우선 서구 열강들은 서태후의 청조 지배권을 인정하고, 청나라는 4억 5천만 냥의 배상금을 연이자 4%로 1940년까지 지불할 것과[13] 북경에 외국 군대의 주둔을 공식적으로 허가하는 것 등이다.

12. 신해혁명과 청나라 멸망

신축조약으로 북경에서 연합국 군대가 철수하자, 서안에서 북경으로 돌아 온 서태후는 불과 얼마 전 자신이 제거했던 개혁파들의 주장들을 스스로 추진하기 시작했다. 한편 러일전쟁에서 일본이 열강의 하나인 러시아를 이기자 청조淸朝는 놀랄 수밖에 없었고, 일본이 크게 발전한 까닭이 입헌군주제에 있다고 생각하는 사람들이 많아졌다.

1908년 광서제의 병세가 심각해지자 서태후는 광서제의 동생 재풍載灃의 큰아들이자 3살 난 푸이(부의溥儀)를 차기 황제로 지목했다. 그가 청나라의 마지막 황제 선통제宣統帝(재위 1908~1912)이다. 그런데 돌연 서태후도 병으로 눕자 광서제는 병석에서 흐뭇하게 웃었다고 한다. 그 소식을 접한 서태후는 자신이 절대 광서제보다 먼저 죽을 수 없다고 했다는데, 결국 서태후는 광서제가 죽은 바로 다음날 죽는다.(서태후는 죽으면서 앞으로 절대 여자에게 권력을 넘겨줘서는 안 된다는 유언을 남겼으며 광서제도 서태후가 독살했다는 설이 있다.)

1908년 11월 서태후가 죽고 3년 후 신해혁명辛亥革命으로 청나라는 멸망한다. 1911년(신해년) 10월 10일 철도 국유화 문제로 촉발된 무창武昌봉기가 성공하자 각 성省들은 속속 청나라로부터 독립을 선언 했다. 청

---

13 4% 이자를 합치면 10만 냥이 넘으며 39년 동안 갚아야 했다. 청나라 멸망 뒤 1940년까지 중화민국에서 갚았다.

조清朝는 원세개에게 토벌을 제안했고 원세개는 초기에 혁명 세력과의 전투에서 승리를 거두었다. 이후 12월 2일 남경을 점령한 혁명군은 12월 29일 남경 정부를 세우고 손문孫文(쑨원, 1866~1925)을 임시 대총통으로 내세웠다. 그리고 손문은 1912년 1월 남경에서 중화민국中華民國 임시 대총통에 취임하였다.(그래서 1912년을 중화민국 1년으로 삼는다.)

야심가 원세개는 한편으로는 청조의 명에 따라 혁명군을 진압하면서도, 다른 한편으로는 혁명군과 협상을 하고 있었는데, 남경에 임시정부가 들어서고 손문이 총통에 선출되자 그는 협상을 중단한다. 원세개의 무력武力은 무시할 수 없었고, 원세개가 남하할 경우 혁명이 실패할 수도 있었으므로 손문은 원세개에게 조건부 총통직을 제시하였다. 만약 청나라 황제를 퇴위시키고 공화정에 찬성한다면 원세개에게 임시 대총통의 자리를 양보하겠다는 것이다. 원세개는 이를 수락한 후 일을 성사시켰다. 1912년 2월 12일 마침내 청 황실은 이러한 내용을 이행하겠다는 공표를 하였고, 청나라의 마지막 황제이자 중국 봉건 왕조의 마지막 황제 푸이(선통제宣統帝 부의溥儀)가 물러났다. 이로써 청나라는 멸망하고 2천 년 이상 지속된 중국 봉건 왕조도 막을 내리게 되었다. 약속대로 손문이 사임하고 1912년 3월 원세개가 임시 대총통이 되었는데, 원세개는 거기서 만족하지 못하고 황제가 되려는 꿈을 꾸며 수도를 북경으로 삼고 정식 대총통이 되었다. 하지만 국내외의 반대에 부딪혔고 1916년 병사하였다.

러일전쟁

청일전쟁에서 승리한 일본은 요동반도를 할양받을 뻔 했으나, 러·독·프의 간섭으로 요동반도를 포기해야 했다. 이후 러시아는 만주지역에서 의화단 운동이 일어나자 자국 이익을 보호한다는 명목으로 만주에 군대를 주둔시켰으며, 조선에서도 을미사변乙未事變(1895)과 아관파천俄館播遷(1896)을 계기로 친러파가 정권을 장악하였다. 만주와 조선에서 러시아와 일본의 이익이 충돌하는 양상이 짙어지자, 1903년부터 러시아와 일본 간에 협상이 진행되었으나 만주와 조선에 대한 양국의 입장 차이는 좁혀지지 않았다.

그러자 일본은 1904년 2월 8일 선전포고도 없이 러시아 배를 격침시킴으로써 러일전쟁(1904~1905)을 일으켰다. 일본은 쉽게 요동반도와 대련大連까지 밀고 올라갔으며 여순旅順을 함락했다. 그리고 5월 발틱함대와의 해전에서 승리함으로써 승리를 확정지었다. 러시아와 일본은 1905년 9월 미국 포츠머스에서 강화조약을 맺고 전쟁을 종결시켰다. 조약의 내용은 조선에 대한 일본의 지배권 인정, 일본의 남만주철도 부설권 획득 및 사할린 일부 지역을 할양받는 것 등이다. 러일전쟁에서 승리한 일본은 세계를 놀라게 했으며, 열강과 어깨를 나란히 하며 제국주의 행보를 본격화 하였다.

러시아 혁명

러일전쟁에서 패한 러시아는 1차 세계대전에서도 독일에 고전하였다. 이에 1917년 러시아의 노동자, 농민, 군인들은 소비에트회의를 만들어 로마노프 왕정을 붕괴시키고 소비에트 임시정부를 수립하였다.(2월 혁명) 그런데 임시정부가 지지부진하자, 레닌Vladimir Ilyich Lenin(1870~1924) 등 소비에트 임시정부 가운데 급진 세력들이 볼셰비키 혁명을 일으켜 세계 최초의 사회주의 국가인 소비에트 정부가 수립되었다.(러시아 구력으로 1917년 10월 25일에 발생했기 때문에 이를 '시월혁명' 이라고도 부름) 이듬해 3월 레닌은 수도를 모스크바로 옮겼으며 모스크바는 1991년 러시아 연방의 수도가 되었다.

손문과 싼샤댐

만리장성 이후 중국 역사상 최대 건설 사업으로 꼽히는 싼샤(삼협三峽)댐은 최대 저수량이 393억㎥로 우리나라 소양강 댐 저수량(29억㎥)의 13배가 넘는다. 이 저수량은 한반도 전체 강물을 다 합친 것의 두 배가 넘는 양이다. 공사는 총 15년이 소요되었으며 공사 금액은 약 32조 원이다. 이 댐 건설을 최초로 제기한 사람이 손문孫文(쑨원)이다. 중국에서 가장 긴 강인 장강長江(6,387㎞) 일대는 예로부터 홍수 등 물난리가 잦았었는데 이를 해결하기 위해 댐 건설을 생각한 것이다. 이후로도 댐 건설은 정계政界의 주요 관심 대상이었다.

댐 건설은 1992년 제7회 전국인민대표회의에서 약 68%의 낮은 찬성률로 통과되었고, 1994년 공사를 시작하여 2009년에 완공하였다. 댐 높이는 185m, 폭은 135m이며 길이는 2.3㎞에 달한다. 댐은 장강 하류 호북성湖北省 이창宜昌시에 위치해 있으며, 정식 명칭은 장강삼협대파長江三峽大壩(영문 명칭은 Three Gorges Dam)이다. 싼샤댐의 수력발전 용량은 세계 최대이며 전력 공급 및 수재水災 방비의 기능을 생각하면 꼭 필요한 댐이겠으나, 문화재 손실, 생태계 파괴 그리고 댐 붕괴 시 엄청난 인명 피해가 날 수 있다는 점 등을 고려하면, 선뜻 댐 건설에 찬동하기 어렵다. 그래서 적지 않은 전문가들이 댐 건설을 반대하였고 지금도 안정성에 대한 논란이 끊이지 않고 있다.

2021년 상반기에 장강의 수위가 5년에 2㎝씩 낮아진다는 연구 결과가 나왔다. 지구 온난화 등 기후 변화가 주요 원인으로 지목되었고, 싼샤댐의 건설이 부정적 영향을 미쳤다는 의견도 있었다. 또한 남방의 물을 북방에 공급하는 중국 정부의 남수북조南水北調 프로젝트로 인해 수위가 더 빠르게 낮아지고 있다는 주장도 나왔다. 수위가 낮아지면 강물의 오염도가 증가하는 등 여러 측면에서 부작용이 발생할 수 있기에 장강의 수위 변화는 주요 관심사가 되고 있다.

청대 문학

청나라는 만주족 정권이지만 지배계층의 학술 선호와 한족漢族 지식인들에 대한 우대와 융화 정책 등으로 문화와 학술을 크게 부흥시켰다. 여기에는 원대元代의 한족 억압 정책이 성공적이지 못했다는 점도 작용하였다. 청대의 지배계층은 한족 지식인들을 대거 동원하여 대규모 한적漢籍 정리 사업을 추진했는데, 이는 이민족 지배 아래 있던 한족 지식인들을 회유하는 좋은 수단이 되었다.

이러한 청초淸初의 시책들은 문학이 복고주의 경향으로 흘러가도록 하였다. 그러나 소설, 희곡 등 대중문학은 명대를 이어 장족을 발전을 이어갔다. 대중문학의 발달은 대중의 지위 향상 없이는 어려운 일이다. 사회 및 경제의 발달과 그에 따른 진보 의식의 고취 등이 대중문학 발달을 가속화한 요인으로 볼 수 있다.

청대 후기에 가면 외국 문학의 영향으로 새로운 문학이 생겨났고, 다른 한편으로는 서구 열강의 침략에 속수무책으로 당하면서 계몽적 문학이 싹 트기도 하였다.

1. 경극의 탄생

중국의 희곡은 청초淸初를 지나며 침체기로 접어들었다. 문인들에 의해 창작이 이루어지면서 과도한 형식화로 빠져드는가 하면 상연 시간이 지나치게 길어지는 등 대중성을 잃어갔기 때문이었다. 게다가 건륭제乾隆帝 때에는 문자옥이 심해져서 희곡 상연도 검열을 받아야 했기 때문에, 창의적 창작 의욕이 한풀 꺾인 것도 원인이었다. 그러나 희곡은 대중의 오락적 수요를 충족시킬 수 있는 장르였기에, 청 중기에 오면 대중의 수요에 부응할 수 있는 새로운 희곡이 출현하게 된다. 그것은 바로 각 지방의 지방희地方戱를 바탕으로 하는 것이었다.

중국의 각 지역에는 그 지역의 악기와 곡조, 창법 등을 쓰는 각 지역별 희곡이 있었다. 청 중기에 들어 전기傳奇 등 귀족의 희곡이 대중과 멀어지자 각 지역의 지방희는 쉽게 공감할 수 있는 내용과 짧고 정채된 구성으로 빠르게 발전·개량되어 갔다. 이처럼 지방희가 개량되어, 대중은 물론 지배계층에까지 광범위한 애호를 받은 것이 화부희花部戲이다. 화부희는 지방은 물론 대도시와 수도 북경에 이르기까지 지역적 한계를 넘어 전국적으로 성행하게 된다.

중국의 희곡은 서양과 달리 음악이 매우 큰 비중을 차지한다. 그래서 음악에 따라 그 성격이 정해지는데, 이는 중국 희곡의 가장 큰 특징이라 할 만 하다. 다양한 지방희 가운데 중국 희곡의 대표격인 경극京劇의 바탕이 되었던 두 곡조가 서피西皮와 이황二黃이다. 이 두 곡조를 사용하여 경극을 탄생시킨 장본인은 안휘성安徽省의 연극단인 휘반徽班이었다. 건륭乾隆 55년(1790) 건륭의 80세 생일에, 남방에서 크게 인기를 끌던 한 휘반徽班이 초청되어 공연을 하였고 그들의 공연은 북경에서 매우 성공적이었다. 이에 여러 휘반들이 앞다투어 북경에 진출하였고, 최종적으로 사대휘반四大徽班으로 재편되었다. 이 사대휘반은 북경에서 공연을 할 때 안휘성의 음악인 이황조二黃調를 위주로 하면서 여러 지방의 곡조들을 흡수하여 대중들의 큰 환영을 받게 된다. 그러다가 이후 휘반들은 그 위에 또다시 호북湖北의 서피조西皮調를 도입하면서 새로운 휘극徽劇을 이루게 되니 이것이 피황희皮黃戲이다. 이 피황희는 북경에서 최종 형성되고 성행했기에 경극京劇이라 불리게 되었다. 경극에서 주로 사용되는 곡조는 이황二黃과 서피西皮이기에 경극을 이황서피二黃西皮라고도 부른다.

경극은 재미있는 민간 고사나 역사 이야기 등 대중적으로 인기 있는 제재를 취했고, 짧고 정채로운 형식과 아름다운 음악들을 잘 배합하여 모든 계층으로부터 크게 환영 받을 수 있었다.

2. 소설의 발달

명대 소설의 성취를 이어받은 청대의 소설은 양적, 질적인 면에서 큰 발전을 이루었다. 그것은 무엇보다 독자층의 부단한 증가가 있었기에 가능한 것이었고, 지식인들의 소설에 대한 인식의 변화도 소설 발달에 큰 영향을 미쳤다. 또한 자본주의적 경제관념과 출판·인쇄업의 발달 그리고 문자옥이 심했던 이민족의 통치 등도 소설 창작의 촉매가 되었다. 이런 여건 속에서 대중의 인기를 한 몸에 받은 단편소설과 장편의 대작들이 나올 수 있었다.

2.1 단편소설 포송령의 『요재지이』

포송령蒲松齡(1640~1715)은 산동 치천淄川 출신으로 명문가 집안이었지만 과거에 합격하지 못한 아버지 대에 와서 가세가 기울었다. 포송령 역시 향시에서는 수석 합격을 하곤 했지만, 정작 과거에는 끝내 불합격하였다. 당시 과거는 팔고문八股文이라는 극도의 형식적인 문장을 잘 써야 했는데, 팔고문은 문학적 재능이 뛰어난 포송령과는 거리가 먼 문체였다. 결국 그는 30대 초반부터 40여 년을 글방 선생으로 살며 병마와 가난 속에서 생을 마쳤다. 그러나 이런 회재불우懷才不遇 덕분에 『요재지이聊齋志異』라는 역작이 나올 수 있었다. 귀신 이야기 등 총 490여 편의 기괴한 이야기로 구성된 『요재지이』에는 작가의 인생 경험과 이상 그리고 당시의 사회상 등이 투영되어 있다.

『요재지이』에는 볼만 한 작품들이 적지 않은데, 몇 작품만 소개해 보겠다. 먼저 과거제의 모순을 풍자한 「가봉치賈奉雉」와 「사문랑司文郎」이라는 작품이 있다. 「가봉치」는 재능이 뛰어난 가봉치가 부패한 관리들로 인해 과거에 연신 낙방하지만, 장난삼아 아무렇게 문장을 써냈더니 수석으로 합격한다는 내용이다. 「사문랑」은 눈 먼 중이 종이와 먹물 냄새로 글을 평가하면서, 나는 눈만 멀었지만 심사관들은 코까지 멀었다고 일갈하는 내용을 담고 있다.

여자 귀신과 서생과의 진솔한 사랑을 그린 「섭소천聶小倩」에서는 비록 귀신이지만 인정에 어긋나지 않고 절개가 있는 여자 귀신을 묘사하였고, 「화피畵皮」에서는 미녀의 탈을 쓰고 사람을 죽이는 악귀 이야기를 통해, 외양으로 판단하는 것에 대한 위험을 경계하였다. 이처럼 『요재지이』는 결코 황당무계한 단순한 이야기가 아니라 깊은 사회의식과 작가의 풍부한 인생 경험이 어우러진 걸작인 것이다.

2.2 장편 풍자소설 『유림외사』

작가 오경재吳敬梓(1701~1754)는 호가 문목노인文木老人이며 안휘성安徽省 전초全椒 출신이다. 오경재의 집안은 증조부 때부터 출사길이 잘 열려 이후 50년 동안 가문이 융성하였다. 오경재도 어려서부터 좋은 교육을 받았고 문학적 재능도 뛰어나 20세에 수재秀才가 되었지만, 3년 후 부친이 사망하면서 친척들과의 재산 상속 문제가 불거졌고 그때부터 가산을 탕진하며 인생을 포기하듯 살아갔다.

『유림외사儒林外史』는 남경에서 매문賣文과 친구들의 도움으로 근근이 살아가면서 완성한 작품이다. 이 작품은 오경재가 대략 40세~50세 사이에 집필한 것으로 추정되는데, 이때 작가는 세상과 세태에 대한 경험은 풍부하였지만 경제적으로는 매우 어려운 시기였다. 작품이 반영하는 사회상이나 풍자는 바로 이러한 작가의 인생 역정에서 비롯된 것이다.

『유림외사』는 전체가 하나의 이야기를 이루는 보통의 소설과 달리, 짧은 에피소드들로 이루어진 독특한 구성을 하고 있다. 내용은 대부분 과거제의 모순과 과거 시험에 매달리는 유생儒生들의 생리를 철저히 파헤친 것이다. 당시 과거 시험은 진정한 실력이 아니라 팔고문八股文이라는 틀에 박힌 형식과, 이민족 정권에 대한 체제 순응을 강조했다.

인생의 감고甘苦를 충분히 경험하였고, 회재불우懷才不遇의 한을 안고 궁핍하게 살았던 오경재는 누구보다도 과거제의 모순에 대해 분개했고, 벼슬을 얻기 위해 온갖 비열한 행태를 보이는 유생들에 대해 부정적일 수밖에 없었다. 이런 견지에서 보면 다양한 에피소드를 파노라마처럼 전개하는 『유림외사』의 독특한 구성은 작가의 풍자적 의도를 표현하는 데 적절한 방식이었음을 알 수 있다. '풍자'는 수사적 개념일 뿐 아니라 장르의 하나로 볼 수도 있다. 그러므로 신랄한 풍자가 작품 전체를 아우르고 있는 『유림외사』는 중국 최초의 장편 풍자소설로 인정받기도 한다.

2.3 중국 소설의 최고봉 『홍루몽』

중국문학사를 통틀어 가장 대표적인 소설 하나를 꼽으라면 그것은 『홍루몽紅樓夢』일 것이다. 『홍루몽』은 총 120회로 구성된 장편소설이다. 전편 80회는 조설근曹雪芹(1715~1763)이 쓴 미완성의 『석두기石頭記』이며, 조설근 사후 고악高鶚(1758~1815)이 후편 40회를 써 보태서 『홍루몽』이 완성되었다. 고악은 저자의 의도와 작품을 잘 이해하였기 때문에 전·후편을 매끄럽게 연결시킬 수 있었다. 또한 여기에는 작품성을 알아 본 출판업자의 개입이 있었는데, 이는 인쇄술의 발달과 자본주의적 사회가 청대 소설의 발전에 기폭제가 되었음을 단적으로 보여주는 예가 될 수 있다.

『홍루몽』 역시 『유림외사』처럼 파란만장하고 비극적인 작가의 인생 역정과 경험의 소산이다. 한족인 조설근의 집안은 후에 만주족에 편입된다. 증조부 조새曹璽는 강녕직조江寧織造에 올랐고 증조모는 강희제의 유모였으며, 조부 조인曹寅은 강희제의 시중을 들며 함께 글공부를 한 적도 있었다. 조설근의 증조부부터 60여 년 동안 내리 3대째 조씨 가문에 세습된 강녕직조는 궁정에서 쓰는 직물의 수급을 담당하는 낮은 관직이었으나, 관리를 감찰하고 보고하는 기능도 있어서 조씨 집안은 막강한 부와 권세를 누릴 수 있었다. 그러나 옹정雍正 황제가 집권하면서 조씨 집안은 몰락의 길을 걷게 된다. 옹정은 집권 후 강희제의 비호를 받던 세력들을 제거하는데 이 과정에서 옹정 5년(1727) 조설근의 부친도 관직 삭탈과 함께 가산을 몰수당했다. 이때가 조설근이 열세 살 되던 해였다. 이듬해 조씨 집안은 북경으로 이주했고, 조설근은 만년에 극심한 가난 속에서, 화려했던 어린 시절을 회고하며 『홍루몽』을 집필하였다. 조설근은 대략 건륭 9년(1744)부터 작품을 창작하기 시작했다고 알려져 있다. 그는 오랜 세월 동안 고심참담하며 80회 집필을 마친 후, 다음 회의 초고 작업에 들어갔으나 완성하지 못하고 1763년 숨을 거두었다. 당시 그는 병마에 시달렸으나 빈곤하여 치료도 제대로 받지 못했고 게다가 어린 아들마저 잃고 말았다.

조설근이 죽은 후 그 필사본이 세간에 유행하기 시작했고, 건륭 57

년(1792)경 즉 조설근이 죽고 약 30년이 지난 후 고악에 의해 완성된 『홍루몽紅樓夢』이 세간에 선을 보였다. 고악의 120회 본 『홍루몽』은 출간과 동시에 선풍적인 인기를 끌었다. 『홍루몽』은 지금도 중국 사람이라면 모르는 이가 없을 정도로, 중국의 대표적인 문학작품이며, 관련 연구도 워낙 많아 홍학紅學이라는 독립적 학문 분과까지 생겨났다.

『홍루몽』은 가보옥賈寶玉과 그의 연인인 임대옥林黛玉 및 설보채薛寶釵와의 애정 비극과 가씨賈氏 집안에 살고 있는 금릉십이채金陵十二釵라는 열두 미녀의 이야기를 골자로 하고 있다. 작품의 주요 배경은 금릉의 가보옥 집안이다. 명문가의 자제인 귀공자 가보옥은 주변의 미인들에게 둘러싸여 사치스럽고 호화로운 생활을 한다. 그는 임대옥을 사랑하지만 집안의 실권자인 할머니에 의해 거상가巨商家의 여식女息인 설보채와 결혼을 하게 되고, 병약한 임대옥은 결혼식 날 피를 토하고 세상을 떠난다. 가보옥은 명예와 관직에는 관심이 없었지만 과거에 급제하여 출사하라는 집안의 압력에 못 이겨 결국 과거에 응시하여 합격한다. 그러나 과거 급제로 부모와 가문의 원을 풀어준 가보옥은 집을 떠나 출가出家한다. 훗날 가보옥은 우연히 아버지와 만나지만, 아버지에게 간단한 목례만 하고 승려들을 따라 사라진다. 이상이 본 작품의 대략적인 줄거리이다.

『홍루몽』은 앞서 살펴본 『유림외사』와 전혀 다른 구성이 특장으로 꼽힌다. 『유림외사』는 장편이긴 하지만 서로 연관성이 없는 독립적인 이야기들로 이루어져 있다. 반면 『홍루몽』은 규모가 매우 큰 장편의 대하소설大河小說이면서 전체가 하나의 스토리로 이루어져 있는데, 짜임새나 스토리의 구성이 매우 완결된 형태를 갖추고 있다. 이는 『홍루몽』이 장회章回로 이루어진 이전의 장편소설에 비해 한 단계 발전된 서사 형식을 갖추고 있음을 의미한다.

그 외에도 섬세한 묘사와 생동하는 언어로 인물의 캐릭터를 성공적으로 형상화시킨 점 그리고 기존의 소설과는 다르게 비극적 결말을 통해 봉건 예교의 불합리함을 비판한 점 등은 『홍루몽』의 예술적 성취라 할 만 하다. 또한 400명이 넘는 등장인물들은 왕족으로부터 시종에 이르기까지 사회 전 계층을 포괄하고 있으며, 이야기 가운데는 귀족의 호사스러운 취미로부터 하층민의 온갖 잡사까지 망라하고 있어, 청대의 사회상을 속속들이 엿볼 수 있는데 이 역시 『홍루몽』이라는 대작의 독특한 가치라 할 수 있다.

그러나 이 작품이 가지는 가장 큰 문학적 의의는 가씨賈氏 집안의 몰락 이야기를 통해, 청나라의 부패상과 봉건주의의 불합리함을 드러낸 사실주의 문학이란 점이다.

2.4 청말 견책소설 외

청나라 말기에 나온 가장 주목할 만한 소설 유형은 견책소설譴責小說이다. 청일전쟁의 패배와 변법자강운동의 실패 그리고 서구 열강들의 침략이 가속화되는데도 통치권의 부패와 권력 다툼은 도를 더해갔다. 바로 이러한 때에 등장한 것이 견책소설이다. 견책소설이란 노신魯迅이 『중국소설사략中國小說史略』에서 처음 제기한 것으로, 풍자소설보다 더욱 직접적이고 날카롭게 비판의 날을 세운 소설을 이른다. 청대의 사대 견책소설로 『관장현형기官場現形記』, 『이십년목도지괴현상二十年目睹之怪現狀』, 『노잔유기老殘遊記』, 『얼해화孽海花』등을 꼽는다.

이 외에도 재학소설才學小說(작가가 자신의 재능을 드러내는데 역점을 둔 소설) 『경화연鏡花緣』과 악을 응징하는 영웅적인 인물을 내세워 통쾌한 대리만족을 불러일으키는 협의소설俠義小說 『아녀영웅전兒女英雄傳』 그리고 공안소설公案小說 『삼협오의三俠五義』 등이 볼 만하다.

<참고문헌>

姜文晧 편역, 『알기 쉬운 중국역사』(秦漢魏晉南北朝篇), 三協綜合出版部, 1998

宮崎市定, 曺秉漢 편역, 『中國史』, 역민사, 1985

권응상, 『중국 공연 예술의 이해』, 신아사, 2015

기태완 선역, 『송시선』, 보고사, 2009

金文經, 『唐代의 社會와 宗教』, 숭실대학교 출판부, 1996

金榮濟, 『唐宋財政史』, 신서원, 1995

김영진 엮음, 『황제열전』, 로하스, 2012

김용운, 김용국, 『중국수학사』, 민음사, 1996

金源主 편, 한상덕 역, 『中國悲劇戲曲選講』, 신아사, 2012

김태경, 『쉽게 배우는 중국어 음운학』, 학고방, 2005

김학주, 『중국문학사』, 신아사, 2013

김학주 譯著, 『宋詩選』, 明文堂, 2012

김학주 외 3인, 『중국고전문학의전통』, 한국방송통신대학교출판부, 2006

김현룡 책임감수, 김종군 편역, 『한국문학과 관련 있는 중국 전기소설선』, 박이정, 2005

누노메 조후 외, 임대희 역, 『중국의 역사』(수당오대), 혜안, 2001

盧迅, 鄭範鎭 역, 『중국소설사략』, 학연사, 2001

랴오번, 권용호 역, 『그림으로 보는 중국연극사』, 學古房, 2015

루지아빈(盧嘉彬), 창후아(常華) 편저, 이재연 저, 『중국 화폐의 역사』, 다른생각, 2016

뤄슈바오(羅樹寶), 조현주 역, 『중국 책의 역사』, 다른생각, 2008

류종목, 『팔방미인 소동파』, 신서원, 2005

류종목, 송용준 역해, 『송시선』, 서울대학교출판부, 2009

미야자키 이치사다, 조병한 역, 『중국통사』, 서커스, 2016

미타무라 타이스케(三田村泰助), 하혜자 역, 『환관-측근정치의 구조』, 도서출판 나루, 1995

박종숙, 『중국문학 이야기』, 신아사, 2011

박한제 외 4인, 『아틀라스 중국사』, 사계절, 2008

폴 로프, 강창훈 역, 『옥스퍼드 중국사 수업』, 유유, 2010

볼프람 에베하르트 저, 최효선 역, 『中國의 歷史』, 文藝出版社, 1997
傅樂成, 辛勝夏 역 『中國通史』(上)(下), 宇鐘社, 1979
사마천, 정범진 외 역 『사기』(전 7권), 까치, 2004
서경호, 『중국소설사』, 서울대학교출판부, 2004
松丸道雄 외, 조성을 역, 『중국사개설』, 한울아카데미, 1991
송영배, 『中國社會思想史』, 사회평론, 1998
안정애, 『중국사 다이제스트 100』, 도서출판 가람기획, 2012
연세대학교 인문학연구원, 『10대에게 권하는 문자 이야기』, 글담출판, 1998
원행패(袁行霈), 김해명 역, 『중국문학개론』, 연세대학교 출판부, 2010
劉節, 辛太甲 역, 『中國史學史講義』, 신서원, 2000
유병례, 『송사, 노래하는 시』, 천지인, 2009
이규갑, 『한자가 궁금하다』, 학민사, 2000
이병관 외, 『中國言語學史』(상)(하), 寶盛, 1999
이수웅, 『역사 따라 배우는 중국문학사』, 다락원, 2003
이승수, 「淵蓋蘇文 서사의 형성과 전승 경로(연개소문의 형상과 관련하여)」, 『동아시아 문화연구』(제47집), 2010
이유진, 『중국을 빚어낸 여섯 도읍지 이야기』, 메디치, 2019
이장우 외 5인, 『중국 한국과 세계』, 영남대출판부, 2003
李在敦, 『中國語音韻學』, 도서출판 살림, 1994
이재훈 역해, 『書經』, 고려원, 1999
임대희 외 역, 『세미나 수당오대史』, 서경, 2005
장치즈 외, 김영문 역, 『중국역사 15강』, 너머북스, 2018
전광진 편역, 『中國文字訓詁學辭典』, 동문선, 1993
錢穆, 유병례, 윤현숙 역, 『전목의 중국문학사』, 뿌리와 이파리, 2018
전순동, 『중국 역사 산책』, 서경, 2004
程劍鳴 외, 편집부 옮김, 『中國100年史』(상)(하), 지영사, 1991
조셉 니덤, 이면우 역, 『중국의 과학과 문명』, 까치, 2000
존 K. 페어뱅크 외, 김한규 외 역, 『동양문화사』(상)(하), 을유문화사, 1991
John W. Chaffee, 양종국 역, 『배움의 가시밭길 송대 중국인의 과거생활』, 신서원, 2001
주조모 엮음, 이동향 역주. 『송사삼백수』, 문학과지성사, 2011
陳伯海, 李鍾振 역, 『당시학의 이해』, 사람과 책, 2001

진순신, 권순만 외 역, 『중국의 역사』(12권), 한길사, 1996
진순신, 박현석 역, 『이야기 중국사』(7권), 살림, 2011
진순신, 이혁제 역, 『중국 오천년』(1)(2), 다락원, 2002
차종천, 『구장산술·주비산경』, 범양사출판부, 2000년
최영애, 『중국어란 무엇인가』, 통나무, 2000
최영애, 『中國語音韻學』, 통나무, 2000
KBS 역사스페셜, 『역사 스페셜』(1), 효형출판, 2011
홍성욱 역해, 『詩經』, 고려원, 1999
河元洙, 『唐代의 進士科와 士人에 관한 硏究』, 서울대학교 대학원 박사학위 논문, 1995
하이즈미 카스오, 정원지 역, 『경극과 중국인』, 신아사, 2014
한유, 오수형 역, 『한유 산문선』, 서울대학교출판문화원, 2010
화탁수 편저, 전인경 역, 『한권으로 읽는 중국명저』, 생각하는 백성, 2006
羅斯寧, 彭玉平 編著, 『中國文學通史』(4권), 中山大學出版社, 2000
傅亞庶 注譯, 『三曹詩文全集譯注』, 吉林文史出版社, 1997
司馬遷, 『史記』, 中華書局, 1982
謝保成, 『中國隋唐五代政治史』, 人民出版社, 1994
辛志賢 外, 『漢魏南北朝詩選注』, 北京出版社, 1981
李斌城 외 5인, 『隋唐五代社會生活史』, 中國社會科學出版社, 1998
『24史』, 中華書局, 1997
李華, 趙厚洪, 『中外歷史大事年表』, 鳳凰出版社, 2004
章培恒, 駱玉明 主編, 『中國文學史』(3권), 復旦大學出版社, 2000
『全唐文』, 中華書局, 2001
褚斌傑, 袁行霈, 李修生 編著, 『中國文學史綱要』(4권), 北京大學出版社, 1994
中國社會科學院歷史研究所編制, 『中國歷史年表』, 2002
許愼, 段玉裁 注, 『說文解字注』, 上海古籍出版社, 2003
許愼, 湯河敬 撰, 『說文解字今譯』(上)(下), 岳麓書社, 2002
胡如雷, 『隋唐五代社會經濟史論稿』, 中國社會科學出版社, 1996
https://baike.baidu.com/item/%E4%B8%8E%E9%9A%8B%E5%B0%86%E4%BA%8E%E4%BB%B2%E6%96%87%E8%AF%97/22907219?fr=aladdin

<이미지 출처>

그림 1) 한자 서체 비교표

그림 2) https://upload.wikimedia.org/wikipedia/commons/2/2c/%EA%B0%91%EA%B3%A8%EB%AC%B8%EC%9E%90.jpg?uselang=ko

그림 3) https://commons.wikimedia.org/wiki/File:Portrait_of_Han_Fei.jpg?uselang=ko

그림 4) https://commons.wikimedia.org/wiki/File:Qin_Shi_Huang-%E7%A7%A6%E5%A7%8B%E7%9A%87-%E7%94%BB%E4%B8%AD%E7%9A%84%E6%97%A5%E8%AE%B0-%E7%BD%97% E4%B8%80%E4%B8%81.jpg?uselang=ko

그림 5) https://commons.wikimedia.org/wiki/File:Si_maqian.jpg?uselang=ko

그림 6) https://zh.wikipedia.org/wiki/File:%E9%9F%A9%E5%9F%8E%E5%8F%B8%E9%A9%AC%E8%BF%81%E7%A5%A0_19.jpg

그림 7) https://commons.wikimedia.org/wiki/File:%EC%A1%B0%EC%A1%B0_2013-07-21_12-15.jpg

그림 8) https://commons.wikimedia.org/wiki/File:Three_Brothers_(Bei,_Yu,_Fei).jpg?uselang=ko

그림 9) https://commons.wikimedia.org/wiki/File:Datong_Yungang_Shiku_2013.08.29._16-05-57.jpg?uselang=ko

그림 10)https://commons.wikimedia.org/wiki/File:Longmenshiku-liuzusai-2013-09-23_-_panoramio_(15).jpg?uselang=ko

그림 11) https://commons.wikimedia.org/wiki/File:Dunhuang_Mogao_Ku_2013.12.31._12-30-18.jpg

그림 12)https://commons.wikimedia.org/wiki/File:Xuanzong_of_Ming.jpg?uselang=ko

그림 13) https://commons.wikimedia.org/wiki/File:Yang_guifei_tomb.jpg?uselang=ko

그림 14) https://commons.wikimedia.org/wiki/File:Libai_touxiang.jpg?uselang=ko

그림 15) https://commons.wikimedia.org/wiki/File:Dufu.jpg?uselang=ko

그림 16) https://commons.wikimedia.org/wiki/File:QingmingshangHetu.jpg

그림 17) https://www.flickr.com/photos/anapaulahrm/6921680872/in/photolist-bLy93k-b142Zk-7Qv3Ly-bLxTGX-bLya2R-7QsFAk-7QuTvK-bxDqzo-7Qs6Fg-bxDbN1-7Qut7A-7QxQoS-bLxS1i-7Qv1KR-7QtgCH-7Qu6jy-7QrkGR-7Qxm9b-b142S8-7QxGtU-bxCZv3-7QtKEi-bLxGAa-7QxKkj-bxDpsW-bxDcqQ-7QtQ1z-7QuWEV-7QuKgS-7QsC1P-7QwgJw-7QvLsd-7Qvzts-7QrzRg-bxDa4s-7QttHp-7QwjAU-7QqXtz-7Qy3Nq-7QxV5u-bLxUkp-bxDb79-7Qub8S-bxTLRC-7QuEDe-7QxpW9-7QwEju-7QtEjM-bxTYNQ-7QuMrM/

그림 18) https://commons.wikimedia.org/wiki/File:Forbidden_City_Panorama_1_(cropped).jpg?uselang=ko

그림 19) https://commons.wikimedia.org/wiki/File:The_Kangxi_Emperor.jpg?uselang=ko

그림 20) https://commons.wikimedia.org/wiki/File:Imperial_consort_Yongzheng.jpg?uselang=ko

그림 21) https://commons.wikimedia.org/wiki/File:%E6%B8%85_%E9%83%8E%E4%B8%96%E5%AE%81%E7%BB%98%E3%80%8A%E6%B8%85%E9%AB%98%E5%AE%97%E4%B9%BE%E9%9A%86%E5%B8%9D%E6%9C%9D%E6%9C%8D%E5%83%8F%E3%80%8B.jpg?uselang=ko

<찾아보기>

ㄴ

ㄹ

ㅁ

ㅂ

ㅈ

저자소개

남철진

대학에서 기계공학과 중어중문학을 전공한 후『唐代諷諭文硏究(당대풍유문연구)』로 박사학위를 받았다.(復旦大) 2005년부터 중국문학사를 비롯하여 중국의 역사와 문학 및 문화 등을 융합한 강의를 하고 있다. 석사 졸업 후 모 그룹 무역 부서에서 수출입 업무를 담당하였으며, 모 기관의 책임 연구원을 역임하기도 하였다. 박사학위 취득 후 연세대에서 강의를 하였으며 Washington University에서 방문교수를 지냈다. 현재 영남대학교 교수로 재직 중이다.

-저·역서-

『우리네 삶 속 번역과 인문학』(삶에 도움이 되는 실용 인문학)(2020)
『漢字(語) 연계 HSK 1,2,3급 어휘와 중국어핵심어휘』 공저(2019)
『漢字 연계 HSK 4급 어휘와 중국어핵심어휘』 공저(2018)
『大邱近代路之旅-胡同』 공역(2017)
『초급중국어(1)』 공저(2008)
『柳宗元』 역(2005)

-연구 논문-

번역 교정 수업의 MTPE(Machine Translation Post Editing)에 대한 효과 고찰 -중국어 신문기사의 구글번역을 중심으로-(2019)
『中韓(韓中) 번역을 통해 본 구글번역(GNMT)의 문제』(2018)
『문학번역에서의 명시화(Explicitation)와 잉여적 요소(모옌(莫言)의「師傅越来越幽默」를 중심으로)』(2016)
『중국 소설「師傅越来越幽默」에 보이는 문화소의 번역 고찰』(2014)
『唐代揭露政治弊端的廳壁記小考』(2008)
『唐代 辯體文 硏究』(2008) 외 다수

<table>
<tr><td colspan="2">수隋</td><td>581~618</td><td>시안西安[장안長安]</td></tr>
<tr><td colspan="2">당唐</td><td>618~907</td><td>시안西安[장안長安]</td></tr>
<tr><td rowspan="5">오대
五代</td><td>후량後梁</td><td>907~923</td><td>카이펑開封</td></tr>
<tr><td>후당後唐</td><td>923~936</td><td>뤄양洛陽</td></tr>
<tr><td>후진後晉</td><td>936~946</td><td>카이펑開封</td></tr>
<tr><td>후한後漢</td><td>947~950</td><td>카이펑開封</td></tr>
<tr><td>후주後周</td><td>951~960</td><td>카이펑開封</td></tr>
<tr><td rowspan="2">송宋</td><td>북송北宋</td><td>960~1127</td><td>카이펑開封</td></tr>
<tr><td>남송南宋</td><td>1127~1279</td><td>항저우杭州[임안臨安]</td></tr>
<tr><td colspan="2">금金</td><td>1115~1234</td><td>하얼빈, 베이징,
카이펑 등</td></tr>
<tr><td colspan="2">원元</td><td>1271~1368</td><td>베이징北京[대도大都]</td></tr>
<tr><td colspan="2">명明</td><td>1368~1644</td><td>난징南京[응천부應天府]
→ 베이징北京</td></tr>
<tr><td colspan="2">청淸</td><td>1644~1912</td><td>베이징北京</td></tr>
<tr><td colspan="2">중화민국中華民國</td><td>1912~1949</td><td>난징南京</td></tr>
<tr><td colspan="2">중화인민공화국中華人民共和國</td><td>1949~</td><td>베이징北京</td></tr>
</table>

-수도 지명 표기-

* 현 지명과 옛(당시) 지명이 다를 경우 '현 지명[옛 지명]'으로 구분하여, 두 지명을 모두 제시하였다. 현 지명과 옛 지명이 같을 경우는 현 지명만 제시하였으며, 현재 없어진 도시는 [옛 지명]으로 제시하였다.
* 현 지명은 현대 중국어 발음으로 표기하였고, 왕조(국가)의 이름 및 옛 지명은 우리말 한자 독음으로 표기하였다.
* 수도는 자주 바뀌는 경우가 많았는데, 가장 대표적인 수도를 제시하였다.

중국 역대 왕조(국가)

<table>
<tr><th colspan="3">왕조</th><th>기간</th><th>수도</th></tr>
<tr><td colspan="3">상商(은殷)</td><td>B.C.1600~B.C.1046</td><td>안양安陽[은殷]</td></tr>
<tr><td rowspan="2">주周</td><td colspan="2">서주西周</td><td>B.C.1046~B.C. 770</td><td>시안西安[호경鎬京]</td></tr>
<tr><td colspan="2">동주東周</td><td>B.C. 770~B.C. 221</td><td>뤄양洛陽[낙읍洛邑]</td></tr>
<tr><td colspan="3">춘추전국春秋戰國</td><td>B.C. 770~B.C. 221</td><td></td></tr>
<tr><td colspan="3">진秦</td><td>B.C. 221~B.C. 206</td><td>셴양咸陽</td></tr>
<tr><td rowspan="3">한漢</td><td colspan="2">서한西漢</td><td>B.C. 206~A.D. 8</td><td>시안西安[장안長安]</td></tr>
<tr><td colspan="2">신新</td><td>8~23</td><td>시안西安[장안長安]</td></tr>
<tr><td colspan="2">동한東漢</td><td>25~220</td><td>뤄양洛陽</td></tr>
<tr><td rowspan="3">삼국
三國</td><td colspan="2">위魏</td><td>220~265</td><td>뤄양洛陽</td></tr>
<tr><td colspan="2">촉蜀</td><td>221~263</td><td>청두成都</td></tr>
<tr><td colspan="2">오吳</td><td>222~280</td><td>난징南京[건업建業]</td></tr>
<tr><td colspan="3">서진西晉</td><td>256~316</td><td>뤄양洛陽</td></tr>
<tr><td colspan="3">동진東晉</td><td>317~420</td><td>난징南京[건강建康]</td></tr>
<tr><td colspan="3">오호십육국五胡十六國</td><td>304~439</td><td></td></tr>
<tr><td rowspan="7">남북조
南北朝</td><td rowspan="4">남조
南朝</td><td>송宋</td><td>420~479</td><td>난징南京[건강建康]</td></tr>
<tr><td>제齊</td><td>479~502</td><td>난징南京[건강建康]</td></tr>
<tr><td>양梁</td><td>502~557</td><td>난징南京[건강建康]</td></tr>
<tr><td>진陳</td><td>557~589</td><td>난징南京[건강建康]</td></tr>
<tr><td rowspan="3">북조
北朝</td><td>북위北魏</td><td>439~534</td><td>다퉁大同[평성平城]
→ 뤄양洛陽</td></tr>
<tr><td>서위西魏, 북주北周</td><td>535~556, 557~581</td><td>시안西安[장안長安]</td></tr>
<tr><td>동위東魏, 북제北齊</td><td>534~550, 550~577</td><td>[업성鄴城]</td></tr>
</table>